# 悬索桥设计理论和施工控制技术

张文明　著

科学出版社
北　京

## 内 容 简 介

本书以大跨悬索桥的主缆为研究对象，依托金东大桥、南粤狮子洋大桥等悬索桥工程或方案，在分段悬链线的解析框架下，深入挖掘并分析主缆找形的关键，重点关注施工中关键参数的计算及误差的修正；通过对成桥状态、空缆状态、基准索股架设等不同阶段主缆线形的深入研究，来保证主缆找形的准确性及可靠性，提出的方法在悬索桥设计和施工方面极具借鉴意义。为充分发挥解析法的优势，对三塔悬索桥、双缆悬索桥、空间索面悬索桥等特殊类型的悬索桥结构形式进行了一系列关键问题研究，研究结果可供工程设计人员及学术研究人员参考。

本书主要面向土木工程专业的高等院校师生，以及桥梁工程设计和施工技术人员。

**图书在版编目（CIP）数据**

悬索桥设计理论和施工控制技术 / 张文明著 . —北京：科学出版社，2021. 11

ISBN 978-7-03-067761-7

Ⅰ. ①悬…  Ⅱ. ①张…  Ⅲ. ①悬索桥－桥梁设计 ②悬索桥－桥梁施工 Ⅳ. ①U448. 25

中国版本图书馆 CIP 数据核字（2020）第 263840 号

责任编辑：裴 育 周 炜 乔丽维 / 责任校对：杨聪敏

责任印制：吴兆东 / 封面设计：陈 敬

科学出版社 出版

北京东黄城根北街 16 号

邮政编码：100717

http://www.sciencep.com

北京九州迅驰传媒文化有限公司 印刷

科学出版社发行 各地新华书店经销

*

2021 年 11 月第 一 版 开本：720×1000 B5

2024 年 1 月第三次印刷 印张：17 1/4

字数：345 000

**定价：128. 00 元**

（如有印装质量问题，我社负责调换）

# 前　言

随着经济水平的快速提高和交通需求的不断增长，悬索桥呈现出长大化和形式多元化的发展趋势。为了减轻结构自重，减少材料用量，主缆和锚碇的安全系数不断减小，因此悬索桥在设计阶段和施工过程中需要进行更精细化的线形和内力计算。

本书在总结前人研究的基础上，以大跨悬索桥的主缆为主要研究对象，在基于分段悬链线理论的主缆找形解析框架下，以成桥状态的主缆线形和施工阶段的主缆线形两大问题为出发点，展开主缆找形的研究，解决设计与施工面临的主要问题，涉及精确吊杆力下的成桥找形、施工控制参数及误差修正计算、均匀温度对主缆线形影响的计算、三塔悬索桥主缆找形及中塔刚度优化、双缆悬索桥的主缆找形、空间索面悬索桥主缆找形及主缆找形的 ANSYS 命令流实现方法等。

本书首次将广义约化梯度法融入分段悬链线计算理论中，建立了高精度、高效率的悬索桥解析和数值算法，可以计算设计和施工阶段中的诸多参数，包括主缆线形、汽车荷载效应、温度作用效应、主缆无应力长度、吊杆无应力长度、索夹初始安装位置、主索鞍预偏量、散索鞍预偏量、索鞍顶推时机和顶推量等；提出了基于分段悬链线理论和有限元模型的吊杆力和主缆线形迭代算法，消除了吊杆力和主缆线形的设计误差；考虑空缆线形误差和加劲梁恒载误差，建立了吊杆无应力长度和索夹安装位置的修正方法，提高了施工控制精度；提出了根据实测主缆线形数据反向识别吊杆力的解析算法，有效地避免了频率法测试短吊杆力精度差的问题。

针对不等主跨三塔悬索桥，提出了次主跨主缆最低点高程等于主跨主缆跨中高程的设计原则，降低了次主跨一侧的边塔高度，减少了次主跨吊杆材料用量，而且使全桥整体美观性更好；建立了基于主缆与中塔索鞍滑移安全性和加劲梁活载挠跨比限值的中塔适宜刚度解析算法，发现其上限和下限分别来自汽车荷载满布于主跨和次主跨两种工况。

本书研究成果已应用于云南金东大桥（主跨 730m 钢桁梁悬索桥，建成时为跨金沙江最大跨度桥梁），为其提供了全套施工监控指令（包括主缆无应力长度、吊杆无应力长度、桥塔预抬高量、索鞍预偏量、基准索股架设、一般索股架设、散索鞍临时约束解除和主索鞍顶推等)，实现了高精度施工，成桥状态主缆和桥面标高误差均在 2cm 以内，桥塔偏移在 1cm 以内。

本书由东南大学张文明撰写，研究生田根民、杨超宇和常佳琦参与了部分撰写工作，全书由张文明和田根民统稿。东南大学刘钊教授对全书进行了审阅。在此一并表示感谢。

本书得到国家自然科学基金项目(52078134、51678148、51208104)、江苏省自然科学基金项目(BK20181277、BK2012344)和教育部高等学校博士学科点专项科研基金项目(20120092120018)的资助，在此表示感谢。

由于作者水平有限，书中难免存在疏漏和不妥之处，敬请读者批评指正。

作　者

2021 年 1 月

# 目　　录

# 第1章 绪 论

悬索桥，又称吊桥，是缆索承重体系桥梁的结构类型之一，由主缆、吊杆、加劲梁、桥塔、索鞍、锚碇、桥面系等部分组成，传力路径明确，跨越能力极大，是长大跨桥梁的主力军，可谓"一桥飞架南北，天堑变通途"。1883年，美国纽约建成了第一座现代意义上的悬索桥——Brooklyn桥，揭开了悬索桥现代化大发展的序幕。

随着综合国力的进一步提升，我国悬索桥建设取得了举世瞩目的成就，武汉杨泗港长江大桥、舟山西堠门大桥、广州南沙大桥等一批超大跨悬索桥的建成标志着我国桥梁建设已经达到世界先进水平，逐步从桥梁大国向桥梁强国迈进。未来，跨海、跨江等大跨度桥梁的建设需求不断增加，将使此类桥梁结构有更加广阔的发展空间。

## 1.1 悬索桥的发展

### 1.1.1 国外悬索桥的发展

世界悬索桥的发展史以19世纪为分界点可划分为古代悬索桥时期和近现代悬索桥时期，近现代悬索桥时期又可分为前期(1801～1870年)和后期(1871年至今)两个阶段。

古代的索桥限于材料、工艺等，与现代悬索桥不可同日而语。据记载，我国唐代中期就从用藤索、竹索发展到用铁链建造悬索桥，而西方在16世纪才开始建造铁链悬索桥，比我国晚了近千年[1]。欧洲最早的铁索桥是1741年在英格兰建成的Winch桥，其跨越Tees河，跨径仅为21m。而我国著名的四川大渡河泸定桥建成于1706年，全长超过百米。

我国虽是公认的最早有悬索桥文字记载的国家，但现代悬索桥却起源于欧洲。在西方工业革命的推动下，19世纪的欧洲和美国曾是世界悬索桥建设的两大中心。自从进入19世纪，以英国、法国为代表的欧洲国家建成了不少具有代表性的悬索桥。例如，1820～1826年，由著名土木工程师Telford设计的英国Menai桥问世，主跨174m，是一座典型的链式悬索桥，曾成为英国一级文物建筑，在世界桥梁史上也占据着相当重要的位置。1831年，著名桥梁工程师Brunel设计了主跨214m的Clifton悬索桥，但由于资金短缺，于1864年才建成通车。有资料显示，

1823～1870 年，法国共建了 500 多座悬索桥，其中最具代表性的是 1834 年建成的 Fribourg 悬索桥，主跨 273m，直到 19 世纪末，它都被认为是欧洲最大跨径的悬索桥。

19 世纪早期，悬索桥多采用环链或销链的主缆形式，但其磨损、应力集中和疲劳开裂等问题较为突出，继而导致桥梁变形增大，削弱了桥梁的安全性，因此采用钢丝主缆代替链式主缆是大势所趋。1820 年前后，法国的机械师 Sequin 和 Lame 最先用锻铁丝代替链条，在俄国跨 Fontanka 河建成第一座法式悬索桥，形成了空中送丝（aerial spinning，AS）法的雏形。1831 年，Ellet 将该方法传入美国，1842 年，他在宾夕法尼亚州的费城建成美国第一座永久性的法式悬索桥——Fairmount 桥，跨越 Schuylkill 河，之后在 1847 年又修建了跨 Ohio 河的 Wheeling 桥，跨径为 308m，创下当时悬索桥世界最大跨径纪录。后于 1883 年，由天才桥梁设计师 Roebling 设计建造了著名的 Brooklyn 桥，跨径 486m，并完善了空中送丝法，该桥也被公认为世界上第一座真正现代意义的悬索桥，并保持了 19 世纪的悬索桥跨径纪录，自此拉开了现代大跨度悬索桥建设的序幕。

美国在 20 世纪初期逐步超越欧洲，成为世界悬索桥建设的中心。1909 年，在 Brooklyn 桥的基础上，美国建成了 Williamsburg 桥，主跨 488m，比 Brooklyn 桥仅增加了 2m，但仍刷新了纪录。1909 年，美国建成了 Manhattan 桥，主跨 451m，由 Moisseiff 设计建造。1924 年，又建成了主跨 497m 的 Bear Mountain 桥。1926 年，在费城建成了跨越 Delaware 河的 Benjamin Franklin 桥，主跨 533m。1929 年又在底特律附近建成了 Ambassador 桥，主跨达 564m，不断刷新着纪录。

这一阶段的悬索桥设计主要依靠弹性理论，该理论源于 1823 年法国 Navier 提出无加劲梁悬索桥计算理论，到 1858 年，Rankine 等提出了处理两铰和三铰加劲梁的悬索桥理论，后来 Steinman 将其发展为标准的弹性理论。此理论指导了 Brooklyn 桥和 Williamsburg 桥等悬索桥的设计与建造。在此理论下，设计出的悬索桥往往具有笨拙的索塔和过高的加劲梁，Steinman 便称 Williamsburg 桥的结构呈现不和谐的笨拙外观。而此后桥梁的设计便开始朝柔细和优美的方向发展。

一直到 19 世纪末 20 世纪初，受限于弹性理论的悬索桥设计计算理论，悬索桥的跨径未能实现千米级突破。随着挠度理论的发展，1909 年，Moisseiff 设计了跨纽约 East 河的第三座桥梁——Manhattan 桥，虽然主跨只有 451m，但该桥采用了 1888 年 Melan 提出的挠度理论进行计算分析[1]。与弹性理论相比，挠度理论考虑了恒载对活载的抗力，以及活载下主缆和加劲梁的竖向位移，但不计活载下吊杆的倾斜、伸长及加劲梁的纵向位移。

挠度理论经由 Steinman、Moisseiff 和 Timoshenko 等的改进与完善，驱动了悬索桥向长大化方向发展。1930 年，美国一举建成千米级悬索桥——George Washington 桥，主跨 1066m。该桥的设计者认识到大跨悬索桥重力刚度的概念，并用这一概念来修正挠度理论的分析结果，做出了如下推断：加劲梁对于大跨度悬索桥在活载下的刚度贡献是有限的，因此加劲梁的截面不必随着跨度的增加而改变。这无疑是一个历史性的认知突破。随后相继建成了 Golden Gate 桥（主跨 1280m，1937 年）、Mackinac 桥（主跨 1158m，1957 年）、Verrazano-Narrows 桥（主跨 1298m，1964 年）。可以说，在 20 世纪 70 年代以前，美国在悬索桥领域独领风骚。

但在这期间，受 1940 年 Tacoma Narrows 桥风毁事件的影响，美国悬索桥的发展速度也一度放缓，工程界及学术界开始关注桥梁抗风性能的研究。当时的调查显示，自 1818 年起，至少有 11 座桥梁发生风毁事件，但遗憾的是，在之后 150 年的时间里，工程师只是认识到了风的静力作用。后来，Farquharson、von Karman、Bleich 及 Steinman 等在此方面进行了多年研究，通过大量风洞试验和分析，才得出加劲梁需要有较高的空气动力稳定性等认识。随着桥梁风工程学科的建设和抗风理论的发展，悬索桥的发展又进入了一个高峰期。

有别于 20 世纪上半叶悬索桥发展的迟缓态势，欧洲于下半叶开始了悬索桥的高速发展。1959 年，法国 Tancarville 桥建成，主跨达 608m，标志着欧洲大跨度悬索桥发展的开端。1964 年，英国在吸收美国长大桥梁技术的基础上，建成了跨径 1006m 的 Forth Road 桥。1966 年，葡萄牙建成主跨 1013m 的 25 de Abril 桥，也预示着世界悬索桥发展中心开始向欧洲偏移。同年，英国修建了主跨 987m 的 Severn 桥，该桥是欧洲创新的产物，摒弃了处于霸主地位的钢桁架加劲梁，而采用流线型扁平钢箱梁，从而显著提升了悬索桥的抗风性能。1973 年，土耳其修建了 Bosporus 桥，主跨 1074m。1981 年，英国建成主跨 1410m 的 Humber 桥。1988 年，丹麦修建了主跨 1624m 的 Great Belt 桥。但 20 世纪的悬索桥跨径纪录并未在欧洲保持很久，20 世纪末，日本一举建成的主跨 1991m 的 Akashi Kaikyo 桥成为新的世界纪录，一直保持至今。20 世纪欧洲的悬索桥主要以英国为代表，其风格和特点主要是采用流线型扁平钢箱梁作为加劲梁，索夹分为上下两半并用垂直于主缆的高强螺栓紧固，桥塔则主要采用焊接钢结构或者钢筋混凝土结构。

20 世纪的欧洲和美国无疑是世界悬索桥建设的两大中心。但第二次世界大战之后，日本成为亚洲悬索桥建设的新星[1]。日本悬索桥建设起步于 50 年代，1960 年建成小鸣门桥，1962 年建成若户大桥，而 1973 年建成的主跨 712m 的关门桥位于本州和九州之间，受美国高加劲桁架、不参与纵向受力的桥面和有剪力撑的钢塔等传统特征的影响很大，但在其施工中引进了预制平行丝股（prefabricated parallel wire strand，PPWS）技术，并进一步加以推广发展。PPWS 技术最早出现在 20 世纪 60 年代末美国 Claiborne Pell Newport 桥的施工中，由当时的钢铁公司研制而成。PPWS 技术克服了丝股对温度的较高敏感性问题，减少了现场工作量，使主缆丝股架设更加稳定和安全。80 年代以后，日本又建设了一批大跨悬索桥，如因岛大桥（主跨 770m，1983 年）、大鸣门桥（主跨 876m，1985 年）、下津井濑户大桥（主跨 940m，1988 年）、南备赞濑户大桥（主跨 1100m，1988 年）、北备赞濑户大桥（主跨 990m，1988 年）、明石海峡大桥（主跨 1991m，1998 年）及来岛第一大桥、来岛第二大桥、来岛第三大桥（主跨分别为 600m、1020m、1030m，1999 年）。这些悬索桥直接贯通日本本州、四国、九州三岛，对日本的经济发展起到了重要作用。

这一阶段的悬索桥设计理论已逐步发展到有限位移理论的阶段。随着计算机技术和有限元理论的飞速发展，有限位移理论逐步发展为大跨悬索桥强有力的分析工具，其摒弃了挠度理论中过多的假设条件，可以更真实地模拟实际结构，结果也更为可靠，而且数值风洞的发展也推动了大跨悬索桥的建设与发展。丹麦的 Great Belt 桥、日本的 Akashi Kaikyo 桥、我国的江阴长江公路大桥也都基于有限位移理论。

### 1.1.2　国内悬索桥的发展

虽然我国的悬索桥历史悠久，但是现代悬索桥发展起步较晚。20 世纪 50 年代开始，先后建成了四川大渡河泸定桥（主跨 165m，1951 年）、重庆朝阳桥（主跨 186m，1969 年）、汕头海湾大桥（主跨 452m，1984 年）、西藏达孜桥（主跨 415m，1985 年）等一批大跨径悬索桥。直到 90 年代，我国悬索桥建设才进入高峰期，海沧大桥（648m，1999 年）、虎门大桥（主跨 888m，1997 年）、西陵长江大桥（主跨 900m，1996 年）、青马大桥（1377m，1997 年）、江阴长江大桥（主跨 1385m，1999 年）等悬索桥在短短十年间相继建成。这些悬索桥的建成填补了我国现代悬索桥事业的技术空白，也证明了中国在建造大跨径悬索桥方面已步入世界先进行列，为我国 21 世纪悬索桥的大发展奠定了基础。

进入 21 世纪之后，我国加快了悬索桥建设的步伐，现已成为世界悬索桥建设的中心，相继建成的千米级跨径悬索桥共 24 座，见表 1.1，西堠门大桥、南沙大桥、杨泗港长江大桥等超大跨悬索桥的建成，彰显了我国悬索桥建设所取得的辉煌成就。在建的千米级悬索桥近十座，更是显示了我国桥梁事业的大发展以及综合国力的提升。在建的张皋过江通道主航道桥是主跨 2300m 的超大跨悬索桥，建成后将超过土耳其在建的恰纳卡莱大桥（主跨 2023m），成为世界第一跨度的悬索桥。

表 1.1 21世纪我国千米级悬索桥

| 序号 | 桥名 | 主跨长度/m | 建成年份 |
|---|---|---|---|
| 1 | 江苏润扬长江大桥 | 1490 | 2005 |
| 2 | 湖北武汉阳逻长江大桥 | 1280 | 2007 |
| 3 | 广东广州珠江黄埔大桥南汊桥 | 1108 | 2008 |
| 4 | 浙江舟山西堠门大桥 | 1650 | 2009 |
| 5 | 贵州关岭坝陵河大桥 | 1088 | 2009 |
| 6 | 南京栖霞山长江大桥 | 1418 | 2012 |
| 7 | 湖南吉首矮寨大桥 | 1176 | 2012 |
| 8 | 江苏泰州长江公路大桥 | 1080 | 2012 |
| 9 | 北盘江特大桥 | 1250 | 2013 |
| 10 | 安徽马鞍山长江大桥 | 1080 | 2013 |
| 11 | 贵州瓮安清水河大桥 | 1130 | 2015 |
| 12 | 云南腾冲龙江大桥 | 1196 | 2016 |
| 13 | 重庆万州驸马长江大桥 | 1050 | 2017 |
| 14 | 杭瑞洞庭大桥 | 1480 | 2018 |
| 15 | 四川雅康高速泸定大渡河大桥 | 1100 | 2018 |
| 16 | 湖北武汉杨泗港长江大桥 | 1700 | 2019 |
| 17 | 广东广州南沙大桥坭洲水道桥 | 1688 | 2019 |
| 18 | 四川泸州赤水河大桥 | 1200 | 2019 |
| 19 | 广东广州南沙大桥大沙水道桥 | 1200 | 2019 |
| 20 | 云南金安金沙江大桥 | 1386 | 2020 |
| 21 | 湖北宜昌伍家岗长江大桥 | 1160 | 2021 |
| 22 | 江苏镇江五峰山长江大桥 | 1092 | 2021 |
| 23 | 湖北黄石棋盘洲长江公路大桥 | 1038 | 2021 |
| 24 | 湖北白洋长江公路大桥 | 1000 | 2021 |
| 25 | 江苏南京仙新路过江通道 | 1760 | 在建 |
| 26 | 广东深中通道伶仃洋大桥 | 1666 | 在建 |
| 27 | 宜攀高速巧家金沙江大桥 | 1060 | 在建 |
| 28 | 张皋过江通道主航道桥 | 2300 | 在建 |
| 29 | 张皋过江通道中汊航道桥 | 1208 | 在建 |

## 1.2 悬索桥主缆找形的研究现状

自19世纪起现代悬索桥逐步发展起来，其计算理论研究始于18世纪末19世纪初Fuss研究抛物线缆的问题。悬索桥的计算理论在发展过程中采用了不同的基本假定，经过了弹性理论、挠度理论、有限位移理论三个阶段[2]。随着理论的发展，悬索桥的分析方法和工具也都逐渐多样化起来，使得设计更加安全和经济。

悬索桥作为典型的缆索承重体系之一，缆索系统是其设计与施工中的关键，吊杆将加劲梁系于主缆上，主缆承担加劲梁的恒载，同时又将力传递到桥塔，其端部的拉力又通常依靠巨大的锚碇来保持稳定。主缆线形的设计与计算问题，也称主缆找形，是悬索桥在设计和施工中的首要问题之一。悬索桥的主缆线形不仅关乎成桥阶段的结构内力与变形，还会影响到其施工状态的控制，与桥梁整体的美观也息息相关。而且现代悬索桥在向大跨甚至超大跨的发展中，安全性和经济性问题越发突出，这都与主缆线形密不可分。

在现代悬索桥发展过程中，围绕着主缆找形展开的研究可分为以下两方面：

(1)悬索桥成桥状态下主缆设计线形的计算是悬索桥设计与施工的基础。

成桥状态下的悬索桥主缆设计线形是悬索桥设计和施工的关键。对桥梁设计者而言，恒载作用下的主缆线形需要根据工程经验和桥梁功能来确定[3]，进而才能根据设计矢跨比、主梁恒载、吊杆间距等设计基本参数来计算精确的主缆线形。目前，在主缆找形中，主缆有悬链线或抛物线等多种形式，对悬链线状主缆而言，精确计算一跨的主缆线形，需要桥塔或索鞍处的主缆交点(intersection points，IP)及跨中最低点三个关键控制点。因为采用的理论和方法不同，根据这三个控制点确定的主缆线形是有一定差异的。因此，悬索桥主缆找形不仅限于这三个控制点坐标，还需根据所受的荷载及设计或规范要求，确定出精准的全长范围内的主缆形状。

(2)除成桥状态的主缆设计线形外，施工阶段主缆线形的精确计算和施工控制是达到合理成桥状态和设计成桥线形的核心内容之一。

在悬索桥施工中，由于自身结构存在不可避免的几何非线性，其各施工阶段的主缆极易受外荷载或作用的影响，造成一定的施工误差，若不及时对其进行精准的测量、监控和修正，则必然会与设计成桥线形存在较大偏差，甚至有可能引发结构安全性和稳定性问题。对于大跨度的混凝土梁桥或斜拉桥，要保证成桥线形与设计一致，一般是借助于施工监控，进行不断的跟踪调整，使最终线形及内力与设计状态一致。但是，从根本上来说，对于悬索桥，不可能像斜拉桥靠施工阶段的跟踪调整来实现设计线形[4]，它的主缆线形必须依靠可靠的施工参数，再通过严格的制造和施工质量的控制，才能使得架设的主缆线形与设计相符。这个过程中需要保证吊杆的下料长度和加劲梁的制造尺寸、设计荷载等均符合设计要求，才能达到控制线形的目的。因此，悬索桥施工监控的关键在于建立符合实际情况的主缆线形与内力的计算方法，获取高精度的施工参数并准确无误地确定施工期主缆线形（特别是基准丝股的架设线形）。

在成桥阶段主缆设计线形和施工期主缆线形的两大问题上，诸多学者在此方面研究多年，积累了丰富的成果，形成的方法可分为两种：基于悬索力学的解析法和基于有限位移理论的有限元法。这两种方法各有优势：基于悬索力学的解析法[5~11]力学概念清晰，计算精度高、速度快，且具有良好的通用性和适用性[12]，先后形成传统抛物线理论[13,14]、分段直线理论[15,16]、分段抛物线理论[2,11,17]以及分段悬链线理论[2,14,18]等，而且主缆找形的计算结果越来越精确。有限元法利用悬链线索单元[3,7,8,10,12,13,18~24]的形式，将主缆离散为杆系结构，通过结构的非线性分析，不断更新节点坐标和索单元的内力，并借助 Newton-Raphson 等数值求解方法，实现目标线形的寻找。有限元法在非线性分析及动力分析上有着解析法不可比拟的优势，但其索单元的构建又依赖于悬索的解析解形式。解析法的清晰概念和求解速度显著优于有限元法。

早期，受限于计算工具，学者只能用传统抛物线理论近似计算主缆架设线形。随着有限元理论及计算机技术的出现和发展，学者开始采用离散杆系的有限元理论计算施工阶段主缆线形。有限元法根据施工特点、荷载及边界条件近似模拟施工过程，借助计算机强大的计算能力实现目标。但常因悬索桥结构大、位移大、初内力高等非线性因素，加之施工过程存在的较多不确定性，往往在实际计算过程中其经济性下降，甚至出现病态的计算模型。为了获得成桥状态和施工状态的线形，需要利用正装分析或倒拆分析多次往复试算和迭代，过程烦琐[8]。而且有限元法在主缆找形中往往也存在一些分析盲点，难以对局部细节进行处理，如主缆鞍座处，如果考虑细节的建模分析，将大大增加工作量，大幅降低计算效率。

近年来，悬索桥主缆线形的计算与分析方法逐渐完善起来。Karoumi[7]提出了双节点悬链线单元的表达式，通过迭代法确定索的内力及切线刚度矩阵，对其初张力和垂度的考虑更为方便和准确，较之传统的考虑垂度效应的等效切线模型法更适用于索桥的分析，在此基础上，可进行非线性动力特性的分析，结果也具有较好的精度。Kim 等[3]提出了一种恒载作用下主缆找形（target configurations under dead loads，TCUD）法，其基于弹性悬链线的解析解，推导出弹性悬链线的索单元形式，包括节点坐标和无应力长度的关系，根据索单元的增量平衡方程，实现找形目标，而且在悬索桥和斜拉桥中均可应用。后来 Kim 等[22]针对斜拉桥和悬索桥的找形问题，同样基于悬链线解析解的非线性索单元和切线刚度矩阵，提出改进 TCUD 法，解决了桥塔的轴向压缩和梁的轴向变形问题，改善了在跨径更大的悬索桥中的找形精度。Thai 等[25]在多塔悬索桥的找形分析中，基于悬链线解析解和索单元的增量平衡方程，考虑几何和材料非线性的同时，实现找形的迭代计算，并深入研究恒活载比，以预测悬索桥的极限状态。Chen 等[8]在悬链线解析解的框架下，使用一阶泰勒展开式对非线性控制方程进行线性化处理，并用数值方法导出悬链线单元的切线刚度矩阵。在悬索桥主缆找形中，引入主缆和鞍座间的滑移效应，使用 Newton-Raphson 法，先后计算了恒载作用下的成桥主缆目标线形以及空缆线形，并且计算了空缆时的索鞍预偏量，该方法在鹦鹉洲长江大桥中得以验证。Jung 等[26]基于非线性有限元提出了两种用于大跨径悬索桥找形的非线性分析方法，分别是广义 TCUD 法和无应力长度法(unstressed element lengths method, UELM)。前者通过引入附加的边界约束，解决恒载作用下的找形计算，得到索的无应力长度，与传统 TCUD 法不同，不再将无应力长度作为未知量；后者以无应力长度为媒介，采用 Newton-Raphson 法完成空缆线形计算，其研究中索单元的建立仍基于悬链线解析解和切线刚度矩阵。结果表明，广义 TCUD 法可以消除传统 TCUD 法中桥塔和主梁轴向变形的影响，得到的主梁和桥塔弯矩分布更加合理。Lu 等[24]对自锚式悬索桥施工中的吊杆张拉方案进行了分析，结合悬链线解析解形式，提出相关的索力简化优化方法，分析中运用了最小弯曲能量法、内力平衡法、影响矩阵法等优化理论。Sun 等[27]提出了一种坐标迭代法(coordinate iterative method, CIM)，可以确定自锚式悬索桥的空间主缆线形，该方法由桁架索单元的悬索模型中合理拱轴线的受力平衡特性发展而来，通过建立未知坐标下的线形迭代方程，迭代更新其关系矩阵，使其收敛于目标线形，进而拓展到无差别的坐标杆系模型，实现全桥系统的形状求解。Jung 等[11]针对自锚式悬索桥在恒载下主缆初始线形的优化问题，提出了一种简化分析方法，并且可以计算所有构件精确的无应力长度，包括主缆和吊杆的无应力长度，推导并计算了考虑索自重的主梁-缆索系统的平衡方程，迭代求解出主缆力水平分力和主缆线形。最后根据无应力长度，通过悬索桥的有限元模型验证了该方法的可行性。其研究中采用了抛物线主缆的假设，考虑了主梁的 $P\text{-}\Delta$ 效应。Chen 等[9]将变程遗传算法和粒子群优化算法应用于主缆找形中，解决了传统 Newton-Raphson 法的初值设定和计算发散问题，可适应各种初值、复杂边界和荷载条件。Cao 等[12]根据悬链线主缆的显式解析解，推导出悬索桥主缆找形的两个非线性控制方程以及显式雅可比矩阵，采用梯度迭代法进行求解计算，很好地提高了计算效率。其灵敏度分析结果表明，与传统的有限差分法相比，采用雅可比矩阵的方式也十分有效。Wang 等[10]利用分段悬链线理论计算了自锚式悬索桥的成桥受力状态和主缆线形，但没有对施工过程中的主缆线形进行讨论。

通过对现有的找形思路及方法进行整合分析发现，目前的找形思路及方法有以下几点相似之处：

（1）弹性悬链线的解析解是主缆找形的基础，在此之上，通过两节点索单元的切线刚度矩阵，建立索的内力、无应力长度等参数之间的关系，根据设计矢跨比等要求，实现迭代找形的运算，而且通常伴随着数值算法，如 Newton-Raphson 法等，其计算效率问题也是关键点之一。目前已有学者[9]尝试采用粒子群优化算法、遗传算法等新型算法进一步改善收敛速度。

（2）主缆的无应力长度是联系成桥阶段和施工阶段的重要纽带，对结构内力及施工参数有很大影响。以索段的无应力长度为未知量，结合悬链线解析解，进行主缆线形的分析和计算。在成桥线形基础上，以无应力长度守恒为原则，确定空缆线形及相应施工参数。

（3）吊杆力是决定主缆线形的重要因素之一，其初值常借助于多点刚性支承连续梁法确定。在自锚式悬索桥研究中，主梁 $P$-$\Delta$ 效应往往成为影响线形的关键，而迭代方式是解决该问题的有效途径。

在施工阶段主缆线形的研究方面，空缆线形和施工参数的计算是不可或缺的。文献[8]、[11]和[26]均对空缆线形和主索鞍预偏量进行了计算，另外，悬索桥的施工参数还涉及索夹安装位置、散索鞍预偏量、吊杆下料长度等，甚至在主梁吊装中主索鞍顶推量和顶推时机也是需要精确计算的。

Brotton 等[28]采用有限元法对 Forth 桥和 Severn 桥的架设过程进行了计算。Jensen 等[29]对 Little Belt 桥和 Great Belt 桥进行了施工控制计算。1966 年，Brotton[30]首次发表了一种以矩阵位移法进行求解的通用悬索桥结构分析方法，这种方法是在直接刚度法的基础上，考虑主缆因恒载轴力对大位移结构平衡的影响。与此同时，Saafan[31]不考虑初始轴力和大位移，而是考虑了初始弯矩、剪力及轴力-弯矩相互作用产生的二次效应，推导出非线性切线刚度矩阵，形成更全面的非线性有限元理论。一些学者基于悬索桥专用软件，利用悬链线单元模拟主缆和吊杆，对悬索桥施工过程进行了计算[17,25,26]。

在索鞍顶推计算中，一般采用有限元法。何为等[32]以宜昌长江公路大桥为例，采用三维实体退化虚拟层合单元建立全桥的三维有限元模型，对主梁吊装阶段的悬索桥桥塔应力进行了分析，提出了塔顶主索鞍顶推的小步快跑原则，即适当增加顶推次数，减小每次顶推量，这样有利于增加桥塔的施工安全裕度及全桥结构的安全。张海顺等[33]采用降温法模拟主索鞍的顶推过程，即在有限元模型中开发一种温度杆单元，模拟将主索鞍的预偏量分步降温至接近于 0 以实现主索鞍的顶推。栗金营等[34]利用有限元模型计算主索鞍顶推时机和顶推量，并通过实测施工中索塔应力和偏位，按照以索塔应力控制为主、索塔偏位控制为辅的调整方案，结合具体的施工情况对主索鞍各阶段顶推量进行修正。

由此可见，悬索桥的施工计算往往借助于有限元法，解析法在此方面的研究还不够深入，尚有潜力可以挖掘。

## 1.3　主要研究内容

随着经济水平的快速提高和交通需求的不断增长，悬索桥呈现出跨径长大化和形式多元化的发展趋势，为了减轻结构自重和减少材料用量，主缆和锚碇的安全系数不断减小，悬索桥在设计阶段和施工过程中需要进行更精细化的线形和内力计算。目前在悬索桥主缆找形方面还存有如下亟待解决的问题：

(1)基于悬链线索单元的有限元法或专用软件开展的主缆找形研究居多，但无论是构建两节点悬索单元、推导切线刚度矩阵，还是离散化杆系的非线性分析，都需要庞大的计算资源，其效率仍不高。而且在找形分析的过程中，不易考虑圆弧状索鞍这类细节问题，在多数研究中通常予以忽略，或者需要大量的迭代运算。开发或寻求更高效的找形算法是今后设计与施工人员的需求和方向。

(2)在解析法研究中，多点刚性支承的连续梁模型通常用来确定吊杆的初始内力，但吊杆在主梁吊点处的约束作用实际上是一种弹性支承，其竖向的支承刚度取决于吊杆的轴向刚度和主缆竖向刚度对该点的贡献。除此之外，主缆线形的计算通常是在忽略吊杆自重的情况下进行的，这些都可以进一步进行精细化分析。

(3)悬索桥的空缆线形固然重要，但施工参数是达到合理成桥状态的保障。然而，对于诸多的施工参数，如索鞍圆弧、索鞍预偏量、桥塔预抬高量、索夹安装位置、索鞍顶推量等，研究中较少同时考虑这些因素，而且锚跨的线形通常也被忽略了。因此，有必要针对施工参数建立统一可靠的计算方法，以指导悬索桥的设计和施工。

(4)在现有的解析法研究中，悬索桥在基准温度下的成桥主缆线形被广泛关注，但较少计算施工中的主缆线形，也较少研究温度对主缆高程线形和索夹安装位置的影响。

解析法在主缆找形的研究上仍有很大的发展空间。本书主要解决的问题有：精确吊杆力下的成桥线形计算、施工控制参数计算、索鞍顶推量及顶推时机的计算、施工误差修正计算、三塔悬索桥主缆找形及中塔刚度优化研究、均匀温度对主缆线形的影响研究、双缆结构的主缆找形研究、空间索面悬索桥找形研究及主缆找形的 ANSYS 命令流实现方法等。

### 参 考 文 献

[1] 金增洪. 20 世纪悬索桥的历史和美学. 公路，2004，49(9)：1-20.
[2] 唐茂林. 大跨度悬索桥空间几何非线性分析与软件开发. 成都：西南交通大学博士学位论

文,2003.

[3] Kim K S, Lee H S. Analysis of target configurations under dead loads for cable-supported bridges. Computers & Structures, 2001, 79(29-30): 2681-2692.

[4] Atmaca B, Ates S. Construction stage analysis of three-dimensional cable-stayed bridges. Steel & Composite Structures, 2012, 12(5): 413-426.

[5] O'Brien T. General solution of suspended cable problems. Journal of the Structural Division, 1967, 93(1): 1-26.

[6] O'Brien W T, Francis A S. Cable movements under two-dimensional loads. Journal of the Structural Division, 1964, 90(3): 89-123.

[7] Karoumi R. Some modeling aspects in the nonlinear finite element analysis of cable supported bridges. Computers & Structures, 1999, 71(4): 397-412.

[8] Chen Z J, Cao H Y, Zhu H. An iterative calculation method for suspension bridge's cable system based on exact catenary theory. Baltic Journal of Road and Bridge Engineering, 2013, 8(3): 196-204.

[9] Chen Z J, Cao H Y, Ye K, et al. Improved particle swarm optimization-based form-finding method for suspension bridge installation analysis. Journal of Computing in Civil Engineering, 2015, 29(3): 04014047.

[10] Wang S R, Zhou Z X, Gao Y M, et al. Analytical calculation method for the preliminary analysis of self-anchored suspension bridges. Mathematical Problems in Engineering, 2015, 2015: 1-12.

[11] Jung M R, Min D J, Kim M Y. Simplified analytical method for optimized initial shape analysis of self-anchored suspension bridges and its verification. Mathematical Problems in Engineering, 2015, 2015: 1-14.

[12] Cao H Y, Zhou Y L, Chen Z J, et al. Form-finding analysis of suspension bridges using an explicit iterative approach. Structural Engineering and Mechanics, 2017, 62(1): 85-95.

[13] Irvine H M. Cable Structures. Cambridge: MIT Press, 1981.

[14] Irvine H M. Statics of suspended cables. Journal of the Engineering Mechanics Division, 1975, 101(3): 187-205.

[15] Huddleston J V. Computer analysis of extensible cables. Journal of the Engineering Mechanics Division, 1981, 107(1): 27-37.

[16] Ahmadi-Kashani K, Bell A J. The analysis of cables subject to uniformly distributed loads. Engineering Structures, 1988, 10(3): 174-184.

[17] Lonetti P, Pascuzzo A. Optimum design analysis of hybrid cable-stayed suspension bridges. Advances in Engineering Software, 2014, 73: 53-66.

[18] Kim H K, Lee M J, Chang S P. Non-linear shape-finding analysis of a self-anchored suspension bridge. Engineering Structures, 2002, 24(12): 1547-1559.

[19] Jayaraman H B, Knudson W C. A curved element for the analysis of cable structures. Computers & Structures, 1981, 14(3-4): 325-333.

[20] Chen D W, Au F T K, Tham L G, et al. Determination of initial cable forces in prestressed concrete cable-stayed bridges for given design deck profiles using the force equilibrium method. Computers & Structures, 2000, 74(1): 1-9.
[21] Thai H T, Kim S E. Nonlinear static and dynamic analysis of cable structures. Finite Elements in Analysis and Design, 2011, 47(3): 237-246.
[22] Kim H K, Kim M Y. Efficient combination of a TCUD method and an initial force method for determining initial shapes of cable-supported bridges. International Journal of Steel Structures, 2012, 12(2): 157-174.
[23] Hassan M M. Optimization of stay cables in cable-stayed bridges using finite element, genetic algorithm, and B-spline combined technique. Engineering Structures, 2013, 49: 643-654.
[24] Lu P Z, Chen J T, Zhong J R, et al. Optimization analysis model of self-anchored suspension bridge. Mathematical Problems in Engineering, 2014, 2014: 1-8.
[25] Thai H T, Choi D H. Advanced analysis of multi-span suspension bridges. Journal of Constructional Steel Research, 2013, 90: 29-41.
[26] Jung M R, Min D J, Kim M Y. Nonlinear analysis methods based on the unstrained element length for determining initial shaping of suspension bridges under dead loads. Computers & Structures, 2013, 128: 272-285.
[27] Sun Y, Zhu H P, Xu D. New method for shape finding of self-anchored suspension bridges with three-dimensionally curved cables. Journal of Bridge Engineering, 2015, 20(2): 04014063.
[28] Brotton D M, Arnold G. The solution of the suspension bridge problems by digital computers. Structural Engineer, 1963, 41(4): 121-126.
[29] Jensen G, Petersen A. Erection of suspension bridge//Cable-Stayed and Suspension Bridges: IABSE/FIP International Conference, Deauville, 1994: 351-362.
[30] Brotton D M. A general computer program for the solution of suspension bridge problems. Structural Engineer, 1966, 44(5): 161-167.
[31] Saafan S A. Theoretical analysis of suspension bridges. Journal of the Structural Division, 1966, 92(4): 1-12.
[32] 何为，项贻强，徐兴. 悬索桥施工中索鞍顶推的小步快跑原则. 浙江大学学报(工学版)，2007，41(1)：134-138.
[33] 张海顺，王玉银. 悬索桥吊索张拉及索鞍顶推降温法数值分析. 铁道工程学报，2017，34(11)：39-44.
[34] 栗金营，陈淮，李杰，等. 哪吒大桥主索鞍顶推施工控制研究. 施工技术，2011，40(17)：16-19.

# 第2章　悬索桥主缆线形和吊杆力的迭代算法

## 2.1　引　　言

随着大跨悬索桥建设进程的加快和需求的提高，结构的经济性问题越发突出，为了减轻结构自重和减少材料用量，主缆的安全系数不断减小[1]，目前已接近2.0。对于悬索桥而言，无论是设计阶段还是施工阶段，主缆线形都是重中之重。在悬索桥长大跨发展的趋势下，悬索桥设计主缆线形的精细化计算问题随之而来，达到高精度的主缆线形一直是设计人员和施工人员的共识。设计人员通常根据设计矢跨比等来进行主缆线形的设计与计算。在一跨范围内的主缆，其左右端点及跨中点是相对固定的，但设计并不是抛物线、悬链线等曲线的简单拟合，而是需要根据荷载进行精确的计算。

吊杆是悬索桥主缆设计的重要参与角色，其作用不可小觑。在解析法的主缆找形计算中，通常可将吊杆的作用等价为作用于主缆的集中力，可采用的有重力分配法、多点刚性支承连续梁法等[2~4]。但是这些方法并不能真实反映主缆-吊杆-主梁的相互作用。吊杆将主梁系于主缆之上，在主梁吊点处的约束作用为一种弹性支承，其竖向的支承刚度取决于吊杆的轴向刚度和主缆竖向刚度对该点的贡献。不仅如此，成桥时的吊杆受力在很大程度上也受施工顺序的影响。需重点关注两个施工阶段：一是采用主梁吊装施工时，吊杆对主梁节段提供简支梁式的约束；二是在桥面施工时，主梁已吊装完毕，此时类似于连续梁受力模式，吊杆提供多点弹性支承。但二者的和不可能完全等同于一个完整的刚性支承连续梁模型，所以理论上，一般找形方法的精度仍有提高的空间。在主缆-吊杆-主梁的耦合作用下，主缆线形、吊杆内力及吊杆对主梁的支承刚度均处于未知状态，在解析找形基础上，建立一种可靠的迭代算法解决主缆找形和吊杆力的精确计算问题，是一种极为可行的思路。

有限元法通过结构的非线性分析，不断更新节点坐标和悬链线索单元的张力，利用Newton-Raphson法等使计算收敛，实现目标线形的寻找。但其弊端是难以模拟索鞍的作用，无论采用多个刚性的杆件还是将鞍座和索鞍为一体的鞍座-索单元，都不能实现主缆与索鞍的切点随着外力作用的变化而变化，但其优势也不可忽视，如通过有限元模型的非线性分析可以快速求解结构的内力。

本章建立一种悬索桥成桥状态下主缆线形和吊杆力精细化计算的迭代算法，结合解析法和有限元法，扬长避短，进一步提高成桥状态下主缆设计线形的求解精度。本章在成桥状态下的主缆找形算法及思路也是后续章节的基础，同时引入非线性广义约化梯度(generalized reduced gradient，GRG)法作为新的非线性方程求解方法，为桥梁研究提供更友好的找形思路和工具。

非线性 GRG 法[5]作为一种广义降阶算法，具有良好的计算精度和速度。Lasdon 等[6]证明了非线性 GRG 法是解决中小型数值解问题有效可靠的算法，便于编写简单程序求解非线性问题，并可通过 Excel 的规划求解工具实现非线性方程的多参数求解，具有良好的计算精度和收敛速度，显著降低了求解难度。

## 2.2 主跨主缆找形

### 2.2.1 主跨找形分析

在悬索桥主缆找形问题中，分段悬链线理论遵循以下四条基本假定：

(1)索是理想的柔性索，即只存在轴向拉力，不存在轴向压力和弯矩。一般而言，相比于索长，索的截面尺寸较小，其抗弯刚度对线形的影响可以忽略不计。

(2)弹性阶段假定，即索的应力-应变关系符合胡克定律。

(3)小应变假定，即索的横截面面积不因力的大小而变化，即轴向抗拉刚度始终为定值。

(4)将索的自重认为是受力平衡后的沿线均布荷载。

针对一般的双塔三跨悬索桥，主跨和边跨的主缆找形有很大的相似性，但又有所区别。本章在分段悬链线理论的框架下，先针对成桥状态下主跨的主缆找形进行详细阐述，成桥状态下的边跨主缆找形及空缆状态下的各跨主缆找形将依次在后续章节中阐述。

以双塔三跨悬索桥的主跨为例，在成桥状态下，主缆受两大作用：以沿线均布荷载形式分布的自重和以集中力形式分布的吊杆力，主缆的形状呈现带有折角的分段悬链线的线形。如图 2.1 所示，当主跨存在 $n$ 个吊点时，全跨的主跨被分为 $n+1$段悬链线。以每段悬链线主缆的左端点为坐标原点(包括左主索鞍切点 $O_0$ 及其上吊点 $O_i$)，分别建立局部坐标系，$x$ 轴水平向右，$y$ 轴竖直向下，第 $i$ 段主缆的悬链线线形可表示为

$$y=c\cosh\left(\frac{x}{c}+a_i\right)+b_i \tag{2.1}$$

式中，$c=-H/q$，$H$ 为成桥状态下主缆的水平分力，kN，$q$ 为主缆的每延米自重，kN/m；$a_i$ 和 $b_i$ 为悬链线方程的参数。

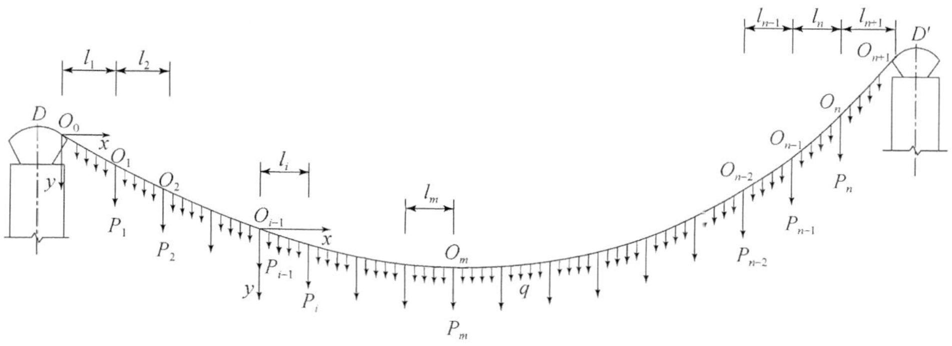


图 2.1　成桥状态下的主缆线形

根据边界条件 $y(0)=c\cosh a_i+b_i=0$，可以得到 $b_i=-c\cosh a_i$，代入式(2.1)，可简化为

$$y=c\left[\cosh\left(\frac{x}{c}+a_i\right)-\cosh a_i\right] \tag{2.2}$$

如式(2.1)所示，一段悬链线需要 $a_i$、$b_i$ 和 $c$ 三个参数才能唯一确定，其求解至少需要三个独立方程。主跨设计主缆线形通常已知跨径和矢跨比，因此其左右端点和跨中点的相对高差已知，恰巧可以根据自重确定唯一的悬链线线形。但在索鞍和吊杆力的介入下，主跨的主缆线形并不容易得到。

如图 2.1 所示，欲实现主缆找形，同样有三个基本未知参数，求解参数需要三个非线性控制方程：①左主索鞍切点与跨中点高差闭合；②左主索鞍与右主索鞍切点间的高差闭合；③最右侧的悬链线主缆的水平投影长度 $l_{n-1}$ 满足设计要求，使主跨跨径闭合。三个非线性控制方程可相应地表达为

$$\sum_{i=1}^{m}\Delta h_i=\Delta h_{O_0O_m} \tag{2.3a}$$

$$\sum_{i=1}^{n+1}\Delta h_i=\Delta h_{O_0O_{n+1}} \tag{2.3b}$$

$$l_{n+1}=l_{O_nD'}-\Delta_2 \tag{2.3c}$$

式中，$m$ 为左侧桥塔到跨中点 $O_m$ 间的吊杆数量；$n$ 为吊杆数量；$\Delta h_i$ 为第 $i$ 段悬链线主缆左右端点的高差；$\Delta h_{O_0O_m}$ 为左主索鞍切点 $O_0$ 与跨中点 $O_m$ 的高差；$\Delta h_{O_0O_{n+1}}$ 为左主索鞍切点 $O_0$ 和右主索鞍切点 $O_{n+1}$ 的高差；$l_{O_nD'}$ 为最右侧吊杆到右侧桥塔中心线的设计间距；$\Delta_2$ 为右主索鞍上切点 $O_{n+1}$ 到实际顶点 $D'$ 的水平距离。右主索鞍如图 2.2(b)所示。

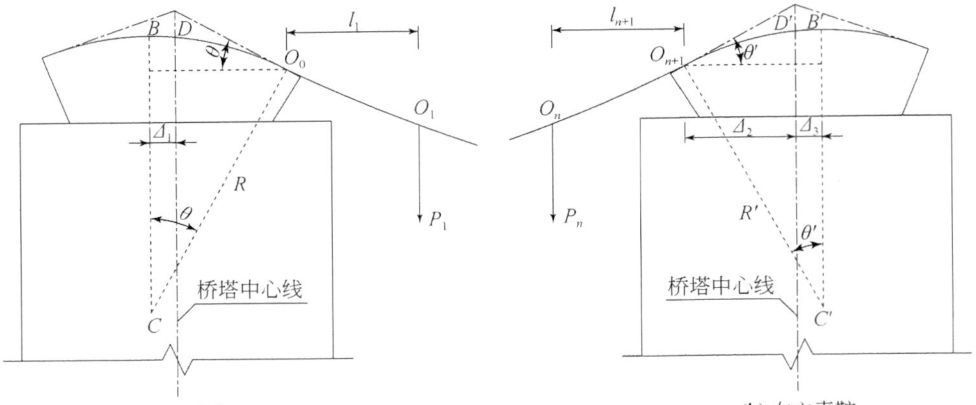


(a) 左主索鞍　　(b) 右主索鞍

图 2.2　主索鞍示意图

上述方程中三个基本未知参数分别是主缆的水平分力 $H$、第 1 段悬链线方程参数 $a_1$ 和第 $n+1$ 段悬链线主缆的水平投影长度 $l_{n+1}$。通过这三个基本未知参数可以对上述非线性方程组中的其他变量进行表达,并构建为可以求解的函数形式。

第 $i$ 段悬链线主缆左右端点的高差 $\Delta h_i$ 可以表达为

$$\Delta h_i = y(l_i) - y(0) = c\left[\cosh\left(\frac{l_i}{c}+a_i\right) - \cosh a_i\right] \tag{2.4}$$

式中,$l_i$ 为第 $i$ 段悬链线主缆的水平投影长度,而由于切点位置不确定,$l_1$ 和 $l_{n+1}$ 相对来说是未知的,$l_2 \sim l_n$ 一般可以通过吊杆的设计间距确定。

通过给定的左主索鞍圆心点 $C$ 的高程 $h_C$,左主索鞍圆弧上的切点 $O_0$ 的大地高程值 $h_{O_0}$ 可表达为

$$h_{O_0} = h_C + R\cos\theta \tag{2.5}$$

式中,$R$ 为左主索鞍圆弧的半径,如图 2.2(a)所示;$\theta$ 为左主索鞍切点的切角,即竖直线 $BC$ 和切点 $O_0$ 与圆心 $C$ 连线 $O_0C$ 的夹角。

左主索鞍上的切角还存在如下关系:

$$\tan\theta = \left.\frac{\mathrm{d}y}{\mathrm{d}x}\right|_{x=0} = \sinh a_1 \tag{2.6}$$

进而有

$$\cos\theta = \mathrm{sech} a_1 \tag{2.7}$$

将式(2.7)代入式(2.5),则有

$$h_{O_0} = h_C + R\,\mathrm{sech} a_1 \tag{2.8}$$

因此,式(2.3)中左主索鞍切点 $O_0$ 与主跨跨中点 $O_m$ 的高差 $\Delta h_{O_0O_m}$ 可表达为

$$\Delta h_{O_0O_m} = h_{O_0} - h_{O_m} = h_C + R\,\mathrm{sech} a_1 - h_{O_m} \tag{2.9}$$

式中,$h_{O_m}$ 为已知的主跨跨中点的设计高程值,一般可根据设计矢跨比确定。

同样地，对于右主索鞍，利用已知的右主索鞍圆心点 $C'$ 的高程 $h_{C'}$，可将其上的索鞍切点 $O_{n+1}$ 的高程 $h_{O_{n+1}}$ 表示为

$$h_{O_{n+1}}=h_{C'}+R'\cos\theta' \tag{2.10}$$

式中，$R'$ 为右主索鞍圆弧的半径，如图 2.2(b)所示；$\theta'$ 为右主索鞍切点的切角，即竖直线 $B'C'$ 和切点 $O_{n+1}$ 与圆心点 $C'$ 连线 $O_{n+1}C'$ 的夹角。

右主索鞍切点的切角 $\theta'$ 也存在如下关系：

$$\tan\theta'=-\frac{\mathrm{d}y}{\mathrm{d}x}\bigg|_{x=l_{n+1}}=-\sinh\left(\frac{l_{n+1}}{c}+a_{n+1}\right) \tag{2.11}$$

进而可得

$$\cos\theta'=\mathrm{sech}\left(\frac{l_{n+1}}{c}+a_{n+1}\right) \tag{2.12}$$

$$\sin\theta'=-\tanh\left(\frac{l_{n+1}}{c}+a_{n+1}\right) \tag{2.13}$$

将式(2.12)代入式(2.10)，整理后得

$$h_{O_{n+1}}=h_{C'}+R'\mathrm{sech}\left(\frac{l_{n+1}}{c}+a_{n+1}\right) \tag{2.14}$$

于是，左主索鞍切点 $O_0$ 和右主索鞍切点 $O_{n+1}$ 的高差 $\Delta h_{O_0O_{n+1}}$ 可表示为

$$\Delta h_{O_0O_{n+1}}=h_{O_0}-h_{O_{n+1}}=h_C-h_{C'}+R\mathrm{sech}a_1-R'\mathrm{sech}\left(\frac{l_{n+1}}{c}+a_{n+1}\right) \tag{2.15}$$

如图 2.2(b)所示，水平距离 $\Delta_2$ 可表示为

$$\Delta_2=R'\sin\theta'-\Delta_3=-R'\tanh\left(\frac{l_{n+1}}{c}+a_{n+1}\right)-\Delta_3 \tag{2.16}$$

式中，$\Delta_3$ 为右主索鞍的圆心点 $C'$ 和实际顶点 $D'$ 的水平距离，为已知量。

此时，在式(2.3)中，除每段悬链线主缆的水平投影长度 $l_i$ 以外，还包含了各段悬链线方程参数 $a_i$，虽然参数多，但它们之间存在一定的递推关系。在任一上吊点处，主缆的轴力可以分解为水平分力和竖向分力的组合，如图 2.3 所示。在成桥状态下，点 $O_i$ 的静力平衡条件则要求

$$H\tan\varphi_i=H\tan\varphi_{i+1}+P_i \tag{2.17}$$

式中，$P_i$ 为上吊点 $O_i$ 对应的第 $i$ 个吊杆力；$\varphi_i$ 和 $\varphi_{i+1}$ 分别对应上吊点 $O_i$ 左侧和右侧的主缆倾角。

将 $\tan\varphi_i=\sinh(l_i/c+a_i)$ 和 $\tan\varphi_{i+1}=\sinh a_{i+1}$ 代入式(2.17)，可得

$$H\sinh\left(\frac{l_i}{c}+a_i\right)=H\sinh a_{i+1}+P_i \tag{2.18}$$

于是，有

$$a_{i+1}=\mathrm{arcsinh}\left[\sinh\left(\frac{l_i}{c}+a_i\right)-\frac{P_i}{H}\right] \tag{2.19}$$

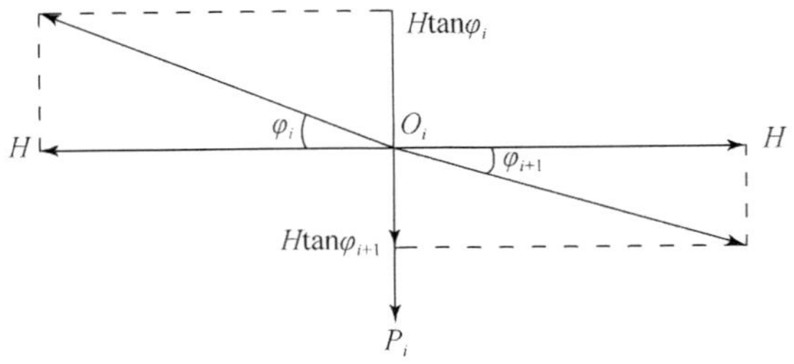


图 2.3　上吊点的静力平衡

先前指出，索鞍切点的位置需要进一步计算才能确定，也就导致第 1 段悬链线和第 $n+1$ 段悬链线主缆的水平投影长度 $l_1$ 和 $l_{n+1}$ 是未知的。为降低求解难度，通过基本未知量 $a_1$，便可计算出第 1 段悬链线主缆的水平投影长度 $l_1$，可表达为

$$l_1 = l_{DO_1} - (R\sin\theta - \Delta_1) = l_{DO_1} - (R\tanh a_1 - \Delta_1) \tag{2.20}$$

式中，$l_{DO_1}$ 为上吊点 $O_1$ 到左主索鞍实际顶点 $D$ 的水平距离，换言之，就是最左侧吊杆到左侧桥塔中心线的设计间距；$\Delta_1$ 为左主索鞍上圆心点 $C$ 到实际顶点 $D$ 的水平距离，如图 2.2(a)所示。

综上所述，将式(2.4)、式(2.9)、式(2.15)、式(2.16)、式(2.19)和式(2.20)代入式(2.3)，并将非线性控制方程转换为如下函数形式：

$$f_1(H, a_1, l_{n+1}) = c\sum_{i=1}^{m}\left[\cosh\left(\frac{l_i}{c} + a_i\right) - \cosh a_i\right] - (h_C + R\operatorname{sech} a_1 - h_{O_m}) \tag{2.21a}$$

$$f_2(H, a_1, l_{n+1}) = c\sum_{i=1}^{n+1}\left[\cosh\left(\frac{l_i}{c} + a_i\right) - \cosh a_i\right] - \left[h_C - h_{C'} + R\operatorname{sech} a_1 - R'\operatorname{sech}\left(\frac{l_{n+1}}{c} + a_{n+1}\right)\right] \tag{2.21b}$$

$$f_3(H, a_1, l_{n+1}) = l_{n+1} - l_{O_nD'} - R'\tanh\left(\frac{l_{n+1}}{c} + a_{n+1}\right) - \Delta_3 \tag{2.21c}$$

式中，$f_i(\cdot)$ 为构造出的函数。

为求解方程组(2.21)，可将其转化为无约束的非线性优化问题，即

$$\min F(H, a_1, l_{n+1}) \tag{2.22}$$

式中，$F(\cdot) = f_1^2(\cdot) + f_2^2(\cdot) + f_3^2(\cdot)$。

采用非线性 GRG 法可以得到上述的三个基本未知量 $H$、$a_1$ 和 $l_{n+1}$。进而，主跨主缆线形和内力都可以确定出来，包括索鞍切点的坐标、每个上吊点的高程、主缆每个索段的内力和应力等。

### 2.2.2　算例

首先，以丹麦的 Great Belt 桥为背景，验证上述分段悬链线理论在已知吊杆力

下主缆找形的可行性和有效性。该问题最早由 Karoumi[7] 提出并研究，之后有学者[2,8,9]也进行了相应的分析。Great Belt 桥主跨 1624m，主缆垂度达 180m，本节验证工作所采用的结构模型与 Karoumi 模型基本一致，如图 2.4 所示。其主缆的横截面面积 $A$、弹性模量 $E$ 及主缆的每延米自重 $q$ 分别为 0.4m$^2$、210GPa 和 32.9kN/m，若不考虑索鞍圆弧的影响，将解析法中的圆弧半径 $R$ 取为 0，各吊杆力 $P_i$ 的取值见表 2.1。从主缆线形（表 2.1）和主缆水平分力（表 2.2）的结果可以发现，坐标误差不超过 0.03m，主缆水平分力误差不超过 0.4MN，证明了上述分段悬链线理论在主缆找形中的可行性和有效性。

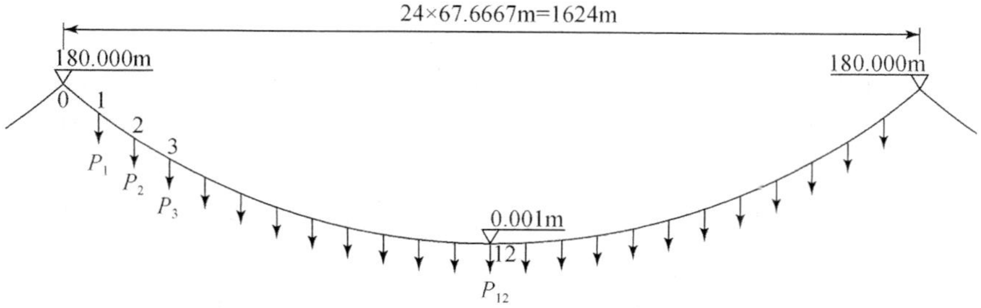


图 2.4　Great Belt 桥主跨的主缆线形

**表 2.1　已知的吊杆力和主缆节点的计算坐标值**

| 吊杆编号 | 吊杆力 $P_i$/kN | $y$/m | | | $\Delta y$/m | |
|---|---|---|---|---|---|---|
| | | (1)Kim 等[8] | (2)Cao 等[9] | (3)本节算法 | (3)−(1) | (3)−(2) |
| 0 | — | 180.000 | 180.000 | 180.000 | 0 | 0 |
| 1 | 4906.596 | 151.132 | 151.129 | 151.129 | −0.003 | 0 |
| 2 | 4897.055 | 124.812 | 124.811 | 124.810 | −0.002 | −0.001 |
| 3 | 4899.638 | 101.032 | 101.031 | 101.030 | −0.002 | −0.001 |
| 4 | 4898.905 | 79.781 | 79.780 | 79.779 | −0.002 | −0.001 |
| 5 | 4899.079 | 61.050 | 61.050 | 61.049 | −0.001 | −0.001 |
| 6 | 4899.105 | 44.833 | 44.833 | 44.833 | 0 | 0 |
| 7 | 4899.045 | 31.122 | 31.123 | 31.122 | 0 | −0.001 |
| 8 | 4899.042 | 19.912 | 19.913 | 19.912 | 0 | −0.001 |
| 9 | 4899.115 | 11.198 | 11.198 | 11.198 | 0 | 0 |
| 10 | 4899.043 | 4.977 | 4.977 | 4.977 | 0 | 0 |
| 11 | 4899.043 | 1.245 | 1.245 | 1.245 | 0 | 0 |
| 12 | 4899.115 | 0.001 | 0.001 | 0.001 | 0 | 0 |

表 2.2　主缆的水平分力

| 文献 | Kim 等[2] | Kim 等[8] | Cao 等[9] | 本节算法 |
| --- | --- | --- | --- | --- |
| 主缆水平分力 $H$/MN | 194.00 | 193.75 | 193.69 | 193.83 |

# 2.3　吊杆力的精细化计算

## 2.3.1　有限元建模

在 2.2 节的解析找形中，如式(2.17)和式(2.19)，吊杆力作为已知参数参与上吊点的受力分析，是悬链线参数递推过程中的重要组成。但在设计阶段，吊杆力通常是基于某一简单的梁模型来计算的，结果存在一定的误差，真实的内力有待进一步确定。

为了得到更准确的吊杆力，本节采用有限元法，建立主缆-吊杆-主梁的主跨模型，如图 2.5 所示，从而进行吊杆内力的精细化计算。实际上，尽管桥塔的弹性变形会造成桥塔顶部的位移，但并不需要对桥塔进行详细的建模，可采取近似的边界处理方式。在加劲梁和桥面系的施工中，通过主缆传递到桥塔上的压力会逐渐增加，最终会在成桥时引起一个桥塔的总弹性压缩量 $\Delta h$。因此，为了保证桥塔顶部在成桥状态时的位置精确，需要预先在桥塔施工时就设置一个预抬高量，即总弹性压缩量 $\Delta h$。基于此，有限元建模时，可以把桥塔设置为不可压缩状态，只建立桥塔顶部的约束，就无须对桥塔进行建模。

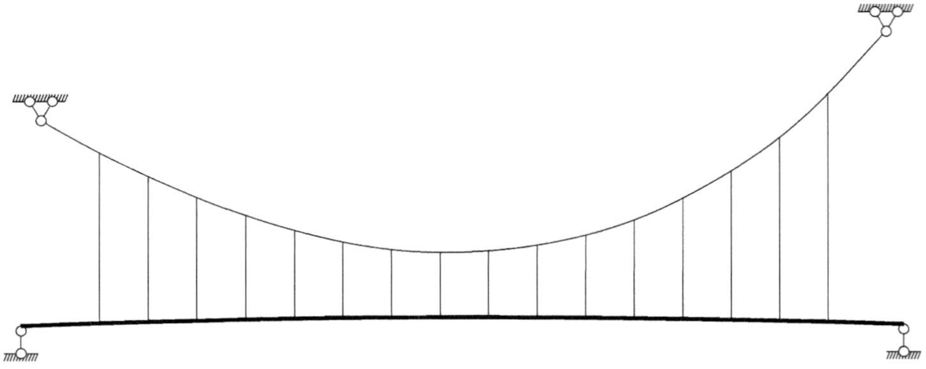

图 2.5　主跨有限元模型

在有限元建模时，主缆和吊杆均使用只受拉杆单元模拟。通常杆单元有受拉和受压两种状态，具有双线性的刚度矩阵，但只受拉杆单元的刚度会在受压时消失，所以很适合模拟索结构。建模时，主缆的两个端点依据解析找形的两个索鞍切点，并施加铰接约束，其余主缆各点与上吊点坐标一致，并且根据解析法结果，通过胡克定律换算出各段主缆的初应变以模拟主缆的初内力。

主梁采用梁单元模拟，节点坐标根据设计的主梁线形依次确定，再根据支座的平面布置，在梁的两端施加合适的自由度约束。为了避免梁体在自重下发生过大变形，需要根据吊杆力初始值换算出各个吊杆的初应变，以模拟吊杆的初内力。

悬索桥的各个吊杆内力便可通过有限元模型的静力分析获取，并且需要根据新得到的吊杆力值进行迭代，逐步逼近真实的吊杆力。

### 2.3.2　迭代算法

有限元建模时的初应变都是基于假设的吊杆力计算的，因此需要以迭代的方式不断更新吊杆力，最终使有限元中吊杆初应变的输入值与输出值基本一致。如图 2.6 所示，为得到更精确的吊杆力，迭代的顺序和步骤如下：

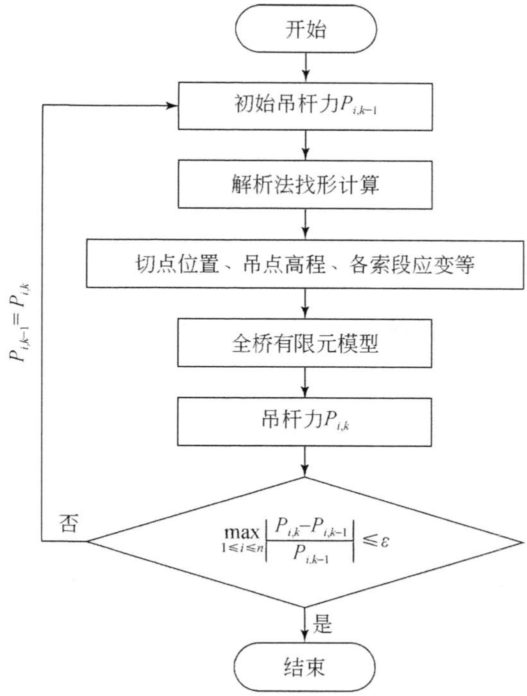


图 2.6　迭代算法流程

(1)假设一组吊杆力的初始值。

(2)根据 2.2 节的解析找形算法，确定成桥状态下主缆的线形和内力，具体包括索鞍切点和上吊点的坐标、主缆各索段的应力和应变值等。

(3)根据解析找形，进行有限元建模，并执行运算，提取吊杆力输出值。

(4)通过式(2.23)，验证吊杆力输出值是否满足误差限值：若式(2.23)不满足，则吊杆力 $P_{i,k}$ 将作为新的一组吊杆力，返回步骤(2)中，重新进行解析法找形，开始迭代；若式(2.23)满足，则迭代结束，认为达到了主缆找形和吊杆力的精细化计算目标。

$$\max_{1\leqslant i\leqslant n}\left|\frac{P_{i,k}-P_{i,k-1}}{P_{i,k-1}}\right|\leqslant\varepsilon \tag{2.23}$$

式中，$P_{i,k}$ 为有限元法的吊杆力输出值；$P_{i,k-1}$ 为解析法中假定的吊杆力，也是有限元建模时使用的输入值；$\varepsilon$ 为误差限值。

为提高迭代效率，吊杆力初始值的选择可由重力分配法或刚性支承连续梁法等确定。以重力分配法为例，如图 2.7 所示，假定每一对吊杆均分其左右主梁节段恒载总重的一半，则吊杆力为

$$P_0=0.5w(S_l+S_r)/2=w(S_l+S_r)/4 \tag{2.24}$$

式中，$w$ 为成桥状态时主梁的每延米恒载重量，kN/m；$S_l$ 和 $S_r$ 分别为左右两侧的主梁节段长，m。

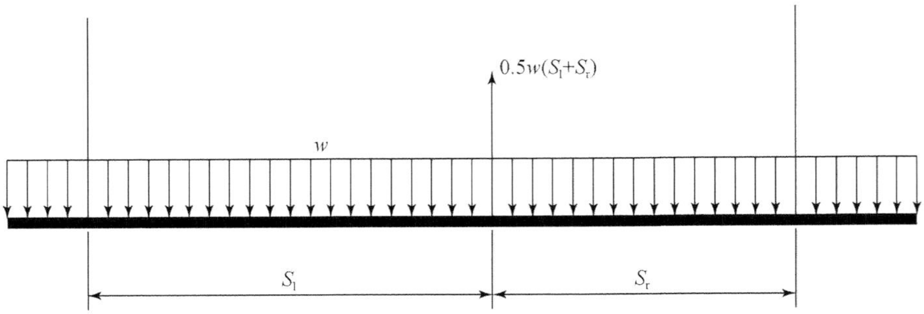


图 2.7　重力分配法的吊杆力计算

### 2.3.3　算例

金东大桥坐落于我国云南昆明，建成时是金沙江上最大跨径的悬索桥，如图 2.8(a)所示。金东大桥主跨为 730m，设计矢跨比为 1/10，左右边跨分别为 240m 和 120m，全桥总跨径 1090m，桥型布置图如图 2.8(b)所示。主缆采用预制平行索股技术，上下游主缆的间距为 17.5m，每根主缆由 91 根索股构成，每根平行钢丝索股又由 91 根 $\phi$5.2mm 的镀锌高强钢丝组成，因此每根主缆共有 8281 根钢丝。会东侧采用隧道锚，而东川侧采用重力式锚碇。全桥共有 71 对吊杆，每根吊杆由 109 根 $\phi$5.0mm 镀锌高强钢丝组成。

(a) 效果图

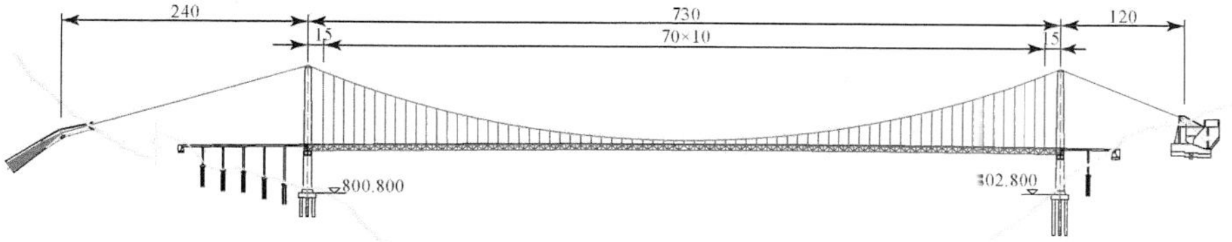


(b) 桥型布置图 (单位：m)

图 2.8　金东大桥

金东大桥主梁采用钢桁架的形式，由主桁架、上下平联、横向桁架组成，其加劲钢桁架梁和桥面系如图 2.9 所示。主桁架采用华伦式，桁高 5m，桁宽 17.5m，节间

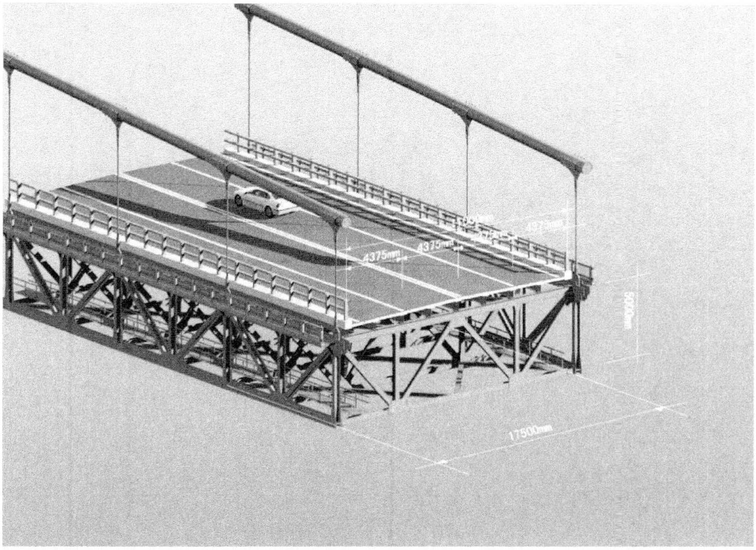


图 2.9　钢桁架梁和桥面系

长度 5.0m,在每小节处均设横向桁架。桥面系采用纵向工字梁与混凝土桥面板结合的形式。纵梁横向间距 2.0m,梁高 0.4～0.56m,简支在主桁横梁上弦杆上。桥面板采用预制混凝土板,其通过剪力钉与纵梁相连,每块预制板长 4.96m、宽 1.70m、厚 0.16m。主梁恒载为 177.12kN/m,包含二期恒载为 36.40kN/m。其边吊杆到主梁端部的水平距离为 13m。

首先,根据重力分配法计算各吊杆的初始内力 $P_{i,0}$,其中,$P_{1,0}=P_{71,0}=1018.4\text{kN}$,$P_{i,0}=885.6\text{kN}(i=2,3,\cdots,70)$;然后,根据 2.2 节中的解析算法计算主缆的线形和内力;接着使用有限元软件 ANSYS 进行有限元建模。金东大桥的有限元模型如图 2.10 所示,该模型共有 2940 个节点和 5785 个单元,包括 144 个主缆索单元、142 个吊杆索单元和 5499 个主桁架梁的梁单元,对主梁梁端竖向和横向的自由度进行约束。解析法和有限元法需要的结构输入参数分别列于表 2.3 和表 2.4。

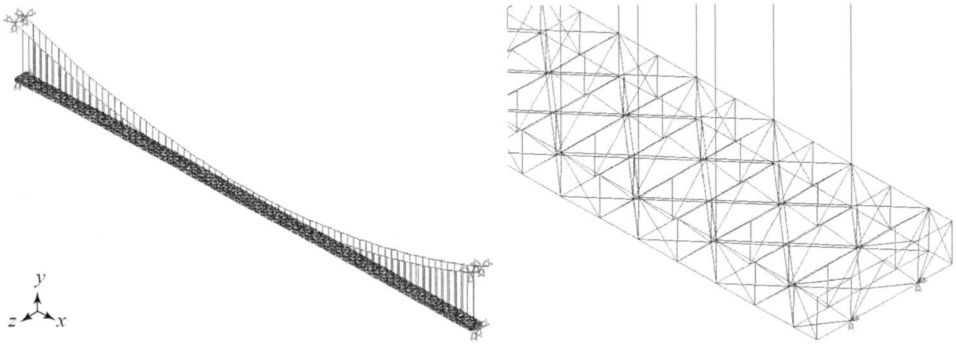


(a) 全桥有限元模型　　(b) 钢桁架梁细部

图 2.10　金东大桥的有限元模型

**表 2.3　解析法的输入参数及取值**

| 成桥状态基本参数 | | 符号 | 单位 | 数值 |
|---|---|---|---|---|
| 主缆 | 弹性模量 | $E$ | GPa | 197.03 |
| | 横截面面积 | $A$ | $m^2$ | 0.1759 |
| | 每延米自重 | $q$ | kN/m | 14.268 |
| | 左主索鞍切点 $O_0$ 和跨中点 $O_m$ 间的主缆段数 | $m$ | — | 36 |
| | 跨中点 $O_m$ 的设计高程 | $h_{O_m}$ | m | 856 |
| 左主索鞍 | 索鞍圆弧半径 | $R$ | m | 5.5 |
| | 圆心点 $C$ 的设计高程 | $h_C$ | m | 923.21 |
| | 圆心点 $C$ 到实际顶点 $D$ 的水平距离 | $\Delta_1$ | m | 0.227 |

续表

| 成桥状态基本参数 | | 符号 | 单位 | 数值 |
|---|---|---|---|---|
| 右主索鞍 | 索鞍圆弧半径 | $R'$ | m | 5.5 |
| | 圆心点 $C'$ 的设计高程 | $h_{C'}$ | m | 923.09 |
| | 圆心点 $C'$ 到实际顶点 $D'$ 的水平距离 | $\Delta_3$ | m | −0.061* |
| 吊杆 | 一侧主缆的吊杆总数 | $n$ | — | 71 |
| | 吊杆间距 | $l_2 \sim l_{71}$ | m | 10 |
| | 第 1 根吊杆到左侧桥塔中心线(实际顶点 $D$)的水平距离设计值 | $l_{DO_1}$ | m | 15 |
| | 第 72 根吊杆到右侧桥塔中心线(实际顶点 $D'$)的水平距离设计值 | $l_{O_{72}D'}$ | m | 15 |

* 表示圆心点 $C'$ 在实际顶点 $D'$ 的江侧(左侧),非岸侧。

**表 2.4　有限元法的输入参数及取值**

| 成桥状态基本参数 | 符号 | 单位 | 数值 |
|---|---|---|---|
| 吊杆弹性模量 | $E'$ | GPa | 197.03 |
| 吊杆横截面面积 | $A'$ | $m^2$ | $2.14\times10^{-3}$ |
| 吊杆每延米自重 | $q'$ | kN/m | 0.1835 |
| 钢桁架弹性模量 | $E''$ | GPa | 206 |

经过 51 次循环迭代,各吊杆力达到收敛,并满足 0.035%的误差限值,1～6 号吊杆的上端张力随迭代次数的变化情况如图 2.11 所示。其中,1 号吊杆的上端张力达到收敛所需的迭代次数最多,2 号吊杆次之,其余吊杆的收敛速度则相对较快,所需迭代次数很少。最终迭代算法计算的吊杆上下两端处拉力的收敛值,见表 2.5。

在金东大桥全桥有限元模型的基础上建立其主梁模型,在相应的吊点位置施加适当的约束,以刚性支承替代吊杆作用,如图 2.12 所示,进而通过静力分析得到新增支座处的反力。为了分析吊杆力对主缆线形的影响,考虑了以下三种情况:

(1)方案①:基于重力分配法确定的吊杆力,见表 2.5 中①列。

(2)方案②:基于刚性支承连续梁法确定的吊杆力,见表 2.5 中②列。

(3)方案③:基于解析法和有限元法的迭代算法确定的吊杆力,见表 2.5 中③列、④列。

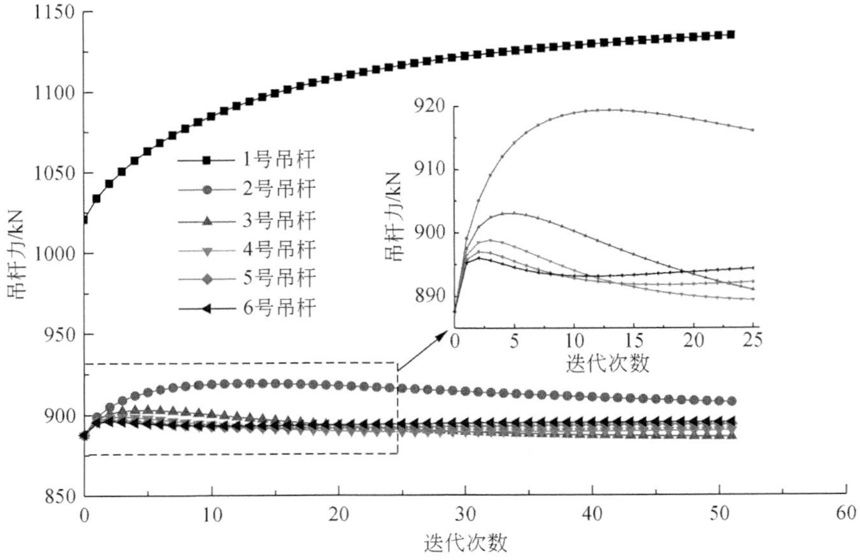


图 2.11　吊杆力随迭代次数的变化情况

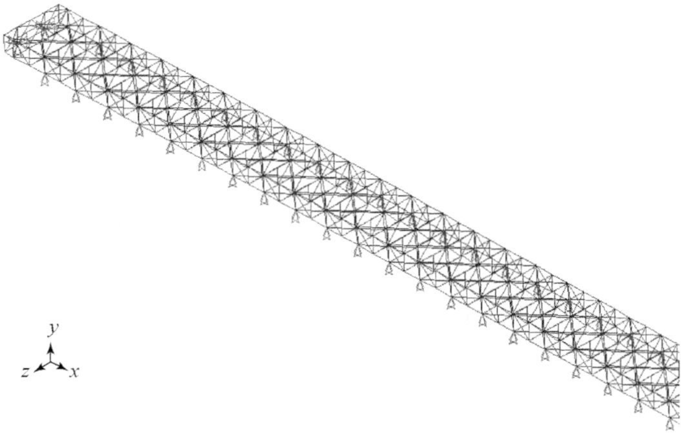


图 2.12　金东大桥钢桁架的刚性支承连续梁模型

**表 2.5　各方案的吊杆力**

| 吊杆编号 | 重力分配法①/kN | 刚性支承连续梁法②/kN | 迭代算法/kN | | 相对误差/% | |
|---|---|---|---|---|---|---|
| | | | 上吊点③ | 下吊点④ | (①－④)/④ | (②－④)/④ |
| 1 | 1018.4 | 1074.5 | 1133.7 | 1120.8 | －9.14 | －4.13 |
| 2 | 885.6 | 900.7 | 907.5 | 895.4 | －1.09 | 0.59 |

续表

| 吊杆编号 | 重力分配法①/kN | 刚性支承连续梁法②/kN | 迭代算法/kN | | 相对误差/% | |
|---|---|---|---|---|---|---|
| | | | 上吊点③ | 下吊点④ | (①－④)/④ | (②－④)/④ |
| 3 | 885.6 | 881.5 | 886.0 | 874.5 | 1.27 | 0.80 |
| 4 | 885.6 | 882.9 | 890.1 | 879.3 | 0.72 | 0.41 |
| 5 | 885.6 | 884.4 | 893.9 | 883.6 | 0.23 | 0.09 |
| 6 | 885.6 | 885.3 | 895.1 | 885.4 | 0.02 | －0.01 |
| 7 | 885.6 | 885.5 | 894.7 | 885.7 | －0.01 | －0.02 |
| 8～64 | 885.6 | 885.5～885.8 | 886.5～894.3 | 885.7～885.9 | －0.03～－0.01 | －0.02～－0.01 |
| 65 | 885.6 | 885.6 | 894.8 | 885.8 | －0.02 | －0.02 |
| 66 | 885.6 | 885.2 | 894.9 | 885.3 | 0.03 | －0.01 |
| 67 | 885.6 | 884.6 | 893.8 | 883.6 | 0.23 | 0.11 |
| 68 | 885.6 | 882.8 | 889.5 | 878.6 | 0.80 | 0.48 |
| 69 | 885.6 | 881.6 | 885.0 | 873.5 | 1.39 | 0.93 |
| 70 | 885.6 | 900.6 | 906.8 | 894.6 | －1.01 | 0.67 |
| 71 | 1018.4 | 1074.6 | 1140.7 | 1127.9 | －9.70 | －4.73 |

经对比，方案①、方案②与方案③的相对误差集中于边吊杆，相对误差分别为 9.70%和 4.73%，而其余吊杆的内力值相对误差较小，基本上不足 1%，且各方案的吊杆内力均远小于其最大承载能力(3570kN)。从三种方案的左右索鞍切点高程、主缆水平分力(表 2.6)和上吊点高程(表 2.7)的对比情况可以发现，其索鞍切点的位置基本一致，最大绝对误差不超过 0.01m，而主缆水平分力的误差也可以忽略不计。但各上吊点高程的最大绝对误差为 4.2cm，不可忽视。

**表 2.6　索鞍切点位置和主缆水平分力**

| 参数 | 方案① | 方案② | 方案③ |
|---|---|---|---|
| 左索鞍切点到左侧桥塔中心线的水平距离/m | 1.783 | 1.791 | 1.786 |
| 左索鞍切点高程/m | 928.330 | 928.327 | 928.328 |
| 右索鞍切点到右侧桥塔中心线的水平距离/m | 2.071 | 2.079 | 2.074 |
| 右索鞍切点高程/m | 928.210 | 928.207 | 928.209 |
| 主缆水平分力/kN | 94131.6 | 94249.9 | 93962.8 |

**表 2.7　各方案上吊点高程**

| 吊杆编号 | 高程/m | | | 绝对误差/cm | | 吊杆编号 | 高程/m | | | 绝对误差/cm | |
|---|---|---|---|---|---|---|---|---|---|---|---|
| | 方案① | 方案② | 方案③ | ①—③ | ②—③ | | 方案① | 方案② | 方案③ | ①—③ | ②—③ |
| 1 | 923.154 | 923.146 | 923.132 | 2.2 | 1.4 | 37 | 856.055 | 856.055 | 856.054 | 0.1 | 0.1 |
| 2 | 919.366 | 919.357 | 919.339 | 2.7 | 1.8 | 38 | 856.219 | 856.219 | 856.218 | 0.1 | 0.1 |
| 3 | 915.688 | 915.681 | 915.658 | 3.0 | 2.3 | 39 | 856.492 | 856.492 | 856.491 | 0.1 | 0.1 |
| 4 | 912.121 | 912.114 | 912.088 | 3.3 | 2.6 | 40 | 856.875 | 856.875 | 856.873 | 0.2 | 0.2 |
| 5 | 908.663 | 908.657 | 908.628 | 3.5 | 2.9 | 41 | 857.368 | 857.368 | 857.365 | 0.3 | 0.3 |
| 6 | 905.317 | 905.311 | 905.278 | 3.9 | 3.3 | 42 | 857.970 | 857.970 | 857.965 | 0.5 | 0.5 |
| 7 | 902.080 | 902.075 | 902.040 | 4.0 | 3.5 | 43 | 858.681 | 858.681 | 858.675 | 0.6 | 0.6 |
| 8 | 898.954 | 898.949 | 898.913 | 4.1 | 3.6 | 44 | 859.502 | 859.502 | 859.495 | 0.7 | 0.7 |
| 9 | 895.937 | 895.933 | 895.896 | 4.1 | 3.7 | 45 | 860.433 | 860.432 | 860.423 | 1.0 | 0.9 |
| 10 | 893.031 | 893.027 | 892.990 | 4.1 | 3.7 | 46 | 861.472 | 861.472 | 861.461 | 1.1 | 1.1 |
| 11 | 890.235 | 890.231 | 890.194 | 4.1 | 3.7 | 47 | 862.622 | 862.621 | 862.609 | 1.3 | 1.2 |
| 12 | 887.549 | 887.545 | 887.509 | 4.0 | 3.6 | 48 | 863.881 | 863.880 | 863.865 | 1.6 | 1.5 |
| 13 | 884.973 | 884.970 | 884.934 | 3.9 | 3.6 | 49 | 865.250 | 865.249 | 865.232 | 1.8 | 1.7 |
| 14 | 882.507 | 882.504 | 882.469 | 3.8 | 3.5 | 50 | 866.728 | 866.727 | 866.708 | 2.0 | 1.9 |
| 15 | 880.151 | 880.148 | 880.114 | 3.7 | 3.4 | 51 | 868.316 | 868.314 | 868.293 | 2.3 | 2.1 |
| 16 | 877.904 | 877.902 | 877.870 | 3.4 | 3.2 | 52 | 870.013 | 870.012 | 869.988 | 2.5 | 2.4 |
| 17 | 875.768 | 875.765 | 875.735 | 3.3 | 3.0 | 53 | 871.821 | 871.819 | 871.793 | 2.8 | 2.6 |
| 18 | 873.741 | 873.739 | 873.711 | 3.0 | 2.8 | 54 | 873.737 | 873.735 | 873.707 | 3.0 | 2.8 |
| 19 | 871.824 | 871.822 | 871.796 | 2.8 | 2.6 | 55 | 875.764 | 875.762 | 875.732 | 3.2 | 3.0 |
| 20 | 870.016 | 870.015 | 869.991 | 2.5 | 2.4 | 56 | 877.901 | 877.898 | 877.866 | 3.5 | 3.2 |
| 21 | 868.319 | 868.317 | 868.296 | 2.3 | 2.1 | 57 | 880.147 | 880.144 | 880.110 | 3.7 | 3.4 |
| 22 | 866.730 | 866.729 | 866.710 | 2.0 | 1.9 | 58 | 882.503 | 882.500 | 882.465 | 3.8 | 3.5 |
| 23 | 865.252 | 865.251 | 865.234 | 1.8 | 1.7 | 59 | 884.969 | 884.965 | 884.929 | 4.0 | 3.6 |
| 24 | 863.883 | 863.882 | 863.868 | 1.5 | 1.4 | 60 | 887.545 | 887.541 | 887.504 | 4.1 | 3.7 |
| 25 | 862.624 | 862.623 | 862.611 | 1.3 | 1.2 | 61 | 890.231 | 890.227 | 890.189 | 4.2 | 3.8 |
| 26 | 861.474 | 861.474 | 861.463 | 1.1 | 1.1 | 62 | 893.027 | 893.022 | 892.985 | 4.2 | 3.7 |
| 27 | 860.434 | 860.434 | 860.425 | 0.9 | 0.9 | 63 | 895.932 | 895.928 | 895.891 | 4.1 | 3.7 |
| 28 | 859.504 | 859.503 | 859.496 | 0.8 | 0.7 | 64 | 898.949 | 898.944 | 898.907 | 4.2 | 3.7 |
| 29 | 858.682 | 858.682 | 858.677 | 0.5 | 0.5 | 65 | 902.075 | 902.069 | 902.035 | 4.0 | 3.4 |
| 30 | 857.971 | 857.971 | 857.967 | 0.4 | 0.4 | 66 | 905.311 | 905.305 | 905.273 | 3.8 | 3.2 |
| 31 | 857.369 | 857.369 | 857.366 | 0.3 | 0.3 | 67 | 908.658 | 908.652 | 908.622 | 3.6 | 3.0 |
| 32 | 856.876 | 856.876 | 856.874 | 0.2 | 0.2 | 68 | 912.115 | 912.108 | 912.082 | 3.3 | 2.6 |
| 33 | 856.493 | 856.493 | 856.492 | 0.1 | 0.1 | 69 | 915.682 | 915.675 | 915.652 | 3.0 | 2.3 |
| 34 | 856.219 | 856.219 | 856.219 | 0 | 0 | 70 | 919.360 | 919.351 | 919.333 | 2.7 | 1.8 |
| 35 | 856.055 | 856.055 | 856.055 | 0 | 0 | 71 | 923.148 | 923.140 | 923.125 | 2.3 | 1.5 |
| 36 | 856.000 | 856.000 | 856.000 | 0 | 0 | — | — | — | — | — | — |

根据有限元分析结果，吊杆和主缆的最大拉应力分别为 533MPa 和 579MPa，均小于屈服应力极限 1670MPa。钢桁架的最大拉应力为 142MPa，最大压应力为 95MPa，均小于屈服应力极限 345MPa。因此，金东大桥的设计与施工充分证明了本章方法的可行性和有效性。

## 2.4　本章小结

针对悬索桥主缆找形和吊杆力精细化计算，在解析法和有限元法的基础上，本章提出了一种迭代方法，并在我国金东大桥的设计和施工中得到了成功的应用与验证。基于解析法的主缆找形有效引入索鞍圆弧，而基于有限元法的全桥模型充分考虑了主缆-吊杆-主梁的耦合作用，二者相辅相成，进一步提高了主缆找形和吊杆力计算的精度和效率，并得出以下关键结论：

(1)基于解析法的主缆找形，在引入主索鞍圆弧后，非线性控制方程由 2 个增加到 3 个，而通过将这三个耦合的非线性控制方程转化为无约束优化问题的形式，可有效便捷地实现数值求解。

(2)在循环迭代中，各吊杆达到收敛所需要的迭代次数是不同的，边吊杆收敛速度最慢，其相邻吊杆次之，其余吊杆收敛速度则较快；与迭代算法相比，重力分配法和刚性支承连续梁法得到的吊杆力误差主要集中于边吊杆，分别为 9.70%和 4.73%，其余吊杆内力则相差不大。

(3)基于解析找形和有限元模型的迭代算法，可有效提高主缆找形和吊杆力计算的精度，虽然计算出的索鞍切点和主缆水平内力与已有方法较为接近，但各主缆节点的坐标存在较大差异，也证明了迭代运算的必要性。

### 参考文献

[1] Chen Z J, Cao H Y, Zhu H P. An iterative calculation method for suspension bridge's cable system based on exact catenary theory. The Baltic Journal of Road and Bridge Engineering, 2013, 8(3): 196-204.

[2] Kim K S, Lee H S. Analysis of target configurations under dead loads for cable-supported bridges. Computers & Structures, 2001, 79(29-30): 2681-2692.

[3] Thai H T, Choi D H. Advanced analysis of multi-span suspension bridges. Journal of Constructional Steel Research, 2013, 90: 29-41.

[4] Jung M R, Min D J, Kim M Y. Nonlinear analysis methods based on the unstrained element length for determining initial shaping of suspension bridges under dead loads. Computers & Structures, 2013, 128: 272-285.

[5] Lasdon L S, Fox R L, Ratner M W. Nonlinear optimization using the generalized reduced

gradient method. RAIRO Recherche Opérationnelle, 1974, 8(V3): 73-103.

[6] Lasdon L S, Waren A D, Jain A, et al. Design and testing of a generalized reduced gradient code for nonlinear programming. ACM Transactions on Mathematical Software, 1978, 4(1): 34-50.

[7] Karoumi R. Some modeling aspects in the nonlinear finite element analysis of cable supported bridges. Computers & Structures, 1999, 71(4): 397-412.

[8] Kim H K, Kim M Y. Efficient combination of a TCUD method and an initial force method for determining initial shapes of cable-supported bridges. International Journal of Steel Structures, 2012, 12(2): 157-174.

[9] Cao H Y, Zhou Y L, Chen Z J, et al. Form-finding analysis of suspension bridges using an explicit iterative approach. Structural Engineering and Mechanics, 2017, 62(1): 85-95.

# 第3章　悬索桥主缆线形和施工参数的解析算法

## 3.1　引　　言

悬索桥结构设计和施工计算的最终目的是高精度地达到所设计的成桥状态。在悬索桥的设计阶段，先是由设计参数和外荷载确定出成桥状态下的主缆理论线形，然后将其作为施工计算的数据源。在悬索桥的施工阶段，全部索股架设完成后，将进行紧缆工序，之后的施工状态一般称为空缆状态。而主缆一经架设完成就很难再进行后期的线形调整，因此精准的空缆线形和施工参数是实现悬索桥设计成桥线形的关键因素。

空缆状态的主缆找形是建立在设计成桥线形之上的，有诸多的施工参数需要一一确定，主要包括主缆无应力长度、吊杆无应力长度、主索鞍预偏量、散索鞍预偏角、索夹安装位置等。而这些参数的精确计算需考虑主索鞍形状、散索鞍形状以及塔顶预抬高的影响[1]。

索鞍的作用是使主缆沿一定的曲线转向，直接约束主缆的变形，因而主缆应始终与鞍座保持相切。主索鞍一般只有一段圆弧，而散索鞍有多段不等半径的圆弧，从而增加了边跨和锚跨线形计算的难度。在成桥状态，主索鞍两侧的主缆水平分力相同，散索鞍两侧主缆轴向拉力对转动点的力矩处于平衡状态。但是各跨作用在主缆上的荷载并不相等，例如，主跨较长，荷载较重，而边跨荷载较轻，甚至没有吊杆。在空缆状态还没有施加这些荷载，此时主缆内力相当于成桥状态的主缆内力减去这些荷载所产生的主缆内力，因此主跨减小得多，边跨减小得少，如果索鞍保持成桥状态的位置，势必会产生强大的不平衡力。这种不平衡力将使桥塔偏位，使主缆索股在索鞍内有滑移危险。为了消除这种不平衡力，需要偏移主索鞍和偏转散索鞍，通过改变跨度来显著改变跨中垂度，从而改变主缆的内力，使相邻两跨主缆在索鞍处保持一定的平衡关系。这种偏移量或偏转量就是索鞍的预偏量，并随着主梁吊装等施工过程逐渐减小，最终在成桥状态时消失。

在施工过程中，裸塔塔顶高程会大于成桥状态塔顶高程，高出的部分称为预抬高量。在成桥状态，主缆对桥塔施加一个巨大的向下作用力，使得桥塔产生一个压缩量。如果将该压缩量设置为裸塔塔顶预抬高量，那么在成桥状态，桥塔顶高程便可达到设计值。

本章在第 2 章基础上继续推进，建立悬索桥主缆成桥线形、空缆线形和施工参数的解析算法，涉及主跨、边跨和锚跨，并在考虑主索鞍圆弧的同时，引入散索鞍的多段圆弧及塔顶预抬高的影响。

# 3.2 成桥状态下的主缆找形

双塔三跨悬索桥包含 1 个主跨、2 个边跨和 2 个锚跨，如图 3.1 所示。主缆找形从成桥状态出发，以主缆无应力长度守恒为成桥状态与各施工状态联系的纽带，再进行各施工状态的主缆找形。成桥状态下主缆找形的计算顺序是先主跨，再边跨，后锚跨，即先由主跨计算得出主缆的水平分力，然后根据塔顶两侧主缆水平分力相等的原则(尽可能使桥塔处于轴压状态)进行边跨计算，再根据散索鞍处的平衡条件进行锚跨的计算。锚跨索股呈空间状，但线形计算时一般以前锚面中心为锚点将锚跨索股作为一个整体进行计算。

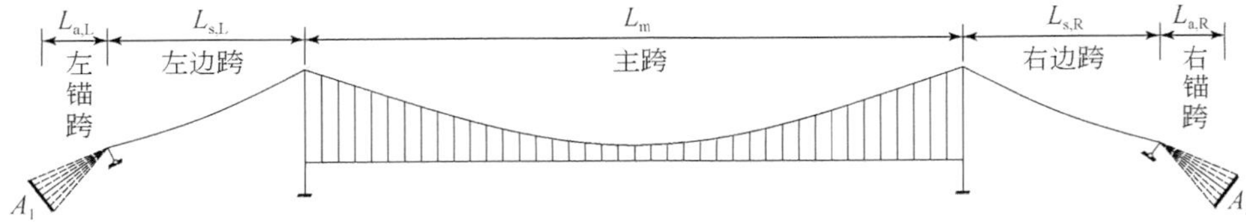


图 3.1 全桥示意图

## 3.2.1 主跨

### 1. 主缆线形

在图 3.2 中，与 2.2 节类似，以左主索鞍切点 $O_0$ 和各吊点 $O_i$ 为坐标原点建立坐标系，$x$ 轴水平向右，$y$ 轴竖直向下。可根据主缆跨中高程、切点高差的闭合和最右侧一段悬链线主缆的水平投影长度 $l_{n+1}$ 满足设计要求这三个条件，以成桥状态主缆水平分力 $H$、第 1 段悬链线主缆线形方程参数 $a_1$、最右侧一段悬链线主缆的水平投影长度 $l_{n+1}$ 为基本未知量，分别建立如下方程：

$$\sum_{i=1}^{m} \Delta h_i = \Delta h_{O_0 O_m} \tag{3.1a}$$

$$\sum_{i=1}^{n+1} \Delta h_i = \Delta h_{O_0 O_{n+1}} \tag{3.1b}$$

$$l_{n+1} = l_{O_n D_2} - l_{O_{n+1} D_2} \tag{3.1c}$$

式中，$m$ 为左主索鞍切点 $O_0$ 到跨中点 $O_m$ 间的主缆段数；$n$ 为吊杆数量；$\Delta h_i$ 为任一段主缆两端点的高差，可由式(2.4)确定；$\Delta h_{O_0O_m}$ 为左主索鞍切点 $O_0$ 到跨中点 $O_m$ 的高差；$\Delta h_{O_0O_{n+1}}$ 为左主索鞍切点 $O_0$ 和右主索鞍切点 $O_{n+1}$ 的高差；$l_{O_nD_2}$ 为最右侧吊杆到右侧桥塔中心线的水平距离；$l_{O_{n+1}D_2}$ 为右主索鞍切点 $O_{n+1}$ 到右侧桥塔中心线的水平距离。

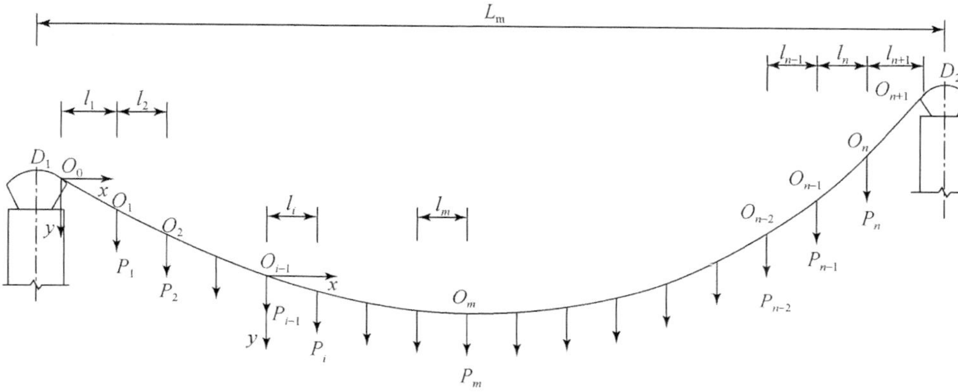

图 3.2　主跨成桥状态线形

对于左主索鞍(图 3.3)，已知圆心 $C_1$ 在大地坐标系中的高程 $h_{C_1}$，那么切点 $O_0$ 在大地坐标系中的高程 $h_{O_0}$ 可表达为

$$h_{O_0}=h_{C_1}+R_1\cos\beta_4=h_{C_1}+R_1\operatorname{sech}a_1 \tag{3.2}$$

式中，$R_1$ 为左主索鞍圆弧半径；$\beta_4$ 为切点 $O_0$ 和圆心 $C_1$ 的连线 $O_0C_1$ 与竖直线 $B_1C_1$ 的夹角，根据几何关系有

$$\tan\beta_4=\left.\frac{\mathrm{d}y}{\mathrm{d}x}\right|_{x=0}=\sinh a_1 \tag{3.3a}$$

$$\cos\beta_4=\operatorname{sech}a_1 \tag{3.3b}$$

$$\sin\beta_4=\tanh a_1 \tag{3.3c}$$

因此，左主索鞍切点 $O_0$ 与跨中点 $O_m$ 之间的高差 $\Delta h_{O_0O_m}$ 可表达为

$$\Delta h_{O_0O_m}=h_{O_0}-h_{O_m}=h_{C_1}+R_1\operatorname{sech}a_1-h_{O_m} \tag{3.4}$$

对于右主索鞍(图 3.4)，已知圆心 $C_2$ 在大地坐标系中的高程 $h_{C_2}$，那么切点 $O_{n+1}$ 在大地坐标系中的高程 $h_{O_{n+1}}$ 可表达为

$$h_{O_{n+1}}=h_{C_2}+R_2\cos\beta_5=h_{C_2}+R_2\operatorname{sech}\left(\frac{l_{n+1}}{c}+a_{n+1}\right) \tag{3.5}$$

式中，$R_2$ 为右主索鞍圆弧半径；$\beta_5$ 为切点 $O_{n+1}$ 和圆心 $C_2$ 的连线 $O_{n+1}C_2$ 与竖直线 $B_2C_2$ 的夹角，根据几何关系有

$$\tan\beta_5=-\left.\frac{\mathrm{d}y}{\mathrm{d}x}\right|_{x=l_{n+1}}=-\sinh\left(\frac{l_{n+1}}{c}+a_{r+1}\right) \tag{3.6a}$$

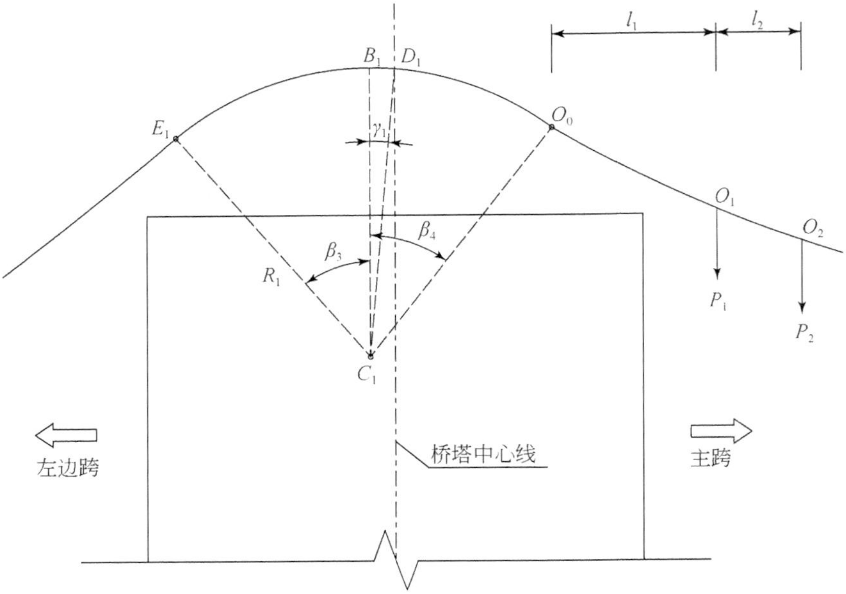


图 3.3　左主索鞍示意图

$$\cos\beta_5 = \operatorname{sech}\left(\frac{l_{n+1}}{c} + a_{n+1}\right) \tag{3.6b}$$

$$\sin\beta_5 = -\tanh\left(\frac{l_{n+1}}{c} + a_{n+1}\right) \tag{3.6c}$$

那么，左主索鞍切点 $O_0$ 与右主索鞍切点 $O_{n+1}$ 之间的高差 $\Delta h_{O_0 O_{n+1}}$ 为

$$\Delta h_{O_0 O_{n+1}} = h_{O_0} - h_{O_{n+1}} = h_{C_1} - h_{C_2} + R_1 \operatorname{sech} a_1 - R_2 \operatorname{sech}\left(\frac{l_{n+1}}{c} + a_{n+1}\right) \tag{3.7}$$

第 1 段主缆的水平投影长度 $l_1$ 可表达为

$$l_1 = l_{D_1 O_1} - R_1(\sin\beta_4 - \sin\gamma_1) = l_{D_1 O_1} - R_1(\tanh a_1 - \sin\gamma_1) \tag{3.8}$$

式中，$\gamma_1$ 为左主索鞍圆心 $C_1$ 与实际顶点 $D_1$ 的连线 $C_1D_1$ 与竖直线 $B_1C_1$ 的夹角。

右主索鞍切点 $O_{n+1}$ 与桥塔中心线之间的水平距离 $l_{O_{n+1} D_2}$ 可表达为

$$l_{O_{n+1} D_2} = l_{O_{n+1} B_2} - l_{D_2 B_2} = R_2 \sin\beta_5 - R_2 \sin\gamma_2 = -R_2\left[\tanh\left(\frac{l_{n+1}}{c} + a_{n+1}\right) + \sin\gamma_2\right] \tag{3.9}$$

式中，$l_{O_{n+1} B_2}$ 为右主索鞍切点 $O_{n+1}$ 与点 $B_2$ 的水平距离；$l_{D_2 B_2}$ 为实际顶点 $D_2$ 与点 $B_2$ 的水平距离；$\gamma_2$ 为右主索鞍圆心 $C_2$ 与实际顶点 $D_2$ 的连线 $C_2D_2$ 与竖直线 $B_2C_2$ 的夹角，如图 3.4 所示。

以 $H$、$a_1$ 和 $l_{n+1}$ 为未知数，将式(2.4)、式(2.19)、式(3.4)、式(3.7)、式(3.9)代

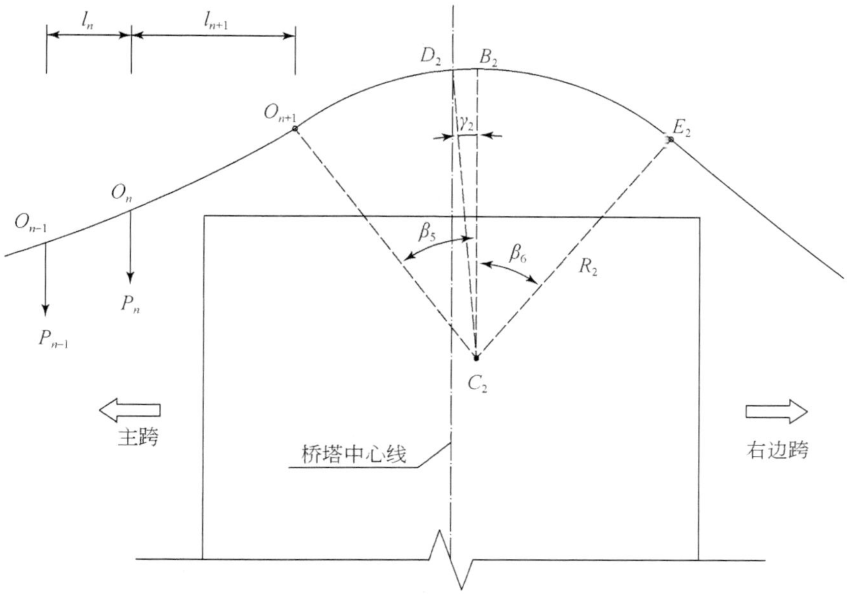


图 3.4　右主索鞍示意图

入式(3.1)，并转换为如下函数形式：

$$f_1(H,a_1,l_{n+1})=c\sum_{i=1}^{m}\left[\cosh\left(\frac{l_i}{c}+a_i\right)-\cosh a_i\right]-(h_{C_1}+R_1\operatorname{sech}a_1-h_{O_m}) \tag{3.10a}$$

$$f_2(H,a_1,l_{n+1})=c\sum_{i=1}^{n+1}\left[\cosh\left(\frac{l_i}{c}+a_i\right)-\cosh a_i\right]-\left[h_{C_1}-h_{C_2}+R_1\operatorname{sech}a_1 -R_2\operatorname{sech}\left(\frac{l_{n+1}}{c}+a_{n+1}\right)\right] \tag{3.10b}$$

$$f_3(H,a_1,l_{n+1})=l_{n+1}-l_{O_nD_2}-R_2\left[\tanh\left(\frac{l_{n+1}}{c}+a_{n+1}\right)+\sin\gamma_2\right] \tag{3.10c}$$

利用 Excel 中规划求解的非线性 GRG 法，将其转化为无约束优化问题，其目标函数为

$$\min\sum_{i=1}^{3}f_i^2(H,a_1,l_{n+1}) \tag{3.11}$$

### 2. 吊杆力和吊杆无应力长度

第 2 章提出了将解析法和有限元法相结合对吊杆力进行精确计算，更符合实际受力情况，但损失了解析法的高效性。实际上，吊杆力 $P_i$ 是吊杆上端点的轴向

拉力应包含两部分：吊杆下端点轴向拉力 $P_{0,i}$ 和吊杆自重。$P_{0,i}$ 可采用多点刚性支承连续梁法(图 3.5)计算[2~5]，就是把主梁的吊杆支承换成刚性支承。吊杆自重可以通过循环迭代的方式进行计算，因为吊杆力和主缆线形是耦合的，在二者的计算中则互为前提，其迭代步骤如下：

(1)假设 $P_{0,i}$ 为吊杆上端点的轴向拉力 $P_i$。

(2)根据 $P_i$，利用上述解析方法，求出主缆各吊点高程。

(3)各吊杆无应力长度可表达为

$$S_{i,\mathrm{h}}=\frac{h_{i,\mathrm{c}}-h_{i,\mathrm{d}}}{1+\dfrac{P_i-0.5w_i(h_{i,\mathrm{c}}-h_{i,\mathrm{d}})}{E_iA_i}} \tag{3.12}$$

式中，$h_{i,\mathrm{c}}$ 为主缆在各吊点处的大地坐标系高程；$h_{i,\mathrm{d}}$ 为桥面吊点的大地坐标系高程；$w_i$ 为吊杆每延米自重，kN/m；$E_i$ 为吊杆钢丝的弹性模量；$A_i$ 为吊杆的横截面面积。

(4)吊杆上端点的轴向拉力为

$$P_i'=P_{0,i}+S_{i,\mathrm{h}}w_i \tag{3.13}$$

(5)通过式(3.14)，判别吊杆力求解是否收敛，如果该式成立，表示吊杆力和主缆线形求解结束，否则，将 $P_i'$ 赋值给 $P_i$，返回步骤(2)。

$$\max_{1\leqslant i\leqslant n}\frac{|P_i'-P_i|}{P_i}\leqslant\varepsilon \tag{3.14}$$

式中，$\varepsilon$ 为收敛限值，可取 0.035%。

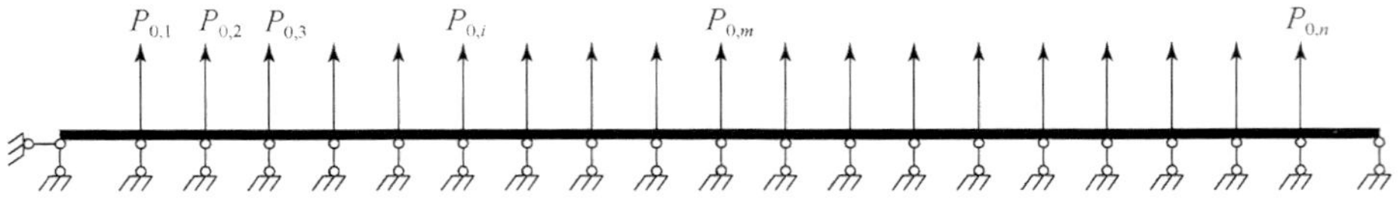

图 3.5　多点刚性支承连续梁

3. 主缆无应力长度

主跨主缆无应力长度包含三部分：多段悬链线、左主索鞍圆弧段 $D_1O_0$ 和右主索鞍圆弧段 $O_{n+1}D_2$。

分段悬链线主缆无应力长度总和 $S_{\mathrm{c,m}}$ 可表示为

$$S_{\mathrm{c,m}}=\sum_{i=1}^{n+1}S_{\mathrm{c},i} \tag{3.15}$$

式中，下标 c 表示悬链线(catenary)，下标 m 表示主跨(main span 或 mid-span)，$S_{\mathrm{c},i}$ 为第 $i$ 段悬链线的无应力长度，可表达为

$$S_{c,i}=c\left[\sinh\left(\frac{l_i}{c}+a_i\right)-\sinh a_i\right]-\frac{H}{2EA}\left(l_i+\frac{c}{2}\left\{\sinh\left[2\left(\frac{l_i}{c}+a_i\right)\right]-\sinh(2a_i)\right\}\right) \tag{3.16}$$

式中,$E$ 为主缆的弹性模量;$A$ 为主缆的横截面面积。

主缆无应力长度是悬索桥各施工阶段相联系的重要纽带,式(3.16)是悬链线主缆无应力长度的重要求解公式,它由两部分组成:前一部分是几何长度,即有应力长度;后一部分则是主缆的弹性伸长量,二者的差便是悬链线主缆的无应力长度。

左主索鞍圆弧段 $D_1O_0$ 的主缆无应力长度可表示为

$$S_{D_1O_0}=\frac{R_1(\beta_4-\gamma_1)}{1+\dfrac{H\cosh a_1}{EA}} \tag{3.17}$$

右主索鞍圆弧段 $O_{n+1}D_2$ 的主缆无应力长度可表示为

$$S_{O_{n+1}D_2}=\frac{R_2(\beta_5-\gamma_2)}{1+\dfrac{H\cosh(l_{n+1}/c+a_{n+1})}{EA}} \tag{3.18}$$

主跨主缆无应力总长度可表示为

$$S_m=S_{c,m}+S_{D_1O_0}+S_{O_{n+1}D_2} \tag{3.19}$$

### 3.2.2　边跨

1. 主缆线形

成桥状态下,边跨主缆找形在主跨之后进行。边跨的主缆找形与主跨的基本相同,只是已知条件略有不同。计算主跨时以设计矢跨比为前提,而边跨则无设计矢跨比,但根据桥塔受力要求(尽可能处于轴压状态),可认为边跨主缆的水平分力 $H$ 与主跨的一致,不存在主缆水平分力差。

边跨一般不设吊杆,所以边跨主缆线形是整段的悬链线。以左边跨(图 3.6)为例,以主索鞍上的切点 $E_1$ 为坐标原点建立坐标系,$x$ 轴水平向左,$y$ 轴竖直向下,左边跨主缆的悬链线方程为

$$y=c\cosh\left(\frac{x}{c}+a_s\right)+b_s \tag{3.20}$$

式中,$a_s$、$b_s$ 均为左边跨主缆悬链线方程的参数;下标 s 表示边跨(side span)。

根据边界条件 $y(0)=c\cosh a_s+b_s=0$,可得 $b_s=-c\cosh a_s$,代入式(3.20),悬链线方程可改写为

$$y=c\left[\cosh\left(\frac{x}{c}+a_s\right)-\cosh a_s\right] \tag{3.21}$$

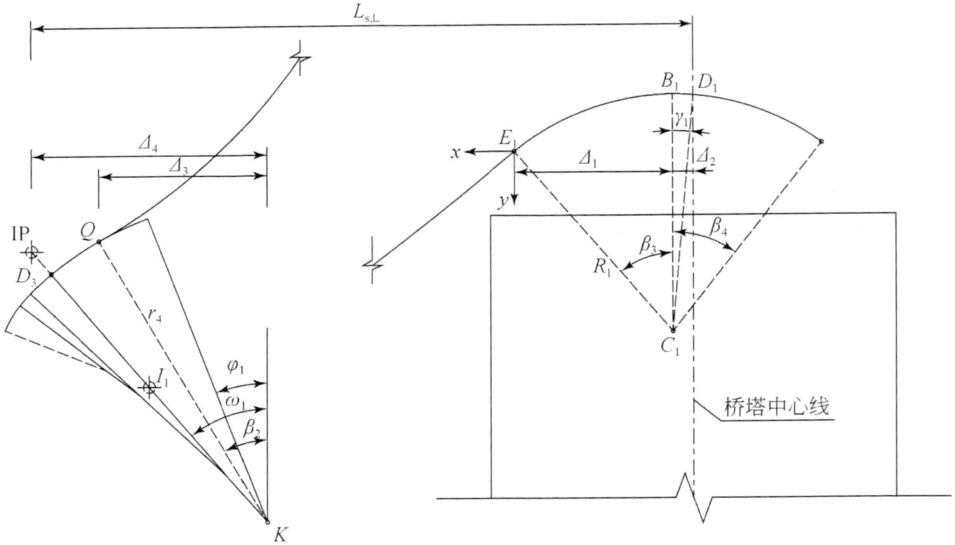


图 3.6　左边跨成桥状态主缆线形

以左边跨主缆悬链线方程的参数 $a_s$、左边跨主缆悬链线的水平投影长度 $l_s$ 为未知量，根据主索鞍、散索鞍切点间高差和水平距离的闭合，分别建立如下方程：

$$\Delta h_s = \Delta h_{E_1Q} \tag{3.22a}$$

$$l_s = l_{E_1Q} \tag{3.22b}$$

式中，$\Delta h_s$ 为左边跨悬链线两端点的高差；$\Delta h_{E_1Q}$和 $l_{E_1Q}$分别为主索鞍切点 $E_1$ 与散索鞍切点 $Q$ 之间的高差和水平距离。

左边跨悬链线两端点的高差 $\Delta h_s$ 可表达为

$$\Delta h_s = y(l_s) - y(0) = c\left[\cosh\left(\frac{l_s}{c} + a_s\right) - \cosh a_s\right] \tag{3.23}$$

在大地坐标系中，可根据主索鞍圆心 $C_1$ 的高程 $h_{C_1}$，将主索鞍切点 $E_1$ 的高程 $h_{E_1}$ 表达为

$$h_{E_1} = h_{C_1} + R_1\cos\beta_3 = h_{C_1} + R_1\,\mathrm{sech}\,a_s \tag{3.24}$$

式中，$\beta_3$ 为切点 $E_1$ 和圆心 $C_1$ 的连线 $E_1C_1$ 与竖直线 $B_1C_1$ 的夹角，且有

$$\tan\beta_3 = \left.\frac{\mathrm{d}y}{\mathrm{d}x}\right|_{x=0} = \sinh a_s \tag{3.25a}$$

$$\cos\beta_3 = \mathrm{sech}\,a_s \tag{3.25b}$$

$$\sin\beta_3 = \tanh a_s \tag{3.25c}$$

在大地坐标系中，根据散索鞍圆心 $K$ 的高程 $h_K$，将散索鞍切点 $Q$ 的高程 $h_Q$ 表达为

$$h_Q = h_K + r_4\cos\beta_2 = h_K + r_4\operatorname{sech}\left(\frac{l_s}{c} + a_s\right) \tag{3.26}$$

式中，$r_4$ 为切点 $Q$ 处的散索鞍圆弧半径；$\beta_2$ 为散索鞍切点 $Q$ 和圆心 $K$ 的连线 $QK$ 与竖直线的夹角，且有

$$\tan\beta_2 = \left.\frac{\mathrm{d}y}{\mathrm{d}x}\right|_{x=l_s} = \sinh\left(\frac{l_s}{c} + a_s\right) \tag{3.27a}$$

$$\cos\beta_2 = \operatorname{sech}\left(\frac{l_s}{c} + a_s\right) \tag{3.27b}$$

$$\sin\beta_2 = \tanh\left(\frac{l_s}{c} + a_s\right) \tag{3.27c}$$

因此，边跨切点间的高差 $\Delta h_{E_1Q}$ 可表示为

$$\Delta h_{E_1Q} = h_{E_1} - h_Q = h_{C_1} - h_K + R_1\operatorname{sech}a_s - r_4\operatorname{sech}\left(\frac{l_s}{c} + a_s\right) \tag{3.28}$$

而切点间的水平距离 $l_{E_1Q}$ 可表示为

$$l_{E_1Q} = L_{s,L} - \Delta_1 - \Delta_2 + \Delta_3 - \Delta_4 \tag{3.29}$$

式中，$L_{s,L}$ 为左边跨跨径，是主索鞍、散索鞍 IP 点的水平距离，下标中 L 表示左边跨(left side span)；$\Delta_1$ 为主索鞍切点 $E_1$ 与点 $B_1$ 之间的水平距离，$\Delta_1 = R_1\sin\beta_3$；$\Delta_2$ 为点 $B_1$ 与点 $D_1$ 之间的水平距离，$\Delta_2 = R_1\sin\gamma_1$；$\Delta_3$ 为散索鞍切点 $Q$ 到圆心 $K$ 的水平距离，$\Delta_3 = r_4\sin\beta_2$；$\Delta_4$ 为散索鞍 IP 点到圆心 $K$ 的水平距离，$\Delta_4 = l_K\sin\omega_1$，$l_K$ 为散索鞍 IP 点到圆心 $K$ 的距离，$\omega_1$ 为 IP 点到圆心 $K$ 的连线与竖直线的夹角。

以 $a_s$ 和 $l_s$ 为变量，将式(3.23)、式(3.28)和式(3.29)代入方程组(3.22)，并转换为如下函数形式：

$$f_1(a_s, l_s) = 0 \tag{3.30a}$$

$$f_2(a_s, l_s) = 0 \tag{3.30b}$$

利用非线性 GRG 法，构造目标函数：

$$\min\sum_{i=1}^{2} f_i^2(a_s, l_s) \tag{3.31}$$

这样可解得左边跨线形参数 $a_s$ 和 $l_s$，进而可得左边跨主缆的成桥线形和内力。利用同样的方法可以求出右边跨主缆的成桥线形和内力。

### 2. 主缆无应力长度

左边跨主缆无应力长度包含三部分：悬链线 $QE_1$、散索鞍圆弧段 $D_3Q$ 和主索鞍圆弧段 $E_1D_1$。

悬链线 $QE_1$ 的主缆无应力长度可表示为

$$S_{c,s} = c\left[\sinh\left(\frac{l_s}{c} + a_s\right) - \sinh a_s\right] - \frac{H}{2EA}\left(l_s + \frac{c}{2}\left\{\sinh\left[2\left(\frac{l_s}{c} + a_s\right)\right] - \sinh(2a_s)\right\}\right) \tag{3.32}$$

散索鞍圆弧段 $D_3Q$ 的无应力长度可表示为

$$S_{D_3Q}=\frac{r_3(\omega_1-\varphi_1-\theta_4)+r_4[(\varphi_1+\theta_4)-\beta_2]}{1+\dfrac{H\cosh(l_s/c+a_s)}{EA}} \tag{3.33}$$

主索鞍圆弧段 $E_1D_1$ 的无应力长度可表示为

$$S_{E_1D_1}=\frac{R_1(\beta_3+\gamma_1)}{1+\dfrac{H\cosh a_s}{EA}} \tag{3.34}$$

左边跨主缆的无应力总长度可表示为

$$S_s=S_{c,s}+S_{D_3Q}+S_{E_1D_1} \tag{3.35}$$

利用同样的方法可以求出右边跨主缆的无应力总长度。

### 3.2.3　锚跨

1. 主缆线形

成桥状态下，锚跨主缆找形的次序在最后。其原理与边跨基本一致，但又有所不同。散索鞍一般是倾斜放置的，是以散索鞍转动中心的力矩平衡为条件的，所以其主缆水平分力未知。以左锚跨(图 3.7)为例，左散索鞍由 4 段圆弧组成，从锚跨到边跨，它们的半径依次为 $r_1$、$r_2$、$r_3$ 和 $r_4$，对应的圆心角依次为 $\theta_1$、$\theta_2$、$\theta_3$ 和 $\theta_4$。以散索鞍上的切点 $J$ 为坐标原点建立坐标系，$x$ 轴水平向左，$y$ 轴竖直向下，左锚跨主缆的悬链线方程可表示为

$$y=c_a\cosh\left(\frac{x}{c_a}+a_a\right)+b_a \tag{3.36}$$

式中，$c_a=-H_a/q$，$H_a$ 为锚跨主缆的水平分力，与边跨不相同；$a_a$ 和 $b_a$ 为左锚跨主缆悬链线方程的参数；下标 a 表示锚跨(anchor span)。

根据边界条件 $y(0)=c_a\cosh a_a+b_a=0$，可得 $b_a=-c_a\cosh a_a$，代入式(3.36)，悬链线方程可改写为

$$y=c_a\left[\cosh\left(\frac{x}{c_a}+a_a\right)-\cosh a_a\right] \tag{3.37}$$

以左锚跨主缆悬链线方程的参数 $a_a$、左锚跨主缆悬链线的水平投影长度 $l_a$ 和主缆的水平分力 $H_a$ 为未知量，根据左锚点 $A_1$ 与左散索鞍切点 $J$ 的高差和水平距离的闭合，以及左散索鞍转动中心点 $I_1$ 的力矩平衡，建立如下方程：

$$\Delta h_a=\Delta h_{JA_1} \tag{3.38a}$$

$$l_a=l_{JA_1} \tag{3.38b}$$

$$\sum M_{I_1}=0 \tag{3.38c}$$

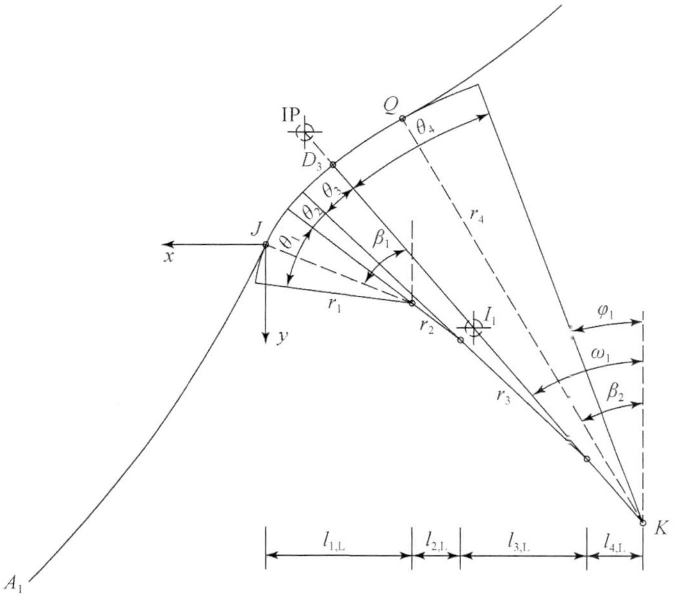


图 3.7　左锚跨成桥状态主缆线形

式中，$\Delta h_a$ 为左锚跨悬链线的高差；$\Delta h_{JA_1}$ 和 $l_{JA_1}$ 分别为散索鞍切点 $J$ 与左锚点 $A_1$ 之间的高差和水平距离；$\sum M_{I_1}$ 为主缆张力和散索鞍自重对转动中心点 $I_1$ 的力矩和。

左锚跨悬链线的高差 $\Delta h_a$ 可表达为

$$\Delta h_a = y(l_a) - y(0) = c_a\left[\cosh\left(\frac{l_a}{c_a} + a_a\right) - \cosh a_a\right] \tag{3.39}$$

在大地坐标系中，可由散索鞍圆心 $K$ 的高程 $h_K$，将左散索鞍切点 $J$ 的高程 $h_J$ 表达为

$$h_J = h_K + \Delta h_{1,L} + \Delta h_{2,L} + \Delta h_{3,L} + \Delta h_{4,L} \tag{3.40}$$

式中，$\Delta h_{1,L}$为切点 $J$ 与散索鞍第 1 段圆弧圆心的高差；$\Delta h_{2,L}$为散索鞍第 1 段圆弧圆心与第 2 段圆弧圆心的高差；$\Delta h_{3,L}$为散索鞍第 2 段圆弧圆心与第 3 段圆弧圆心的高差；$\Delta h_{4,L}$为散索鞍第 3 段圆弧圆心与第 4 段圆弧圆心 $K$ 的高差，可分别表达为

$$\Delta h_{1,L} = r_1\cos\beta_1 \tag{3.41a}$$

$$\Delta h_{2,L} = (r_2 - r_1)\cos(\theta_2 + \theta_3 + \theta_4 + \varphi_1) \tag{3.41b}$$

$$\Delta h_{3,L} = (r_3 - r_2)\cos(\theta_3 + \theta_4 + \varphi_1) \tag{3.41c}$$

$$\Delta h_{4,L} = (r_4 - r_3)\cos(\theta_4 + \varphi_1) \tag{3.41d}$$

式中，$\varphi_1$ 为第 4 段圆弧最外侧线与竖直线的夹角；$\beta_1$ 为切点 $J$ 与散索鞍第 1 段圆

弧圆心连线与竖直线的夹角，且有

$$\tan\beta_1=\left.\frac{\mathrm{d}y}{\mathrm{d}x}\right|_{x=0}=\sinh a_{\mathrm{a}} \tag{3.42a}$$

$$\cos\beta_1=\mathrm{sech}\,a_{\mathrm{a}} \tag{3.42b}$$

$$\sin\beta_1=\tanh a_{\mathrm{a}} \tag{3.42c}$$

因此，切点 $J$ 与左锚点 $A_1$ 的高差 $\Delta h_{JA_1}$ 可表示为

$$\Delta h_{JA_1}=h_J-h_{A_1}=(h_K+\Delta h_{1,\mathrm{L}}+\Delta h_{2,\mathrm{L}}+\Delta h_{3,\mathrm{L}}+\Delta h_{4,\mathrm{L}})-h_{A_1} \tag{3.43}$$

式中，$h_{A_1}$ 为左锚点 $A_1$ 在大地坐标系中的高程。

切点 $J$ 与左锚点 $A_1$ 的水平距离 $l_{JA_1}$ 可表示为

$$l_{JA_1}=L_{\mathrm{a,L}}-(l_{1,\mathrm{L}}+l_{2,\mathrm{L}}+l_{3,\mathrm{L}}+l_{4,\mathrm{L}}-\Delta_4) \tag{3.44}$$

式中，$L_{\mathrm{a,L}}$ 为左锚跨的跨径，即散索鞍 IP 点与锚固点 $A_1$ 的水平距离；$l_{1,\mathrm{L}}$ 为切点 $J$ 与散索鞍第 1 段圆弧圆心的水平距离；$l_{2,\mathrm{L}}$ 为散索鞍第 1 段圆弧圆心与第 2 段圆弧圆心的水平距离；$l_{3,\mathrm{L}}$ 为散索鞍第 2 段圆弧圆心与第 3 段圆弧圆心的水平距离；$l_{4,\mathrm{L}}$ 为散索鞍第 3 段圆弧圆心与第 4 段圆弧圆心 $K$ 的水平距离，可分别表达为

$$l_{1,\mathrm{L}}=r_1\sin\beta_1 \tag{3.45a}$$

$$l_{2,\mathrm{L}}=(r_2-r_1)\sin(\theta_2+\theta_3+\theta_4+\varphi_1) \tag{3.45b}$$

$$l_{3,\mathrm{L}}=(r_3-r_2)\sin(\theta_3+\theta_4+\varphi_1) \tag{3.45c}$$

$$l_{4,\mathrm{L}}=(r_4-r_3)\sin(\theta_4+\varphi_1) \tag{3.45d}$$

如图 3.8 所示，左散索鞍两侧的主缆轴力以及索鞍自重对转动中心 $I_1$ 的力矩合力可表达为

$$\sum M_{I_1}=He_{\mathrm{s1}}+V_{\mathrm{s}}e_{\mathrm{s2}}-(H_{\mathrm{a}}e_{\mathrm{a1}}+V_{\mathrm{a}}e_{\mathrm{a2}}+Ge_{\mathrm{g}}) \tag{3.46}$$

式中，$e_{\mathrm{s1}}$ 为边跨主缆水平分力的偏心距；$V_{\mathrm{s}}$ 为边跨主缆在切点 $Q$ 处的竖向分力；$e_{\mathrm{s2}}$ 为边跨主缆竖向分力的偏心距；$e_{\mathrm{a1}}$ 为锚跨主缆水平分力的偏心距；$V_{\mathrm{a}}$ 为左锚跨主缆在切点 $J$ 处的竖向分力；$e_{\mathrm{a2}}$ 为锚跨主缆竖向分力的偏心距；$G$ 为散索鞍重力；$e_{\mathrm{g}}$ 为散索鞍重力的偏心距。其中部分参数可分别表达为

$$e_{\mathrm{s1}}=r_4\cos\beta_2-(l_K-l_I)\cos\omega_1 \tag{3.47a}$$

$$V_{\mathrm{s}}=H\tan\beta_2 \tag{3.47b}$$

$$e_{\mathrm{s2}}=r_4\sin\beta_2-(l_K-l_I)\sin\omega_1 \tag{3.47c}$$

$$e_{\mathrm{a1}}=\Delta h_{1,\mathrm{L}}+\Delta h_{2,\mathrm{L}}+\Delta h_{3,\mathrm{L}}+\Delta h_{4,\mathrm{L}}-(l_K-l_I)\cos\omega_1 \tag{3.47d}$$

$$V_{\mathrm{a}}=H_{\mathrm{a}}\tan\beta_1 \tag{3.47e}$$

$$e_{\mathrm{a2}}=l_{1,\mathrm{L}}+l_{2,\mathrm{L}}+l_{3,\mathrm{L}}+l_{4,\mathrm{L}}-(l_K-l_I)\sin\omega_1 \tag{3.47f}$$

$$e_{\mathrm{g}}=l_{\mathrm{g}}\sin\omega_1 \tag{3.47g}$$

其中，$l_I$ 为散索鞍 IP 点与转动中心 $I_1$ 的距离；$l_{\mathrm{g}}$ 为散索鞍重心与转动中心 $I_1$ 的距离。

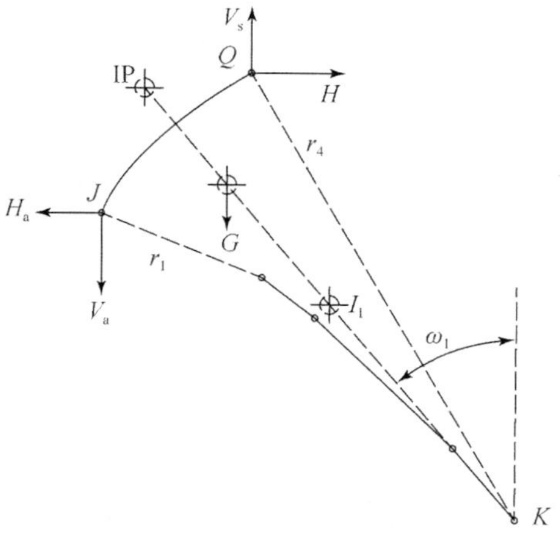


图 3.8　左散索鞍成桥状态力矩平衡关系

以 $a_a$、$l_a$ 和 $H_a$ 为未知量，将式(3.39)、式(3.43)、式(3.44)、式(3.46)代入方程组(3.38)，并转换为如下函数形式：

$$f_1(H_a, a_a, l_a)=0 \tag{3.48a}$$

$$f_2(H_a, a_a, l_a)=0 \tag{3.48b}$$

$$f_3(H_a, a_a, l_a)=0 \tag{3.48c}$$

利用非线性 GRG 法，构造目标函数：

$$\min \sum_{i=1}^{3} f_i^2(H_a, a_a, l_a) \tag{3.49}$$

可解得左锚跨的线形参数 $a_a$、$l_a$ 和 $H_a$，进而可得左锚跨主缆的成桥线形和内力。利用同样的方法可求出右锚跨的主缆成桥线形。

2. 主缆无应力长度

左锚跨主缆无应力长度包含两部分：悬链线 $A_1J$ 和散索鞍圆弧段 $JD_3$。

悬链线 $A_1J$ 的主缆无应力长度可表示为

$$S_{c,a}=c_a\left[\sinh\left(\frac{l_a}{c_a}+a_a\right)-\sinh a_a\right]-\frac{H_a}{2EA}\left(l_a+\frac{c_a}{2}\left\{\sinh\left[2\left(\frac{l_a}{c_a}+a_a\right)\right]-\sinh(2a_a)\right\}\right) \tag{3.50}$$

散索鞍圆弧段 $JD_3$ 的主缆无应力长度可表示为

$$S_{JD_3}=\frac{r_1[\beta_1-(\theta_2+\theta_3+\theta_4+\varphi_1)]+r_2\theta_2+r_3[\theta_3-(\omega_1-\varphi_1-\theta_4)]}{1+\dfrac{H_a\cosh a_a}{EA}} \tag{3.51}$$

左锚跨主缆的无应力总长度可表示为

$$S_a = S_{c,a} + S_{JD_3} \tag{3.52}$$

利用同样的方法可以求出右锚跨主缆的无应力总长度。

### 3.2.4 桥塔预抬高量

成桥状态下桥塔受到主缆传来的竖向压力，产生轴向压缩，压缩量可表达为

$$\Delta h_t = \frac{h_t}{1 - \dfrac{H(\tan\beta_3 + \tan\beta_4)}{E_t A_t}} - h_t \tag{3.53}$$

式中，$h_t$ 为桥塔设计高度；$E_t$ 为桥塔弹性模量；$A_t$ 为桥塔塔柱截面面积。

施工时，一般将该压缩量设置为桥塔顶部高程预抬高量 $\Delta h_t$。

## 3.3 空缆状态下的主缆找形

空缆状态下的主缆找形与成桥状态下有一定的相似性，都需要根据分跨点的几何相容条件和力学平衡条件建立耦合方程组。但与成桥主缆线形计算不同，其需要成桥状态下各跨主缆无应力长度的数据。同时，成桥找形可分跨依次进行，而空缆找形由于索鞍预偏的影响，需各跨联立进行。

在各跨联立的情况下，空缆时的主缆找形不仅未知量增多，求解难度也相应增大。以下阐述空缆时的主缆找形解法。

### 3.3.1 主缆线形的未知量

相对于成桥状态，空缆状态下主缆的水平分力、悬链线方程参数、索鞍位置和切点位置均会发生变化。主索鞍需预设偏量，散索鞍需预设偏角。因此，空缆状态的未知量可分成以下 5 类：

(1)各跨主缆水平分力：$H'_{a,L}$、$H'_{s,L}$、$H'_m$、$H'_{s,R}$、$H'_{a,R}$。其中，下标 a、s 和 m 分别表示锚跨、边跨和主跨；下标 L 和 R 分别表示左跨和右跨；上标′代表空缆状态的参数；$H'_{s,L} = H'_m = H'_{s,R}$，可看成一个未知量。

(2)各跨主缆悬链线方程参数：$a'_{a,L}$、$a'_{s,L}$、$a'_m$、$a'_{s,R}$、$a'_{a,R}$。

(3)各跨主缆悬链线段的水平投影长度：$l'_{a,L}$、$l'_{s,L}$、$l'_m$、$l'_{s,R}$、$l'_{a,R}$。

(4)主索鞍预偏量：$\Delta_L$、$\Delta_R$。

(5)散索鞍预偏角：$\alpha_L$、$\alpha_R$。

总缆状态总计 17 个未知量，至少要用 17 个方程来求解。

### 3.3.2 主缆线形的耦合方程

与成桥时的耦合方程相似，可利用各跨高差闭合条件、路径闭合条件以及散索

鞍力矩的平衡等条件来建立方程，在此基础上，新增加各跨的主缆无应力长度守恒的条件。

(1)各跨高差闭合条件。

$$\begin{aligned}\Delta h_{\mathrm{m}}&=\Delta h'_{\mathrm{m}}\\ \Delta h_{\mathrm{s1}}&=\Delta h'_{\mathrm{s,L}}\\ \Delta h_{\mathrm{s2}}&=\Delta h'_{\mathrm{s,R}}\\ \Delta h_{\mathrm{a1}}&=\Delta h'_{\mathrm{a,L}}\\ \Delta h_{\mathrm{a2}}&=\Delta h'_{\mathrm{a,R}}\end{aligned}\tag{3.54a}$$

式中，$\Delta h_{\mathrm{m}}$ 为成桥时左主索鞍的圆心 $C_1$ 和右主索鞍的圆心 $C_2$ 之间的高差，$\Delta h'_{\mathrm{m}}$ 为用空缆未知参数表示的 $\Delta h_{\mathrm{m}}$；$\Delta h_{\mathrm{s1}}$ 为成桥时左散索鞍转动中心 $I_1$ 和左主索鞍圆心 $C_1$ 之间的高差，$\Delta h'_{\mathrm{s,L}}$ 为用空缆未知参数表示的 $\Delta h_{\mathrm{s1}}$；$\Delta h_{\mathrm{a1}}$、$\Delta h'_{\mathrm{a,L}}$ 分别为成桥、空缆时左锚点 $A_1$ 与左散索鞍转动中心 $I_1$ 的高差，前者是已知条件，后者可表达成上述空缆未知参数的函数；下标“1”和“2”分别代表左跨和右跨。

(2)各跨水平距离闭合条件。

$$\begin{aligned}L_{\mathrm{m}}&=L'_{\mathrm{m}}\\ L_{\mathrm{s1}}&=L'_{\mathrm{s,L}}\\ L_{\mathrm{s2}}&=L'_{\mathrm{s,R}}\\ L_{\mathrm{a1}}&=L'_{\mathrm{a,L}}\\ L_{\mathrm{a2}}&=L'_{\mathrm{a,R}}\end{aligned}\tag{3.54b}$$

式中，$L_{\mathrm{m}}$、$L'_{\mathrm{m}}$ 分别为成桥、空缆时左右塔中心线的间距；$L_{\mathrm{s1}}$、$L'_{\mathrm{s,L}}$ 分别为成桥、空缆时左散索鞍转动中心 $I_1$ 到左塔中心线的水平距离；$L_{\mathrm{a1}}$、$L'_{\mathrm{a,L}}$ 分别为成桥、空缆时左锚点 $A_1$ 与左散索鞍转动中心 $I_1$ 的水平距离。

(3)各跨无应力长度守恒。

$$\begin{aligned}S_{\mathrm{m}}&=S'_{\mathrm{m}}\\ S_{\mathrm{s,L}}&=S'_{\mathrm{s,L}}\\ S_{\mathrm{s,R}}&=S'_{\mathrm{s,R}}\\ S_{\mathrm{a,L}}&=S'_{\mathrm{a,L}}\\ S_{\mathrm{a,R}}&=S'_{\mathrm{a,R}}\end{aligned}\tag{3.54c}$$

式中，$S$ 和 $S'$ 分别为成桥、空缆时各跨主缆的无应力长度。

(4)散索鞍转动中心力矩平衡。

$$\begin{aligned}\sum M'_{I_1}&=0\\ \sum M'_{I_2}&=0\end{aligned}\tag{3.54d}$$

式中，$I_2$ 为右散索鞍的转动中心。

接下来，将方程中的参数表达成上述 17 个未知量的函数。

1. 主跨

本小节利用未知量建立三个参数表达式：成桥状态左主索鞍圆心 $C_1$ 和右主索鞍圆心 $C_2$ 间的高差 $\Delta h'_{\mathrm{m}}$、桥塔中心线的间距 $L'_{\mathrm{m}}$ 和主跨主缆的无应力长度 $S'_{\mathrm{m}}$。

(1)成桥状态左主索鞍圆心 $C_1$ 和右主索鞍圆心 $C_2$ 间的高差 $\Delta h'_{\mathrm{m}}$ 可表达为

$$\Delta h'_{\mathrm{m}}=\Delta h'_{C_1C_2}=h'_{C_1}-h'_{C_2}=-\Delta h_{\mathrm{t,L}}-R_1\cos\beta'_4+\Delta h'_{\mathrm{c,m}}+R_2\cos\beta'_5+\Delta h_{\mathrm{t,R}} \tag{3.55}$$

式中，$\Delta h_{\mathrm{t,L}}$和 $\Delta h_{\mathrm{t,R}}$分别为左、右塔顶高程预抬高量；$\Delta h'_{\mathrm{c,m}}$为空缆悬链线两端点 $O'_0$ 和 $O'_{n+1}$(图 3.9 和图 3.10)的高差，可表示为

$$\Delta h'_{\mathrm{c,m}}=y(l'_{\mathrm{m}})-y(0)=c'_{\mathrm{m}}\left[\cosh\left(\frac{l'_{\mathrm{m}}}{c'_{\mathrm{m}}}+a'_{\mathrm{m}}\right)-\cosh a'_{\mathrm{m}}\right] \tag{3.56}$$

式中，$l'_{\mathrm{m}}$ 为空缆悬链线 $O'_0O'_{n+1}$的水平投影长度；$c'_{\mathrm{m}}=H'_{\mathrm{m}}/q'$，$H'_{\mathrm{m}}$ 为空缆下的主跨主缆水平分力，kN；$q'$为空缆自重荷载集度，kN/m。

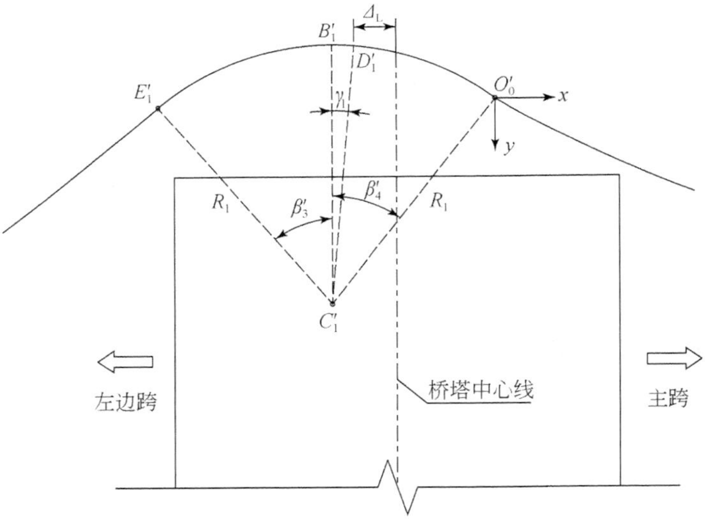


图 3.9　左主索鞍空缆线形

(2)空缆时桥塔中心线的间距 $L'_{\mathrm{m}}$ 可表达为

$$L'_{\mathrm{m}}=-\Delta_{\mathrm{L}}-R_1\sin\gamma_1+R_1\sin\beta'_4+l'_{\mathrm{m}}+R_2\sin\beta'_5-\Delta_{\mathrm{R}}-R_2\sin\gamma_2 \tag{3.57}$$

(3)空缆状态下主跨主缆的无应力长度 $S'_{\mathrm{m}}$ 可表达为

$$S'_{\mathrm{m}}=S'_{\mathrm{c,m}}+S'_{D'_1O'_0}+S'_{O'_{n+1}D'_2} \tag{3.58}$$

式中，$S'_{\mathrm{c,m}}$、$S'_{D'_1O'_0}$ 和 $S'_{O'_{n+1}D'_2}$ 分别为主跨主缆悬链线 $O'_0O'_{n+1}$、左主索鞍圆弧段 $D'_1O'_0$

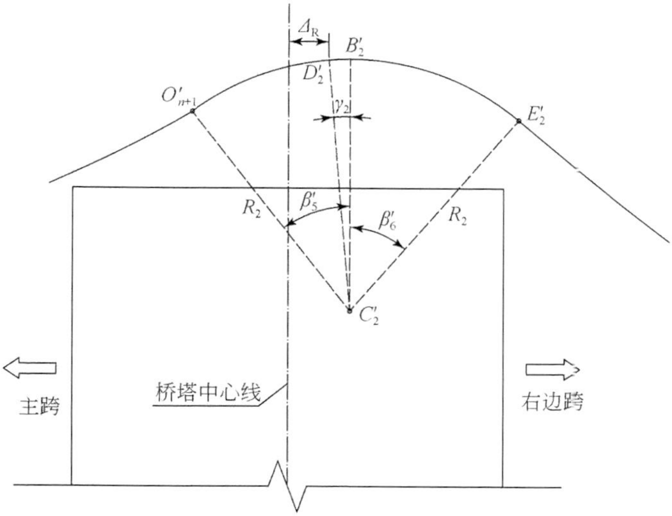


图 3.10　右主索鞍空缆线形

(图 3.9)和右主索鞍圆弧段 $O'_{n+1}D'_2$(图 3.10)的无应力长度,可分别表示为

$$S'_{c,m}=c'_m\left[\sinh\left(\frac{l'_m}{c'_m}+a'_m\right)-\sinh a'_m\right]-\frac{H'_m}{2EA}\left(l'_m+\frac{c'_m}{2}\left\{\sinh\left[2\left(\frac{l'_m}{c'_m}+a'_m\right)\right]-\sinh(2a'_m)\right\}\right) \tag{3.59a}$$

$$S'_{D'_1O'_0}=\frac{R_1(\beta'_4-\gamma_1)}{1+\dfrac{H'_m\cosh a'_m}{EA}} \tag{3.59b}$$

$$S'_{O'_{n+1}D'_2}=\frac{R_2(\beta'_5-\gamma_2)}{1+\dfrac{H'_m\cosh a'_m}{EA}} \tag{3.59c}$$

2. 左边跨

本小节利用未知量建立三个参数表达式:左散索鞍转动中心 $I_1$ 与左主索鞍圆心 $C_1$ 的高差 $\Delta h'_{s,L}$、左散索鞍转动中心 $I_1$ 到左塔中心线水平距离 $L'_{s,L}$(图 3.11)和左边跨主缆的无应力长度 $S'_{s,L}$。

(1)左散索鞍转动中心 $I_1$ 和左主索鞍圆心 $C_1$ 的高差 $\Delta h'_{s,L}$ 可表达为

$$\begin{aligned}\Delta h'_{s,L}=\Delta h'_{C_1I_1}=h_{C_1}-h'_{I_1}=&-(l_{K,L}-l_{I,L})\cos(\omega_1+\alpha_L)+r_{4,L}\cos\beta'_2\\&+\Delta h'_{c,s,L}-\Delta h_{t,L}-R_1\cos\beta'_3\end{aligned} \tag{3.60}$$

式中,$l_{K,L}$ 和 $l_{I,L}$ 分别为左散索鞍 IP 点到圆心 $K_1$ 和转动中心 $I_1$ 的距离;$\alpha_L$ 为左散索鞍预偏角,为原竖直线 $Z_1K_1$ 在左散索鞍预偏转动后与竖直线的夹角;$\Delta h'_{c,s,L}$ 为左边跨主缆悬链线的高差,可表达为

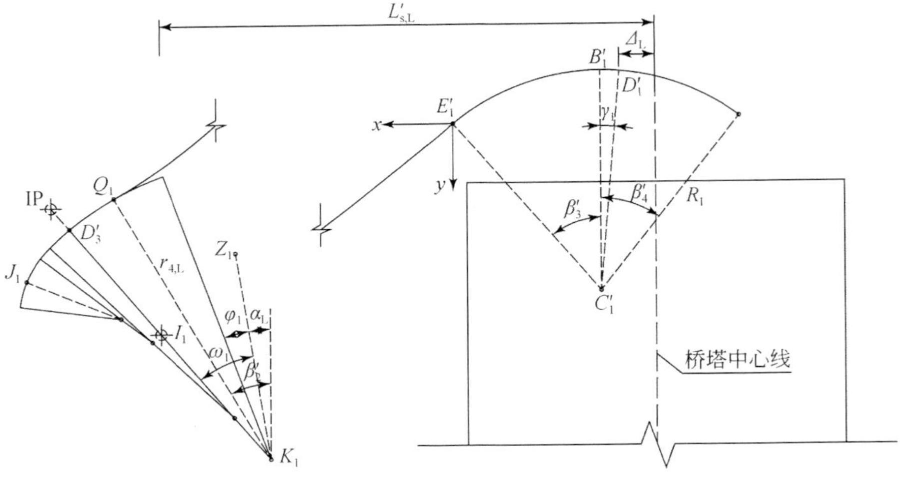


图 3.11　左边跨空缆线形

$$\Delta h'_{c,s,L}=y(l'_{s,L})-y(0)=c'_{s,L}\left[\cosh\left(\frac{l'_{s,L}}{c'_{s,L}}+a'_{s,L}\right)-\cosh a'_{s,L}\right] \tag{3.61}$$

式中，$l'_{s,L}$为左边跨主缆悬链线的水平投影长度。

(2)空缆时左散索鞍转动中心 $I_1$ 到左塔中心线的水平距离 $L'_{s,L}$可表示为

$$L'_{s,L}=(l_{K,L}-l_{I,L})\sin(\omega_1+\alpha_L)-r_{4,L}\sin\beta'_2+l'_{s,L}+R_1(\sin\beta'_3+\sin\gamma_1)+\Delta_L \tag{3.62}$$

(3)空缆状态下左边跨无应力长度 $S'_{s,L}$可表示为

$$S'_{s,L}=S'_{c,s,L}+S'_{D'_3Q_1}+S'_{E'_1D'_1} \tag{3.63}$$

式中，$S'_{c,s,L}$、$S'_{D'_3Q_1}$ 和 $S'_{E'_1D'_1}$ 分别为空缆左边跨主缆悬链线 $Q_1E'_1$(图 3.11)、散索鞍圆弧段 $D'_3Q_1$ 和主索鞍圆弧段 $E'_1D'_1$ 的无应力长度，可分别表示为

$$S'_{c,s,L}=c'_{s,L}\left[\sinh\left(\frac{l'_{s,L}}{c'_{s,L}}+a'_{s,L}\right)-\sinh a'_{s,L}\right]-\frac{H'_{s,L}}{2EA}\Bigg(l'_{s,L}+\frac{c'_{s,L}}{2}\left\{\sinh\left[2\left(\frac{l'_{s,L}}{c'_{s,L}}+a'_{s,L}\right)\right]-\sinh(2a'_{s,L})\right\}\Bigg) \tag{3.64a}$$

$$S'_{D'_3Q_1}=\frac{r_{3,L}(\omega_1-\varphi_1-\theta_{4,L})+r_{4,L}[(\varphi_1+\theta_{4,L}+\alpha_L)-\beta'_2]}{1+\dfrac{H'_{s,L}\cosh(l'_{s,L}/c'_{s,L}+a'_{s,L})}{EA}} \tag{3.64b}$$

$$S'_{E'_1D'_1}=\frac{R_1(\beta'_3+\gamma_1)}{1+\dfrac{H'_{s,L}\cosh a'_{s,L}}{EA}} \tag{3.64c}$$

3. *右边跨*

本小节利用未知量建立三个参数表达式：右主索鞍圆心 $C_2$ 与右散索鞍转动中

心 $I_2$ 的高差 $\Delta h'_{s,R}$、右散索鞍转动中心 $I_2$ 到右塔中心线水平距离 $L'_{s,R}$（图 3.12）和右边跨主缆的无应力长度 $S'_{s,R}$。

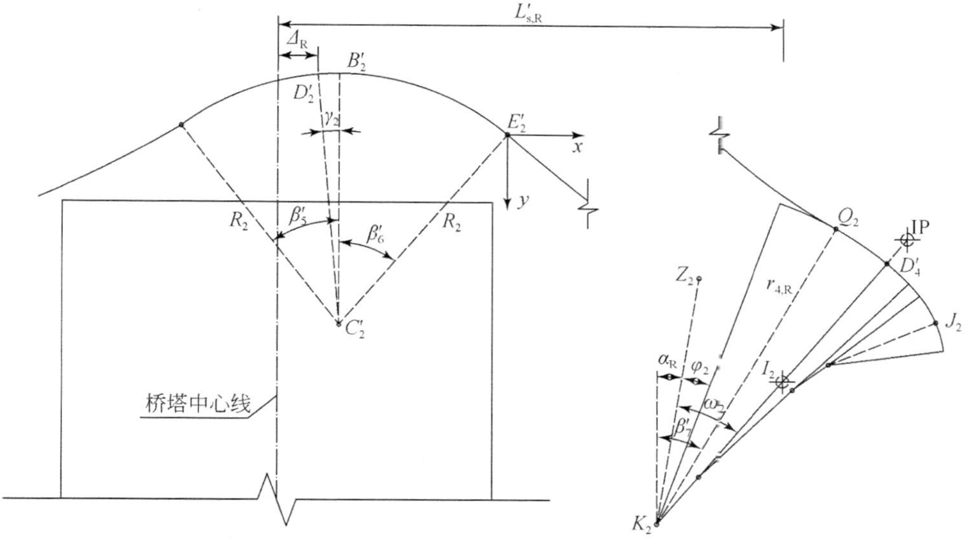


图 3.12　右边跨空缆线形

(1) 右主索鞍圆心 $C_2$ 与右散索鞍转动中心 $I_2$ 的高差 $\Delta h'_{s,R}$ 可表达为

$$\Delta h'_{s,R}=\Delta h'_{C_2I_2}=h_{C_2}-h'_{I_2}=-(l_{K,R}-l_{I,R})\cos(\omega_2+\alpha_R)+r_{4,R}\cos\beta'_7 +\Delta h'_{c,s,R}-R_2\cos\beta'_6-\Delta h_{t,R} \tag{3.65}$$

式中，$\alpha_R$ 为右散索鞍预偏角，为原竖直线 $Z_2K_2$ 在右散索鞍预偏转动后与竖直线的夹角；$\Delta h'_{c,s,R}$ 为右边跨悬链线的高差，可表达为

$$\Delta h'_{c,s,R}=c'_{s,R}\left[\cosh\left(\frac{l'_{s,R}}{c'_{s,R}}+a'_{s,R}\right)-\cosh a'_{s,R}\right] \tag{3.66}$$

(2) 空缆时右散索鞍转动中心 $I_2$ 到右塔中心线的水平距离 $L'_{s,R}$ 可表达为

$$L'_{s,R}=(l_{K,R}-l_{I,R})\sin(\omega_2+\alpha_R)-r_{4,R}\sin\beta'_7+l'_{s,R}+R_2(\sin\beta'_6+\sin\gamma_2)+\Delta_R \tag{3.67}$$

(3) 空缆状态下右边跨无应力长度 $S'_{s,R}$ 可表示为

$$S'_{s,R}=S'_{c,s,R}+S'_{D'_2E'_2}+S'_{Q_2D'_4} \tag{3.68}$$

式中，$S'_{c,s,R}$、$S'_{D'_2E'_2}$ 和 $S'_{Q_2D'_4}$ 分别为空缆时右边跨主缆悬链线 $E'_2Q_2$（图 3.12）、主索鞍圆弧段 $D'_2E'_2$、散索鞍圆弧段 $Q_2D'_4$ 的无应力长度，可分别表示为

$$S'_{c,s,R}=c'_{s,R}\left[\sinh\left(\frac{l'_{s,R}}{c'_{s,R}}+a'_{s,R}\right)-\sinh a'_{s,R}\right]-\frac{H'_{s,R}}{2EA}\left(l'_{s,R} +\frac{c'_{s,R}}{2}\left\{\sinh\left[2\left(\frac{l'_{s,R}}{c'_{s,R}}+a'_{s,R}\right)\right]-\sinh(2a'_{s,R})\right\}\right) \tag{3.69a}$$

$$S'_{D'_2E'_2}=\frac{R_2(\beta'_6+\gamma_2)}{1+\dfrac{H'_{s,R}\cosh a'_{s,R}}{EA}} \tag{3.69b}$$

$$S'_{Q_2D'_4}=\frac{r_{3,R}(\omega_2-\varphi_2-\theta_{4,R})+r_{4,R}[(\varphi_2+\theta_{4,R}+\alpha_R)-\beta'_7]}{1+\dfrac{H'_{s,R}\cosh(l'_{s,R}/c'_{s,R}+a'_{s,R})}{EA}} \tag{3.69c}$$

4. 左锚跨

本小节利用未知量建立四个参数表达式：左锚点 $A_1$ 与左散索鞍转动中心 $I_1$ 间的高差 $\Delta h'_{a,L}$和水平距离 $L'_{a,L}$、锚跨主缆的无应力长度 $S'_{a,L}$及作用在左散索鞍转动中心的力矩和 $\sum M'_{I_1}$ 。

(1)左锚点 $A_1$ 与左散索鞍转动中心 $I_1$ 间的高差 $\Delta h'_{a,L}$可表示为

$$\begin{aligned}\Delta h'_{a,L}=\Delta h'_{I_1A_1}=h_{I_1}-h_{A_1}=\Delta h'_{c,a,L}-(\Delta h'_{1,L}+\Delta h'_{2,L}+\Delta h'_{3,L}+\Delta h'_{4,L})\\+(l_{K,L}-l_{I,L})\cos(\omega_1+\alpha_L)\end{aligned} \tag{3.70}$$

式中，$l_{I,L}$为左散索鞍 IP 点到转动中心 $I_1$ 的距离；$l_{K,L}$为左散索鞍 IP 点到圆心点 $K_1$ 的距离；$\Delta h'_{c,a,L}$为空缆时左锚跨主缆悬链线的高差；$\Delta h'_{1,L}$为左散索鞍切点 $J_1$ 与散索鞍第 1 段圆弧圆心的高差；$\Delta h'_{2,L}$为散索鞍第 1 段圆弧圆心与第 2 段圆弧圆心的高差；$\Delta h'_{3,L}$为散索鞍第 2 段圆弧圆心与第 3 段圆弧圆心的高差；$\Delta h'_{4,L}$为散索鞍第 3 段圆弧圆心与第 4 段圆弧圆心 $K_1$ 的高差，可分别表达为

$$\Delta h'_{c,a,L}=c'_{a,L}\left[\cosh\left(\frac{l'_{a,L}}{c'_{a,L}}+a'_{a,L}\right)-\cosh a'_{a,L}\right] \tag{3.71a}$$

$$\Delta h'_{1,L}=r_{1,L}\cos\beta'_1 \tag{3.71b}$$

$$\Delta h'_{2,L}=(r_{2,L}-r_{1,L})\cos(\theta_{2,L}+\theta_{3,L}+\theta_{4,L}+\varphi_1+\alpha_L) \tag{3.71c}$$

$$\Delta h'_{3,L}=(r_{3,L}-r_{2,L})\cos(\theta_{3,L}+\theta_{4,L}+\varphi_1+\alpha_L) \tag{3.71d}$$

$$\Delta h'_{4,L}=(r_{4,L}-r_{3,L})\cos(\theta_{4,L}+\varphi_1+\alpha_L) \tag{3.71e}$$

式中，$l'_{a,L}$为左锚跨主缆悬链线的水平投影长度。

(2)左锚点 $A_1$ 与左散索鞍转动中心 $I_1$ 间的水平距离 $L'_{a,L}$可表达为

$$L'_{a,L}=l'_{a,L}+(l'_{1,L}+l'_{2,L}+l'_{3,L}+l'_{4,L})-(l_{K,L}-l_{I,L})\sin(\omega_1+\alpha_L) \tag{3.72}$$

式中，$l'_{1,L}$为切点 $J_1$ 与散索鞍第 1 段圆弧圆心的水平距离(图 3.13)；$l'_{2,L}$为散索鞍第 1 段圆弧圆心与第 2 段圆弧圆心的水平距离；$l'_{3,L}$为散索鞍第 2 段圆弧圆心与第 3 段圆弧圆心的水平距离；$l'_{4,L}$为散索鞍第 3 段圆弧圆心与第 4 段圆弧圆心 $K_1$ 的水平距离，可分别表达为

$$l'_{1,L}=r_{1,L}\sin\beta'_1 \tag{3.73a}$$

$$l'_{2,L}=(r_{2,L}-r_{1,L})\sin(\theta_{2,L}+\theta_{3,L}+\theta_{4,L}+\varphi_1+\alpha_L) \tag{3.73b}$$

$$l'_{3,L}=(r_{3,L}-r_{2,L})\sin(\theta_{3,L}+\theta_{4,L}+\varphi_1+\alpha_L) \tag{3.73c}$$

$$l'_{4,\mathrm{L}}=(r_{4,\mathrm{L}}-r_{3,\mathrm{L}})\sin(\theta_{4,\mathrm{L}}+\varphi_1+\alpha_\mathrm{L}) \tag{3.73d}$$

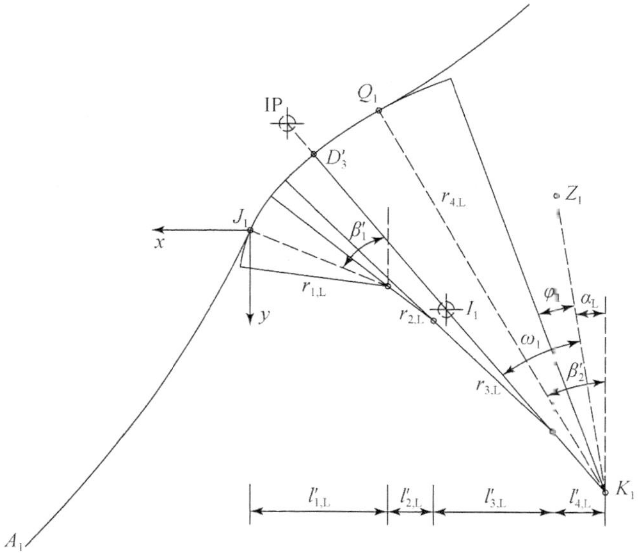


图 3.13　左锚跨空缆状态下主缆线形

(3)空缆状态下左锚跨主缆的无应力长度 $S'_{\mathrm{a,L}}$ 可表达为

$$S'_{\mathrm{a,L}}=S'_{\mathrm{c,a,L}}+S'_{J_1D'_3} \tag{3.74}$$

式中，$S'_{\mathrm{c,a,L}}$ 和 $S'_{J_1D'_3}$ 分别为空缆时左锚跨主缆悬链线 $A_1J_1$ 和散索鞍圆弧段 $J_1D'_3$ 的无应力长度，可分别表示为

$$\begin{aligned}S'_{\mathrm{c,a,L}}=&c'_{\mathrm{a,L}}\left[\sinh\left(\frac{l'_{\mathrm{a,L}}}{c'_{\mathrm{a,L}}}+a'_{\mathrm{a,L}}\right)-\sinh a'_{\mathrm{a,L}}\right]-\frac{H'_{\mathrm{a,L}}}{2EA}\left(l'_{\mathrm{a,L}}\right.\\&\left.+\frac{c'_{\mathrm{a,L}}}{2}\left\{\sinh\left[2\left(\frac{l'_{\mathrm{a,L}}}{c'_{\mathrm{a,L}}}+a'_{\mathrm{a,L}}\right)\right]-\sinh(2a'_{\mathrm{a,L}})\right\}\right)\end{aligned} \tag{3.75a}$$

$$S'_{J_1D'_3}=\frac{r_{1,\mathrm{L}}[\beta'_1-(\theta_{2,\mathrm{L}}+\theta_{3,\mathrm{L}}+\theta_{4,\mathrm{L}}+\varphi_1+\alpha_\mathrm{L})]+r_{2,\mathrm{L}}\theta_{2,\mathrm{L}}+r_{3,\mathrm{L}}[\theta_{3,\mathrm{L}}-(\omega_1-\varphi_1-\theta_{4,\mathrm{L}})]}{1+\dfrac{H'_{\mathrm{a,L}}\cosh a'_{\mathrm{a,L}}}{EA}} \tag{3.75b}$$

(4)空缆时，左锚跨的散索鞍发生偏角，且两侧的主缆水平分力发生变化，力矩和(图 3.14)为

$$\sum M'_{I_1}=H'_{\mathrm{s,L}}e'_{\mathrm{s1,L}}+V'_{\mathrm{s,L}}e'_{\mathrm{s2,L}}-(H'_{\mathrm{a,L}}e'_{\mathrm{a1,L}}+V'_{\mathrm{a,L}}e'_{\mathrm{a2,L}}+G_\mathrm{L}e'_{\mathrm{g,L}}) \tag{3.76}$$

式中，$e'_{\mathrm{s1,L}}$ 为边跨主缆水平分力的偏心距；$V'_{\mathrm{s,L}}$ 为边跨主缆在切点 $Q_1$ 处的竖向分力；$e'_{\mathrm{s2,L}}$ 为边跨主缆竖向分力的偏心距；$e'_{\mathrm{a1,L}}$ 为锚跨主缆水平分力的偏心距；$V'_{\mathrm{a,L}}$ 为左锚跨主缆在切点 $J_1$ 处的竖向分力；$e'_{\mathrm{a2,L}}$ 为锚跨主缆竖向分力的偏心距；$G_\mathrm{L}$ 为左

散索鞍重力；$e'_{\mathrm{g,L}}$为左散索鞍重力的偏心距。其中部分参数可分别表达为

$$e'_{\mathrm{s1,L}}=r_{4,\mathrm{L}}\cos\beta'_2-(l_{K,\mathrm{L}}-l_{I,\mathrm{L}})\cos(\omega_1+\alpha_{\mathrm{L}}) \tag{3.77a}$$

$$V'_{\mathrm{s,L}}=H'_{\mathrm{s,L}}\tan\beta'_2 \tag{3.77b}$$

$$e'_{\mathrm{s2,L}}=r_{4,\mathrm{L}}\sin\beta'_2-(l_{K,\mathrm{L}}-l_{I,\mathrm{L}})\sin(\omega_1+\alpha_{\mathrm{L}}) \tag{3.77c}$$

$$e'_{\mathrm{a1,L}}=\Delta h'_{1,\mathrm{L}}+\Delta h'_{2,\mathrm{L}}+\Delta h'_{3,\mathrm{L}}+\Delta h'_{4,\mathrm{L}}-(l_{K,\mathrm{L}}-l_{I,\mathrm{L}})\cos(\omega_1+\alpha_{\mathrm{L}}) \tag{3.77d}$$

$$V'_{\mathrm{a,L}}=H'_{\mathrm{a,L}}\tan\beta'_1 \tag{3.77e}$$

$$e'_{\mathrm{a2,L}}=l'_{1,\mathrm{L}}+l'_{2,\mathrm{L}}+l'_{3,\mathrm{L}}+l'_{4,\mathrm{L}}-(l_{K,\mathrm{L}}-l_{I,\mathrm{L}})\sin(\omega_1+\alpha_{\mathrm{L}}) \tag{3.77f}$$

$$e'_{\mathrm{g,L}}=l_{\mathrm{g,L}}\sin(\omega_1+\alpha_{\mathrm{L}}) \tag{3.77g}$$

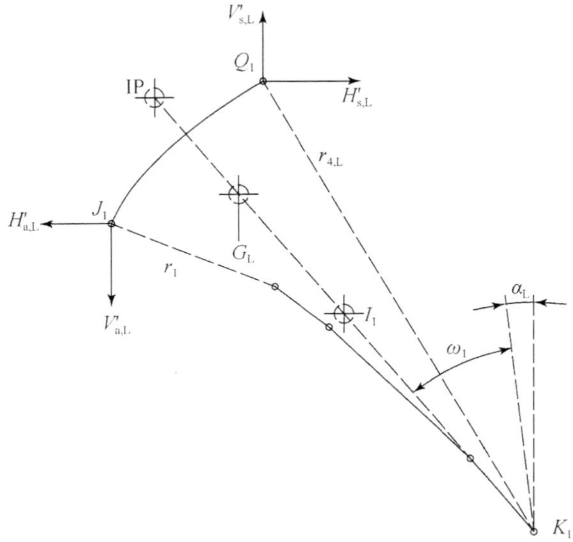


图 3.14　左散索鞍空缆状态下力矩平衡关系

5. *右锚跨*

本小节利用未知量建立四个参数表达式：右散索鞍转动中心 $I_2$ 与右锚点 $A_2$ 间的高差 $\Delta h'_{\mathrm{a,R}}$和水平距离 $L'_{\mathrm{s,R}}$、锚跨主缆的无应力长度 $S'_{\mathrm{a,R}}$及作用在右散索鞍转动中心的力矩和 $\sum M'_{I_2}$ 。

(1)右散索鞍转动中心 $I_2$ 与右锚点 $A_2$ 间的高差 $\Delta h'_{\mathrm{a,R}}$可表示为

$$\Delta h'_{\mathrm{a,R}}=\Delta h'_{I_2A_2}=h_{I_2}-h_{A_2}=\Delta h'_{\mathrm{c,a,R}}-(\Delta h'_{1,\mathrm{R}}+\Delta h'_{2,\mathrm{R}}+\Delta h'_{3,\mathrm{R}}+\Delta h'_{4,\mathrm{R}})+(l_{K,\mathrm{R}}-l_{I,\mathrm{R}})\cos(\omega_2+\alpha_{\mathrm{R}}) \tag{3.78}$$

式中，$l_{I,\mathrm{R}}$为右散索鞍 IP 点到转动中心 $I_2$ 的距离；$l_{K,\mathrm{R}}$为右散索鞍 IP 点到圆心点 $K_2$ 的距离；$\Delta h'_{\mathrm{c,a,R}}$为空缆时右锚跨主缆悬链线的高差；$\Delta h'_{1,\mathrm{R}}$为右散索鞍切点 $J_2$ 与

散索鞍第 1 段圆弧圆心的高差；$\Delta h'_{2,\mathrm{R}}$为散索鞍第 1 段圆弧圆心与第 2 段圆弧圆心的高差；$\Delta h'_{3,\mathrm{R}}$为散索鞍第 2 段圆弧圆心与第 3 段圆弧圆心的高差；$\Delta h'_{4,\mathrm{R}}$为散索鞍第 3 段圆弧圆心与第 4 段圆弧圆心 $K_2$ 的高差，可分别表达为

$$\Delta h'_{\mathrm{c,a,R}}=c'_{\mathrm{a,R}}\left[\cosh\left(\frac{l'_{\mathrm{a,R}}}{c'_{\mathrm{a,R}}}+a'_{\mathrm{a,R}}\right)-\cosh a'_{\mathrm{a,R}}\right] \tag{3.79a}$$

$$\Delta h'_{1,\mathrm{R}}=r_{1,\mathrm{R}}\cos\beta'_8 \tag{3.79b}$$

$$\Delta h'_{2,\mathrm{R}}=(r_{2,\mathrm{R}}-r_{1,\mathrm{R}})\cos(\theta_{2,\mathrm{R}}+\theta_{3,\mathrm{R}}+\theta_{4,\mathrm{R}}+\varphi_2+\alpha_\mathrm{R}) \tag{3.79c}$$

$$\Delta h'_{3,\mathrm{R}}=(r_{3,\mathrm{R}}-r_{2,\mathrm{R}})\cos(\theta_{3,\mathrm{R}}+\theta_{4,\mathrm{R}}+\varphi_2+\alpha_\mathrm{R}) \tag{3.79d}$$

$$\Delta h'_{4,\mathrm{R}}=(r_{4,\mathrm{R}}-r_{3,\mathrm{R}})\cos(\theta_{4,\mathrm{R}}+\varphi_2+\alpha_\mathrm{R}) \tag{3.79e}$$

(2)右散索鞍转动中心 $I_2$ 与右锚点 $A_2$ 间的水平距离 $L'_{\mathrm{s,R}}$可表示为

$$L'_{\mathrm{s,R}}=l'_{\mathrm{s,R}}+(l'_{1,\mathrm{R}}+l'_{2,\mathrm{R}}+l'_{3,\mathrm{R}}+l'_{4,\mathrm{R}})-(l_{K,\mathrm{R}}-l_{I,\mathrm{R}})\sin(\omega_2+\alpha_\mathrm{R}) \tag{3.80}$$

式中，$l'_{1,\mathrm{R}}$为切点 $J_2$ 与散索鞍第 1 段圆弧圆心的水平距离(图 3.15)；$l'_{2,\mathrm{R}}$为散索鞍第 1 段圆弧圆心与第 2 段圆弧圆心的水平距离；$l'_{3,\mathrm{R}}$为散索鞍第 2 段圆弧圆心与第 3 段圆弧圆心的水平距离；$l'_{4,\mathrm{R}}$为散索鞍第 3 段圆弧圆心与第 4 段圆弧圆心 $K_2$ 的水平距离，可分别表达为

$$l'_{1,\mathrm{R}}=r_{1,\mathrm{R}}\sin\beta'_8 \tag{3.81a}$$

$$l'_{2,\mathrm{R}}=(r_{2,\mathrm{R}}-r_{1,\mathrm{R}})\sin(\theta_{2,\mathrm{R}}+\theta_{3,\mathrm{R}}+\theta_{4,\mathrm{R}}+\varphi_2+\alpha_\mathrm{R}) \tag{3.81b}$$

$$l'_{3,\mathrm{R}}=(r_{3,\mathrm{R}}-r_{2,\mathrm{R}})\sin(\theta_{3,\mathrm{R}}+\theta_{4,\mathrm{R}}+\varphi_2+\alpha_\mathrm{R}) \tag{3.81c}$$

$$l'_{4,\mathrm{R}}=(r_{4,\mathrm{R}}-r_{3,\mathrm{R}})\sin(\theta_{4,\mathrm{R}}+\varphi_2+\alpha_\mathrm{R}) \tag{3.81d}$$

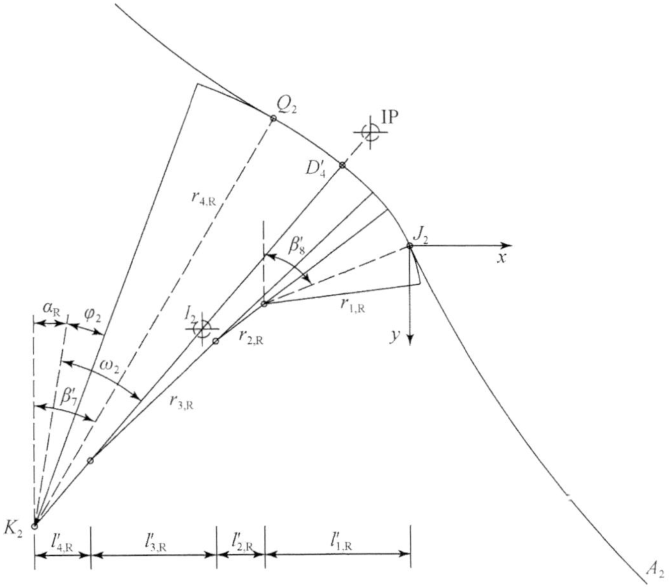


图 3.15　右锚跨空缆状态下主缆线形

(3)空缆状态下右锚跨主缆的无应力长度 $S'_{a,R}$ 可表达为

$$S'_{a,R}=S'_{c,a,R}+S'_{D'_4J_2} \tag{3.82}$$

式中，$S'_{c,a,R}$ 和 $S'_{D'_4J_2}$ 分别为空缆时右锚跨主缆悬链线 $J_2A_2$ 和散索鞍圆弧段 $D'_4J_2$ 的无应力长度，可分别表达为

$$S'_{c,a,R}=c'_{a,R}\left[\sinh\left(\frac{l'_{a,R}}{c'_{a,R}}+a'_{a,R}\right)-\sinh a'_{a,R}\right]-\frac{H'_{a,R}}{2EA}\Bigg(l'_{a,R}+\frac{c'_{a,R}}{2}\left\{\sinh\left[2\left(\frac{l'_{a,R}}{c'_{a,R}}+a'_{a,R}\right)\right]-\sinh(2a'_{a,R})\right\}\Bigg) \tag{3.83a}$$

$$S'_{D'_4J_2}=\frac{r_{1,R}[\beta'_8-(\theta_{2,R}+\theta_{3,R}+\theta_{4,R}+\varphi_2+\alpha_R)]+r_{2,R}\theta_{2,R}+r_{3,R}[\theta_{3,R}-(\omega_2-\varphi_2-\theta_{4,R})]}{1+\dfrac{H'_{a,R}\cosh a'_{a,R}}{EA}} \tag{3.83b}$$

(4)空缆时，右锚跨的散索鞍发生偏角，且两侧的主缆水平分力发生变化，力矩和(图 3.16)为

$$\sum M'_{I_2}=H'_{s,R}e'_{s1,R}+V'_{s,R}e'_{s2,R}-(H'_{a,R}e'_{a1,R}+V'_{a,R}e'_{a2,R}+G_Re'_{g,R}) \tag{3.84}$$

式中，$e'_{s1,R}$ 为边跨主缆水平分力的偏心距；$V'_{s,R}$ 为边跨主缆在切点 $Q_2$ 处的竖向分力；$e'_{s2,R}$ 为边跨主缆竖向分力的偏心距；$e'_{a1,R}$ 为锚跨主缆水平分力的偏心距；$V'_{a,R}$ 为右锚跨主缆在切点 $J_2$ 处的竖向分力；$e'_{a2,R}$ 为锚跨主缆竖向分力的偏心距；$G_R$ 为右散索鞍重力；$e'_{g,R}$ 为右散索鞍重力的偏心距。这些参数可分别表达为

$$e'_{s1,R}=r_{4,R}\cos\beta'_7-(l_{K,R}-l_{I,R})\cos(\omega_2+\alpha_R) \tag{3.85a}$$

$$V'_{s,R}=H'_{s,R}\tan\beta'_7 \tag{3.85b}$$

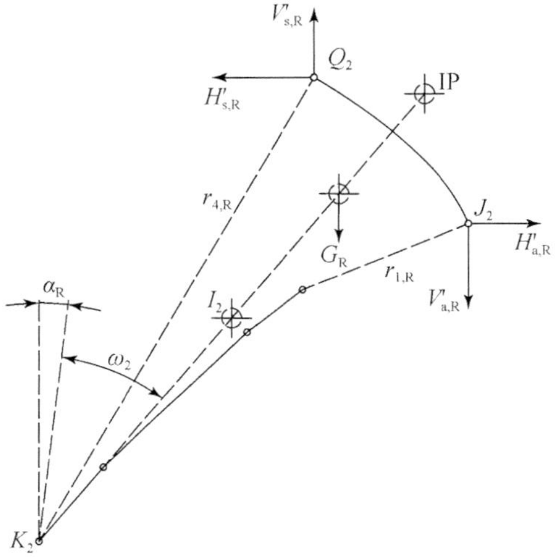


图 3.16　右散索鞍空缆状态下力矩平衡关系

$$e'_{s2,R}=r_{4,R}\sin\beta'_7-(l_{K,R}-l_{I,R})\sin(\omega_2+\alpha_R) \tag{3.85c}$$

$$e'_{a1,R}=\Delta h'_{1,R}+\Delta h'_{2,R}+\Delta h'_{3,R}+\Delta h'_{4,R}-(l_{K,R}-l_{I,R})\cos(\omega_2+\alpha_R) \tag{3.85d}$$

$$V'_{a,R}=H'_{a,R}\tan\beta'_8 \tag{3.85e}$$

$$e'_{a2,R}=l'_{1,R}+l'_{2,R}+l'_{3,R}+l'_{4,R}-(l_{K,R}-l_{I,R})\sin(\omega_2+\alpha_R) \tag{3.85f}$$

$$e'_{g,R}=l_{g,R}\sin(\omega_2+\alpha_R) \tag{3.85g}$$

### 3.3.3　求解

将上述利用未知量表达的参数代入方程组(3.54),可得到 17 个耦合方程。将每个方程的等号右侧项移到等号左侧,可得到 17 个函数 $f_i(\cdot)$,并以 3.3.1 节中的 17 个参数为变量,构造目标函数:

$$\min\sum_{i=1}^{17}f_i^2 \tag{3.86}$$

由此可求解出空缆状态下主缆线形的 17 个参数。

## 3.4　算　　例

依托金东大桥,对其成桥状态(图 3.17)及空缆状态(图 3.18)的主缆线形进行计算,包括主跨、边跨及锚跨,同时考虑索鞍圆弧、主索鞍预偏、散索鞍(图 3.19)预转、桥塔预抬高等因素。

图 3.17　金东大桥成桥状态实景图

### 3.4.1　成桥线形

成桥线形计算时主跨、边跨和锚跨的基本参数分别见表 3.1、表 3.2,包括主缆材料特性、吊杆材料特性、跨径参数、吊杆间距及控制点高程等。

图 3.18　金东大桥空缆状态实景图

图 3.19　金东大桥的散索鞍

**表 3.1　主跨的基本参数**

| 成桥状态基本参数 | | 符号 | 单位 | 数值 |
| --- | --- | --- | --- | --- |
| 主跨跨径 | | $L_m$ | m | 730 |
| 主缆 | 每延米自重 | $q$ | kN/m | 14.268 |
| | 弹性模量 | $E$ | GPa | 197.03 |
| | 横截面面积 | $A$ | $m^2$ | 0.1759 |
| | 左主索鞍切点 $O_0$ 到跨中点 $O_m$ 间的主缆段数 | $m$ | — | 36 |
| | 跨中点 $O_m$ 的设计高程 | $h_{O_m}$ | m | 856 |

续表

| 成桥状态基本参数 | | 符号 | 单位 | 数值 |
|---|---|---|---|---|
| 吊杆 | 一侧主缆的吊杆总数 | $n$ | — | 71 |
| | 设计间距 | $l_2 \sim l_n$ | m | 10 |
| | 最左侧吊杆到左侧桥塔中心线的设计间距 | $l_{D_1O_1}$ | m | 15 |
| | 最右侧吊杆到右侧桥塔中心线的设计间距 | $l_{O_nD_2}$ | m | 15 |
| | 弹性模量 | $E_i$ | GPa | 199 |
| | 横截面面积 | $A_i$ | $m^2$ | 0.00214 |
| | 每延米自重 | $w_i$ | kN/m | 0.1835 |
| 左主索鞍 | 圆心点 $C_1$ 的设计高程 | $h_{C_1}$ | m | 923.21 |
| | 竖直线 $B_1C_1$ 和线 $C_1D_1$ 的夹角 | $\gamma_1$ | (°) | 2.365 |
| | 索鞍圆弧半径 | $R_1$ | m | 5.5 |
| 右主索鞍 | 圆心点 $C_2$ 的设计高程 | $h_{C_2}$ | m | 923.09 |
| | 竖直线 $B_2C_2$ 和线 $C_2D_2$ 的夹角 | $\gamma_2$ | (°) | −0.635* |
| | 索鞍圆弧半径 | $R_2$ | m | 5.5 |

* 负号表示 $C_2$ 在 $D_2$ 的江侧(左侧),非岸侧。

**表 3.2　边跨和锚跨的基本参数**

| 成桥状态基本参数 | | | 符号 | 单位 | 数值 | |
|---|---|---|---|---|---|---|
| | | | | | 左 | 右 |
| 边跨跨径 | | | $L_s$ | m | 240 | 120 |
| 锚跨跨径 | | | $L_a$ | m | 16.38 | 15.32 |
| 锚点 $A_i$ 的设计高程($i$=1,2,分别表示左、右) | | | $h_{A_i}$ | m | 848.53 | 867.14 |
| 散索鞍 | 圆心点 $K$ 的设计高程 | | $h_K$ | m | 854.68 | 874.96 |
| | 圆弧半径 | 第 1 段圆弧 | $r_1$ | m | 1.781 | 1.781 |
| | | 第 2 段圆弧 | $r_2$ | m | 3.081 | 3.081 |
| | | 第 3 段圆弧 | $r_3$ | m | 4.781 | 4.781 |
| | | 第 4 段圆弧 | $r_4$ | m | 5.781 | 5.781 |
| | 对应的圆心角 | 第 1 段圆弧 | $\theta_1$ | (°) | 19.78 | 15.60 |
| | | 第 2 段圆弧 | $\theta_2$ | (°) | 6 | 6 |
| | | 第 3 段圆弧 | $\theta_3$ | (°) | 6 | 6 |
| | | 第 4 段圆弧 | $\theta_4$ | (°) | 10 | 10 |

续表

| 成桥状态基本参数 | | 符号 | 单位 | 数值 | |
|---|---|---|---|---|---|
| | | | | 左 | 右 |
| 散索鞍 | 四点(IP 点、重心、旋转中心 $I_1$、圆心 $K$)一线的偏角 | $\omega_1$ | (°) | 25.01 | 30.86 |
| | 第 4 段圆弧末端点和圆心 $K$ 连线的偏角 | $\varphi_1$ | (°) | 15.01 | 20.86 |
| | IP 点和旋转中心 $I_1$ 的距离 | $l_I$ | m | 3.05 | 3.05 |
| | IP 点和圆心点 $K$ 的距离 | $l_K$ | m | 5.875 | 5.866 |
| | 重心和旋转中心 $I_1$ 的距离 | $l_g$ | m | 1.879 | 1.879 |
| | 自重 | $G$ | kN | 406.262 | 384.792 |
| 桥塔 | 成桥时的塔高 | $h_t$ | m | 126 | 124 |
| | 弹性模型 | $E_t$ | GPa | 32.5 | 32.5 |
| | 横截面面积 | $A_t$ | $m^2$ | 8.260 | 12.707 |

1. 主跨线形

通过式(3.11)先求解出未知量 $H$、$a_1$ 和 $l_{n+1}$,进而可确定出其余线形参数。成桥状态下的主跨线形见表 3.3,其各段主缆的悬链线参数见表 3.4,详细的吊杆相关参数见表 3.5,包括主梁上下吊点的高程 $h_{i,d}$、下吊点的初始吊杆力 $P_{0,i}$等。

**表 3.3 成桥状态下的主跨线形**

| 参数 | 符号 | 单位 | 数值 |
|---|---|---|---|
| 主缆水平分力 | $H$ | kN | 94239.75 |
| 悬链线方程参数 | $c$ | m | −6604.97 |
| 左主索鞍切点 $O_0$ 高程 | $h_{O_0}$ | m | 928.327 |
| 右主索鞍切点 $O_{n+1}$高程 | $h_{O_{n+1}}$ | m | 928.207 |
| 切点 $O_0$ 和跨中点 $O_m$ 的高差 | $\Delta h_{O_0O_m}$ | m | 72.327 |
| 右主索鞍切点 $O_{n+1}$到右侧桥塔中心线的水平距离 | $l_{O_{n+1}D_2}$ | m | 2.077 |
| 切点 $O_0$ 对应的切角 | $\beta_4$ | (°) | 21.506 |
| 切点 $O_{n+1}$对应的切角 | $\beta_5$ | (°) | 21.503 |
| 圆弧段 $D_1O_0$ 的主缆无应力长度 | $S_{D_1O_0}$ | m | 1.832 |
| 悬链线主缆无应力总长度 | $S_{c,m}$ | m | 742.828 |
| 圆弧段 $O_{n+1}D_2$ 的主缆无应力长度 | $S_{O_{n+1}D_2}$ | m | 2.119 |
| 主跨主缆无应力总长度 | $S_m$ | m | 746.779 |

**表 3.4　主跨各悬链线索段参数**

| 编号 | $a_i$ | $b_i$/m | $l_i$/m | $\Delta h_i$/m | $S_{c,i}$/m | 编号 | $a_i$ | $b_i$/m | $l_i$/m | $\Delta h_i$/m | $S_{c,i}$/m |
|---|---|---|---|---|---|---|---|---|---|---|---|
| 1 | 0.38449 | 6122.742 | 13.211 | 5.191 | 14.153 | 37 | −0.00469 | 6604.900 | 10 | −0.055 | 9.973 |
| 2 | 0.37172 | 6153.875 | 10 | 3.795 | 10.665 | 38 | −0.01561 | 6604.163 | 10 | −0.164 | 9.974 |
| 3 | 0.36113 | 6178.940 | 10 | 3.682 | 10.626 | 39 | −0.02653 | 6602.643 | 10 | −0.273 | 9.977 |
| 4 | 0.35070 | 6202.937 | 10 | 3.571 | 10.588 | 40 | −0.03745 | 6600.342 | 10 | −0.382 | 9.980 |
| 5 | 0.34024 | 6226.345 | 10 | 3.460 | 10.551 | 41 | −0.04836 | 6597.251 | 10 | −0.491 | 9.985 |
| 6 | 0.32973 | 6249.154 | 10 | 3.349 | 10.516 | 42 | −0.05927 | 6593.375 | 10 | −0.601 | 9.991 |
| 7 | 0.31920 | 6271.342 | 10 | 3.238 | 10.481 | 43 | −0.07017 | 6588.717 | 10 | −0.710 | 9.998 |
| 8 | 0.30863 | 6292.885 | 10 | 3.128 | 10.448 | 44 | −0.08107 | 6583.279 | 10 | −0.819 | 10.006 |
| 9 | 0.29805 | 6313.773 | 10 | 3.017 | 10.416 | 45 | −0.09196 | 6577.063 | 10 | −0.929 | 10.016 |
| 10 | 0.28744 | 6333.993 | 10 | 2.906 | 10.384 | 46 | −0.10285 | 6570.072 | 10 | −1.038 | 10.026 |
| 11 | 0.27681 | 6353.543 | 10 | 2.796 | 10.354 | 47 | −0.11372 | 6562.309 | 10 | −1.147 | 10.038 |
| 12 | 0.26616 | 6372.407 | 10 | 2.685 | 10.325 | 48 | −0.12459 | 6553.778 | 10 | −1.257 | 10.051 |
| 13 | 0.25548 | 6390.584 | 10 | 2.575 | 10.297 | 49 | −0.13544 | 6544.482 | 10 | −1.366 | 10.065 |
| 14 | 0.24479 | 6408.062 | 10 | 2.465 | 10.270 | 50 | −0.14629 | 6534.425 | 10 | −1.476 | 10.081 |
| 15 | 0.23408 | 6424.838 | 10 | 2.354 | 10.245 | 51 | −0.15712 | 6523.612 | 10 | −1.585 | 10.097 |
| 16 | 0.22336 | 6440.903 | 10 | 2.244 | 10.220 | 52 | −0.16794 | 6512.047 | 10 | −1.695 | 10.115 |
| 17 | 0.21261 | 6456.251 | 10 | 2.134 | 10.197 | 53 | −0.17875 | 6499.737 | 10 | −1.805 | 10.133 |
| 18 | 0.20185 | 6470.875 | 10 | 2.025 | 10.175 | 54 | −0.18954 | 6486.684 | 10 | −1.914 | 10.153 |
| 19 | 0.19107 | 6484.771 | 10 | 1.915 | 10.153 | 55 | −0.20032 | 6472.897 | 10 | −2.024 | 10.175 |
| 20 | 0.18028 | 6497.930 | 10 | 1.805 | 10.133 | 56 | −0.21108 | 6458.378 | 10 | −2.134 | 10.197 |
| 21 | 0.16947 | 6510.349 | 10 | 1.695 | 10.115 | 57 | −0.22182 | 6443.137 | 10 | −2.244 | 10.220 |
| 22 | 0.15865 | 6522.021 | 10 | 1.586 | 10.097 | 58 | −0.23255 | 6427.177 | 10 | −2.354 | 10.245 |
| 23 | 0.14782 | 6532.943 | 10 | 1.476 | 10.081 | 59 | −0.24326 | 6410.507 | 10 | −2.464 | 10.270 |
| 24 | 0.13698 | 6543.108 | 10 | 1.366 | 10.065 | 60 | −0.25395 | 6393.132 | 10 | −2.575 | 10.297 |
| 25 | 0.12612 | 6552.513 | 10 | 1.257 | 10.051 | 61 | −0.26462 | 6375.031 | 10 | −2.685 | 10.325 |
| 26 | 0.11525 | 6561.153 | 10 | 1.147 | 10.038 | 62 | −0.27528 | 6356.298 | 10 | −2.796 | 10.354 |
| 27 | 0.10438 | 6569.026 | 10 | 1.038 | 10.026 | 63 | −0.28591 | 6336.855 | 10 | −2.906 | 10.384 |
| 28 | 0.09349 | 6576.126 | 10 | 0.929 | 10.016 | 64 | −0.29652 | 6316.736 | 10 | −3.017 | 10.415 |
| 29 | 0.08260 | 6582.452 | 10 | 0.819 | 10.006 | 65 | −0.30710 | 6295.951 | 10 | −3.127 | 10.448 |
| 30 | 0.07171 | 6588.000 | 10 | 0.710 | 9.998 | 66 | −0.31767 | 6274.508 | 10 | −3.238 | 10.481 |
| 31 | 0.06080 | 6592.768 | 10 | 0.601 | 9.991 | 67 | −0.32820 | 6252.423 | 10 | −3.349 | 10.516 |
| 32 | 0.04989 | 6596.754 | 10 | 0.492 | 9.985 | 68 | −0.33871 | 6229.709 | 10 | −3.460 | 10.551 |
| 33 | 0.03898 | 6599.956 | 10 | 0.382 | 9.980 | 69 | −0.34917 | 6206.403 | 10 | −3.571 | 10.588 |
| 34 | 0.02806 | 6602.372 | 10 | 0.273 | 9.977 | 70 | −0.35960 | 6182.503 | 10 | −3.682 | 10.625 |
| 35 | 0.01715 | 6604.002 | 10 | 0.164 | 9.974 | 71 | −0.37019 | 6157.541 | 10 | −3.795 | 10.665 |
| 36 | 0.00623 | 6604.845 | 10 | 0.055 | 9.973 | 72 | −0.38247 | 6127.724 | 12.923 | −5.078 | 13.844 |

**表 3.5　吊杆参数**

| 编号 | $h_{i,d}$/m | $S_{i,h}$/m | $P_{0,i}$/kN | $P_i$/kN | 编号 | $h_{i,d}$/m | $S_{i,h}$/m | $P_{0,i}$/kN | $P_i$/kN |
|---|---|---|---|---|---|---|---|---|---|
| 1 | 849.685 | 72.606 | 1074.5 | 1087.8 | 37 | 851.699 | 4.315 | 885.7 | 886.5 |
| 2 | 849.799 | 68.870 | 900.7 | 913.3 | 38 | 851.694 | 4.482 | 885.6 | 886.4 |
| 3 | 849.909 | 65.128 | 881.5 | 893.5 | 39 | 851.685 | 4.760 | 885.7 | 886.6 |
| 4 | 850.016 | 61.483 | 882.9 | 894.2 | 40 | 851.674 | 5.150 | 885.6 | 886.5 |
| 5 | 850.120 | 57.952 | 884.4 | 895.0 | 41 | 851.659 | 5.652 | 885.7 | 886.7 |
| 6 | 850.220 | 54.535 | 885.3 | 895.3 | 42 | 851.641 | 6.265 | 885.6 | 886.7 |
| 7 | 850.317 | 51.231 | 885.5 | 894.9 | 43 | 851.620 | 6.989 | 885.7 | 887.0 |
| 8 | 850.411 | 48.040 | 885.7 | 894.5 | 44 | 851.595 | 7.825 | 885.6 | 887.0 |
| 9 | 850.501 | 44.963 | 885.6 | 893.9 | 45 | 851.567 | 8.772 | 885.7 | 887.3 |
| 10 | 850.588 | 41.998 | 885.8 | 893.5 | 46 | 851.536 | 9.831 | 885.6 | 887.4 |
| 11 | 850.672 | 39.146 | 885.6 | 892.8 | 47 | 851.501 | 11.002 | 885.7 | 887.7 |
| 12 | 850.753 | 36.406 | 885.7 | 892.4 | 48 | 851.463 | 12.284 | 885.6 | 887.9 |
| 13 | 850.830 | 33.779 | 885.6 | 891.8 | 49 | 851.422 | 13.678 | 885.7 | 888.2 |
| 14 | 850.904 | 31.265 | 885.7 | 891.4 | 50 | 851.378 | 15.184 | 885.6 | 888.4 |
| 15 | 850.975 | 28.862 | 885.6 | 890.9 | 51 | 851.330 | 16.802 | 885.7 | 888.8 |
| 16 | 851.042 | 26.572 | 885.7 | 890.6 | 52 | 851.279 | 18.531 | 885.6 | 889.0 |
| 17 | 851.107 | 24.395 | 885.6 | 890.1 | 53 | 851.225 | 20.372 | 885.7 | 889.4 |
| 18 | 851.167 | 22.329 | 885.7 | 889.8 | 54 | 851.167 | 22.326 | 885.6 | 889.7 |
| 19 | 851.225 | 20.376 | 885.6 | 889.3 | 55 | 851.107 | 24.391 | 885.7 | 890.2 |
| 20 | 851.279 | 18.534 | 885.7 | 889.1 | 56 | 851.042 | 26.569 | 885.6 | 890.5 |
| 21 | 851.330 | 16.804 | 885.6 | 888.7 | 57 | 850.975 | 28.859 | 885.7 | 891.0 |
| 22 | 851.378 | 15.187 | 885.7 | 888.5 | 58 | 850.904 | 31.261 | 885.6 | 891.3 |
| 23 | 851.422 | 13.681 | 885.6 | 888.1 | 59 | 850.830 | 33.775 | 885.7 | 891.9 |
| 24 | 851.463 | 12.286 | 885.7 | 888.0 | 60 | 850.753 | 36.402 | 885.6 | 892.3 |
| 25 | 851.501 | 11.004 | 885.6 | 887.6 | 61 | 850.672 | 39.141 | 885.8 | 893.0 |
| 26 | 851.536 | 9.833 | 885.7 | 887.5 | 62 | 850.588 | 41.993 | 885.6 | 893.3 |
| 27 | 851.567 | 8.774 | 885.6 | 887.2 | 63 | 850.501 | 44.958 | 885.7 | 893.9 |
| 28 | 851.595 | 7.826 | 885.7 | 887.1 | 64 | 850.411 | 48.036 | 885.6 | 894.4 |
| 29 | 851.620 | 6.990 | 885.6 | 886.9 | 65 | 850.317 | 51.226 | 885.6 | 895.0 |
| 30 | 851.641 | 6.266 | 885.7 | 886.8 | 66 | 850.220 | 54.530 | 885.2 | 895.2 |
| 31 | 851.659 | 5.653 | 885.6 | 886.6 | 67 | 850.120 | 57.947 | 884.6 | 895.2 |
| 32 | 851.674 | 5.151 | 885.7 | 886.6 | 68 | 850.016 | 61.478 | 882.8 | 894.1 |
| 33 | 851.685 | 4.761 | 885.6 | 886.5 | 69 | 849.909 | 65.122 | 881.6 | 893.5 |
| 34 | 851.694 | 4.482 | 885.7 | 886.5 | 70 | 849.799 | 68.864 | 900.6 | 913.2 |
| 35 | 851.699 | 4.315 | 885.7 | 886.5 | 71 | 849.685 | 72.600 | 1074.6 | 1087.9 |
| 36 | 851.700 | 4.259 | 885.5 | 886.3 | — | — | — | — | — |

2. 边跨线形

通过式(3.31)计算出边跨的悬链线参数 $a_s$ 和 $l_s$，其余线形参数见表 3.6。

**表 3.6　成桥状态下的边跨线形**

| 参数 | 符号 | 单位 | 数值 | |
|---|---|---|---|---|
| | | | 左 | 右 |
| 主缆水平分力 | $H$ | kN | 94239.75 | 94239.75 |
| 悬链线方程参数 | $a_s$ | — | 0.30170 | 0.40643 |
| | $b_s$ | m | 6907.88 | 7146.12 |
| | $c$ | m | −6604.97 | −6604.97 |
| 悬链线水平投影长度 | $l_s$ | m | 237.180 | 117.072 |
| 主索鞍边跨侧切点的高程 | $h_{E_1}$ | m | 928.469 | 928.165 |
| 散索鞍边跨侧切点的高程 | $h_Q$ | m | 860.258 | 880.387 |
| 散索鞍边跨侧切点的切角 | $\beta_2$ | (°) | 15.052 | 22.670 |
| 主索鞍边跨侧切点的切角 | $\beta_3$ | (°) | 17.031 | 21.730 |
| 主索鞍切点 $E_1$ 和圆心点 $C_1$ 的水平距离 | $\Delta_1$ | m | 1.611 | 2.120 |
| 圆心点 $C_1$ 到桥塔中心线的水平距离 | $\Delta_2$ | m | 0.227 | −0.061 |
| 散索鞍切点 $Q$ 到圆心点 $K$ 的水平距离 | $\Delta_3$ | m | 1.501 | 2.140 |
| 散索鞍 IP 点到圆心点 $K$ 的水平距离 | $\Delta_4$ | m | 2.484 | 3.009 |
| 圆弧段 $D_3Q$ 的主缆无应力长度 | $S_{D_3Q}$ | m | 1.002 | 0.918 |
| 悬链线 $QE_1$ 的主缆无应力长度 | $S_{c,s}$ | m | 246.107 | 126.076 |
| 圆弧段 $E_1D_1$ 的主缆无应力长度 | $S_{E_1D_1}$ | m | 1.857 | 2.109 |
| 边跨的主缆无应力总长度 | $S_s$ | m | 248.966 | 129.103 |

3. 锚跨线形

通过式(3.49)计算出锚跨的悬链线参数 $a_a$、$l_a$ 和 $H_a$，其余线形参数见表 3.7。

**表 3.7　成桥状态下的锚跨线形**

| 参数 | 符号 | 单位 | 数值 | |
|---|---|---|---|---|
| | | | 左 | 右 |
| 主缆水平分力 | $H_a$ | kN | 80394.20 | 78101.52 |
| 悬链线方程参数 | $a_a$ | — | 0.65259 | 0.76218 |
| | $b_a$ | m | 6877.59 | 7142.33 |
| | $c_a$ | m | −5634.58 | −5473.89 |

续表

| 参数 | 符号 | 单位 | 数值 | |
|---|---|---|---|---|
| | | | 左 | 右 |
| 悬链线主缆的水平投影长度 | $l_a$ | m | 15.765 | 14.769 |
| 悬链线主缆的高差 | $\Delta h_{JA_1}$ | m | 11.007 | 12.353 |
| 散索鞍锚跨侧切点 $J$ 对应的切角 | $\beta_1$ | (°) | 34.989 | 39.968 |
| 切点 $J$ 的高程 | $h_J$ | m | 859.536 | 879.500 |
| 悬链线主缆无应力长度 | $S_{c,a}$ | m | 19.173 | 19.198 |
| 圆弧段 $JD_3$ 的主缆无应力长度 | $S_{JD_3}$ | m | 0.758 | 0.731 |
| 锚跨主缆无应力总长度 | $S_a$ | m | 19.931 | 19.929 |

4. 桥塔预抬高量

根据式(3.53)，可得左右桥塔的预抬高量 $\Delta h_t$ 分别为 0.031m 和 0.023m。

### 3.4.2 空缆线形

空缆线形的计算依赖于成桥状态的各跨无应力索长及跨径，其相关参数及取值列于表 3.8。需要注意的是，空缆时，主缆索股的每延米自重有所不同，即 $q'=13.805\text{kN/m}$。

**表 3.8 成桥状态下的主缆参数**

| 高差 | 符号 | 数值/m | 水平距离 | 符号 | 数值/m | 主缆无应力长度 | 符号 | 数值/m |
|---|---|---|---|---|---|---|---|---|
| $C_1$ 和 $C_2$ | $\Delta h_m$ | 0.120 | $D_1$ 和 $D_2$ | $L_m$ | 730.000 | 主跨 | $S_m$ | 746.779 |
| $I_1$ 和 $C_1$ | $\Delta h_{s1}$ | 68.517 | $I_1$ 和 $D_1$ | $L_{s1}$ | 238.711 | 左边跨 | $S_{s,L}$ | 248.966 |
| $C_2$ 和 $I_2$ | $\Delta h_{s2}$ | 48.105 | $D_2$ 和 $I_2$ | $L_{s2}$ | 118.436 | 右边跨 | $S_{s,R}$ | 129.103 |
| $A_1$ 和 $I_1$ | $\Delta h_{a1}$ | 6.164 | $A_1$ 和 $I_1$ | $L_{a1}$ | 17.673 | 左锚跨 | $S_{a,L}$ | 19.931 |
| $I_2$ 和 $A_2$ | $\Delta h_{a2}$ | 7.841 | $I_2$ 和 $A_2$ | $L_{a2}$ | 16.886 | 右锚跨 | $S_{a,R}$ | 19.929 |

根据式(3.86)，计算出空缆线形的 17 个基本未知量，然后计算出其余线形参数。空缆状态下的主缆线形参数见表 3.9，各跨在索鞍上的主缆切角的计算结果见表 3.10，主索鞍的预偏量和散索鞍的预偏角计算结果见表 3.11。

**表 3.9　空缆状态下的主缆线形参数**

| 参数 | | | 左锚跨 | 左边跨 | 主跨 | 右边跨 | 右锚跨 |
|---|---|---|---|---|---|---|---|
| 主缆水平分力 | | 符号 | $H'_{a,L}$ | $H'_{s,L}$ | $H'_{m}$ | $H'_{s,R}$ | $H'_{a,R}$ |
| | | 数值/kN | 12345.43 | 14177.03 | 14177.03 | 14177.03 | 11550.51 |
| 悬链线方程参数 | | 符号 | $a'_{a,L}$ | $a'_{s,L}$ | $a'_{m}$ | $a'_{s,R}$ | $a'_{a,R}$ |
| | | 数值 | 0.65978 | 0.39931 | 0.35510 | 0.45613 | 0.76952 |
| | | 符号 | $b'_{a,L}$ | $b'_{s,L}$ | $b'_{m}$ | $b'_{s,R}$ | $b'_{a,R}$ |
| | | 数值/m | 1096.047 | 1109.810 | 1092.217 | 1135.586 | 1096.874 |
| | | 符号 | $c'_{a,L}$ | $c'_{s,L}$ | $c'_{m}$ | $c'_{s,R}$ | $c'_{a,R}$ |
| | | 数值/m | −894.272 | −1026.949 | −1026.949 | −1026.949 | −836.690 |
| 悬链线水平投影长度 | | 符号 | $l'_{a,L}$ | $l'_{s,L}$ | $l'_{m}$ | $l'_{s,R}$ | $l'_{a,R}$ |
| | | 数值/m | 15.743 | 234.958 | 728.094 | 116.089 | 14.748 |
| 悬链线高差 | | 符号 | $\Delta h'_{c,a,L}$ | $\Delta h'_{c,s,L}$ | $\Delta h'_{c,m}$ | $\Delta h'_{c,s,R}$ | $\Delta h'_{c,a,R}$ |
| | | 数值/m | 10.987 | 67.939 | 0.127 | 47.645 | 12.332 |
| 无应力长度 | 左侧圆弧段 | 符号 | — | $S'_{D'_3Q_1}$ | $S'_{D'_1O'_0}$ | $S'_{D'_2E'_2}$ | $S'_{D'_4J_2}$ |
| | | 数值/m | — | 1.629 | 1.683 | 2.363 | 0.717 |
| | 悬链线 | 符号 | $S'_{c,a,L}$ | $S'_{c,s,L}$ | $S'_{c,m}$ | $S'_{c,s,R}$ | $S'_{c,a,R}$ |
| | | 数值/m | 19.189 | 244.972 | 743.129 | 125.486 | 19.216 |
| | 右侧圆弧段 | 符号 | $S'_{J_1D'_3}$ | $S'_{E'_1D'_1}$ | $S'_{O'_{n+1}D'_2}$ | $S'_{Q_2D'_4}$ | — |
| | | 数值/m | 0.744 | 2.365 | 1.969 | 1.254 | — |

**表 3.10　索鞍上的主缆切角 $\beta'$ 的计算结果**

| 切点 | 左散索鞍 | | 左主索鞍 | | 右主索鞍 | | 右散索鞍 | |
|---|---|---|---|---|---|---|---|---|
| | $J_1$ | $Q_1$ | $E'_1$ | $O'_0$ | $O'_{n+1}$ | $E'_2$ | $Q_2$ | $J_2$ |
| 符号 | $\beta'_1$ | $\beta'_2$ | $\beta'_3$ | $\beta'_4$ | $\beta'_5$ | $\beta'_6$ | $\beta'_7$ | $\beta'_8$ |
| 数值/(°) | 35.323 | 9.709 | 22.281 | 19.908 | 19.889 | 25.266 | 19.276 | 40.289 |

**表 3.11　主索鞍的预偏量和散索鞍的预偏角计算结果**

| 预偏量 | | 符号 | 单位 | 数值 |
|---|---|---|---|---|
| 预偏角 | 左散索鞍 | $\alpha_L$ | (°) | 0.851 |
| | 右散索鞍 | $\alpha_R$ | (°) | 0.850 |
| 预偏量 | 左主索鞍 | $\Delta_L$ | m | 1.183 |
| | 右主索鞍 | $\Delta_R$ | m | 0.489 |

## 3.5 本章小结

本章利用分段悬链线理论，建立了完整的悬索桥主缆成桥线形、空缆线形和施工参数的解析计算方法，可供设计和施工计算参考。该解析方法物理概念明确，参数易调，具备普遍适用性，适于推广，避免了有限元复杂的模拟过程，并且应用于跨径为240m+730m+120m的金东大桥，该方法的可行性和有效性得以验证。该算法具有以下特点：

(1)在悬索桥成桥线形计算中，考虑了锚跨主缆、主索鞍圆弧、散索鞍圆弧和塔顶预抬高等因素，建立了完整的各跨主缆找形方法，尤其是针对主跨线形，通过解析迭代思路，考虑吊杆自重及吊杆无应力长度的计算；在悬索桥空缆线形计算中，建立了主缆无应力长度、主索鞍预偏量、散索鞍预偏角、索夹安装位置等关键施工参数的计算方法。

(2)在悬索桥成桥线形计算中，利用力学平衡和几何关系，按照主跨、边跨和锚跨的顺序，计算出主缆悬链线方程参数、切点坐标和切线角等；在空缆线形计算中，以成桥线形为出发点，根据主缆无应力长度守恒条件，联立1个主跨、2个边跨和2个锚跨的控制方程进行求解，可一次性计算出索鞍预偏量等施工参数和各跨主缆的悬链线方程参数、切点坐标和切线角等线形参数。

(3)在空缆线形计算中，耦合方程及未知数数量均多达17个，而利用非线性GRG法将方程组的解耦转化为无约束优化问题，避免了烦琐迭代的同时，显著提高了计算效率。

### 参考文献

[1] Zhang W M, Tian G M, Yang C Y, et al. Analytical methods for determining the cable configuration and construction parameters of a suspension bridge. Structural Engineering and Mechanics, 2019, 71(6): 603-625.

[2] Kim K S, Lee H S. Analysis of target configurations under dead loads for cable-supported bridges. Computers & Structures, 2001, 79(29-30): 2681-2692.

[3] Jung M R, Min D J, Kim M Y. Nonlinear analysis methods based on the unstrained element length for determining initial shaping of suspension bridges under dead loads. Computers & Structures, 2013, 128: 272-285.

[4] Thai H T, Choi D H. Advanced analysis of multi-span suspension bridges. Journal of Constructional Steel Research, 2013, 90: 29-41.

[5] Cao H Y, Zhou Y L, Chen Z J, et al. Form-finding analysis of suspension bridges using an explicit iterative approach. Structural Engineering and Mechanics, 2017, 62(1): 85-95.

# 第 4 章　悬索桥施工中主索鞍顶推时机和顶推量的解析算法

## 4.1 引　　言

预偏主索鞍是保证施工阶段悬索桥安全的重要措施。但在整个施工过程中，仅仅依靠空缆状态的主索鞍预偏量是远远不够的。随着加劲梁吊装的进程，主跨梁段数目逐渐增加，主跨主缆水平分力随之增大，桥塔塔顶受力失衡，向主跨倾斜。当塔顶位移超过一定的范围时，塔底可能会开裂。为保证结构安全，需要在加劲梁吊装过程中对桥塔实施纠偏措施。理想情况下，若主索鞍可以在塔顶自由滑动，主塔则只承受可能偏心的竖向压力，塔顶不产生位移。但在实际的施工过程中，若主缆与塔顶间不存在约束，主索鞍可能发生不可控的大幅度滑动。因此在实际施工中通常将主索鞍与塔顶临时固接在一起。

常见的桥塔纠偏措施有三种：

(1)在架设主缆之前，将主索鞍向边跨侧移动，相对于桥塔中心设置一个预偏量[1~4]，在加劲梁吊装及桥面系施工过程中，及时将主索鞍向主跨侧顶推[5]。通过跨度的改变来调整主缆受力，使桥塔两侧主缆水平分力重新达到平衡状态，也使桥塔由弯曲状态恢复到竖直状态。从加劲梁吊装直到成桥，桥塔逐步实现成桥设计的竖直状态。

(2)主缆架设前，在桥塔塔顶安装若干钢丝绳，利用张拉设备将钢丝绳往边跨侧进行张拉，使得桥塔向边跨侧产生一个合适的倾斜量[6]。在加劲梁吊装过程中，逐步放松钢丝绳的张拉力，使得桥塔的倾斜量逐渐减小，直到恢复成设计成桥下的竖直状态。

(3)在架设主缆之前，将主索鞍安装到设计位置，并将主索鞍与桥塔固接。在加劲梁吊装过程中，利用张拉设备对边跨索股进行分阶段张拉，人为地对边跨主缆张力进行调整，使得中、边跨主缆的水平张力逐渐平衡。张拉过程中，桥塔由向主跨侧弯曲的状态逐渐恢复为竖直状态，从而实现桥塔纠偏。

在上述三种桥塔纠偏措施中，第一种措施简便且易于控制，使用最广，因此将其作为本章的研究对象。在悬索桥主梁吊装阶段，主缆所受荷载的变化最大、最频繁，使得桥塔不断发生纵向位移，因此塔顶主索鞍的绝大部分顶推工作都在这个施工阶段进行。为了保证在施工中桥塔始终处于良好的受力状态，主索鞍的顶推时机和顶推量成为主梁吊装施工阶段最重要的监控内容。

目前关于悬索桥主索鞍的顶推计算一般采用有限元法，有关悬索桥主索鞍顶推的解析算法尚未见报道。何为等[7]以宜昌长江公路大桥为例，采用三维实体退化虚拟层合单元建立全桥的三维有限元模型，对主梁吊装阶段的悬索桥桥塔应力进行了分析，提出塔顶主索鞍顶推的小步快跑原则，即适当增加顶推次数，减小每次的顶推量，这样有利于增加桥塔的施工安全冗余度及全桥结构的安全性。张海顺等[8]采用降温法模拟主索鞍的顶推过程，即在有限元模型中开发一种温度杆单元，模拟将主索鞍的预偏量分步降温至接近于 0 而实现主索鞍的顶推。栗金营等[9]利用有限元模型计算主索鞍顶推时机和顶推量，并通过实测施工中的索塔应力和偏位，按照以索塔应力控制为主、索塔偏位控制为辅的调整方案，结合具体的施工情况对主索鞍各阶段顶推量进行修正。

但有限元法计算悬索桥主索鞍顶推时存在一些不足之处。有限元法根据施工特点、荷载及边界条件近似模拟施工过程，借助计算机强大的计算能力实现目标。但常因受到悬索桥结构大、位移大、初内力高等非线性因素的影响，施工过程存在较多的不确定性，往往在实际计算过程中经济性下降，甚至出现病态的计算模型。为了获得成桥状态和施工状态的线形，需要利用正装分析和倒拆分析多次往复试算和迭代，过程烦琐[10]。

鉴于解析法在悬索桥主缆线形计算方面的优越性[11~16]，本章针对施工过程中主索鞍的顶推时机和顶推量，提出一套可行的解析方法，其计算流程如图 4.1 所示。首先，利用成桥状态下的吊杆力，结合高差闭合条件，计算出主缆成桥线形，进而可求得主缆无应力长度，作为后续计算的先决条件；其次，利用高差闭合条件和主缆无应力长度守恒条件，计算出空缆线形，从而可获知主索鞍的初始预偏量；再次，利用各施工阶段的吊杆力，结合桥塔的应力状态，可确定主索鞍的顶推时机，也

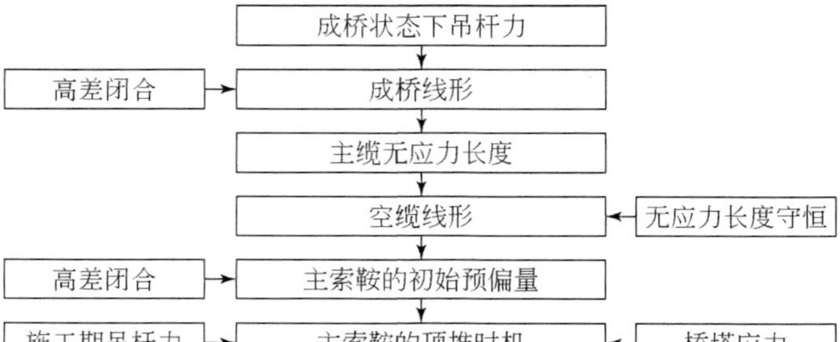


图 4.1　主索鞍顶推时机和顶推量的计算流程

就是在哪个施工步骤之后顶推主索鞍；最后，利用高差闭合条件和主缆无应力长度守恒条件，可计算出主索鞍的顶推量。

## 4.2　主索鞍初始预偏量的算法

如图 4.2 所示，悬索桥左边跨、主跨和右边跨的跨径分别是 $L_{s1}$、$L_m$ 和 $L_{s2}$，下标 s1、m、s2 分别指左边跨、主跨和右边跨。初始预偏量的计算与第 3 章中施工参数的计算在思路上基本一致，为简明扼要地说明顶推时机及顶推量的解析计算问题，本章计算不再考虑主索鞍圆弧、锚跨的影响。这是因为主索鞍的预偏量主要受边跨和主跨的跨径及荷载的影响，主索鞍圆弧及锚跨对其影响相对较小。

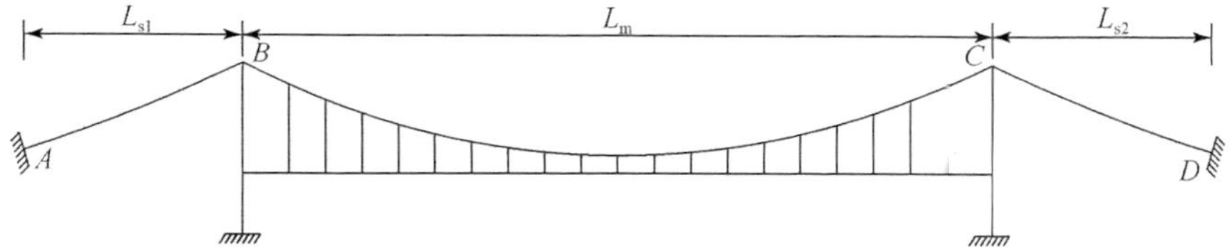


图 4.2　悬索桥示意图

### 4.2.1　成桥时主缆无应力长度

1. 主跨

在忽略主索鞍圆弧影响后，非线性控制方程可由原来的 3 个减少至 2 个，这是因为各段悬链线主缆的水平投影长度 $l_i$ 将直接由吊杆的设计间距确定，不再受主索鞍圆弧上切点位置的影响。

如图 4.3 所示，以主缆水平分力 $H$、第 1 段悬链线方程参数 $a_1$ 为基本未知数，根据塔顶与跨中高差闭合、两塔顶高差闭合两个条件，分别建立如下方程：

$$\sum_{i=1}^{m} \Delta h_i = h_B - h_{O_m} \tag{4.1a}$$

$$\sum_{i=1}^{n+1} \Delta h_i = h_B - h_C \tag{4.1b}$$

式中，$m$ 为点 $B$ 与跨中点 $O_m$ 之间的主缆段数；$n$ 为吊杆数量，所以 $n+1$ 是主缆悬链线的数量；$\Delta h_i$ 为任一段主缆两端点的高差，可由式(2.4)确定；$h_B$、$h_{O_m}$ 和 $h_C$ 分别为点 $B$、$O_m$ 和 $C$ 在大地坐标系中的高程，且均已知。

联立式(2.19)，利用非线性 GRG 法可解得 $H$ 和 $a_1$，进而可计算主跨主缆的成桥线形及内力，并可通过式(3.16)计算其各段主缆的无应力长度及主缆无应力总长度。

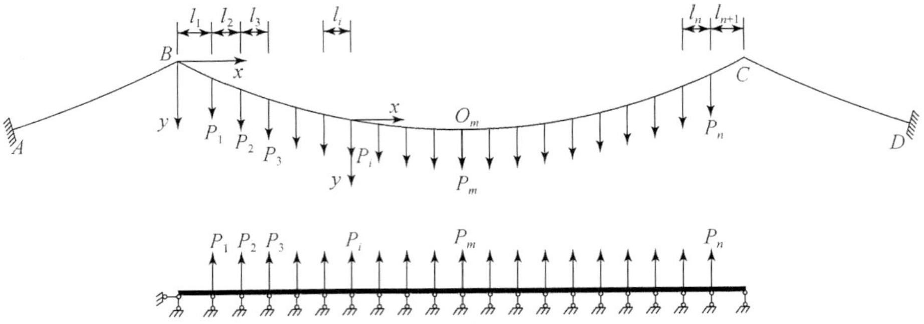

图 4.3　主跨主缆线形和吊杆力

2. 边跨

以左边跨为例，以点 $B$ 为坐标原点建立坐标系，$x$ 轴水平向左，$y$ 轴竖直向下，根据主缆的左右两端点 $A$ 和点 $B$ 的高差闭合条件，可建立如下控制方程：

$$c\left[\cosh\left(\frac{L_{s1}}{c}+a_{s1}\right)-\cosh a_{s1}\right]=h_B-h_A \tag{4.2}$$

式中，$a_{s1}$ 为左边跨主缆的悬链线方程参数；$h_A$ 为点 $A$ 在大地坐标系中的高程。

利用非线性 GRG 法，通过式(4.2)可以计算出 $a_{s1}$，进而计算出左边跨的主缆线形、内力和无应力长度。右边跨主缆找形与左边跨同理。

### 4.2.2　主索鞍的初始预偏量

求解空缆线形需要三跨联立求解，其中包含 6 个未知量：①空缆水平分力 $H_0$（三跨相等）；②左边跨、主跨和右边跨悬链线方程参数，分别是 $a_{s1,0}$、$a_{m,0}$ 和 $a_{s2,0}$；③左塔和右塔主索鞍向各自边跨侧的初始预偏量，分别是 $\Delta_{L,0}$ 和 $\Delta_{R,0}$，下标 L、R 分别指左和右，如图 4.4 所示。初始预偏量 $\Delta_{L,0}$ 和 $\Delta_{R,0}$ 造成左边跨、主跨和右边跨的跨径分别改变为 $L_{s1}-\Delta_{L,0}$、$L_m+\Delta_{L,0}+\Delta_{R,0}$ 和 $L_{s2}-\Delta_{R,0}$。

在左边跨，以点 $B$ 为坐标原点建立坐标系，$x$ 轴水平向左，$y$ 轴竖直向下；在主跨，以点 $B$ 为坐标原点建立坐标系，$x$ 轴水平向右，$y$ 轴竖直向下；在右边跨，以点 $C$ 为坐标原点建立坐标系，$x$ 轴水平向右，$y$ 轴竖直向下。

根据各跨主缆两端点高差闭合条件，有

$$c_0\left[\cosh\left(\frac{L_{s1}-\Delta_{L,0}}{c_0}+a_{s1,0}\right)-\cosh a_{s1,0}\right]=h_B-h_A \tag{4.3a}$$

$$c_0\left[\cosh\left(\frac{L_m+\Delta_{L,0}+\Delta_{R,0}}{c_0}+a_{m,0}\right)-\cosh a_{m,0}\right]=h_B-h_C \tag{4.3b}$$

$$c_0\left[\cosh\left(\frac{L_{s2}-\Delta_{R,0}}{c_0}+a_{s2,0}\right)-\cosh a_{s2,0}\right]=h_C-h_D \tag{4.3c}$$

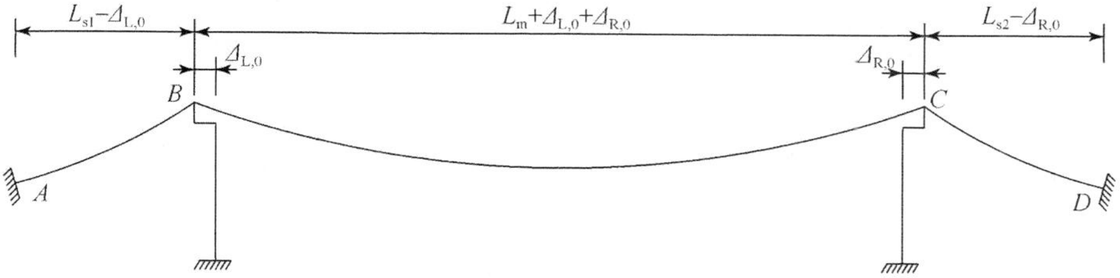


图 4.4　空缆线形及初始预偏量

式中，$c_0=-H_0/q_0$，$H_0$ 为空缆状态的主缆水平分力，kN，$q_0$ 为施工过程中主缆的自重荷载集度，kN/m；$h_D$ 为点 $D$ 在大地坐标系中的高程。

根据各跨主缆无应力长度守恒条件，有

$$c_0\left[\sinh\left(\frac{L_{s1}-\Delta_{L,0}}{c_0}+a_{s1,0}\right)-\sinh a_{s1,0}\right]-\frac{H_0}{2EA}\left(L_{s1}-\Delta_{L,0}+\frac{c_0}{2}\left\{\sinh\left[2\left(\frac{L_{s1}-\Delta_{L,0}}{c_0}+a_{s1,0}\right)\right]-\sinh(2a_{s1,0})\right\}\right)=S_{s1} \tag{4.4a}$$

$$c_0\left[\sinh\left(\frac{L_m+\Delta_{L,0}+\Delta_{R,0}}{c_0}+a_{m,0}\right)-\sinh a_{m,0}\right]-\frac{H_0}{2EA}\left(L_m+\Delta_{L,0}+\Delta_{R,0}+\frac{c_0}{2}\left\{\sinh\left[2\left(\frac{L+\Delta_{L,0}+\Delta_{R,0}}{c_0}+a_{m,0}\right)\right]-\sinh(2a_{m,0})\right\}\right)=S_m \tag{4.4b}$$

$$c_0\left[\sinh\left(\frac{L_{s2}-\Delta_{R,0}}{c_0}+a_{s2,0}\right)-\sinh a_{s2,0}\right]-\frac{H_0}{2EA}\left(L_{s2}-\Delta_{R,0}+\frac{c_0}{2}\left\{\sinh\left[2\left(\frac{L_{s2}-\Delta_{R,0}}{c_0}+a_{s2,0}\right)\right]-\sinh(2a_{s2,0})\right\}\right)=S_{s2} \tag{4.4c}$$

联立式(4.3)和式(4.4)，利用非线性 GRG 法可解得上述 6 个未知量，计算出主索鞍的初始预偏量。

## 4.3　主索鞍的顶推时机

在主缆和吊杆安装完成之后，将进行加劲梁吊装和桥面系施工，在此期间选择合适的时机向主跨侧顶推主索鞍，然后将主索鞍与桥塔临时固接。加劲梁吊装和桥面系施工可分解为多个施工步骤，用符号 $j$ 表示施工步骤的编号。主索鞍顶推时机的计算需三跨联立求解。在第 $j$ 个施工步骤，有 $n+7$ 个未知量，如图 4.5 所示：①左边跨、主跨和右边跨主缆的水平分力，分别是 $H_{s1,j}$、$H_{m,j}$、$H_{s2,j}$；②左边跨和右边跨主缆的悬链线方程参数，分别是 $a_{s1,j}$ 和 $a_{s2,j}$；③主跨第 1 段主缆的悬链线方程参数 $a_{m,1,j}$；④主跨第 $i$ 段主缆的水平投影长度 $l_{m,i,j}$，$i=1,2,\cdots,n+1$。

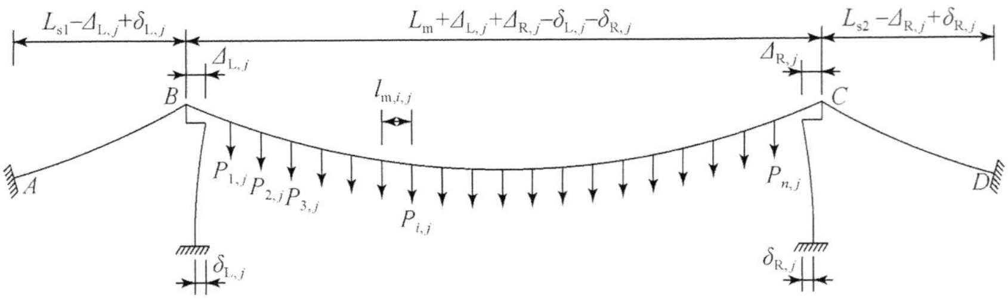


图 4.5　施工过程中的主缆线形和桥塔弯曲变形

根据各跨主缆两端点高差闭合条件，有

$$c_{s1,j}\left[\cosh\left(\frac{L_{s1}-\Delta_{L,j}+\delta_{L,j}}{c_{s1,j}}+a_{s1,j}\right)-\cosh a_{s1,j}\right]=h_B-h_A \tag{4.5a}$$

$$\sum_{i=1}^{n+1}c_{m,j}\left[\cosh\left(\frac{l_{m,i,j}}{c_{m,j}}+a_{m,i,j}\right)-\cosh a_{m,i,j}\right]=h_B-h_C \tag{4.5b}$$

$$c_{s2,j}\left[\cosh\left(\frac{L_{s2}-\Delta_{R,j}+\delta_{R,j}}{c_{s2,j}}+a_{s2,j}\right)-\cosh a_{s2,j}\right]=h_C-h_D \tag{4.5c}$$

式中，$\delta_{L,j}$、$\delta_{R,j}$ 分别为左桥塔和右桥塔塔顶的位移(图 4.5)，由主跨和边跨主缆不平衡的水平分力引起，以向主跨侧为正，可分别表达为

$$\delta_{L,j}=(H_{m,j}-H_{s1,j})\xi_L \tag{4.6a}$$

$$\delta_{R,j}=(H_{m,j}-H_{s2,j})\xi_R \tag{4.6b}$$

式中，$\xi_L$、$\xi_R$ 分别为左桥塔和右桥塔的柔度系数，m/kN。柔度系数表示作用在裸塔塔顶的单位水平力引起的塔顶位移。

根据各跨主缆无应力长度守恒条件，有

$$\begin{aligned}&c_{s1,j}\left[\sinh\left(\frac{L_{s1}-\Delta_{L,j}+\delta_{L,j}}{c_{s1,j}}+a_{s1,j}\right)-\sinh a_{s1,j}\right]-\frac{H_{s1,j}}{2EA}\Big(L_{s1}-\Delta_{L,j}+\delta_{L,j}\\&+\frac{c_{s1,j}}{2}\left\{\sinh\left[2\left(\frac{L_{s1}-\Delta_{L,j}+\delta_{L,j}}{c_{s1,j}}+a_{s1,j}\right)\right]-\sinh(2a_{s1,j})\right\}\Big)=S_{s1}\end{aligned} \tag{4.7a}$$

$$\begin{aligned}&c_{m,j}\left[\sinh\left(\frac{l_{m,i,j}}{c_{m,j}}+a_{m,i,j}\right)-\sinh a_{m,i,j}\right]-\frac{H_{m,j}}{2EA}\Big(l_{m,i,j}+\frac{c_{m,j}}{2}\\&\times\left\{\sinh\left[2\left(\frac{l_{m,i,j}}{c_{m,j}}+a_{m,i,j}\right)\right]-\sinh(2a_{m,i,j})\right\}\Big)=S_{m,i},\quad i=1,2,\cdots,n+1\end{aligned} \tag{4.7b}$$

$$c_{s2,j}\left[\sinh\left(\frac{L_{s2}-\Delta_{R,j}+\delta_{R,j}}{c_{s2,j}}+a_{s2,j}\right)-\sinh a_{s2,j}\right]-\frac{H_{s2,j}}{2EA}\Big(L_{s2}-\Delta_{R,j}+\delta_{R,j}$$
$$+\frac{c_{s2,j}}{2}\left\{\sinh\left[2\left(\frac{L_{s2}-\Delta_{R,j}+\delta_{R,j}}{c_{s2,j}}+a_{s2,j}\right)\right]-\sinh(2a_{s2,j})\right\}\Big)=S_{s2} \tag{4.7c}$$

根据式(2.19)，即任一吊点处力的平衡关系，可将 $a_{m,i+1,j}$ 和 $a_{m,i,j}$ 的递推关系表达为

$$a_{m,i+1,j}=\operatorname{arcsinh}\left[\sinh\left(\frac{l_{m,i,j}}{c_{m,j}}+a_{m,i,j}\right)-\frac{P_{i,j}}{H_{m,i}}\right] \tag{4.8}$$

式中，$P_{i,j}$ 为第 $j$ 步施工完成之后的吊杆力。在施工过程中，加劲梁已安装的梁段之间一般采用临时铰接，所以 $P_{i,j}$ 易求。

除此之外，主跨的跨径应满足闭合条件，即

$$\sum_{i=1}^{n+1}l_{m,i,j}=L_m+\Delta_{L,j}+\Delta_{R,j}-\delta_{L,j}-\delta_{R,j} \tag{4.9}$$

联立式(4.5)、式(4.7)和式(4.9)，利用非线性 GRG 法可计算出该 $n+7$ 个未知量。

左桥塔、右桥塔底部的应力 $\sigma_{L,j}$ 和 $\sigma_{R,j}$ 可分别表示为

$$\left.\begin{array}{l}\sigma_{L,j}^{\max}\\ \sigma_{L,j}^{\min}\end{array}\right\}=\frac{F_{L,j}+G_L}{A_L}\pm\frac{(H_{m,j}-H_{s1,j})h_L-F_{L,j}(\Delta_{L,j}-\delta_{L,j})}{W_L} \tag{4.10a}$$

$$\left.\begin{array}{l}\sigma_{R,j}^{\max}\\ \sigma_{R,j}^{\min}\end{array}\right\}=\frac{F_{R,j}+G_R}{A_R}\pm\frac{(H_{m,j}-H_{s2,j})h_R-F_{R,j}(\Delta_{R,j}-\delta_{R,j})}{W_R} \tag{4.10b}$$

式中，$G$、$h$、$A$ 和 $W$ 分别表示桥塔的自重、高度、底部横截面面积和抗弯截面系数，它们的下标 L 和 R 分别表示左、右；应力 $\sigma$ 的上标 max 和 min 分别表示最大值和最小值；$F_{L,j}$ 和 $F_{R,j}$ 分别为主缆作用在左塔顶、右塔顶的竖向力，可分别表达为

$$F_{L,j}=H_{s1,j}\sinh a_{s1,j}+H_{m,j}\sinh a_{m,1,j} \tag{4.11a}$$

$$F_{R,j}=-H_{m,j}\sinh\left(\frac{l_{m,n+1,j}}{c_{m,j}}+a_{m,n+1,j}\right)+H_{s2,j}\sinh a_{s2,j} \tag{4.11b}$$

可将“塔底不出现拉应力，且压应力不超过抗压强度”作为判别主索鞍顶推时机的标准。如果第 $j$ 个施工步的应力满足式(4.12)，而第 $j+1$ 个施工步不满足，那么需在第 $j$ 个施工步完成之后进行索鞍的顶推。

$$\sigma_{\mu,\nu}^{\min}\geqslant 0 \tag{4.12a}$$

$$\sigma_{\mu,\nu}^{\max}\leqslant\sigma_{\text{limit}} \tag{4.12b}$$

式中，下标 $\mu$ 表示 L 或 R；下标 $\nu$ 表示 $j$ 或 $j+1$；$\sigma_{\text{limit}}$ 为抗压强度限值。

## 4.4　主索鞍的顶推量

在第 $j$ 个施工步完成之后，将左主索鞍和右主索鞍向主跨方向分别施加一个

合适的顶推量，使桥塔恢复为直立状态(图 4.6)，此时三跨的主缆水平分力相等，共有 $n+7$ 个未知量：①左主索鞍和右主索鞍顶推之后剩余的预偏量，分别为 $\Delta'_{\mathrm{L},j}$ 和 $\Delta'_{\mathrm{R},j}$；②主缆的水平分力 $H'_{\mathrm{m},j}$，且三跨相等；③左边跨和右边跨主缆的悬链线方程参数，分别是 $a'_{\mathrm{s1},j}$ 和 $a'_{\mathrm{s2},j}$；④主跨第 1 段主缆的悬链线方程参数 $a'_{\mathrm{m},1,j}$；⑤主跨第 $i$ 段主缆的水平投影长度 $l'_{\mathrm{m},i,j}$，$i=1,2,\cdots,n+1$。

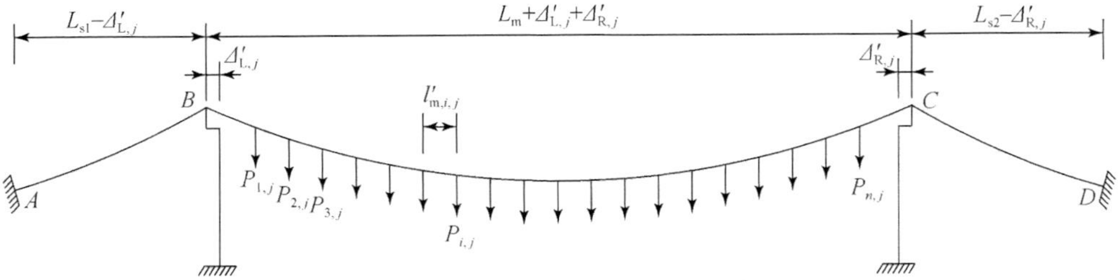

图 4.6　主索鞍顶推之后的主缆线形

根据各跨的高差闭合条件，有

$$c'_{\mathrm{m},j}\left[\cosh\left(\frac{L_{\mathrm{s1}}-\Delta'_{\mathrm{L},j}}{c'_{\mathrm{m},j}}+a'_{\mathrm{s1},j}\right)-\cosh a'_{\mathrm{s1},j}\right]=h_B-h_A \tag{4.13a}$$

$$\sum_{i=1}^{n+1}c'_{\mathrm{m},j}\left[\cosh\left(\frac{l'_{\mathrm{m},i,j}}{c'_{\mathrm{m},j}}+a'_{\mathrm{m},i,j}\right)-\cosh a'_{\mathrm{m},i,j}\right]=h_B-h_C \tag{4.13b}$$

$$c'_{\mathrm{m},j}\left[\cosh\left(\frac{L_{\mathrm{s2}}-\Delta'_{\mathrm{R},j}}{c'_{\mathrm{m},j}}+a'_{\mathrm{s2},j}\right)-\cosh a'_{\mathrm{s2},j}\right]=h_C-h_D \tag{4.13c}$$

式中，$c'_{\mathrm{m},j}=-H'_{\mathrm{m},j}/q_0$。

根据各跨无应力长度守恒条件，有

$$\begin{aligned}&c'_{\mathrm{m},j}\left[\sinh\left(\frac{L_{\mathrm{s1}}-\Delta'_{\mathrm{L},j}}{c'_{\mathrm{m},j}}+a'_{\mathrm{s1},j}\right)-\sinh a'_{\mathrm{s1},j}\right]-\frac{H'_{\mathrm{m},j}}{2EA}\Bigg(L_{\mathrm{s1}}-\Delta'_{\mathrm{L},j}\\&+\frac{c'_{\mathrm{m},j}}{2}\left\{\sinh\left[2\left(\frac{L_{\mathrm{s1}}-\Delta'_{\mathrm{L},j}}{c'_{\mathrm{m},j}}+a'_{\mathrm{s1},j}\right)\right]-\sinh(2a'_{\mathrm{s1},j})\right\}\Bigg)=S_{\mathrm{s1}}\end{aligned} \tag{4.14a}$$

$$\begin{aligned}&c'_{\mathrm{m},j}\left[\sinh\left(\frac{l'_{\mathrm{m},i,j}}{c'_{\mathrm{m},j}}+a'_{\mathrm{m},i,j}\right)-\sinh a'_{\mathrm{m},i,j}\right]-\frac{H'_{\mathrm{m},j}}{2EA}\Bigg(l'_{\mathrm{m},i,j}+\frac{c'_{\mathrm{m},j}}{2}\\&\times\left\{\sinh\left[2\left(\frac{l'_{\mathrm{m},i,j}}{c'_{\mathrm{m},j}}+a'_{\mathrm{m},i,j}\right)\right]-\sinh(2a'_{\mathrm{m},i,j})\right\}\Bigg)=S_{\mathrm{m},i},\quad i=1,2,\cdots,n+1\end{aligned} \tag{4.14b}$$

$$c'_{\mathrm{m},j}\left[\sinh\left(\frac{L_{\mathrm{s2}}-\Delta'_{\mathrm{R},j}}{c'_{\mathrm{m},j}}+a'_{\mathrm{s2},j}\right)-\sinh a'_{\mathrm{s2},j}\right]-\frac{H'_{\mathrm{m},j}}{2EA}\left(L_{\mathrm{s2}}-\Delta'_{\mathrm{R},j}\right.$$
$$\left.+\frac{c'_{\mathrm{m},j}}{2}\left\{\sinh\left[2\left(\frac{L_{\mathrm{s2}}-\Delta'_{\mathrm{R},j}}{c'_{\mathrm{m},j}}+a'_{\mathrm{s2},j}\right)\right]-\sinh(2a'_{\mathrm{s2},j})\right\}\right)=S_{\mathrm{s2}} \tag{4.14c}$$

主跨的跨径闭合条件为

$$\sum_{i=1}^{n+1} l'_{\mathrm{m},i,j}=L_{\mathrm{m}}+\Delta'_{\mathrm{L},j}+\Delta'_{\mathrm{R},j} \tag{4.15}$$

联立式(4.13)、式(4.14)和式(4.15)，利用非线性 GRG 法可解得上述 $n+7$ 个未知量。那么，左主索鞍和右主索鞍的顶推量 $d_{\mathrm{L},j}$ 和 $d_{\mathrm{R},j}$ 可分别表示为

$$d_{\mathrm{L},j}=\Delta_{\mathrm{L},j}-\Delta'_{\mathrm{L},j} \tag{4.16a}$$

$$d_{\mathrm{R},j}=\Delta_{\mathrm{R},j}-\Delta'_{\mathrm{R},j} \tag{4.16b}$$

## 4.5 算　　例

金东大桥钢桁梁(图 4.7)和桥面系的基本施工顺序为：吊装钢桁梁、安装小纵梁、安装混凝土桥面板、桥面铺装和附属设施施工。如图 4.8 所示，全桥共 73 个主梁节段，通过缆索吊机吊装钢桁梁，每部分的恒载见表 4.1。从跨中点到梁两端依次对称安装(每次安装一段)，节段间用临时铰链连接，即上弦杆用冲钉和普通螺栓连接，且冲钉和普通螺栓的数量约为螺栓孔总数的 2/3，其下弦杆保持断开。在钢筋混凝土桥面板安装过程中，选择合适时机将临时铰链替换为永久性的刚性连接。从梁端到跨中点对称安装半桥面板，形成施工通道，其余桥面板安装方向相反[17]，如图 4.9 所示。其顶推计算的相关参数列于表 4.2。

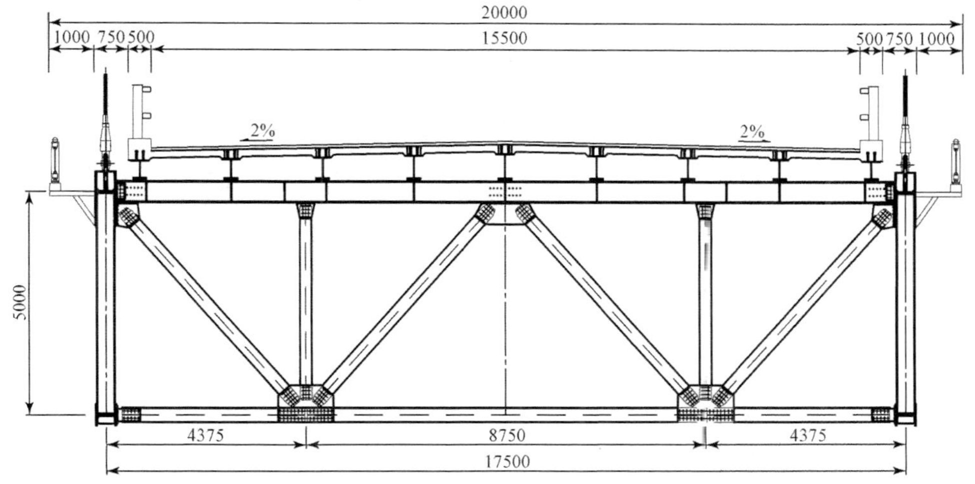


图 4.7　金东大桥钢桁梁和桥面板(单位：mm)

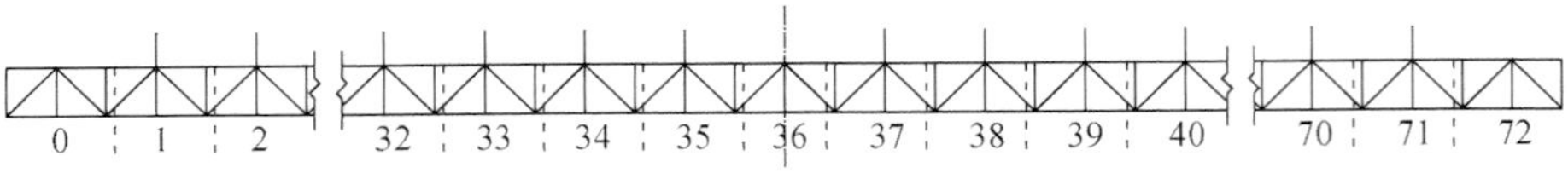


图 4.8　金东大桥的钢桁梁节段编号

**表 4.1　加劲梁恒载**

| 构件 | 钢桁梁 | 小纵梁 | 混凝土桥面板 | 桥面铺装和附属设施 | 合计 |
|---|---|---|---|---|---|
| 恒载/(kN/m) | 45 | 9 | 95.5 | 27.5 | 177 |

(a) 桥面施工

(b) 铺装完成

图 4.9　金东大桥的桥面施工

**表 4.2　金东大桥顶推计算的相关参数**

| 参数 | | 符号 | 单位 | 数值 |
|---|---|---|---|---|
| 跨径 | 左边跨 | $L_{s1}$ | m | 240 |
| | 主跨 | $L_m$ | m | 730 |
| | 右边跨 | $L_{s2}$ | m | 120 |
| 控制点高程 | 点 $A$ | $h_A$ | m | 860 |
| | 点 $B$ | $h_B$ | m | 929 |
| | 点 $O_m$ | $h_{O_m}$ | m | 856 |
| | 点 $C$ | $h_C$ | m | 929 |
| | 点 $D$ | $h_D$ | m | 880 |

续表

| 参数 | | | 符号 | 单位 | 数值 |
|---|---|---|---|---|---|
| 主缆 | 每延米自重 | 成桥状态 | $q$ | kN/m | 14.268 |
| | | 施工状态 | $q_0$ | kN/m | 13.805 |
| | 弹性模量 | | $E$ | GPa | 197.03 |
| | 横截面面积 | | $A$ | $m^2$ | 0.1759 |
| | 半跨主缆的分段数 | | $m$ | — | 36 |
| 吊杆 | 总数(一侧) | | $n$ | — | 71 |
| | 设计间距 | | $l_{m,1}$ | m | 15 |
| | | | $l_{m,2}\sim l_{m,n}$ | m | 10 |
| | | | $l_{m,n+1}$ | m | 15 |
| 桥塔 | 底部 | 横截面面积 左桥塔 | $A_L$ | $m^2$ | 18.09 |
| | | 横截面面积 右桥塔 | $A_R$ | $m^2$ | 18.03 |
| | | 抗弯截面系数 左桥塔 | $W_L$ | $m^3$ | 36.55 |
| | | 抗弯截面系数 右桥塔 | $W_R$ | $m^3$ | 36.27 |
| | 高度 | 左桥塔 | $h_L$ | m | 126 |
| | | 右桥塔 | $h_R$ | m | 124 |
| | 自重 | 左桥塔 | $G_L$ | kN | 59930 |
| | | 右桥塔 | $G_R$ | kN | 59410 |
| | 柔度系数 | 左桥塔 | $\xi_L$ | m/kN | 0.00014864 |
| | | 右桥塔 | $\xi_R$ | m/kN | 0.00014269 |
| | 抗压强度限值 | | $\sigma_{limit}$ | MPa | 22.4 |

成桥状态下，主跨的吊杆力和各段主缆无应力长度如图 4.10 所示，左边跨、主跨和右边跨的主缆无应力总长度分别为 249.028m、746.956m 和 129.239m，其左主索鞍和右主索鞍的初始预偏量分别为 1.155m 和 0.416m。

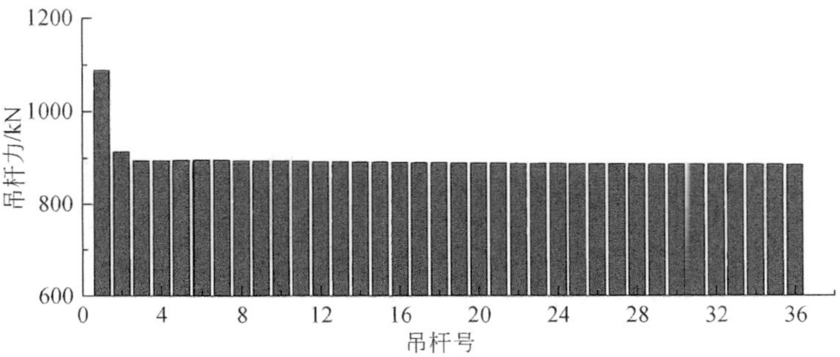

(a) 吊杆力

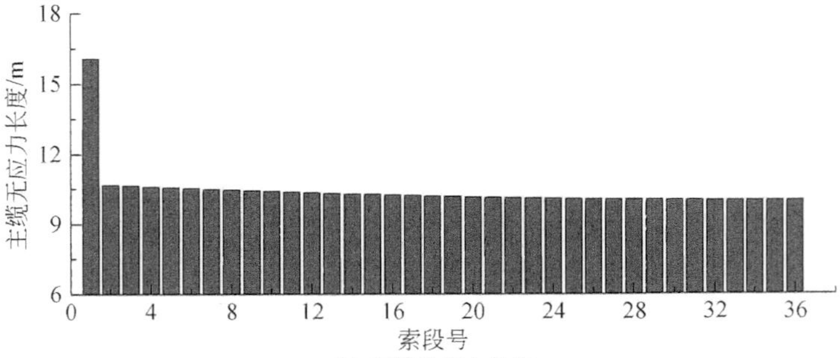

(b) 主缆无应力长度

图 4.10 成桥时主跨的吊杆力及主缆无应力长度(半跨)

金东大桥主索鞍的 5 次顶推时机和顶推量见表 4.3。前 4 次顶推过程均包含一个对应的施工步骤(a)和后续的一个施工步骤(b)。对于步骤(a),左右塔底均没有出现拉应力,最大应力小于抗压强度。对于步骤(b),左右塔底最大应力小于抗压强度,右塔塔底没有出现拉应力,但是左塔塔底出现了拉应力,因此需要在前一步骤(a)进行顶推。最后一次顶推是在施工全部结束之后,在此次顶推之前左右塔底应力没有超限。

**表 4.3 主索鞍的顶推时机和顶推量**

| 顶推编号 | 如果在此施工状态之后顶推 | 桥塔 | 顶推之前 | | | | | | | 主索鞍 | |
|---|---|---|---|---|---|---|---|---|---|---|---|
| | | | 塔底应力/MPa | | 塔顶偏移量/cm | | 塔底弯矩/(MN·m) | | | | |
| | | | 最小值 | 最大值 | 计算值 | 实测值 | 水平力 ① | 竖向力 ② | ②/① | 顶推量/cm | 剩余预偏量/cm |
| 1 | (a) | 左 | 0.38 | 7.64 | 17.1 | 15.8 | 145.0 | 12.4 | 8.6% | 22.7 | 92.8 |
| | | 右 | 3.30 | 4.86 | 3.9 | 4.3 | 33.6 | 5.3 | 15.8% | 4.1 | 37.6 |
| | (b) | 左 | −0.02 | 8.07 | 18.9 | — | 160.2 | 12.4 | 7.7% | — | — |
| | | 右 | 3.22 | 4.97 | 4.3 | — | 37.1 | 5.4 | 14.6% | — | — |
| 2 | (a) | 左 | 0.16 | 8.27 | 18.9 | 17.5 | 160.3 | 12.1 | 7.5% | 21.8 | 71.0 |
| | | 右 | 3.33 | 5.33 | 4.9 | 4.5 | 42.3 | 6.1 | 14.4% | 5.1 | 32.5 |
| | (b) | 左 | −0.02 | 8.47 | 19.7 | — | 167.3 | 12.1 | 7.2% | — | — |
| | | 右 | 3.31 | 5.39 | 5.1 | — | 43.9 | 6.2 | 14.1% | — | — |
| 3 | (a) | 左 | 0.02 | 9.95 | 23.1 | 22.0 | 196.1 | 14.5 | 7.4% | 24.8 | 46.1 |
| | | 右 | 3.38 | 7.03 | 8.6 | 8.1 | 74.5 | 8.2 | 11.0% | 8.8 | 23.6 |
| | (b) | 左 | −0.03 | 10.01 | 23.3 | — | 197.9 | 14.4 | 7.3% | — | — |
| | | 右 | 3.38 | 7.07 | 8.7 | — | 75.3 | 8.3 | 11.0% | — | — |

续表

| 顶推编号 | 如果在此施工状态之后顶推 | 桥塔 | 顶推之前 | | | | | | | 主索鞍 | |
|---|---|---|---|---|---|---|---|---|---|---|---|
| | | | 塔底应力/MPa | | 塔顶偏移量/cm | | 塔底弯矩/(MN·m) | | | | |
| | | | 最小值 | 最大值 | 计算值 | 实测值 | 水平力 ① | 竖向力 ② | ②/① | 顶推量/cm | 剩余预偏量/cm |
| 4 | (a) | 左 | 0.04 | 11.97 | 26.8 | 26.0 | 227.4 | 9.4 | 4.1% | 28.3 | 17.8 |
| | | 右 | 3.34 | 9.54 | 13.6 | 12.9 | 118.2 | 5.7 | 4.8% | 14.0 | 9.6 |
| | (b) | 左 | −0.02 | 12.05 | 27.1 | — | 229.9 | 9.3 | 4.0% | — | — |
| | | 右 | 3.31 | 9.59 | 13.8 | — | 119.5 | 5.6 | 4.7% | — | — |
| 5 | 施工全部结束 | 左 | 3.07 | 10.78 | 16.7 | 15.9 | 141.7 | 0.7 | 0.5% | 17.8 | 0 |
| | | 右 | 5.31 | 9.71 | 9.2 | 8.8 | 80.0 | 0.3 | 0.4% | 9.6 | 0 |

注：1-(a)钢桁梁段 32～39 吊装完；1-(b)钢桁梁段 32～40 吊装完。

2-(a)钢桁梁段 24～47 安装完；2-(b)钢桁梁段 24～48 安装完。

3-(a)钢桁梁吊装完，小纵梁安装完，混凝土桥面板通道左侧长 100m、右侧长 90m，如图 4.11(a)所示。

3-(b)钢桁梁吊装完，小纵梁安装完，混凝土桥面板通道左侧长 100m、右侧长 100m。

4-(a)混凝土桥面板通道完成，从跨中向两岸铺设混凝土桥面板长 270m，如图 4.11(b)所示。

4-(b)混凝土桥面板通道完成，从跨中向两岸铺设混凝土桥面板长 280m。

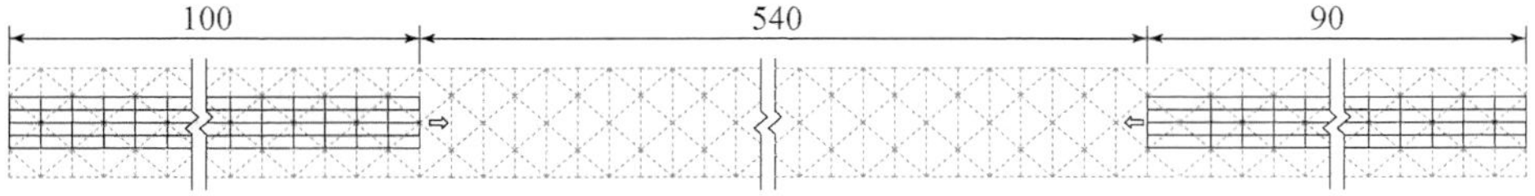


(a) 第3次

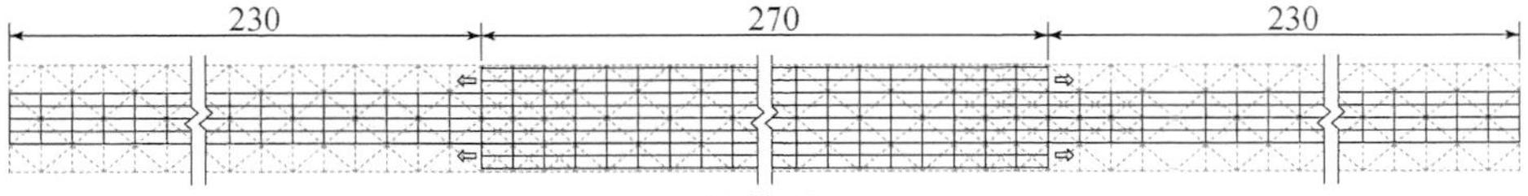


(b) 第4次

图 4.11　主索鞍第 3 次和第 4 次顶推时机(单位：m)

经对比，每次顶推之前塔顶偏移量的计算值和实测值都吻合较好。前 4 次顶推之前的左桥塔塔顶偏移量都可认为是左桥塔极限偏移量，即如果左桥塔塔顶偏移量超过该值，是不安全的。从表 4.3 中可以看出，左桥塔极限偏移量(依次为 17.1cm、18.9cm、23.1cm 和 26.8cm)随着施工的推进逐步增大，这主要是因为主缆对桥塔的竖向作用力随着施工的推进逐步增大，延缓了塔底拉应力的出现。

塔底弯矩包含两部分：水平力引起的弯矩和竖向力引起的弯矩。在表 4.3 中，对于左桥塔，后者与前者之比不足 9%；对于右桥塔，该比值不足 16%。而且该比值随施工的推进而逐渐减小，这也是因为主缆对桥塔的竖向作用力随着施工的推进逐步增大，从而抑制了桥塔底部拉应力的产生。而由不平衡的主缆水平分力引起的弯矩占主导地位，在拉应力出现之前，塔底承受的弯矩越来越大，并随着施工的进行，左侧塔顶的临界位移逐渐增大。

根据各施工步骤中的吊杆力大小、各跨主缆水平分力大小以及悬链线方程参数的计算结果(表 4.4)可发现，主缆水平分力随着施工的推进而增大。从左侧桥塔底部的内力和应力对比(表 4.5)可以看出，由于主缆竖向力的增大，施工过程中竖向力合力及其产生的应力逐渐增大。

**表 4.4　各施工步骤下的吊杆力、主缆水平分力及悬链线方程参数**

| 施工步骤 | 吊杆力/kN | 主缆水平分力/kN | | | 悬链线方程参数 | | |
|---|---|---|---|---|---|---|---|
| | | $H_{s1}$ | $H_m$ | $H_{s2}$ | $a_{s1}$ | $a_{m,1}$ | $a_{s2}$ |
| 1-(a) | $P_{32}\sim P_{39}=225$ | 16643.4 | 17794.5 | 17523.6 | 0.38349 | 0.44593 | 0.33490 |
| 1-(b) | $P_{32}\sim P_{40}=225$ | 16980.9 | 18252.7 | 17953.8 | 0.38152 | 0.44480 | 0.33196 |
| 2-(a) | $P_{24}\sim P_{47}=225$ | 23391.9 | 24664.4 | 24323.2 | 0.35490 | 0.43268 | 0.31497 |
| 2-(b) | $P_{24}\sim P_{48}=225$ | 23734.9 | 25062.4 | 24708.4 | 0.35388 | 0.43215 | 0.31296 |
| 3-(a) | $P_1=635.94, P_2\sim P_9=508.75$,<br>$P_{10}\sim P_{63}=270, P_{64}\sim P_{70}=508.75$,<br>$P_{71}=635.94$ | 40049.6 | 41605.8 | 41005.1 | 0.32543 | 0.41865 | 0.39787 |
| 3-(b) | $P_1=635.94, P_2\sim P_9=508.75$,<br>$P_{10}\sim P_{62}=270, P_{63}\sim P_{70}=508.75$,<br>$P_{71}=635.94$ | 40240.0 | 41810.5 | 41203.2 | 0.32524 | 0.41855 | 0.39667 |
| 4-(a) | $P_1=635.94, P_2\sim P_{22}=508.75$,<br>$P_{23}\sim P_{49}=747.5, P_{50}\sim P_{70}=508.75$,<br>$P_{71}=635.94$ | 70676.7 | 72481.7 | 71528.7 | 0.30730 | 0.40964 | 0.35893 |
| 4-(b) | $P_1=635.94, P_2\sim P_{21}=508.75$,<br>$P_{22}\sim P_{49}=747.5, P_{50}\sim P_{70}=508.75$,<br>$P_{71}=635.94$ | 71022.4 | 72847.0 | 71882.9 | 0.30718 | 0.40958 | 0.35935 |
| 5 | 图 4.10(a) | 92786.2 | 93910.6 | 93265.4 | 0.30153 | 0.40665 | 0.38432 |

**表 4.5　左侧桥塔底部的内力和应力**

| 内力和应力 | 单位 | 施工步骤 | | | |
|---|---|---|---|---|---|
| | | 1-(a) | 2-(a) | 3-(a) | 4-(a) |
| 主缆竖向力 $F_{L,j}$ | MN | 12.6 | 16.4 | 30.3 | 48.6 |
| 竖向力合力 $F_{L,j}+G_L$ | MN | 72.5 | 76.3 | 90.2 | 108.6 |

续表

| 内力和应力 | 单位 | 施工步骤 | | | |
|---|---|---|---|---|---|
| | | 1-(a) | 2-(a) | 3-(a) | 4-(a) |
| $F_{L,j}+G_L$ 引起的应力 | MPa | 4.01 | 4.22 | 4.99 | 6.00 |
| 弯矩 $(H_{m,j}-H_{s1,j})h_L-F_{L,j}(\Delta_{L,j}-\delta_{L,j})$ | MN·m | 132.6 | 148.2 | 181.6 | 218.0 |
| 弯矩 $(H_{m,j}-H_{s1,j})h_L-F_{L,j}(\Delta_{L,j}-\delta_{L,j})$ 引起的应力 | MPa | ±3.63 | ±4.06 | ±4.97 | ±5.97 |

该顶推时机和顶推量的计算方法已在金东大桥的施工中得以实践，并顺利通过验收。此解析法与有限元法不同，可有效避免相邻施工步骤的变化过程。在使用有限元法时，必须根据当前施工步骤的状态和它们之间的变化过程来确定当前施工步骤下桥梁的状态。在变化过程的计算中，应考虑大位移和高初始内力引起的几何非线性。用有限元法对悬索桥进行建模时，主缆的几何形状和初始应力不是同时已知的，因此需要反复进行正向和反向的分析，以确定桥梁在所有施工步骤中的状态。而本章的解析思路很好地克服了有限元法的这一缺陷。

需要注意的是，在计算塔底应力时，没有考虑钢梁对桥塔施加的竖向力。梁对每个桥塔施加的竖向力最大值为 486kN，约为每个塔柱重量的 0.8%。若将各塔柱的重量与主缆施加的竖向力叠加，则主梁施加的竖向力所占比例要小得多。因此，梁对塔的竖向力可以忽略不计。另外，由于顶推时机主要受塔底拉应力控制，忽略梁竖向力的计算结果更安全。在计算顶推时机和顶推量时，没有考虑鞍座圆弧和鞍座与主缆的切点的变化。若考虑该因素的影响(表 4.6)，发现考虑与不考虑该因素的计算结果具有良好的一致性，证明了主索鞍圆弧的影响可以忽略不计。

**表 4.6　主索鞍顶推时主索鞍圆弧和切点的影响**

| 主索鞍圆弧和切点位置因素 | 初始预偏量/m | | 塔底应力/MPa | | | | 顶推量/cm | |
|---|---|---|---|---|---|---|---|---|
| | | | 施工步骤 1-(a) | | 施工步骤 1-(b) | | | |
| | 左桥塔 | 右桥塔 | 最小值 | 最大值 | 最小值 | 最大值 | 左桥塔 | 右桥塔 |
| 不考虑 | 1.155 | 0.416 | 0.381 | 7.639 | −0.025 | 8.067 | 22.7 | 4.1 |
| 考虑 | 1.141 | 0.412 | 0.401 | 7.614 | −0.015 | 8.052 | 22.3 | 4.0 |

## 4.6　本章小结

本章根据主缆无应力长度守恒和几何相容条件，建立了悬索桥施工过程中主索鞍顶推时机和顶推量的解析算法，使用方便，易于推广，且已成功应用于金东大桥的工程实践中，并得出以下关键结论：

(1)主索鞍预偏的实质是改变各跨的有效跨径，以协调主缆受力，保证结构安全。

(2)在每次顶推之前，桥塔两侧的不平衡主缆水平分力和主缆对桥塔的竖向作用力均会对塔底产生弯矩，而且随施工的推进，前者越发占据主导地位。

(3)对于边跨跨径不等的悬索桥，大边跨一侧的桥塔塔底截面应力比较容易超限，因此对主索鞍的顶推时机起到控制作用；而且大边跨一侧的桥塔极限偏移量随着施工的推进逐步增大，这是因为主缆对桥塔的竖向作用力随着施工的推进逐步增大，延缓了塔底拉应力的出现。

## 参考文献

[1] Takena K, Sasaki M, Hata K, et al. Slip behavior of cable against saddle in suspension bridges. Journal of Structural Engineering, 1992, 118(2): 377-391.

[2] Gil H, Choi Y. Cable erection test at pylon saddle for spatial suspension bridge. Journal of Bridge Engineering, 2001, 6(3): 183-188.

[3] Hasegawa K, Kojima H, Sasaki M, et al. Frictional resistance between cable and saddle equipped with friction plate. Journal of Structural Engineering, 1995, 121(1): 1-14.

[4] Wang S R, Zhou Z X, Wen D, et al. New method for calculating the preoffsetting value of the saddle on suspension bridges considering the influence of more parameters. Journal of Bridge Engineering, 2016, 21(12): 06016010.

[5] Karoumi R. Some modeling aspects in the nonlinear finite element analysis of cable supported bridges. Computers & Structures, 1999, 71(4): 397-412.

[6] Jensen G, Petersen A. Erection of suspension bridge//Cable-Stayed and Suspension Bridges: IABSE/FIP International Conference, Deauville, 1994: 351-362.

[7] 何为，项贻强，徐兴. 悬索桥施工中索鞍顶推的小步快跑原则. 浙江大学学报(工学版)，2007，41(1)：134-138.

[8] 张海顺，王玉银. 悬索桥吊索张拉及索鞍顶推降温法数值分析. 铁道工程学报，2017，34(11)：39-44.

[9] 栗金营，陈淮，李杰，等. 哪吒大桥主索鞍顶推施工控制研究. 施工技术，2011，40(17)：16-19.

[10] Chen Z J, Cao H Y, Zhu H P. An iterative calculation method for suspension bridge's cable system based on exact catenary theory. The Baltic Journal of Road and Bridge Engineering, 2013, 8(3): 196-204.

[11] O'Brien W T, Francis A S. Cable movements under two-dimensional loads. Journal of the Structural Division, 1964, 90(3): 89-124.

[12] Jung M R, Min D J, Kim M Y. Simplified analytical method for optimized initial shape analysis of self-anchored suspension bridges and its verification. Mathematical Problems in Engineering, 2015, 2015: 1-14.

[13] Kim K S, Lee H S. Analysis of target configurations under dead loads for cable-supported bridges. Computers & Structures, 2001, 79(29-30): 2681-2692.

[14] Thai H T, Choi D H. Advanced analysis of multi-span suspension bridges. Journal of Constructional Steel Research, 2013, 90: 29-41.

[15] Jung M R, Min D J, Kim M Y. Nonlinear analysis methods based on the unstrained element length for determining initial shaping of suspension bridges under dead loads. Computers & Structures, 2013, 128: 272-285.

[16] Zhang W M, Shi L Y, Li L, et al. Methods to correct unstrained hanger lengths and cable clamps' installation positions in suspension bridges. Engineering Structures, 2018, 171: 202-213.

[17] Zhang W M, Liu Z, Xu S. Jindong bridge: Suspension bridge with steel truss girder and prefabricated RC deck slabs in China. Structural Engineering International, 2019, 29(2): 315-318.

# 第5章 悬索桥吊杆无应力长度和索夹安装位置的修正方法

## 5.1 引 言

悬索桥的施工质量在很大程度上决定了其成桥时的质量,但过程中不可避免地会存在各种误差,如空缆架设线形的误差、主梁设计恒载的误差等。若不及时修正,则会使悬索桥处于不安全的受力状态,甚至会引发灾难性后果。通过合理的措施及时修正施工误差是悬索桥施工监控的重要内容之一。

在悬索桥的施工中,施工人员按照设计要求、监控指令进行索股架设,并在完成紧缆后进行空缆线形的连续测量,根据测量的实际空缆线形及其与理论空缆线形之间的误差,采取适当的措施加以修正。空缆线形的测量重点是索鞍在塔顶的实际预偏量和主缆跨中最低点的坐标。其误差一般是多因素造成的,如索股架设误差、索股材料属性误差等。在荷载不变的情况下,当实测空缆线形存在较大误差时,已不能实现主缆的设计成桥线形,便需要制定合适的误差修正施工方案。

一般来说,悬索桥的设计恒载也可能存在一定的误差,包括主梁、栏杆和桥面铺装等,其中主梁的恒载比例最大,一般可达75%。出于对施工进度的考虑,在主缆索股制造加工时,主梁和栏杆的制造加工尚在进行,因此主缆索股的无应力长度计算只能依据恒载理论值。而当主缆索股安装完成后,主梁和栏杆的制造加工基本完成,可以测得其实际重量,桥面铺装材料的容重也可以确定。至此,可以确定出恒载设计值与实际测量值之间的误差,若恒载误差较大,主缆设计成桥线形也不能成功实现,需要采取相应措施加以修正。

悬索桥主缆计算的理论研究始于18世纪末,但限于当时的理论水平,工程师采用抛物线理论对悬索桥进行设计与计算[1]。经过很长一段时间,科学家和工程师才意识到抛物线线形的不足,提出传统悬链线理论,但受限于落后的计算能力,该理论未能得到很好的应用。直到1940年以后,随着计算机技术的发展,工程师逐渐意识到主缆线形可以以分段的形式进行计算,然后根据不同的假设逐渐形成了传统抛物线理论[2]、分段抛物线理论[3,4]、分段直线理论[5,6]、分段悬链线理论[2,7]等。发展至今,分段悬链线理论已被广泛应用于主缆的找形计算中。

为了实现桥面的设计线形,修正吊杆的无应力下料长度是一种极为可行且有效的方式[8]。本章依托金东大桥的施工监控计算，针对两种主要的施工误差（空缆线形误差和恒载重量误差），提出一种通过修正吊杆的无应力下料长度实现合理成桥的方法，以确保顺利施工。同时，为了保证吊杆准确的安装，也进行了索夹安装位置的修正，完成施工控制的反馈计算。

## 5.2　根据空缆线形反求主缆无应力长度

可先根据空缆线形的测量结果计算主缆的实际下料长度。利用跨中最低点，将空缆分为左右两个半跨，分别计算主缆的无应力长度。每个半跨空缆包含两段：切点与主缆跨中最低点之间的悬链线、主索鞍上主缆实际顶点与切点之间的圆弧段。

(1)切点与主缆跨中最低点之间的悬链线。

如图 5.1 所示，以主跨空缆与左主索鞍的切点 $O$ 为坐标原点建立坐标系，$x$ 轴水平向右，$y$ 轴竖直向下，跨中最低点 $Q$ 的坐标为$(x_0, y_0)$，根据边界条件，可建立如下控制方程：

$$y(0)=c_0\cosh a_0+b_0=0 \tag{5.1a}$$

$$y(x_0)=c_0\cosh\left(\frac{x_0}{c_0}+a_0\right)+b_0=y_0 \tag{5.1b}$$

$$y'(x_0)=\sinh\left(\frac{x_0}{c_0}+a_0\right)=0 \tag{5.1c}$$

式中，$a_0$、$b_0$、$c_0$ 为悬链线方程的参数，且 $c_0=-H_0/q_0$，可参考式(2.1)；$x_0=\Delta_1-\Delta_4$，$\Delta_1$ 为跨中最低点 $Q$ 与桥塔中心线的水平距离；$\Delta_4$ 为切点 $O$ 与桥塔中心线的水平距离，$\Delta_4=R\sin\theta-\Delta_2-\Delta_3$，如图 5.2 所示；$\theta$ 为切点 $O$ 和圆心 $C$ 的连线与竖直线 $BC$ 的夹角；$\Delta_2$ 为圆心 $C$ 与主缆实际顶点 $D$ 之间的水平距离；$\Delta_3$ 为主索鞍的实际预偏量。

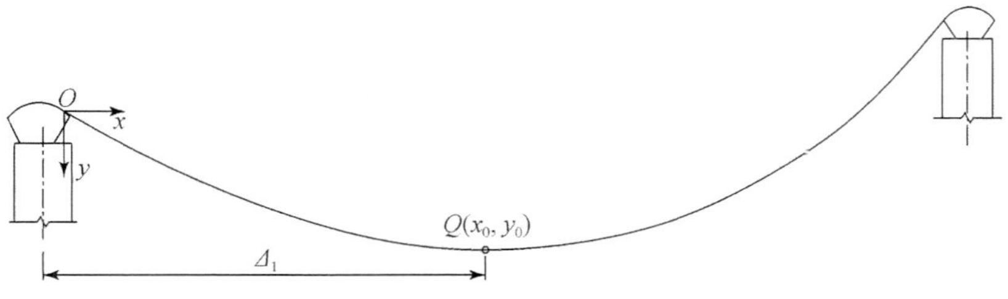

图 5.1　主跨主缆在空缆状态的线形

根据切点 $O$ 处的几何关系，有

$$\tan\theta=y'(0)=\sinh a_0 \tag{5.2a}$$

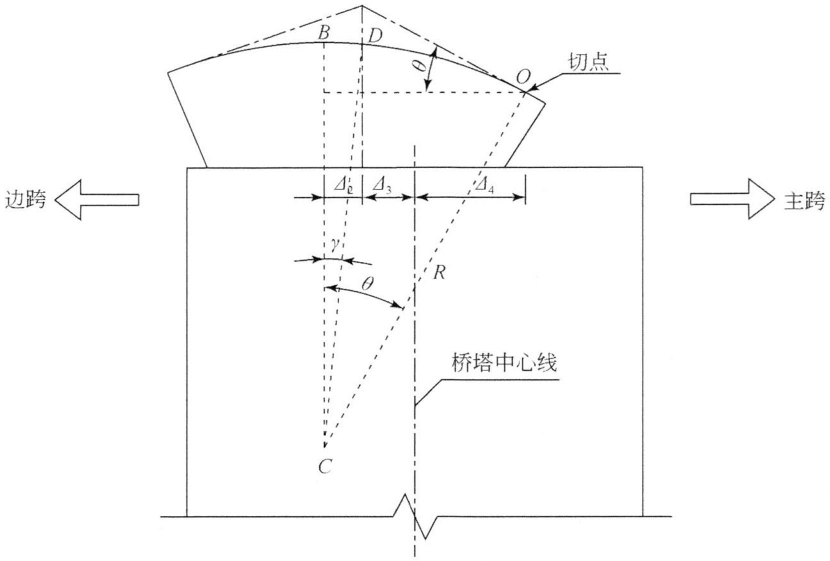


图 5.2　空缆状态时左主索鞍布置和主要参数

$$\sin\theta = \tanh a_0 \tag{5.2b}$$

$$\cos\theta = \mathrm{sech} a_0 \tag{5.2c}$$

因此，$x_0$ 可表达为

$$x_0 = \Delta_1 - R\tanh a_0 + \Delta_2 + \Delta_3 \tag{5.3}$$

根据圆心 $C$ 在大地坐标系中的设计高程 $h_C$ 和桥塔顶部实际预抬高量 $\Delta h$，可将切点 $O$ 在大地坐标系中的实际高程 $h_O$ 表达为

$$h_O = h_C + R\cos\theta + \Delta h = h_C + R\,\mathrm{sech} a_0 + \Delta h \tag{5.4}$$

接着，根据空缆跨中最低点 $Q$ 在大地坐标系中的实测高程 $h_Q$，可将 $y_0$ 表达为

$$y_0 = h_O - h_Q = h_C + R\,\mathrm{sech} a_0 + \Delta h - h_Q \tag{5.5}$$

因此，控制方程组(5.1)可表达为

$$-\frac{H_0}{q_0}\cosh a_0 + b_0 = 0 \tag{5.6a}$$

$$-\frac{H_0}{q_0}\cosh\left[-\frac{q_0}{H_0}(\Delta_1 - R\tanh a_0 + \Delta_2 + \Delta_3) + a_0\right] + b_0 = h_C + R\,\mathrm{sech} a_0 + \Delta h - h_Q \tag{5.6b}$$

$$\sinh\left[-\frac{q_0}{H_0}(\Delta_1 - R\tanh a_0 + \Delta_2 + \Delta_3) + a_0\right] = 0 \tag{5.6c}$$

以 $H_0$、$a_0$ 和 $b_0$ 为基本未知数构造目标函数，利用非线性 GRG 法实现快速求解，进而可计算出点 $O$ 和点 $Q$ 间的主缆无应力长度 $S_{OQ}$，即

$$S_{OQ}=c_0\left[\sinh\left(\frac{x_0}{c_0}+a_0\right)-\sinh a_0\right]-\frac{H_0}{2EA}\left(x_0+\frac{c_0}{2}\left\{\sinh\left[2\left(\frac{x_0}{c_0}+a_0\right)\right]-\sinh(2a_0)\right\}\right) \tag{5.7}$$

式中，$E$ 为主缆钢丝的弹性模量；$A$ 为主缆横截面面积。

(2)主索鞍上主缆实际顶点与切点之间的圆弧段。

圆弧段 $DO$ 的主缆无应力长度可根据圆弧的几何关系，以其有应力长度进行表达，即

$$S_{DO}=\frac{R[\arctan(\sinh a_0)-\gamma]}{1+\dfrac{H_0\cosh a_0}{EA}} \tag{5.8}$$

因此，左半跨的主缆无应力长度为

$$S_{\mathrm{L}}=S_{DO}+S_{OQ} \tag{5.9}$$

主跨右半跨的主缆无应力长度 $S_{\mathrm{R}}$ 也可用上述方法计算，则主跨主缆的无应力总长度为

$$S=S_{\mathrm{L}}+S_{\mathrm{R}} \tag{5.10}$$

## 5.3　成桥线形计算

### 5.3.1　吊杆力修正

根据恒载的实际值与设计值，可将修正后的吊杆力 $P_i$ 表达为

$$P_i=P_{0,i}M_{\mathrm{w}}/M_{\mathrm{t}} \tag{5.11}$$

式中，$P_{0,i}$为第 $i$ 根吊杆力的设计值，kN；$M_{\mathrm{w}}$ 为主梁恒载实际值，kN/m；$M_{\mathrm{t}}$ 为主梁恒载设计值，kN/m。

### 5.3.2　成桥找形

如图 5.3 所示，分别以左切点和各吊点为坐标原点建立坐标系，$x$ 轴水平向右，$y$ 轴竖直向下，那么以成桥状态主缆水平分力 $H$、第 1 段悬链线方程参数 $a_1$、最右侧一段悬链线主缆的水平投影长度 $l_{n+1}$为基本未知量，根据无应力长度守恒、切点高差的闭合和最右侧一段悬链线主缆的水平投影长度 $l_{n+1}$满足设计要求的三个条件，分别建立如下方程：

$$\sum_{i=1}^{n+1} S_i=S-S_{D'O_1}-S_{O_{n+2}D''} \tag{5.12a}$$

$$\sum_{i=1}^{n+1}\Delta h_i=\Delta h_{O_1O_{n+2}} \tag{5.12b}$$

$$l_{n+1}=l_{O_{n+1}D''}-\Delta_6 \tag{5.12c}$$

式中，$S_i$ 为第 $i$ 段悬链线主缆的无应力长度，可由式(3.16)确定；$S_{D'O_1}$ 为左主索鞍上实际顶点 $D'$ 与切点 $O_1$ 之间圆弧段主缆的无应力长度，如图 5.4(a)所示；$S_{O_{n+2}D''}$ 为右主索鞍上切点 $O_{n+2}$ 与实际顶点 $D''$ 之间圆弧段主缆的无应力长度；$\Delta h_i$ 为任一段悬链线主缆两端点的高差，可由式(2.4)确定；$\Delta h_{O_1O_{n+2}}$ 为左主索鞍上切点 $O_1$ 与右主索鞍上切点 $O_{n+2}$ 之间的高差；$l_{O_{n+1}D''}$ 为最右侧一根吊杆与右主索鞍实际顶点 $D''$ 之间的设计水平距离；$\Delta_6$ 为右主索鞍上切点 $O_{n+2}$ 与实际顶点 $D''$ 之间的水平距离。

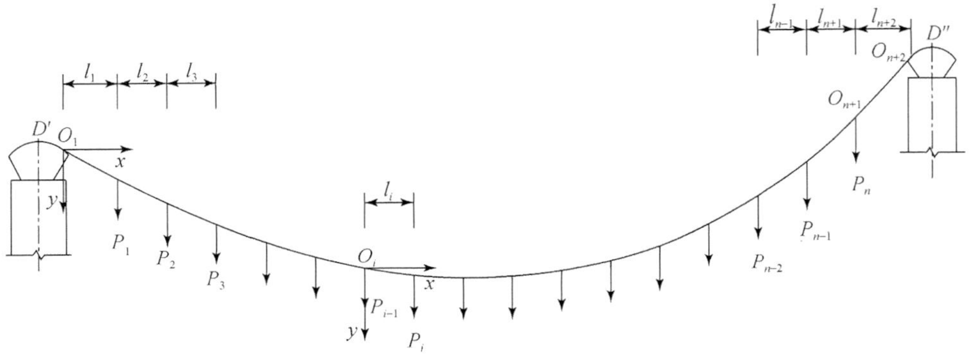


图 5.3　成桥状态主缆线形

如图 5.4(a)所示，圆弧段 $D'O_1$ 主缆的无应力长度为

$$S_{D'O_1}=\frac{R(\theta'-\gamma)}{1+\dfrac{H\cosh a_1}{EA}}=\frac{R[\arctan(\sinh a_1)-\gamma]}{1+\dfrac{H\cosh a_1}{EA}} \tag{5.13}$$

式中，$\theta'$ 为切点 $O_1$ 和圆心点 $C'$ 的连线 $O_1C'$ 与竖直线 $B'C'$ 的夹角。

如图 5.4(b)所示，圆弧段 $O_{n+2}D''$ 主缆的无应力长度为

$$S_{O_{n+2}D''}=\frac{R(\theta''-\beta)}{1+\dfrac{H\cosh\left(\dfrac{l_{n+1}}{c}+a_{n+1}\right)}{EA}}=\frac{R\left\{-\arctan\left[\sinh\left(\dfrac{l_{n+1}}{c}+a_{n+1}\right)\right]-\beta\right\}}{1+\dfrac{H\cosh\left(\dfrac{l_{n+1}}{c}+a_{n+1}\right)}{EA}} \tag{5.14}$$

式中，$\theta''$ 为切点 $O_{n+2}$ 和圆心点 $C''$ 的连线 $O_{n+2}C''$ 与竖直线 $B''C''$ 的夹角；$\beta$ 为实际顶点 $D''$ 和圆心点 $C''$ 的连线 $D''C''$ 与竖直线 $B''C''$ 的夹角。

根据左主索鞍圆心 $C'$ 的高程 $h_{C'}$ 和右主索鞍圆心 $C''$ 的高程 $h_{C''}$，可将左主索鞍上切点 $O_1$ 与右主索鞍上切点 $O_{n+2}$ 之间的高差 $\Delta h_{O_1O_{n+2}}$ 表达为

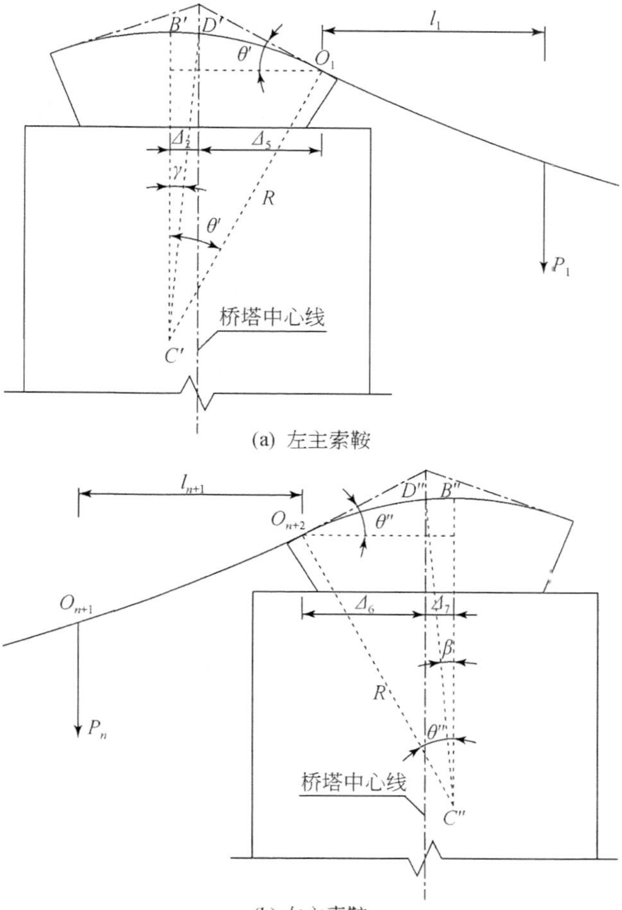

(a) 左主索鞍

(b) 右主索鞍

图 5.4　成桥状态索鞍布置和主要参数

$$\Delta h_{O_1O_{n+2}}=h_{O_1}-h_{O_{n+2}}=h_{C'}-h_{C''}+R(\cos\theta'-\cos\theta'')=h_{C'}-h_{C''}+R\left[\operatorname{sech}a_1-\operatorname{sech}\left(\frac{l_{n+1}}{c}+a_{n+1}\right)\right] \tag{5.15}$$

右主索鞍上切点 $O_{n+2}$ 与实际顶点 $D''$ 之间的水平距离 $\Delta_6$ 可表达为

$$\Delta_6=R\sin\theta''-\Delta_7=-R\tanh\left(\frac{l_{n+1}}{c}+a_{n+1}\right)-\Delta_7 \tag{5.16}$$

式中，$\Delta_7$ 为右主索鞍圆心 $C''$ 与实际顶点 $D''$ 的水平距离。

联立式(2.19)、式(5.13)～式(5.16)，利用非线性 GRG 法求解方程组(5.12)，计算出成桥状态主缆水平分力 $H$、第 1 段悬链线方程参数 $a_1$、最右侧一段悬链线主缆的水平投影长度 $l_{n+1}$，进而可以获得成桥状态的切点位置、主缆线形和各主缆段的无应力长度，为修正吊杆下料长度和索夹安装位置奠定基础。

## 5.4 吊杆无应力长度及索夹安装位置的修正

### 5.4.1 吊杆无应力长度修正方法

根据实测空缆线形和索鞍预偏量，可计算出实际的主缆无应力总长度，结合修正后的吊杆力，重新计算主缆成桥线形，此时该线形与设计成桥线形已不重合，吊杆的下料长度需要重新计算。根据主缆吊杆高程和桥面吊点高程，吊杆的无应力长度可由式(3.12)确定。

### 5.4.2 索夹安装位置修正方法

以空缆状态跨中最低点 $Q$ 为分界点，分左半跨和右半跨分别求解空缆状态每个索段的长度。

结合式(2.2)，根据空缆状态每个索段无应力长度与成桥状态相等的原则，有

$$c_0\left[\sinh\left(\frac{l_{f1}}{c_0}+a_{f1}\right)-\sinh a_{f1}\right]-\frac{H_0}{2EA}\left(l_{f1}+\frac{c_0}{2}\left\{\sinh\left[2\left(\frac{l_{f1}}{c_0}+a_{f1}\right)\right]-\sinh(2a_{f1})\right\}\right)=S_1-S_{D'O_1}+S_{DO} \tag{5.17a}$$

$$c_0\left[\sinh\left(\frac{l_{fi}}{c_0}+a_{fi}\right)-\sinh a_{fi}\right]-\frac{H_0}{2EA}\left(l_{fi}+\frac{c_0}{2}\left\{\sinh\left[2\left(\frac{l_{fi}}{c_0}+a_{fi}\right)\right]-\sinh(2a_{fi})\right\}\right)=S_i,\quad i\geqslant 2 \tag{5.17b}$$

式中，$l_{fi}$ 为空缆状态第 $i$ 段悬链线主缆的水平投影长度，下标 f 表示空缆状态，如图 5.5 所示；$a_{f1}=a_0$；由式(2.19)有 $a_{fi+1}=a_{fi}+l_{fi}/c_0$。

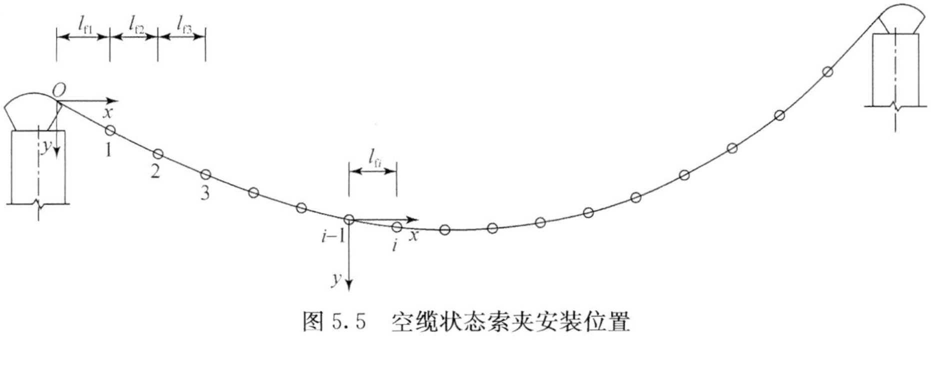


图 5.5 空缆状态索夹安装位置

利用非线性 GRG 法可快速求解式(5.17)，得到各段悬链线主缆的水平投影长度 $l_{fi}$，进而可将左半跨的第 $i$ 个索夹安装位置 $\Delta x_i$ 表达为

$$\Delta x_i = \Delta_4 + \sum_{j=1}^{i} l_{fj} \tag{5.18}$$

利用同样的方法可以求出右半跨每个索夹的安装位置。

# 5.5 算　例

## 5.5.1 主缆无应力长度的计算结果

根据金东大桥的施工监控数据，其主缆索股架设且完成紧缆之后，测量跨中最低点高程，经换算设计基准温度下其比理论值高 8cm。此时钢桁架加工和混凝土桥面板预制均已完成，其恒载实际值比设计值大 6kN/m。根据实测空缆线形及索鞍、主缆的相关参数(表 5.1)计算得到实际的主缆无应力长度(表 5.2)。

**表 5.1　实测空缆线形及索鞍、主缆的相关参数**

| 空缆状态基本参数 | 符号 | 单位 | 数值 | |
|---|---|---|---|---|
| | | | 左桥塔 | 右桥塔 |
| 跨中最低点 $Q$ 与桥塔中心线的水平距离 | $\Delta_1$ | m | 364.640 | 365.360 |
| 圆心 $C$ 与主缆实际顶点 $D$ 之间的水平距离 | $\Delta_2$ | m | 0.227 | −0.061* |
| 主索鞍的实际预偏量 | $\Delta_3$ | m | 1.159 | 0.437 |
| 主索鞍的圆弧半径 | $R$ | m | 5.5 | 5.5 |
| 圆心 $C$ 与主缆实际顶点 $D$ 连线 $CD$ 与竖直线 $BC$ 的夹角 | $\gamma$ | (°) | 2.344 | −0.635* |
| 圆心 $C$ 在大地坐标系中的设计高程 | $h_C$ | m | 923.210 | 923.096 |
| 桥塔顶部实际预抬高量 | $\Delta h$ | m | 0.031 | 0.023 |
| 跨中最低点 $Q$ 在大地坐标系中的实测高程 | $h_Q$ | m | 862.966 | |
| 空缆自重荷载集度 | $q_0$ | kN/m | 13.805 | |
| 主缆钢丝的弹性模量 | $E$ | GPa | 197.03 | |
| 主缆横截面面积 | $A$ | $m^2$ | 0.1759 | |

* 负号表示点 $C$ 在点 $D$ 的江侧(左侧)，而不是岸侧。

**表 5.2 空缆线形和主缆无应力长度**

| 参数 | 符号 | 单位 | 数值 | |
|---|---|---|---|---|
| 悬链线方程参数 | $a_0$ | — | 0.355474 | |
| | $b_0$ | m | 1089.4322 | |
| | $c_0$ | m | −1024.05 | |
| 空缆水平分力 | $H_0$ | kN | 14137.39 | |
| 切点 $O$ 与桥塔中心线的水平距离 | $\Delta_4$ | m | 左主索鞍 | 0.492 |
| | | | 右主索鞍 | 1.500 |
| 切点 $O$ 和跨中最低点 $Q$ 之间主缆的无应力长度 | $S_{OQ}$ | m | 左半跨 | 371.719 |
| | | | 右半跨 | 371.410 |
| 主缆在圆弧段 $DO$ 内的无应力长度 | $S_{DO}$ | m | 左主索鞍 | 1.688 |
| | | | 右主索鞍 | 1.975 |
| 主缆全跨的无应力总长度 | $S$ | m | 746.792 | |

### 5.5.2 根据修正吊杆力求成桥线形

根据金东大桥的实测恒载值(表 5.3),得到修正后的吊杆力(表 5.4)。再结合其成桥状态的吊杆及索鞍参数(表 5.5),可计算出主跨各索段的主缆线形参数(表 5.6),包括悬链线方程参数、无应力长度和高差等。

**表 5.3 金东大桥的恒载值**

| 成桥状态基本参数 | 符号 | 单位 | 数值 |
|---|---|---|---|
| 恒载实际值 | $M_w$ | kN/m | 178.5 |
| 恒载设计值 | $M_t$ | kN/m | 172.5 |

**表 5.4 修正后的吊杆力**

| 吊杆编号 | 设计值 $P_{0,i}$/kN | 修正值 $P_i$/kN | 吊杆编号 | 设计值 $P_{0,i}$/kN | 修正值 $P_i$/kN |
|---|---|---|---|---|---|
| 1 | 1061.0 | 1097.9 | 12 | 869.4 | 899.6 |
| 2 | 893.2 | 924.3 | 13 | 868.8 | 899.1 |
| 3 | 874.0 | 904.4 | 14 | 868.5 | 898.7 |
| 4 | 874.6 | 905.0 | 15 | 868.0 | 898.1 |
| 5 | 875.5 | 905.9 | 16 | 867.7 | 897.8 |
| 6 | 874.0 | 904.4 | 17 | 867.0 | 897.2 |
| 7 | 873.5 | 903.9 | 18 | 866.9 | 897.1 |
| 8 | 873.1 | 903.5 | 19 | 866.4 | 896.6 |
| 9 | 872.5 | 902.9 | 20 | 866.1 | 896.2 |
| 10 | 872.2 | 902.5 | 21 | 865.8 | 896.0 |
| 11 | 871.4 | 901.7 | 22 | 865.5 | 895.6 |

续表

| 吊杆编号 | 设计值 $P_{0,i}$/kN | 修正值 $P_i$/kN | 吊杆编号 | 设计值 $P_{0,i}$/kN | 修正值 $P_i$/kN |
|---|---|---|---|---|---|
| 23 | 865.3 | 895.4 | 48 | 864.9 | 895.0 |
| 24 | 865.1 | 895.2 | 49 | 865.5 | 895.6 |
| 25 | 864.7 | 894.8 | 50 | 865.6 | 895.8 |
| 26 | 864.6 | 894.7 | 51 | 865.9 | 896.0 |
| 27 | 864.3 | 894.4 | 52 | 866.0 | 896.1 |
| 28 | 864.3 | 894.4 | 53 | 866.7 | 896.8 |
| 29 | 864.1 | 894.2 | 54 | 866.8 | 897.0 |
| 30 | 862.6 | 892.6 | 55 | 867.3 | 897.4 |
| 31 | 862.3 | 892.3 | 56 | 867.6 | 897.8 |
| 32 | 862.3 | 892.3 | 57 | 868.1 | 898.2 |
| 33 | 862.2 | 892.2 | 58 | 868.3 | 898.5 |
| 34 | 862.2 | 892.2 | 59 | 868.8 | 899.1 |
| 35 | 862.2 | 892.2 | 60 | 869.3 | 899.5 |
| 36 | 861.4 | 891.4 | 61 | 871.5 | 901.8 |
| 37 | 862.2 | 892.2 | 62 | 871.9 | 902.3 |
| 38 | 862.1 | 892.1 | 63 | 872.6 | 902.9 |
| 39 | 862.3 | 892.3 | 64 | 873.0 | 903.3 |
| 40 | 862.2 | 892.2 | 65 | 873.6 | 904.0 |
| 41 | 862.5 | 892.5 | 66 | 873.9 | 904.3 |
| 42 | 862.5 | 892.5 | 67 | 875.4 | 905.9 |
| 43 | 864.1 | 894.2 | 68 | 874.4 | 904.9 |
| 44 | 864.2 | 894.3 | 69 | 874.0 | 904.4 |
| 45 | 864.4 | 894.5 | 70 | 892.9 | 924.0 |
| 46 | 864.5 | 894.5 | 71 | 1061.6 | 1098.6 |
| 47 | 865.1 | 895.1 | — | — | — |

**表 5.5　成桥状态的吊杆及索鞍参数**

| 成桥状态参数 | | 符号 | 单位 | 数值 |
|---|---|---|---|---|
| | 主缆自重荷载集度 | $q$ | kN/m | 14.268 |
| | 吊杆设计间距 | $l_i$ | m | 10 |
| 左主索鞍 | 圆心 $C'$ 与主缆实际顶点 $D'$ 连线与竖直线 $B'C'$ 的夹角 | $\gamma$ | (°) | 2.344 |
| | 圆心 $C'$ 在大地坐标系中的设计高程 | $h_{C'}$ | m | 923.210 |
| 右主索鞍 | 圆心 $C''$ 与主缆实际顶点 $D''$ 连线与竖直线 $B''C''$ 的夹角 | $\beta$ | (°) | −0.635* |
| | 圆心 $C''$ 在大地坐标系中的设计高程 | $h_{C''}$ | m | 923.096 |
| | 最右侧一根吊杆与实际顶点 $D''$ 之间的设计水平距离 | $l_{O_{72}D''}$ | m | 15 |
| | 圆心 $C''$ 与实际顶点 $D''$ 的水平距离 | $\Delta_7$ | m | −0.061* |

* 负号表示点 $C''$ 在点 $D''$ 的江侧(左侧)，而不是岸侧。

**表 5.6　各索段成桥线形参数**

| 索段编号 | $l_i$/m | $a_i$ | $b_i$/m | $S_i$/m | $\Delta h_i$/m | 索段编号 | $l_i$/m | $a_i$ | $b_i$/m | $S_i$/m | $\Delta h_i$/m |
|---|---|---|---|---|---|---|---|---|---|---|---|
| 1 | 13.209 | 0.38483 | 7145.924 | 14.152 | 5.195 | 37 | 10 | −0.00470 | 6647.651 | 9.973 | −0.054 |
| 2 | 10 | 0.37205 | 7112.989 | 10.666 | 3.799 | 38 | 10 | −0.01561 | 6648.387 | 9.974 | −0.164 |
| 3 | 10 | 0.36142 | 7086.487 | 10.626 | 3.685 | 39 | 10 | −0.02652 | 6649.914 | 9.976 | −0.273 |
| 4 | 10 | 0.35095 | 7061.175 | 10.589 | 3.574 | 40 | 10 | −0.03742 | 6652.233 | 9.980 | −0.382 |
| 5 | 10 | 0.34044 | 7036.549 | 10.552 | 3.463 | 41 | 10 | −0.04832 | 6655.341 | 9.985 | −0.491 |
| 6 | 10 | 0.32990 | 7012.610 | 10.516 | 3.351 | 42 | 10 | −0.05923 | 6659.239 | 9.991 | −0.600 |
| 7 | 10 | 0.31934 | 6989.419 | 10.482 | 3.240 | 43 | 10 | −0.07012 | 6663.926 | 9.998 | −0.709 |
| 8 | 10 | 0.30875 | 6966.956 | 10.448 | 3.129 | 44 | 10 | −0.08102 | 6669.410 | 10.006 | −0.819 |
| 9 | 10 | 0.29814 | 6945.224 | 10.416 | 3.018 | 45 | 10 | −0.09192 | 6675.682 | 10.015 | −0.928 |
| 10 | 10 | 0.28751 | 6924.231 | 10.384 | 2.907 | 46 | 10 | −0.10281 | 6682.742 | 10.026 | −1.037 |
| 11 | 10 | 0.27686 | 6903.977 | 10.354 | 2.796 | 47 | 10 | −0.11369 | 6690.586 | 10.038 | −1.147 |
| 12 | 10 | 0.26618 | 6884.475 | 10.325 | 2.686 | 48 | 10 | −0.12457 | 6699.219 | 10.051 | −1.256 |
| 13 | 10 | 0.25551 | 6865.749 | 10.297 | 2.575 | 49 | 10 | −0.13543 | 6708.630 | 10.065 | −1.366 |
| 14 | 10 | 0.24481 | 6847.776 | 10.270 | 2.465 | 50 | 10 | −0.14628 | 6718.826 | 10.080 | −1.476 |
| 15 | 10 | 0.23409 | 6830.555 | 10.245 | 2.355 | 51 | 10 | −0.15712 | 6729.799 | 10.097 | −1.585 |
| 16 | 10 | 0.22336 | 6814.093 | 10.220 | 2.245 | 52 | 10 | −0.16795 | 6741.549 | 10.114 | −1.695 |
| 17 | 10 | 0.21261 | 6798.389 | 10.197 | 2.134 | 53 | 10 | −0.17876 | 6754.070 | 10.133 | −1.805 |
| 18 | 10 | 0.20184 | 6783.453 | 10.174 | 2.025 | 54 | 10 | −0.18956 | 6767.367 | 10.153 | −1.915 |
| 19 | 10 | 0.19106 | 6769.278 | 10.153 | 1.915 | 55 | 10 | −0.20034 | 6781.430 | 10.174 | −2.025 |
| 20 | 10 | 0.18026 | 6755.875 | 10.133 | 1.805 | 56 | 10 | −0.21111 | 6796.260 | 10.197 | −2.135 |
| 21 | 10 | 0.16945 | 6743.243 | 10.114 | 1.695 | 57 | 10 | −0.22186 | 6811.853 | 10.220 | −2.245 |
| 22 | 10 | 0.15862 | 6731.385 | 10.097 | 1.585 | 58 | 10 | −0.23259 | 6828.207 | 10.245 | −2.355 |
| 23 | 10 | 0.14779 | 6720.303 | 10.080 | 1.476 | 59 | 10 | −0.24331 | 6845.314 | 10.270 | −2.465 |
| 24 | 10 | 0.13693 | 6709.999 | 10.065 | 1.366 | 60 | 10 | −0.25400 | 6863.177 | 10.297 | −2.575 |
| 25 | 10 | 0.12607 | 6700.477 | 10.051 | 1.256 | 61 | 10 | −0.26468 | 6881.791 | 10.325 | −2.686 |
| 26 | 10 | 0.11520 | 6691.737 | 10.038 | 1.147 | 62 | 10 | −0.27535 | 6901.185 | 10.354 | −2.796 |
| 27 | 10 | 0.10432 | 6683.782 | 10.026 | 1.038 | 63 | 10 | −0.28601 | 6921.323 | 10.384 | −2.907 |
| 28 | 10 | 0.09343 | 6676.613 | 10.015 | 0.928 | 64 | 10 | −0.29664 | 6942.206 | 10.416 | −3.018 |
| 29 | 10 | 0.08253 | 6670.231 | 10.006 | 0.819 | 65 | 10 | −0.30725 | 6963.823 | 10.448 | −3.129 |
| 30 | 10 | 0.07163 | 6664.638 | 9.998 | 0.709 | 66 | 10 | −0.31783 | 6986.177 | 10.482 | −3.240 |
| 31 | 10 | 0.06073 | 6659.841 | 9.991 | 0.600 | 67 | 10 | −0.32839 | 7009.254 | 10.516 | −3.351 |
| 32 | 10 | 0.04983 | 6655.834 | 9.985 | 0.491 | 68 | 10 | −0.33894 | 7033.080 | 10.552 | −3.463 |
| 33 | 10 | 0.03893 | 6652.616 | 9.980 | 0.382 | 69 | 10 | −0.34944 | 7057.591 | 10.589 | −3.574 |
| 34 | 10 | 0.02803 | 6650.188 | 9.976 | 0.273 | 70 | 10 | −0.35991 | 7082.792 | 10.626 | −3.685 |
| 35 | 10 | 0.01712 | 6648.551 | 9.974 | 0.164 | 71 | 10 | −0.37054 | 7109.174 | 10.666 | −3.799 |
| 36 | 10 | 0.00621 | 6647.705 | 9.973 | 0.055 | 72 | 12.921 | −0.38285 | 7140.729 | 13.843 | −5.082 |

## 5.5.3　吊杆无应力长度及索夹安装位置的修正结果

根据表 3.1 中的吊杆材料特性值，可得到吊杆的无应力长度修正值(表 5.7)。接着根据式(5.17)可得到空缆状态各索段悬链线方程参数 $a_{fi}$、$b_{fi}$ 以及水平投影长度 $l_{fi}$，计算出空缆时各索夹的安装位置 $\Delta x_i$(表 5.8)。跨中位置的吊杆距左桥塔和右桥塔的距离分别为 364.645m 和 365.358m，所以全桥误差最大为 0.003m。

**表 5.7　吊杆无应力长度修正值**

| 吊杆编号 | 吊杆力修正值/kN | 有应力长度/m | 无应力长度/m | | 差值/m | 吊杆编号 | 吊杆力修正值/kN | 有应力长度/m | 无应力长度/m | | 差值/m |
|---|---|---|---|---|---|---|---|---|---|---|---|
| | | | 修正值 | 理论值 | | | | | 修正值 | 理论值 | |
| 1 | 1097.9 | 72.753 | 72.566 | 72.580 | −0.014 | 25 | 894.8 | 10.390 | 10.368 | 10.413 | −0.045 |
| 2 | 924.3 | 68.840 | 68.691 | 68.701 | −0.010 | 26 | 894.7 | 9.208 | 9.189 | 9.235 | −0.046 |
| 3 | 904.4 | 65.044 | 64.906 | 64.916 | −0.010 | 27 | 894.4 | 8.140 | 8.122 | 8.169 | −0.047 |
| 4 | 905.0 | 61.363 | 61.233 | 61.246 | −0.013 | 28 | 894.4 | 7.133 | 7.168 | 7.216 | −0.048 |
| 5 | 905.9 | 57.797 | 57.674 | 57.689 | −0.015 | 29 | 894.2 | 6.340 | 6.327 | 6.375 | −0.048 |
| 6 | 904.4 | 54.345 | 54.229 | 54.247 | −0.018 | 30 | 892.6 | 5.609 | 5.598 | 5.647 | −0.049 |
| 7 | 903.9 | 51.007 | 50.899 | 50.918 | −0.019 | 31 | 892.3 | 4.991 | 4.981 | 5.030 | −0.049 |
| 8 | 903.5 | 47.785 | 47.683 | 47.704 | −0.021 | 32 | 892.3 | 4.435 | 4.476 | 4.526 | −0.050 |
| 9 | 902.9 | 44.676 | 44.581 | 44.604 | −0.023 | 33 | 892.2 | 4.092 | 4.083 | 4.134 | −0.051 |
| 10 | 902.5 | 41.682 | 41.593 | 41.618 | −0.025 | 34 | 892.2 | 3.811 | 3.803 | 3.854 | −0.051 |
| 11 | 901.7 | 38.801 | 38.719 | 38.745 | −0.026 | 35 | 892.2 | 3.642 | 3.635 | 3.685 | −0.050 |
| 12 | 899.6 | 36.035 | 35.959 | 35.987 | −0.028 | 36 | 891.4 | 3.586 | 3.579 | 3.629 | −0.050 |
| 13 | 899.1 | 33.382 | 33.312 | 33.341 | −0.029 | 37 | 892.2 | 3.642 | 3.634 | 3.685 | −0.051 |
| 14 | 898.7 | 30.843 | 30.778 | 30.809 | −0.031 | 38 | 892.1 | 3.811 | 3.803 | 3.853 | −0.050 |
| 15 | 898.1 | 28.418 | 28.358 | 28.390 | −0.032 | 39 | 892.3 | 4.092 | 4.083 | 4.134 | −0.051 |
| 16 | 897.8 | 26.106 | 26.051 | 26.085 | −0.034 | 40 | 892.2 | 4.485 | 4.476 | 4.526 | −0.050 |
| 17 | 897.2 | 23.907 | 23.857 | 23.892 | −0.035 | 41 | 892.5 | 4.991 | 4.980 | 5.030 | −0.050 |
| 18 | 897.1 | 21.822 | 21.776 | 21.813 | −0.037 | 42 | 892.5 | 5.609 | 5.597 | 5.646 | −0.049 |
| 19 | 896.6 | 19.850 | 19.808 | 19.846 | −0.038 | 43 | 894.2 | 6.340 | 6.326 | 6.375 | −0.049 |
| 20 | 896.2 | 17.991 | 17.953 | 17.992 | −0.039 | 44 | 894.3 | 7.183 | 7.168 | 7.216 | −0.048 |
| 21 | 896.0 | 16.245 | 16.210 | 16.251 | −0.041 | 45 | 894.5 | 8.139 | 8.122 | 8.169 | −0.047 |
| 22 | 895.6 | 14.612 | 14.581 | 14.623 | −0.042 | 46 | 894.5 | 9.208 | 9.189 | 9.235 | −0.046 |
| 23 | 895.4 | 13.091 | 13.064 | 13.107 | −0.043 | 47 | 895.1 | 10.389 | 10.368 | 10.413 | −0.045 |
| 24 | 895.2 | 11.684 | 11.660 | 11.704 | −0.044 | 48 | 895.0 | 11.684 | 11.659 | 11.703 | −0.044 |

续表

| 吊杆编号 | 吊杆力修正值/kN | 有应力长度/m | 无应力长度/m | | 差值/m | 吊杆编号 | 吊杆力修正值/kN | 有应力长度/m | 无应力长度/m | | 差值/m |
|---|---|---|---|---|---|---|---|---|---|---|---|
| | | | 修正值 | 理论值 | | | | | 修正值 | 理论值 | |
| 49 | 895.6 | 13.091 | 13.063 | 13.107 | −0.044 | 61 | 901.8 | 38.801 | 38.719 | 38.745 | −0.026 |
| 50 | 895.8 | 14.611 | 14.580 | 14.622 | −0.042 | 62 | 902.3 | 41.681 | 41.593 | 41.617 | −0.024 |
| 51 | 896.0 | 16.244 | 16.210 | 16.251 | −0.041 | 63 | 902.9 | 44.676 | 44.581 | 44.603 | −0.022 |
| 52 | 896.1 | 17.990 | 17.952 | 17.992 | −0.040 | 64 | 903.3 | 47.784 | 47.683 | 47.704 | −0.021 |
| 53 | 896.8 | 19.849 | 19.807 | 19.846 | −0.039 | 65 | 904.0 | 51.007 | 50.899 | 50.918 | −0.019 |
| 54 | 897.0 | 21.821 | 21.775 | 21.812 | −0.037 | 66 | 904.3 | 54.344 | 54.229 | 54.246 | −0.017 |
| 55 | 897.4 | 23.907 | 23.856 | 23.892 | −0.036 | 67 | 905.9 | 57.796 | 57.673 | 57.689 | −0.016 |
| 56 | 897.8 | 26.105 | 26.051 | 26.084 | −0.033 | 68 | 904.9 | 61.363 | 61.232 | 61.246 | −0.014 |
| 57 | 898.2 | 28.417 | 28.358 | 28.390 | −0.032 | 69 | 904.4 | 65.044 | 64.906 | 64.916 | −0.010 |
| 58 | 898.5 | 30.843 | 30.778 | 30.809 | −0.031 | 70 | 924.0 | 68.839 | 68.690 | 68.700 | −0.010 |
| 59 | 899.1 | 33.382 | 33.312 | 33.341 | −0.029 | 71 | 1098.6 | 72.753 | 72.565 | 72.578 | −0.013 |
| 60 | 899.5 | 36.035 | 35.959 | 35.986 | −0.027 | — | — | — | — | — | — |

**表 5.8　索夹安装位置的修正结果**

| 索夹编号 | $a_{\rm fi}$ | $b_{\rm fi}$/m | $l_{\rm fi}$/m | $\Delta x_i$/m | 索夹编号 | $a_{\rm fi}$ | $b_{\rm fi}$/m | $l_{\rm fi}$/m | $\Delta x_i$/m |
|---|---|---|---|---|---|---|---|---|---|
| 1 | 0.35563 | 1085.986 | 13.479 | 13.971 | 17 | 0.19472 | 1040.165 | 10.019 | 174.824 |
| 2 | 0.34243 | 1081.185 | 10.090 | 24.060 | 18 | 0.18490 | 1038.252 | 10.015 | 184.839 |
| 3 | 0.33254 | 1077.714 | 10.084 | 34.145 | 19 | 0.17510 | 1036.440 | 10.012 | 194.851 |
| 4 | 0.32267 | 1074.353 | 10.080 | 44.224 | 20 | 0.16529 | 1034.729 | 10.008 | 204.859 |
| 5 | 0.31280 | 1071.097 | 10.075 | 54.299 | 21 | 0.15549 | 1033.117 | 10.004 | 214.863 |
| 6 | 0.30293 | 1067.948 | 10.070 | 64.369 | 22 | 0.14569 | 1031.605 | 10.001 | 224.864 |
| 7 | 0.29307 | 1064.904 | 10.065 | 74.434 | 23 | 0.13590 | 1030.193 | 9.998 | 234.862 |
| 8 | 0.28321 | 1061.965 | 10.060 | 84.493 | 24 | 0.12610 | 1028.880 | 9.995 | 244.858 |
| 9 | 0.27336 | 1059.130 | 10.055 | 94.548 | 25 | 0.11631 | 1027.666 | 9.992 | 254.850 |
| 10 | 0.26352 | 1056.400 | 10.050 | 104.599 | 26 | 0.10653 | 1026.550 | 9.990 | 264.840 |
| 11 | 0.25368 | 1053.773 | 10.046 | 114.644 | 27 | 0.09674 | 1025.533 | 9.987 | 274.827 |
| 12 | 0.24384 | 1051.249 | 10.041 | 124.685 | 28 | 0.08696 | 1024.615 | 9.985 | 284.812 |
| 13 | 0.23401 | 1048.828 | 10.036 | 134.721 | 29 | 0.07718 | 1023.795 | 9.983 | 294.796 |
| 14 | 0.22418 | 1046.510 | 10.032 | 144.753 | 30 | 0.06740 | 1023.072 | 9.982 | 304.778 |
| 15 | 0.21435 | 1044.293 | 10.028 | 154.781 | 31 | 0.05762 | 1022.448 | 9.980 | 314.758 |
| 16 | 0.20453 | 1042.178 | 10.023 | 164.804 | 32 | 0.04784 | 1021.922 | 9.979 | 324.737 |

续表

| 索夹编号 | $a_{fi}$ | $b_{fi}$/m | $l_{fi}$/m | $\Delta x_i$/m | 索夹编号 | $a_{fi}$ | $b_{fi}$/m | $l_{fi}$/m | $\Delta x_i$/m |
|---|---|---|---|---|---|---|---|---|---|
| 33 | 0.03807 | 1021.493 | 9.978 | 334.715 | 53 | 0.16524 | 1034.716 | 10.008 | 205.575 |
| 34 | 0.02829 | 1021.162 | 9.977 | 344.692 | 54 | 0.17505 | 1036.427 | 10.011 | 195.567 |
| 35 | 0.01852 | 1020.928 | 9.977 | 354.668 | 55 | 0.18486 | 1038.239 | 10.015 | 185.556 |
| 36 | 0.00875 | 1020.792 | 9.976 | **364.645** | 56 | 0.19467 | 1040.151 | 10.019 | 175.541 |
| 37 | 0.00870 | 1020.787 | 9.976 | **365.358** | 57 | 0.20449 | 1042.164 | 10.023 | 165.522 |
| 38 | 0.01847 | 1020.922 | 9.976 | 355.382 | 58 | 0.21431 | 1044.278 | 10.027 | 155.498 |
| 39 | 0.02825 | 1021.156 | 9.977 | 345.406 | 59 | 0.22413 | 1046.494 | 10.032 | 145.471 |
| 40 | 0.03802 | 1021.486 | 9.978 | 335.429 | 60 | 0.23396 | 1048.813 | 10.036 | 135.439 |
| 41 | 0.04780 | 1021.915 | 9.979 | 325.451 | 61 | 0.24379 | 1051.233 | 10.041 | 125.403 |
| 42 | 0.05757 | 1022.441 | 9.980 | 315.472 | 62 | 0.25363 | 1053.756 | 10.045 | 115.362 |
| 43 | 0.06735 | 1023.064 | 9.981 | 305.492 | 63 | 0.26347 | 1056.333 | 10.050 | 105.317 |
| 44 | 0.07713 | 1023.786 | 9.983 | 295.511 | 64 | 0.27332 | 1059.113 | 10.055 | 95.267 |
| 45 | 0.08691 | 1024.606 | 9.985 | 285.528 | 65 | 0.28317 | 1061.947 | 10.060 | 85.212 |
| 46 | 0.09670 | 1025.524 | 9.987 | 275.542 | 66 | 0.29303 | 1064.836 | 10.065 | 75.152 |
| 47 | 0.10648 | 1026.540 | 9.990 | 265.555 | 67 | 0.30289 | 1067.929 | 10.070 | 65.087 |
| 48 | 0.11627 | 1027.655 | 9.992 | 255.566 | 68 | 0.31275 | 1071.078 | 10.075 | 55.018 |
| 49 | 0.12606 | 1028.869 | 9.995 | 245.573 | 69 | 0.32262 | 1074.333 | 10.079 | 44.943 |
| 50 | 0.13585 | 1030.182 | 9.998 | 235.579 | 70 | 0.33250 | 1077.694 | 10.084 | 34.864 |
| 51 | 0.14564 | 1031.594 | 10.001 | 225.581 | 71 | 0.34238 | 1081.154 | 10.090 | 24.779 |
| 52 | 0.15544 | 1033.105 | 10.004 | 215.580 | 72 | 0.35531 | 1085.850 | 13.190 | 14.690 |

### 5.5.4 讨论

现拟定 4 种方案(表 5.9),以分别探讨恒载误差和空缆高程误差对成桥状态主缆高程误差的影响:①金东大桥的设计线形;②空缆线形最低点的高程存在误差;③实际恒载存在误差;④空缆线形最低点的高程误差和实际恒载误差均存在。从金东大桥设计主缆线形与施工误差影响下线形的对比(图 5.6)来看,成桥状态下主缆高程误差的最大值出现在跨中;当仅有空缆最低点的高程误差时,最低点高程误差从 8cm 增加到成桥时的 9.3cm;当仅有恒载误差时,恒载误差为 6kN/m,导致主缆在成桥状态时跨中最低点高程误差为-15.1cm。

**表 5.9　关于施工误差的 4 种组合方案**

| 序号 | 空缆最低点高程误差/cm | 恒载误差/(kN/m) | 成桥时主缆跨中最低点高程误差/cm |
|---|---|---|---|
| ① | 0 | 0 | 0 |
| ② | 8 | 0 | 9.3 |
| ③ | 0 | 6 | −15.1 |
| ④ | 8 | 6 | −5.9 |

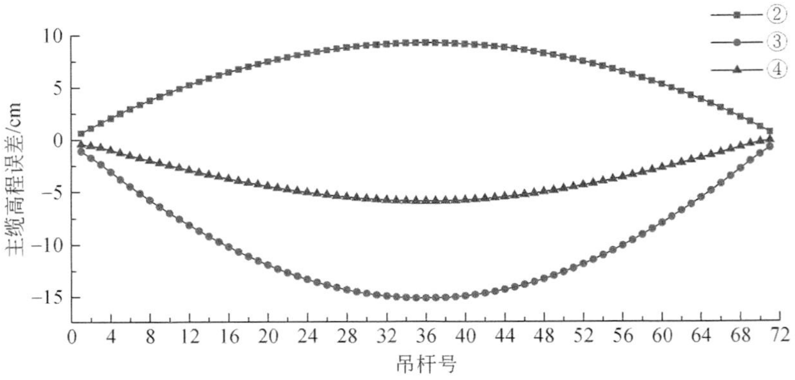


图 5.6　成桥状态下的主缆高程误差

若不采取修正措施，这些施工误差也会引起成桥时桥面线形发生变化，如图 5.7 所示。当不存在恒载误差时，桥面线形的误差与主缆线形误差一致。当存在恒载误差时，吊杆均发生伸长，导致桥面线形误差稍大于主缆线形误差。而存在桥面误差的悬索桥在主梁、桥面板系统架设过程中容易出现装配困难，在服役中容易出现路面不平整等情况，避免这些问题的发生是悬索桥施工质量控制的目的所在。

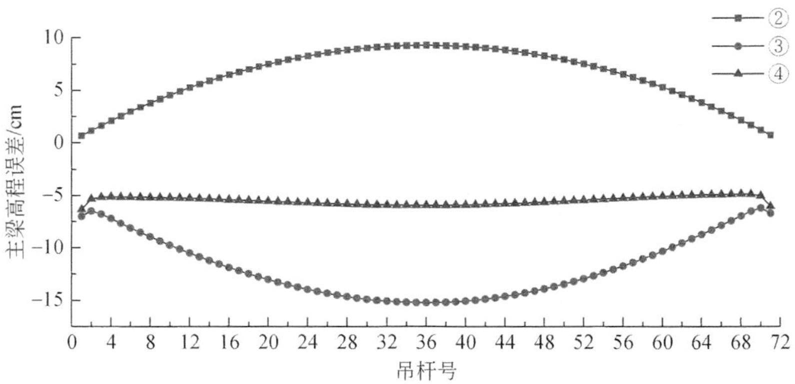


图 5.7　成桥状态下的主梁高程误差

## 5.6 本章小结

本章针对空缆线形的高程误差和成桥恒载误差，提出一种通过修正吊杆的无应力长度实现合理成桥的方法，可计算出修正后的吊杆无应力长度和索夹安装位置，以确保顺利施工，完成施工控制的反馈计算。该方法的可行性和有效性已在金东大桥的施工监控中得以验证，并得出以下结论：

（1）当空缆状态下的主缆架设线形高程或成桥实际恒载存在误差时，为了实现桥面设计线形，修正吊杆的无应力长度是一种极为可行且有效的方式。

（2）吊杆无应力长度及索夹安装位置的修正至关重要，需要同时计入上述两种误差，空缆时主缆最低点高程误差主要用于修正主缆无应力长度，成桥恒载误差主要用于修正吊杆力。

（3）在误差影响分析中，若仅以空缆最低点高程误差为唯一误差，则在成桥状态下跨中主缆高程误差略大。

### 参考文献

[1] Pugsley A. Theory of Suspension Bridges. 2nd ed. London: Edward Arnold, 1968.

[2] Irvine H M. Statics of suspended cables. Journal of the Engineering Mechanics Division, 1975, 101(3): 187-205.

[3] Lonetti P, Pascuzzo A. Optimum design analysis of hybrid cable-stayed suspension bridges. Advances in Engineering Software, 2014, 73: 53-66.

[4] Jung M R, Min D J, Kim M Y. Simplified analytical method for optimized initial shape analysis of self-anchored suspension bridges and its verification. Mathematical Problems in Engineering, 2015, 2015: 1-14.

[5] Huddleston J V. Computer analysis of extensible cables. Journal of the Engineering Mechanics Division, 1981, 107(1): 27-37.

[6] Ahmadi-Kashani K, Bell A J. The analysis of cables subject to uniformly distributed loads. Engineering Structures, 1988, 10(3): 174-184.

[7] Kim H K, Lee M J, Chang S P. Non-linear shape-finding analysis of a self-anchored suspension bridge. Engineering Structures, 2002, 24(12): 1547-1559.

[8] Zhang W M, Shi L Y, Li L, et al. Methods to correct unstrained hanger lengths and cable clamps' installation positions in suspension bridges. Engineering Structures, 2018, 171: 202-213.

# 第 6 章　温度对悬索桥成桥和施工期主缆线形的影响

## 6.1　引　　言

悬索桥的主缆一般采用高强钢丝制作，导热系数高，太阳的照射和气温的变化极易引起主缆内部温度的整体变化[1]。悬索桥是一种轻柔的结构，其几何形状和内力状态对温度较为敏感。主缆的热胀冷缩会改变其线形，包括索鞍切点和各主缆节点的位置等。温度的变化还会引起边跨与主跨主缆水平分力不同程度的改变，破坏其平衡状态，造成主塔的弯曲变形和塔顶位移。

在悬索桥施工过程中，有三个关键施工阶段需关注温度对主缆线形的影响：基准索股架设阶段、空缆状态和成桥验收阶段。

(1)对于常用的 PPWS 主缆架设方法，主缆由多根索股构成，逐根架设。基准索股(一般是第 1 根索股)的架设采用其跨中点的绝对高程进行控制，而一般索股的架设利用其与基准索股的相对高差进行控制。因此，基准索股的跨中高程极为关键，会影响到整个主缆的架设精度。一般情况下，基准温度下基准索股的跨中设计高程是已知的，而架设时索股的实际温度可能与基准温度不同，因此需将基准索股的跨中设计高程换算成实际温度下的高程。

(2)在全部索股架设完成之后，将进行紧缆工序，之后的施工状态一般称为空缆状态。为了便于修正吊杆的下料长度[2]，需测量并计算出空缆的跨中高程误差。通常是测量出空缆的截面平均温度和跨中高程，然后将跨中高程的实测值换算到基准温度下的高程，并与空缆的跨中设计高程进行比较，即可计算出其跨中高程误差。另外，索夹的安装也是在空缆状态下进行的，一般利用吊点与桥塔的水平距离差定位索夹安装位置。索夹在基准温度下的安装位置也需换算到索夹安装时主缆实际温度下的安装位置。

(3)在成桥验收阶段，塔顶偏位和主缆上各吊点(尤其是跨中点)的高程是重点测量并检验的指标，需测量这些指标和主缆截面平均温度，并将其换算到基准温度下，与设计值进行比较，以检验施工质量。

目前，关于悬索桥的温度效应研究多是基于健康监测数据或有限元模型分析温度对在役悬索桥静力、动力特性的影响。Xu 等[1]根据香港青马大桥的健康监测数据统计发现，结构变形与温度呈线性关系。利用该桥的健康监测数据，结合有限元模型，Xia 等[3]研究了钢主梁断面的温度分布特征和时变规律，并讨论了温度变化对主缆、主梁和桥塔变形的影响。de Battista 等[4]利用健康监测系统记录了青马大桥的四种温度(大气、主缆、桥面和桁架)和主梁的伸缩量，并分析了两者变化曲线之间的相关性和延迟关系；随后，Westgate 等[5]借助有限元模型，从太阳辐射的角度对温度-伸缩量关系进行了机理分析。同样基于桥梁健康监测数据，Koo 等[6]统计分析了温度变化对结构变形和自振频率的影响。Roberts 等[7]利用英国 Severn 桥的全球导航卫星系统统计分析了空气温度和构件温度对结构变形的影响。Zhou 等[8]根据英国 Humber 桥钢箱梁的温度实测数据，结合有限元模型，分析了温度的分布特征和一天之内的时变规律。Ding 等[9]基于中国润扬长江大桥的健康监测数据，讨论了主梁自振频率与温度的关系。Xia 等[10]利用中国江阴长江大桥的健康监测数据，讨论了温度对主缆变形、桥塔变形、主梁变形和应力的影响。Treyssède[11]开发了有限元程序研究温度对索(悬索桥的空缆和斜拉桥的斜拉索)的振动频率和振型的影响。Cheynet 等[12]通过数月的连续加速度记录，说明了日温度波动对吕瑟峡湾大桥自振频率和模态阻尼比的影响。其模态分析还证明了模态阻尼比的非线性，以及温度对桥梁模态参数可能产生的不可忽视的影响。Lepidi 等[13]通过一个连续一维模型，分析温度对斜索静力和动力响应的影响，包括几何非线性，并依据非均匀的材料线弹性本构，对垂度和张力随均匀温度变化的情况进行了参数化研究。Treyssède[14]将 Irvine 的分析模型扩展到热弹性，得出热应力对振型和固有频率有重要影响的结论。Treyssède[15]提出了温度应力下水平梁的振动分析模型，证明了该模型在解决小矢跨比索问题中的有效性。由此可见，关于温度对施工期悬索桥主缆线形影响的研究少见报道，且在解析找形中，很少有对不同温度下的主缆线形加以计算和分析。

本章基于分段悬链线理论，从基准温度下的成桥主缆线形出发，以无应力长度守恒、力学平衡条件和几何相容条件为依据，考虑主索鞍圆弧及桥塔刚度的影响，建立不同温度下悬索桥施工中的主缆线形的解析计算方法，可计算出索夹安装位置和主缆高程的温度敏感系数等施工参数。

## 6.2　考虑温度影响的主缆线形

在前面的章节中，针对成桥状态、空缆状态及其余施工状态下的主缆线形计算均已进行了详细阐述，力学平衡条件、几何相容条件以及无应力长度守恒是构建控制方程和计算线形的重要依据，而且在未知参数的选取上存在一定的相似程度，因此本章在考虑温度的同时，对不同状态下的主缆找形进行归纳，很大程度上统一了分段悬链线理论在悬索桥主缆找形上的应用。

左边跨、主跨和右边跨的跨径分别是 $L_L$、$L_m$ 和 $L_R$，如图 6.1 所示，各跨设有吊杆。悬索桥有多个施工状态，本章研究最为关键的空缆状态和成桥状态。接下来不区分空缆状态和成桥状态，而将两者进行统一表达。主缆线形计算存在如下未知参数：

(1)主缆水平分力：主跨 $H_m$、左边跨 $H_L$、右边跨 $H_R$。

(2)悬链线方程参数：主跨第 1 段主缆的悬链线方程参数 $a_{m,1}$、左边跨 $a_{L,1}$、右边跨 $a_{R,1}$。

(3)悬链线水平长度：主跨任一悬链线 $l_{m,i}$ $(i=1,2,\cdots,n+1)$、左边跨 $l_{L,i}$ $(i=1,2,\cdots,e+1)$、右边跨 $l_{R,i}$ $(i=1,2,\cdots,k+1)$。其中，$n$、$e$、$k$ 分别是主跨、左边跨、右边跨的吊杆数。

(4)索鞍预偏量：左桥塔 $\Delta p_1$、右桥塔 $\Delta p_2$。只存在于空缆状态，而在成桥状态两者的值是 0。

在主跨、左边跨和右边跨，分别建立包含上述未知参数的方程组。

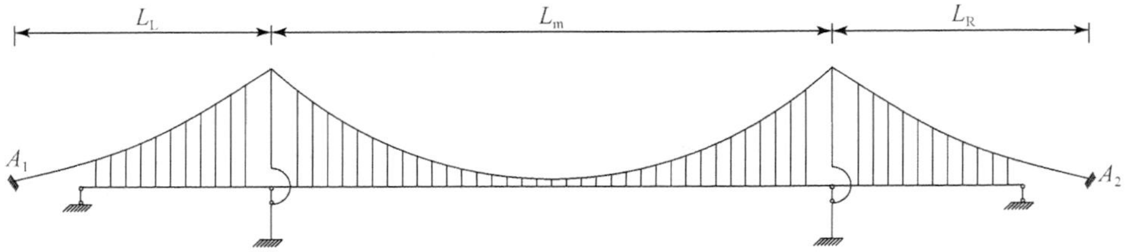


图 6.1 双塔三跨悬索桥示意图

### 6.2.1 主跨线形

由于吊杆力的作用，成桥状态的主跨主缆线形是带折角的多段悬链线，即相邻吊点之间的线形是悬链线，如图 6.2 所示。而空缆状态下，其是左主索鞍和右主索鞍切点间的整段悬链线，可视为无折角的多段悬链线，此时吊杆力 $P_{m,i}=0$。分别以左桥塔主索鞍切点 $E$ 和各吊点 $O_{m,i}$ 为坐标原点建立坐标系，$x$ 轴水平向右，$y$ 轴竖直向下，可根据左主索鞍切点 $E$ 与右主索鞍切点 $F$ 高差和水平距离闭合，以及主缆各索段无应力长度守恒(换算至同一温度)为条件，分别建立如下方程：

$$\sum_{i=1}^{n+1}\Delta h_{m,i}=\sum_{i=1}^{n+1}c_m\left[\cosh\left(\frac{l_{m,i}}{c_m}+a_{m,i}\right)-\cosh a_{m,i}\right]=\Delta h_{EF} \tag{6.1a}$$

$$\sum_{i=1}^{n+1}l_{m,i}=l_{EF} \tag{6.1b}$$

$$S_{D_1E}+S_{m,1}=(S'_{D_1E}+S'_{m,1})(1+\alpha\Delta t) \tag{6.1c}$$

$$S_{m,i}=S'_{m,i}(1+\alpha\Delta t),\quad 2\leqslant i\leqslant n \tag{6.1d}$$

$$S_{m,n+1}+S_{FD_2}=(S'_{m,n+1}+S'_{FD_2})(1+\alpha\Delta t) \tag{6.1e}$$

式中，$\Delta h_{m,i}$ 为主缆第 $i$ 段悬链线两端点的高差；$c_m=-H_m/q$；$\Delta h_{EF}$ 和 $l_{EF}$ 分别为左主索鞍切点 $E$ 与右主索鞍切点 $F$ 的高差和水平距离；$\alpha$ 为主缆材料的线膨胀系数，℃$^{-1}$；$\Delta t$ 为任意温度 $T$ 与基准温度 $T_0$ 的差值，$\Delta t=T-T_0$；$S_{D_1E}$、$S_{m,i}$ 和 $S_{FD_2}$ 分别为任意温度 $T$ 时左主索鞍圆弧段 $D_1E$、第 $i$ 段悬链线和右主索鞍圆弧段 $FD_2$ 的主缆无应力长度，如果添加上标"$'$"，则表示成桥状态下基准温度 $T_0$ 时的量。

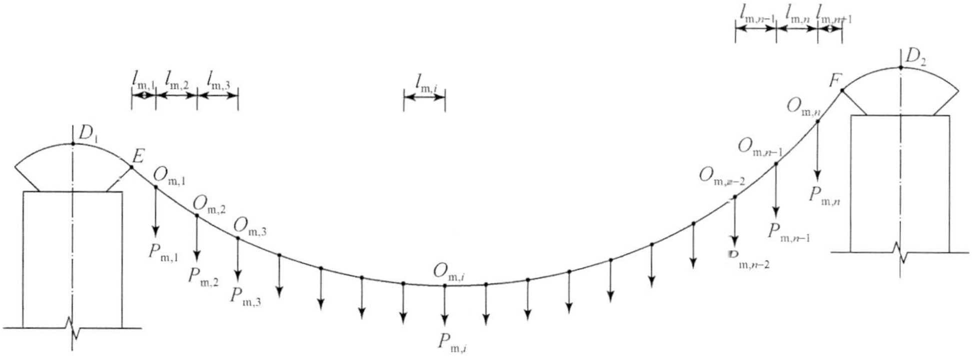


图 6.2　主跨主缆线形图

将方程组中的其他参数表达成含基本参数的函数。

(1)高差闭合条件。

如图 6.3 所示，根据左主索鞍圆心 $C_1$ 在大地坐标系中的高程 $h_{C_1}$，可将切点 $E$ 的高程 $h_E$ 表达为

$$h_E=h_{C_1}+R_1\cos\theta=h_{C_1}+R_1\operatorname{sech}a_{m,1} \tag{6.2}$$

式中，$R_1$ 为左主索鞍圆弧的半径；$\theta$ 为左主索鞍切点 $E$ 与圆心 $C_1$ 的连线 $EC_1$ 与竖直线 $B_1C_1$ 的夹角，且有

$$\tan\theta=\left.\frac{\mathrm{d}y}{\mathrm{d}x}\right|_{x=0}=\sinh a_{m,1} \tag{6.3a}$$

$$\theta=\arctan(\sinh a_{m,1}) \tag{6.3b}$$

$$\cos\theta=\operatorname{sech}a_{m,1} \tag{6.3c}$$

$$\sin\theta=\tanh a_{m,1} \tag{6.3d}$$

同理，在右主索鞍处(图 6.3)，可根据右主索鞍圆心 $C_2$ 的高程 $h_{C_2}$，将切点 $F$ 的高程 $h_F$ 表达为

$$h_F=h_{C_2}+R_2\cos\beta=h_{C_2}+R_2\operatorname{sech}\left(\frac{l_{m,n+1}}{c_m}+a_{m,n+1}\right) \tag{6.4}$$

式中，$R_2$ 为右主索鞍圆弧的半径；$\beta$ 为右主索鞍切点 $F$ 与圆心 $C_2$ 的连线 $FC_2$ 与竖直线 $B_2C_2$ 的夹角，有

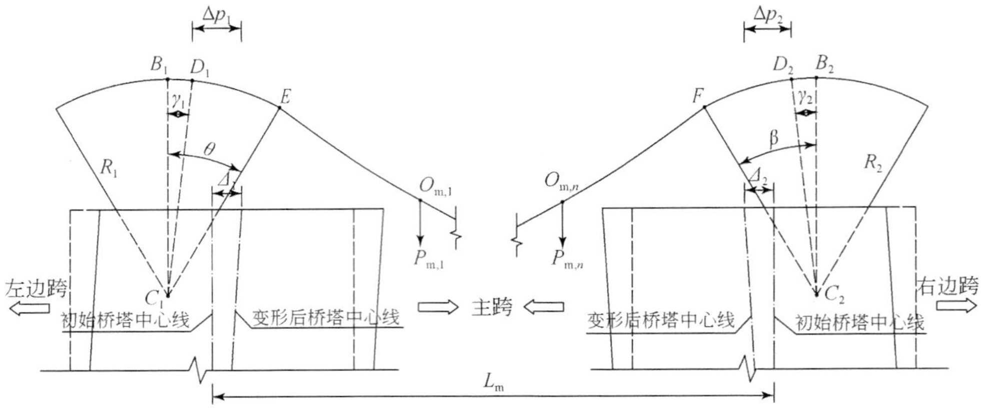


图 6.3　左主索鞍和右主索鞍示意图

$$\tan\beta=\left.\frac{\mathrm{d}y}{\mathrm{d}x}\right|_{x=l_{\mathrm{m},n+1}}=-\sinh\left(\frac{l_{\mathrm{m},n+1}}{c_{\mathrm{m}}}+a_{\mathrm{m},n+1}\right) \tag{6.5a}$$

$$\beta=-\arctan\left[\sinh\left(\frac{l_{\mathrm{m},n+1}}{c_{\mathrm{m}}}+a_{\mathrm{m},n+1}\right)\right] \tag{6.5b}$$

$$\cos\beta=\operatorname{sech}\left(\frac{l_{\mathrm{m},n+1}}{c_{\mathrm{m}}}+a_{\mathrm{m},n+1}\right) \tag{6.5c}$$

$$\sin\beta=-\tanh\left(\frac{l_{\mathrm{m},n+1}}{c_{\mathrm{m}}}+a_{\mathrm{m},n+1}\right) \tag{6.5d}$$

因此，左主索鞍切点 $E$ 与右主索鞍切点 $F$ 的高差 $\Delta h_{EF}$ 可表示为

$$\Delta h_{EF}=h_E-h_F=(h_{C_1}+R_1\operatorname{sech}a_{\mathrm{m},1})-\left[h_{C_2}+R_2\operatorname{sech}\left(\frac{l_{\mathrm{m},n+1}}{c_{\mathrm{m}}}+a_{\mathrm{m},n+1}\right)\right] \tag{6.6}$$

(2)水平距离闭合条件。

考虑施工的要求和温度的影响，主索鞍的位移量包含预偏量和桥塔变形：前者只存在于空缆状态，成桥状态时预偏量为 0；后者只存在于非基准温度，在基准温度 $T_0$ 时为 0，因为以桥塔左右侧主缆的水平分力平衡为设计要素，此时，塔顶不会产生水平位移，而温度作用引起两侧的水平分力不等量变化，力学平衡状态无法维持，塔顶便产生水平位移。

如图 6.3 所示，左主索鞍切点 $E$ 与右主索鞍切点 $F$ 的水平距离 $l_{EF}$ 可表示为

$$l_{EF}=L_{\mathrm{m}}+\Delta p_1+\Delta p_2-\Delta_1-\Delta_2-l_{D_1E}-l_{FD_2} \tag{6.7}$$

式中，$l_{D_1E}$ 为左主索鞍实际顶点 $D_1$ 与切点 $E$ 的水平距离，$l_{D_1E}=R_1\sin(\theta-\gamma_1)$；$l_{FD_2}$ 为右主索鞍切点 $F$ 与实际顶点 $D_2$ 的水平距离，$l_{FD_2}=R_2\sin(\beta-\gamma_2)$；左桥塔和右桥塔的塔顶偏移量 $\Delta_1$ 和 $\Delta_2$ 可分别表达为

$$\Delta_1=\xi_1(H_{\mathrm{m}}-H_{\mathrm{L}}) \tag{6.8a}$$

$$\Delta_2=\xi_2(H_m-H_R) \tag{6.8b}$$

式中，$\xi_1$ 和 $\xi_2$ 分别为左桥塔和右桥塔的柔度系数，m/kN。

(3)无应力长度守恒条件。

左主索鞍圆弧段 $D_1E$ 的主缆无应力长度 $S_{D_1E}$ 可表达为

$$S_{D_1E}=\frac{R_1[\arctan(\sinh a_{m,1})-\gamma_1]}{1+\dfrac{H_m\cosh a_{m,1}}{EA}} \tag{6.9}$$

式中，$E$ 为主缆的弹性模量；$A$ 为主缆的横截面面积。

右主索鞍圆弧段 $FD_2$ 的主缆无应力长度 $S_{FD_2}$ 可表达为

$$S_{FD_2}=\frac{R_2\{-\arctan[\sinh(l_{m,n+1}/c_m+a_{m,n+1})]-\gamma_2\}}{1+\dfrac{H_m\cosh(l_{m,n+1}/c_m+a_{m,n+1})}{EA}} \tag{6.10}$$

根据式(3.16)，此时主缆第 $i$ 段悬链线的无应力长度 $S_{m,i}$ 可表达为

$$\begin{aligned}S_{m,i}=&c_m\left[\sinh\left(\frac{l_{m,i}}{c_m}+a_{m,i}\right)-\sinh a_{m,i}\right]-\frac{H_m}{2EA}\\&\times\left(l_{m,i}+\frac{c_m}{2}\left\{\sinh\left[2\left(\frac{l_{m,i}}{c_m}+a_{m,i}\right)\right]-\sinh(2a_{m,i})\right\}\right)\end{aligned} \tag{6.11}$$

上述参数中，根据式(2.19)，$a_{m,i}$ 和 $a_{m,i+1}$ 的递推关系[2]为

$$a_{m,i+1}=\operatorname{arcsinh}\left[\sinh\left(\frac{l_{m,i}}{c_m}+a_{m,i}\right)-\frac{P_{m,i}}{H_m}\right] \tag{6.12}$$

### 6.2.2 左边跨线形

以主索鞍切点 $G$(图 6.4)和各吊点 $O_{L,i}$ 为坐标原点建立坐标系，$x$ 轴水平向左，$y$ 轴竖直向下，以锚点 $A_1$ 与主索鞍切点 $G$ 间的高差和水平距离闭合，以及主缆无应力长度守恒(换算至同一温度)为条件，分别建立如下方程：

$$\sum_{i=1}^{e+1}c_L\left[\cosh\left(\frac{l_{L,i}}{c_L}+a_{L,i}\right)-\cosh a_{L,i}\right]=h_{C_1}+R_1\cos\omega-h_{A_1} \tag{6.13a}$$

$$\sum_{i=1}^{e+1}l_{L,i}+R_1(\sin\gamma_1+\sin\omega)=L_L-\Delta p_1+\Delta_1 \tag{6.13b}$$

$$S_{L,1}+S_{GD_1}=(S'_{L,1}+S'_{GD_1})(1+\alpha\Delta t) \tag{6.13c}$$

$$S_{L,i}=S'_{L,i}(1+\alpha\Delta t),\quad 2\leqslant i\leqslant e+1 \tag{6.13d}$$

式中，$c_L=-H_L/q$；$\omega$ 为左主索鞍切点 $G$ 与圆心 $C_1$ 的连线 $GC_1$ 与竖直线 $B_1C_1$ 的夹角，$\omega=\arctan(\sinh a_{L,1})$；$h_{A_1}$ 为锚点 $A_1$ 在大地坐标系中的高程；$S_{L,i}$ 和 $S_{GD_1}$ 分别为任意温度 $T$ 时第 $i$ 段悬链线和左主索鞍圆弧段 $GD_1$ 的主缆无应力长度，二者可分别表达为

$$S_{L,i}=c_L\left[\sinh\left(\frac{l_{L,i}}{c_L}+a_{L,i}\right)-\sinh a_{L,i}\right]-\frac{H_L}{2EA}\left(l_{L,i}+\frac{c_L}{2}\left\{\sinh\left[2\left(\frac{l_{L,i}}{c_L}+a_{L,i}\right)\right]-\sinh(2a_{L,i})\right\}\right) \tag{6.14a}$$

$$S_{GD_1}=\frac{R_1[\arctan(\sinh a_{L,1})+\gamma_1]}{1+\dfrac{H_L\cosh a_{L,1}}{EA}} \tag{6.14b}$$

上述参数中，根据式(2.19)，$a_{L,i}$和$a_{L,i+1}$的递推关系[2]为

$$a_{L,i+1}=\text{arcsinh}\left[\sinh\left(\frac{l_{L,i}}{c_L}+a_{L,i}\right)-\frac{P_{L,i}}{H_L}\right] \tag{6.15}$$

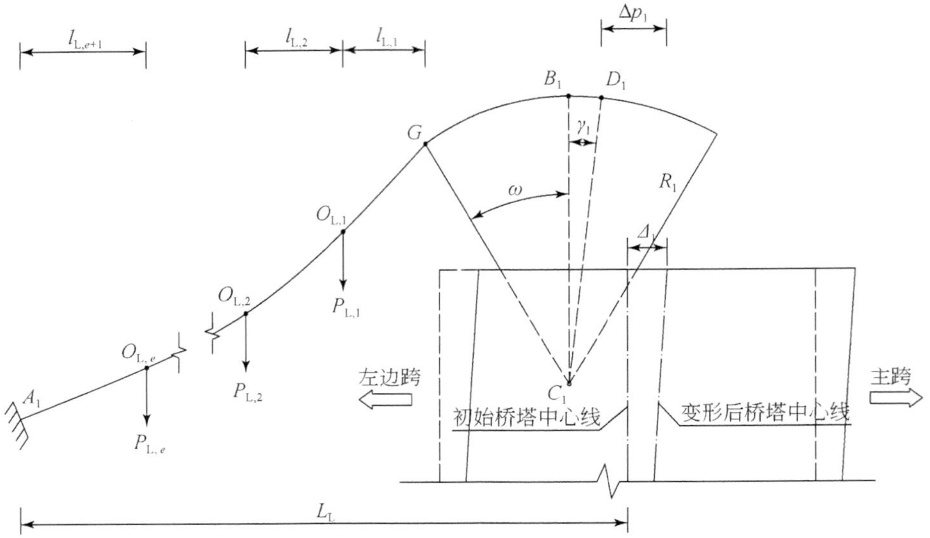


图 6.4　左边跨示意图

### 6.2.3　右边跨线形

以主索鞍切点 $Q$ 和各吊点 $O_{R,i}$ 为坐标原点建立坐标系(图 6.5)，$x$ 轴水平向右，$y$ 轴竖直向下，以主索鞍切点 $Q$ 与锚点 $A_2$ 之间的高差和水平距离闭合，以及主缆无应力长度守恒(换算至同一温度)为条件，可分别建立如下方程：

$$\sum_{i=1}^{k+1}c_R\left[\cosh\left(\frac{l_{R,i}}{c_R}+a_{R,i}\right)-\cosh a_{R,i}\right]=h_{C_2}+R_2\cos\varphi-h_{A_2} \tag{6.16a}$$

$$\sum_{i=1}^{k+1}l_{R,i}+R_2(\sin\gamma_2+\sin\varphi)=L_R-\Delta p_2+\Delta_2 \tag{6.16b}$$

$$S_{R,1}+S_{D_2Q}=(S'_{R,1}+S'_{D_2Q})(1+\alpha\Delta t) \tag{6.16c}$$

$$S_{R,i}=S'_{R,i}(1+\alpha\Delta t),\quad 2\leqslant i\leqslant k+1 \tag{6.16d}$$

式中，$c_R=-H_R/q$；$\varphi$ 为右主索鞍切点 $Q$ 与圆心 $C_2$ 的连线 $QC_2$ 与竖直线 $B_2C_2$ 的夹角，$\varphi=\arctan(\sinh a_{R,1})$；$h_{A_2}$ 为锚点 $A_2$ 在大地坐标系中的高程；$S_{R,i}$ 和 $S_{D_2Q}$ 分别是任意温度 $T$ 时第 $i$ 段悬链线和右主索鞍圆弧段 $D_2Q$ 的主缆无应力长度，二者可分别表达为

$$S_{\mathrm{R},i}=c_{\mathrm{R}}\left[\sinh\left(\frac{l_{\mathrm{R},i}}{c_{\mathrm{R}}}+a_{\mathrm{R},i}\right)-\sinh a_{\mathrm{R},i}\right]-\frac{H_{\mathrm{R}}}{2EA}\left(l_{\mathrm{R},i}+\frac{c_{\mathrm{R}}}{2}\left\{\sinh\left[2\left(\frac{l_{\mathrm{R},i}}{c_{\mathrm{R}}}+a_{\mathrm{R},i}\right)\right]-\sinh(2a_{\mathrm{R},i})\right\}\right) \tag{6.17a}$$

$$S_{D_2Q}=\frac{R_2[\arctan(\sinh a_{\mathrm{R},1})+\gamma_2]}{1+\dfrac{H_{\mathrm{R}}\cosh a_{\mathrm{R},1}}{EA}} \tag{6.17b}$$

上述参数中，根据式(2.19)，$a_{\mathrm{R},i}$和$a_{\mathrm{R},i+1}$的递推关系[2]为

$$a_{\mathrm{R},i+1}=\operatorname{arcsinh}\left[\sinh\left(\frac{l_{\mathrm{R},i}}{c_{\mathrm{R}}}+a_{\mathrm{R},i}\right)-\frac{P_{\mathrm{R},i}}{H_{\mathrm{R}}}\right] \tag{6.18}$$

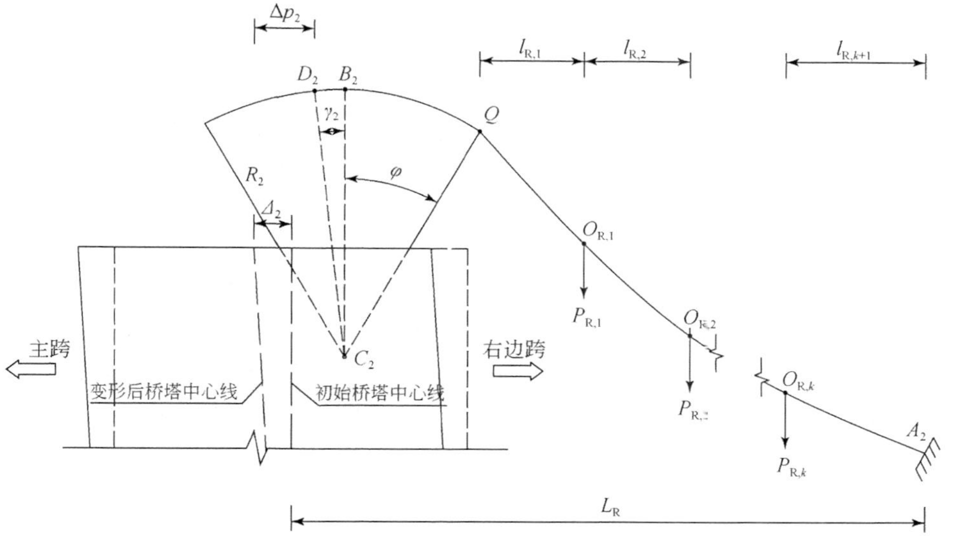


图 6.5 右边跨示意图

## 6.3 主缆线形计算

### 6.3.1 基准温度下成桥线形

基准温度下的成桥线形是空缆线形和任意温度下成桥线形计算的基础。在成桥状态，索鞍没有预偏量，因此 $\Delta p_1=\Delta p_2=0$。在基准温度下，主塔两侧的主缆水平分力相等，即 $H_{\mathrm{m}}=H_{\mathrm{L}}=H_{\mathrm{R}}$，因此桥塔塔顶偏移量 $\Delta_1=\Delta_2=0$。

(1)主跨。

根据左切点 $E$ 与主缆跨中点 $M$ 高差闭合和最右侧一段悬链线的水平投影长度符合要求这两个条件增补 2 个控制方程，即

$$\sum_{i=1}^{n'} \Delta h_{\mathrm{m},i} = \Delta h_{EM} \tag{6.19a}$$

$$l_{\mathrm{m},n+1} = l_{O_{\mathrm{m},n}D_2} - l_{FD_2} \tag{6.19b}$$

式中，$n'$为左主索鞍切点 $E$ 与跨中点 $M$ 之间的主缆段数；$\Delta h_{EM}$为基准温度下左主索鞍切点 $E$ 与跨中点 $M$ 的高差；$l_{O_{\mathrm{m},n}D_2}$为基准温度下最右侧吊点 $O_{\mathrm{m},n}$到右侧桥塔中心线的设计距离；$l_{FD_2}$为基准温度下右主索鞍切点 $F$ 到右侧桥塔中心线的水平距离。

根据跨中点 $M$ 的高程 $h_M$，可将左主索鞍切点 $E$ 与跨中点 $M$ 的高差 $\Delta h_{EM}$表达为

$$\Delta h_{EM} = h_{C_1} + R_1 \operatorname{sech} a_{\mathrm{m},1} - h_M \tag{6.20}$$

基准温度下，右主索鞍切点 $F$ 到右侧桥塔中心线的水平距离 $l_{FD_2}$可表达为

$$l_{FD_2} = R_2(\sin\beta - \sin\gamma_2) = R_2\left[-\tanh\left(\frac{l_{\mathrm{m},n+1}}{c_{\mathrm{m}}} + a_{\mathrm{m},n+1}\right) - \sin\gamma_2\right] \tag{6.21}$$

联立式(6.1a)和式(6.19)，以 $H_{\mathrm{m}}$、$a_{\mathrm{m},1}$和 $l_{\mathrm{m},n+1}$为未知量，利用非线性 GRG 法构造目标函数，从而实现快速求解，并可以计算出基准温度下主跨各段主缆的无应力长度，为其他温度下的主缆找形奠定基础。

(2)左边跨。

基准温度下，边跨线形的计算一般在主跨线形之后。主跨求出的主缆水平分力可以作为边跨的已知条件。在已知 $l_{\mathrm{L},i}(2\leqslant i\leqslant e+1)$的前提下，联立式(6.13a)、式(6.13b)，以 $a_{\mathrm{L},1}$和 $l_{\mathrm{L},1}$为未知量，利用非线性 GRG 法构造目标函数，从而实现快速求解，进而可以获得基准温度下左边跨悬链线和圆弧段主缆的无应力长度。

(3)右边跨。

右边跨计算与左边跨类似。联立式(6.16a)、式(6.16b)，以 $a_{\mathrm{R},1}$和 $l_{\mathrm{R},1}$为未知量，利用非线性 GRG 法快速求解，进而可以获得基准温度下右边跨悬链线和圆弧段主缆的无应力长度。

### 6.3.2　任意温度下成桥线形

根据上述基准温度下的成桥主缆找形计算，以各跨无应力长度守恒为基础，进行任意温度 $T$ 下的成桥主缆找形计算。需要注意的是，温度改变造成各跨主缆水平分力不再相等，引起塔顶偏位，因此需要三跨联立求解。

联立式(6.1)、式(6.13)和式(6.19)，以 $H_{\mathrm{L}}$、$H_{\mathrm{m}}$、$H_{\mathrm{R}}$、$a_{\mathrm{L},1}$、$a_{\mathrm{m},1}$、$a_{\mathrm{R},1}$、$l_{\mathrm{L},i}$、$l_{\mathrm{m},i}$和 $l_{\mathrm{R},i}$为未知量，共 $e+n+k+9$ 个，利用非线性 GRG 法快速求解，可得到任意温度 $T$ 下的成桥线形，包括桥塔塔顶偏移量、主缆上任一点的坐标和高程。与基准温度下的高程相比较，可以获得各跨主缆跨中高程温度敏感系数。温度敏感系数是指主缆上单位温度变化引起某点的高程变化量。

主跨主缆跨中点 $M$ 的高程温度敏感系数 $\varepsilon_{\mathrm{m}}$ 为

$$\varepsilon_{\mathrm{m}}=\frac{h_M-h'_M}{\Delta t} \tag{6.22}$$

式中，$h_M$ 和 $h'_M$ 分别为任意温度和基准温度下跨中点 $M$ 的高程，有

$$h_M=h_E-\sum_{i=1}^{n'}\Delta h_{\mathrm{m},i} \tag{6.23}$$

左边跨主缆跨中点 $J$ 的高程温度敏感系数为

$$\varepsilon_{\mathrm{L}}=\frac{h_J-h'_J}{\Delta t} \tag{6.24}$$

式中，$h_J$ 和 $h'_J$ 分别为任意温度和基准温度下跨中点 $J$ 的高程，有

$$h_J=h_{C_1}+R_1\operatorname{sech}a_{\mathrm{L},1}-\sum_{i=1}^{e'}c_{\mathrm{L}}\left[\cosh\left(\frac{l_{\mathrm{L},i}}{c_{\mathrm{L}}}+a_{\mathrm{L},i}\right)-\cosh a_{\mathrm{L},i}\right] \tag{6.25}$$

式中，$e'$为左主索鞍切点到左边跨跨中点 $J$ 的吊杆数。

右边跨主缆跨中点 $K$ 的高程温度敏感系数为

$$\varepsilon_{\mathrm{R}}=\frac{h_K-h'_K}{\Delta t} \tag{6.26}$$

式中，$h_K$ 和 $h'_K$ 分别为任意温度和基准温度下跨中点 $K$ 的高程，有

$$h_K=h_{C_2}+R_2\operatorname{sech}a_{\mathrm{R},1}-\sum_{i=1}^{k'}c_{\mathrm{R}}\left[\cosh\left(\frac{l_{\mathrm{R},i}}{c_{\mathrm{R}}}+a_{\mathrm{R},i}\right)-\cosh a_{\mathrm{R},i}\right] \tag{6.27}$$

式中，$k'$为右主索鞍切点到右边跨跨中点 $K$ 的吊杆数。

需要说明的是，这些温度敏感系数公式既适用于成桥状态，也适用于空缆状态。

### 6.3.3　基准温度下空缆线形

在基准温度的空缆状态下，主塔两侧的主缆水平分力是平衡的，所以有 $H_{\mathrm{m}}=H_{\mathrm{L}}=H_{\mathrm{R}}$，$\Delta_1=\Delta_2=0$。在空缆状态，主跨主缆的吊杆力均为 0。为保证施工过程中桥塔的安全，在空缆状态，主索鞍需设预偏量，即 $\Delta p_1\neq0$，$\Delta p_2\neq0$，因此三跨需联立求解。

联立式(6.1)、式(6.13)和式(6.19)，以 $\Delta p_1$、$\Delta p_2$、$H_{\mathrm{m}}$、$a_{\mathrm{L},1}$、$a_{\mathrm{m},1}$、$a_{\mathrm{R},1}$、$l_{\mathrm{L},i}$、$l_{\mathrm{m},i}$ 和 $l_{\mathrm{R},i}$为未知量，共 $e+n+k+9$ 个，利用非线性 GRG 法快速求解，可得到基准温度下的空缆线形。求出的主索鞍预偏量为计算任意温度下的空缆线形奠定了基础。

### 6.3.4　任意温度下空缆线形

在已知主索鞍预偏量 $\Delta p_1$ 和 $\Delta p_2$ 后，可计算任意温度下的空缆线形。需要注意的是，温度改变造成各跨主缆水平分力不再相等，引起塔顶偏位，因此需要三跨联立求解。

联立式(6.1)、式(6.13)和式(6.19)，以 $H_{\mathrm{L}}$、$H_{\mathrm{m}}$、$H_{\mathrm{R}}$、$a_{\mathrm{L},1}$、$a_{\mathrm{m},1}$、$a_{\mathrm{R},1}$、$l_{\mathrm{L},i}$、$l_{\mathrm{m},i}$和

$l_{R,i}$为未知量，共 $e+n+k+9$ 个，利用非线性 GRG 法快速求解，进而可求得任意温度下的空缆线形、跨中高程温度敏感系数和索夹安装位置。

索夹安装位置的确定一般以索鞍实际顶点为水平向的参考点。为了方便，分别以左主索鞍实际顶点和右主索鞍实际顶点为参考点进行左半跨、右半跨的索夹定位。

第 $i$ 个吊点(左半跨)距左主索鞍实际顶点 $D_1$ 的水平距离 $X_{m,i}$为

$$X_{m,i}=R_1(\sin\theta-\sin\gamma_1)+\sum_{j=1}^{i}l_{m,j},\quad 1\leqslant i\leqslant n' \tag{6.28}$$

第 $i$ 个吊点(右半跨)距右主索鞍实际顶点 $D_2$ 的水平距离 $X_{m,i}$为

$$X_{m,i}=R_2(\sin\beta-\sin\gamma_2)+\sum_{j=i+1}^{n+1}l_{m,j},\quad n'<i\leqslant n \tag{6.29}$$

左边跨的第 $i$ 个吊点距左主索鞍实际顶点 $D_1$ 的水平距离 $X_{L,i}$为

$$X_{L,i}=R_1(\sin\omega+\sin\gamma_1)+\sum_{j=1}^{i}l_{L,j},\quad 1\leqslant i\leqslant e \tag{6.30}$$

右边跨的第 $i$ 个吊点距右主索鞍实际顶点 $D_2$ 的水平距离 $X_{R,i}$为

$$X_{R,i}=R_2(\sin\varphi+\sin\gamma_2)+\sum_{j=1}^{i}l_{R,j},\quad 1\leqslant i\leqslant k \tag{6.31}$$

将第 $i$ 个吊点在任意温度下的索夹安装位置与基准温度下的值相比较，可以计算其温度敏感系数，即

$$\eta=\frac{X_i-X'_i}{\Delta t} \tag{6.32}$$

式中，$X'_i$ 为第 $i$ 个吊点在基准温度下的安装位置。

主跨第 $i$ 个吊点在大地坐标系中的高程 $h_{m,i}$可表达为

$$h_{m,i}=h_E-\sum_{j=1}^{i}\Delta h_{m,j} \tag{6.33}$$

左边跨第 $i$ 个吊点在大地坐标系中的高程 $h_{L,i}$可表达为

$$h_{L,i}=h_{C_1}+R_1\operatorname{sech}a_{L,1}-\sum_{j=1}^{i}\Delta h_{L,j} \tag{6.34}$$

右边跨第 $i$ 个吊点在大地坐标系中的高程 $h_{R,i}$可表达为

$$h_{R,i}=h_{C_2}+R_2\operatorname{sech}a_{R,1}-\sum_{j=1}^{i}\Delta h_{R,j} \tag{6.35}$$

基准索股线形的计算方法与空缆类似，只需将索鞍半径 $R$、主缆横截面面积 $A$ 和每延米自重 $q$ 改成基准索股的值即可。

## 6.4　算　　例

根据设计基准温度下的基本参数(表 6.1)和成桥吊杆力(表 3.5)，依次对金东

大桥的成桥状态、空缆状态和基准索股在不同温度下的线形进行计算。

**表 6.1　设计基准温度下的基本参数**

| 基本参数 | | | 符号 | 单位 | 数值 |
|---|---|---|---|---|---|
| 设计基准温度 | | | $T_0$ | ℃ | 20 |
| 跨径 | 左边跨 | | $L_L$ | m | 240 |
| | 主跨 | | $L_m$ | m | 730 |
| | 右边跨 | | $L_R$ | m | 120 |
| 主缆 | 每延米自重 | 成桥状态 | $q$ | kN/m | 14.268 |
| | | 空缆状态 | | | 13.805 |
| | | 基准索股 | | | 0.152 |
| | 弹性模量 | | $E$ | GPa | 197.03 |
| | 线膨胀系数 | | $\alpha$ | ℃$^{-1}$ | $1.192\times10^{-5}$ |
| | 横截面面积 | 成桥状态 | $A$ | m$^2$ | 0.1759 |
| | | 空缆状态 | | | 0.1759 |
| | | 基准索股 | | | 0.0019 |
| | 主跨跨中点 $M$ 的设计高程 | | $h_M$ | m | 856 |
| | 主跨左主索鞍切点 $E$ 到跨中点 $M$ 间的主缆分段数 | | $n'$ | — | 36 |
| | 主跨最右侧吊点 $O_{m,n}$到右塔中心线的设计间距 | | $l_{O_{m,n}D_2}$ | m | 15 |
| | 设计高程 | 左锚点 $A_1$ | $h_{A_1}$ | m | 860 |
| | | 右锚点 $A_2$ | $h_{A_2}$ | m | 880 |
| 吊杆 | 总数 | | $n$ | — | 71 |
| | 设计间距 | | $l_{m,2}\sim l_{m,71}$ | m | 10 |
| 左主索鞍 | 圆心点 $C_1$ 的设计高程 | | $h_{C_1}$ | m | 923.21 |
| | 圆弧半径 | 成桥状态 | $R_1$ | m | 5.5 |
| | | 空缆状态 | | | 5.5 |
| | | 基准索股 | | | 5.2446 |
| | 实际顶点 $D_1$ 的偏角 | | $\gamma_1$ | (°) | 2.365 |
| 右主索鞍 | 圆心点 $C_2$ 的设计高程 | | $h_{C_2}$ | m | 923.09 |
| | 圆弧半径 | 成桥状态 | $R_2$ | m | 5.5 |
| | | 空缆状态 | | | 5.5 |
| | | 基准索股 | | | 5.2446 |
| | 实际顶点 $D_2$ 的偏角 | | $\gamma_2$ | (°) | −0.635* |

续表

| 基本参数 | | | 符号 | 单位 | 数值 |
|---|---|---|---|---|---|
| 桥塔 | 柔度系数 | 左塔 | $\xi_1$ | m/kN | $1.4864\times10^{-5}$ |
| | | 右塔 | $\xi_2$ | m/kN | $1.4269\times10^{-5}$ |

* 负号表示点 $C_2$ 在点 $D_2$ 的江侧(左侧)，而不是岸侧。

### 6.4.1 成桥状态

首先计算成桥状态在基准温度(20℃)下的主缆线形，其主缆无应力长度和高程的计算值与设计值吻合良好(表 6.2)，然后在此基础上计算 0℃、10℃、30℃、40℃的主缆线形。根据主跨、左边跨、右边跨和桥塔变形的计算结果(表 6.3)，从其塔顶偏位的正负号可以看出，升温时桥塔向主跨倾斜，降温时桥塔向边跨倾斜，而且塔顶偏移量与温度变化呈线性关系。

**表 6.2 基准温度下成桥线形的主缆无应力长度和高程**

| 数据源 | 主跨主缆无应力总长度/m | 成桥状态下的主缆高程/m | | | |
|---|---|---|---|---|---|
| | | 左边跨跨中点 | 主跨 18 号吊点 | 主跨 54 号吊点 | 右边跨跨中点 |
| 计算值 | 746.779 | 893.382 | 873.710 | 873.706 | 904.219 |
| 设计值 | 746.787 | 893.384 | 873.707 | 873.705 | 904.222 |

**表 6.3 不同温度下成桥状态下的主缆线形计算结果**

| 参数 | | 符号 | 单位 | 数值 | | | | |
|---|---|---|---|---|---|---|---|---|
| | | | | 0℃ | 10℃ | 20℃ | 30℃ | 40℃ |
| 主跨 | 主缆水平分力 | $H_m$ | kN | 94897.08 | 94566.90 | 94239.76 | 93915.40 | 93594.00 |
| | 悬链线主缆的水平投影总长度 | $l_{EF}$ | m | 726.241 | 726.187 | 726.134 | 726.080 | 726.026 |
| | 悬链线方程参数 | $a_{m,1}$ | — | 0.38194 | 0.38322 | 0.38449 | 0.38576 | 0.38703 |
| | | $c_m$ | m | −6651.043 | −6627.902 | −6604.973 | −6582.240 | −6559.714 |
| | 主缆无应力长度 | $S_{D_1E}$ | m | 1.819 | 1.826 | 1.832 | 1.839 | 1.845 |
| | | $S_{EF}$ | m | 742.676 | 742.752 | 742.828 | 742.904 | 742.980 |
| | | $S_{FD_2}$ | m | 2.106 | 2.112 | 2.119 | 2.125 | 2.132 |
| | 切点 $E$ 对应的切角 | $\theta$ | (°) | 21.370 | 21.438 | 21.506 | 21.574 | 21.641 |
| | 切点 $F$ 对应的切角 | $\beta$ | (°) | 21.367 | 21.435 | 21.503 | 21.571 | 21.638 |
| | 切点 $E$ 的高程 | $h_E$ | m | 928.332 | 928.329 | 928.327 | 928.325 | 928.322 |
| | 切点 $F$ 的高程 | $h_F$ | m | 928.212 | 928.210 | 928.207 | 928.205 | 928.202 |

续表

| 参数 | | 符号 | 单位 | 数值 | | | | |
|---|---|---|---|---|---|---|---|---|
| | | | | 0℃ | 10℃ | 20℃ | 30℃ | 40℃ |
| 左边跨 | 主缆水平分力 | $H_L$ | kN | 95258.20 | 94747.53 | 94239.76 | 93734.65 | 93232.37 |
| | 悬链线主缆的水平投影长度 | $l_L$ | m | 238.109 | 238.136 | 238.162 | 238.189 | 238.215 |
| | 悬链线方程参数 | $a_{L,1}$ | — | 0.30155 | 0.30162 | 0.30168 | 0.30175 | 0.30182 |
| | | $c_L$ | m | −6676.353 | −6640.561 | −6604.973 | −6569.572 | −6534.369 |
| | 主缆无应力长度 | $S_L$ | m | 247.062 | 247.091 | 247.120 | 247.149 | 247.179 |
| | | $S_{GD_1}$ | m | 1.856 | 1.856 | 1.856 | 1.857 | 1.857 |
| | 切点 $G$ 对应的切角 | $\omega$ | (°) | 17.021 | 17.025 | 17.029 | 17.032 | 17.036 |
| | 切点 $G$ 的高程 | $h_G$ | m | 928.469 | 928.469 | 928.469 | 928.469 | 928.469 |
| 右边跨 | 主缆水平分力 | $H_R$ | kN | 95104.02 | 94670.41 | 94239.76 | 93811.80 | 93386.72 |
| | 悬链线主缆的水平投影长度 | $l_R$ | m | 117.910 | 117.925 | 117.940 | 117.954 | 117.969 |
| | 悬链线方程参数 | $a_{R,1}$ | — | 0.40674 | 0.40674 | 0.40673 | 0.40672 | 0.40672 |
| | | $c_R$ | m | −6665.547 | −6635.156 | −6604.973 | −6574.979 | −6545.186 |
| | 主缆无应力长度 | $S_R$ | m | 126.992 | 127.007 | 127.023 | 127.038 | 127.053 |
| | | $S_{D_2Q}$ | m | 2.111 | 2.111 | 2.111 | 2.111 | 2.111 |
| | 切点 $Q$ 对应的切角 | $\varphi$ | (°) | 22.687 | 22.687 | 22.687 | 22.686 | 22.686 |
| | 切点 $Q$ 的高程 | $h_Q$ | m | 928.164 | 928.164 | 928.164 | 928.164 | 928.164 |
| 桥塔 | 左桥塔塔顶偏移量 | $\Delta_1$ | m | −0.054 | −0.027 | 0 | 0.027 | 0.054 |
| | 右桥塔塔顶偏移量 | $\Delta_2$ | m | −0.030 | −0.015 | 0 | 0.015 | 0.030 |

根据主跨、左边跨和右边跨的温度敏感系数计算值(表 6.4)发现:①温度敏感系数为负值,说明如果温度升高,主缆跨中点下降;如果温度降低,主缆跨中点升高,这符合常理,在一定程度上验证了本章方法的正确性;②不同温度下的温度敏感系数数值很接近,说明主缆跨中高程随温度线性变化,这与文献[1]的结论一致;③主跨的温度敏感系数绝对值远大于两个边跨,左边跨略大于右边跨,说明温度敏感系数与跨径呈负相关关系。

表 6.4 成桥状态下跨中点的高程和温度敏感系数

| 参数 | | 符号 | 单位 | 数值 | | | | |
|---|---|---|---|---|---|---|---|---|
| | | | | 0℃ | 10℃ | 20℃ | 30℃ | 40℃ |
| 主跨 | 跨中点 $M$ 的高程 | $h_M$ | m | 856.483 | 856.241 | 856.000 | 855.759 | 855.519 |
| | 温度敏感系数 | $\varepsilon_m$ | mm/℃ | −24.145 | −24.113 | — | −24.064 | −24.032 |
| 左边跨 | 跨中点 $J$ 的高程 | $h_J$ | m | 893.394 | 893.388 | 893.382 | 893.375 | 893.369 |
| | 温度敏感系数 | $\varepsilon_L$ | mm/℃ | −0.624 | −0.626 | — | −0.629 | −0.631 |
| 右边跨 | 跨中点 $K$ 的高程 | $h_K$ | m | 904.221 | 904.220 | 904.219 | 904.217 | 904.216 |
| | 温度敏感系数 | $\varepsilon_R$ | mm/℃ | −0.141 | −0.141 | — | −0.142 | −0.142 |

根据成桥状态下主缆各吊点的高程变化(图 6.6)发现,主跨的跨中高程变化量最大,且向桥塔方向递减,且左右两个半跨呈对称性。

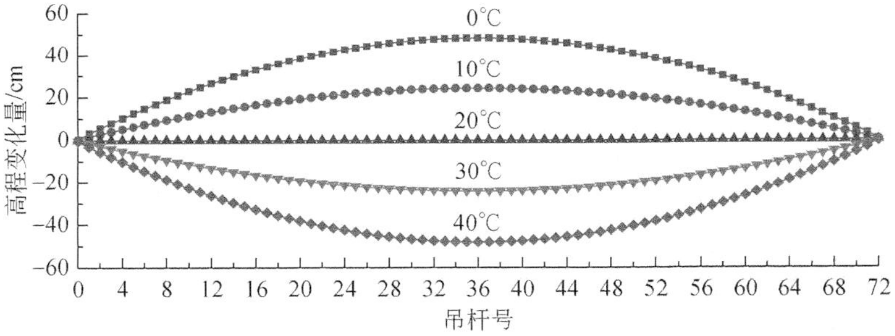


图 6.6 成桥状态下各吊点的高程变化量

### 6.4.2 空缆状态

根据上述成桥状态基准温度下的主缆线形计算结果,首先计算基准温度下的空缆线形,并得到左桥塔和右桥塔索鞍的预偏量 $\Delta p_1$、$\Delta p_2$ 分别为 1.141m 和 0.412m,然后在此基础上计算 0℃、10℃、30℃、40℃的空缆线形。根据主跨、左边跨、右边跨和桥塔变形的计算结果(表 6.5),从其塔顶偏位的正负号可以看出,升温时桥塔向主跨倾斜,降温时桥塔向边跨倾斜,而且塔顶偏移量与温度变化呈线性关系。

**表 6.5　不同温度下空缆状态下的主缆线形计算结果**

| 参数 | | 符号 | 单位 | 数值 | | | | |
|---|---|---|---|---|---|---|---|---|
| | | | | 0℃ | 10℃ | 20℃ | 30℃ | 40℃ |
| 主跨 | 主缆水平分力 | $H_m$ | kN | 14232.58 | 14176.38 | 14120.95 | 14066.29 | 14012.38 |
| | 悬链线主缆的水平投影总长度 | $l_{EF}$ | m | 728.052 | 728.007 | 727.962 | 727.918 | 727.874 |
| | 悬链线方程参数 | $a_{m,1}$ | — | 0.35325 | 0.35463 | 0.35600 | 0.35736 | 0.35871 |
| | | $c_m$ | m | −1030.973 | −1026.902 | −1022.887 | −1018.927 | −1015.022 |
| | 主缆无应力长度 | $S_{D_1E}$ | m | 1.676 | 1.683 | 1.690 | 1.697 | 1.704 |
| | | $S_{EF}$ | m | 742.963 | 743.038 | 743.113 | 743.188 | 743.263 |
| | | $S_{FD_2}$ | m | 1.962 | 1.969 | 1.976 | 1.983 | 1.990 |
| | 切点 $E$ 对应的切角 | $\theta$ | (°) | 19.832 | 19.906 | 19.979 | 20.053 | 20.126 |
| | 切点 $F$ 对应的切角 | $\beta$ | (°) | 19.814 | 19.888 | 19.962 | 20.035 | 20.108 |
| | 切点 $E$ 的高程 | $h_E$ | m | 928.384 | 928.381 | 928.379 | 928.377 | 928.374 |
| | 切点 $F$ 的高程 | $h_F$ | m | 928.264 | 928.262 | 928.260 | 928.257 | 928.255 |
| 左边跨 | 主缆水平分力 | $H_L$ | kN | 14463.01 | 14290.75 | 14120.95 | 13953.61 | 13788.73 |
| | 悬链线主缆的水平投影长度 | $l_L$ | m | 236.522 | 236.533 | 236.543 | 236.554 | 236.564 |
| | 悬链线方程参数 | $a_{L,1}$ | — | 0.39720 | 0.39853 | 0.39987 | 0.40123 | 0.40259 |
| | | $c_L$ | m | −1047.664 | −1035.186 | −1022.887 | −1010.765 | −998.822 |
| | 主缆无应力长度 | $S_L$ | m | 246.562 | 246.585 | 246.608 | 246.630 | 246.653 |
| | | $S_{GD_1}$ | m | 2.355 | 2.362 | 2.369 | 2.376 | 2.383 |
| | 切点 $G$ 对应的切角 | $\omega$ | (°) | 22.182 | 22.253 | 22.324 | 22.396 | 22.468 |
| | 切点 $G$ 的高程 | $h_G$ | m | 928.303 | 928.300 | 928.298 | 928.295 | 928.293 |
| 右边跨 | 主缆水平分力 | $H_R$ | kN | 14436.39 | 14278.17 | 14120.95 | 13964.75 | 13809.55 |
| | 悬链线主缆的水平投影长度 | $l_R$ | m | 117.276 | 117.288 | 117.300 | 117.312 | 117.324 |
| | 悬链线方程参数 | $a_{R,1}$ | — | 0.45504 | 0.45562 | 0.45620 | 0.45679 | 0.45740 |
| | | $c_R$ | m | −1045.737 | −1034.275 | −1022.887 | −1011.572 | −1000.330 |
| | 主缆无应力长度 | $S_R$ | m | 126.744 | 126.756 | 126.769 | 126.781 | 126.794 |
| | | $S_{D_2Q}$ | m | 2.359 | 2.361 | 2.364 | 2.367 | 2.370 |
| | 切点 $Q$ 对应的切角 | $\varphi$ | (°) | 25.216 | 25.246 | 25.276 | 25.307 | 25.338 |
| | 切点 $Q$ 的高程 | $h_Q$ | m | 928.066 | 928.065 | 928.063 | 928.062 | 928.061 |

续表

| 参数 | | 符号 | 单位 | 数值 | | | | |
|---|---|---|---|---|---|---|---|---|
| | | | | 0℃ | 10℃ | 20℃ | 30℃ | 40℃ |
| 桥塔 | 左桥塔塔顶偏移量 | $\Delta_1$ | m | −0.034 | −0.017 | 0 | 0.017 | 0.033 |
| | 右桥塔塔顶偏移量 | $\Delta_2$ | m | −0.029 | −0.015 | 0 | 0.014 | 0.029 |

根据空缆跨中高程及其温度敏感系数(表 6.6)发现:①温度敏感系数为负值,说明如果温度升高,主缆跨中点下降;如果温度降低,主缆跨中点升高;②不同温度下的温度敏感系数数值很接近,说明空缆跨中高程随温度线性变化;③主跨的温度敏感系数绝对值大于两个边跨,左边跨大于右边跨,也说明温度敏感系数与跨径呈负相关关系。

**表 6.6　空缆状态下跨中点的高程和温度敏感系数**

| 参数 | | 符号 | 单位 | 数值 | | | | |
|---|---|---|---|---|---|---|---|---|
| | | | | 0℃ | 10℃ | 20℃ | 30℃ | 40℃ |
| 主跨 | 跨中点 $M$ 的高程 | $h_M$ | m | 863.387 | 863.130 | 862.874 | 862.620 | 862.368 |
| | 温度敏感系数 | $\varepsilon_m$ | mm/℃ | −25.629 | −25.553 | — | −25.400 | −25.324 |
| 左边跨 | 跨中点 $J$ 的高程 | $h_J$ | m | 887.530 | 887.445 | 887.360 | 887.273 | 887.186 |
| | 温度敏感系数 | $\varepsilon_L$ | mm/℃ | −8.540 | −8.581 | — | −8.661 | −8.700 |
| 右边跨 | 跨中点 $K$ 的高程 | $h_K$ | m | 902.724 | 902.704 | 902.683 | 902.663 | 902.641 |
| | 温度敏感系数 | $\varepsilon_R$ | mm/℃ | −2.033 | −2.049 | — | −2.081 | −2.098 |

根据不同温度下主跨空缆各吊点的高程变化情况(图 6.7)发现,其与成桥状态类似,跨中高程变化量最大,并向桥塔方向递减,且左右两个半跨呈对称性。

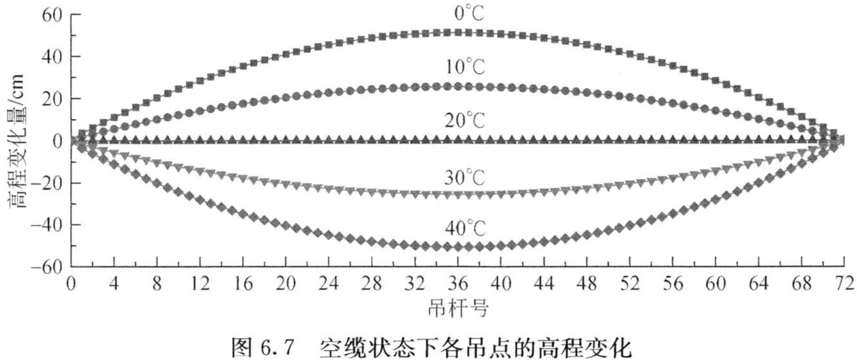


图 6.7　空缆状态下各吊点的高程变化

基准温度(20℃)下各索夹安装位置如图 6.8(a)所示,呈对称分布。不同温度下空缆各索夹安装位置的变化量 $\Delta X_i$ 如图 6.8(b)所示,也呈对称分布,最大值出现在两个四分点附近。这主要是由温度对主跨主缆各悬链线水平投影长度的影响造成的。

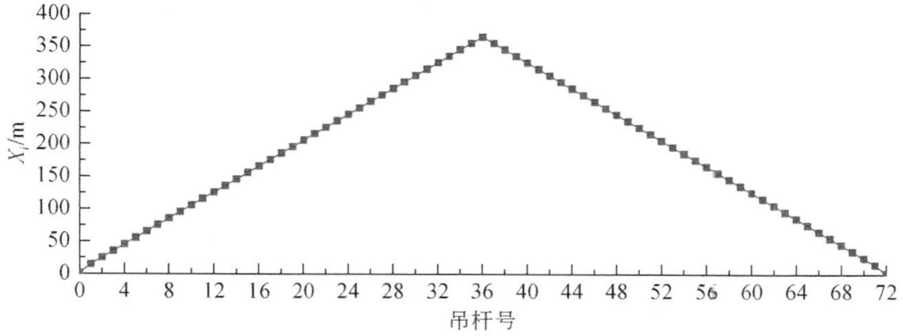

(a) 20℃下的索夹安装位置$X_i$

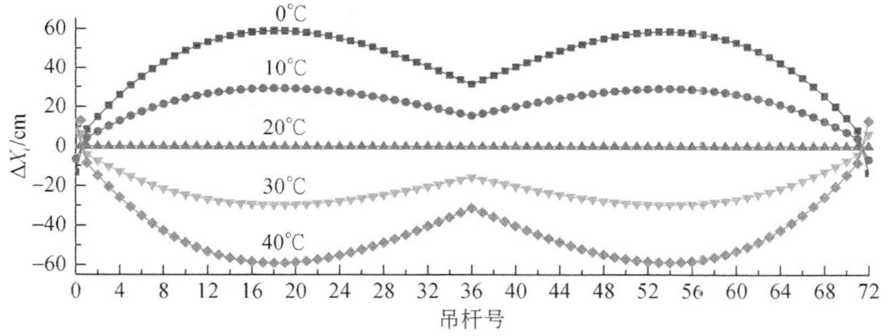

(b) 索夹安装位置的变化量$\Delta X_i$

图 6.8　空缆状态下的索夹安装位置

空缆状态下主跨各悬链线水平投影长度 $l_{m,i}$(即相邻吊点的水平间距)相对基准温度下的变化量 $\Delta l_{m,i}$ 如图 6.9 所示。从图中可以看出,$\Delta l_{m,i}$ 呈对称分布,而且以四分点为界,两侧的变化趋势相反。升温时,桥塔与四分点之间的各悬链线水平投影长度缩短,而两个四分点之间的各悬链线水平投影长度伸长;降温时则相反。

### 6.4.3　基准索股

根据不同温度下基准索股在各跨的线形计算结果(表 6.7)发现,温度变化引起的单根索股在边跨和主跨的不平衡水平力不足以拉动桥塔使其弯曲。根据基准索股跨中高程及其温度敏感系数(表 6.8)发现:①温度敏感系数为负值,说明如果

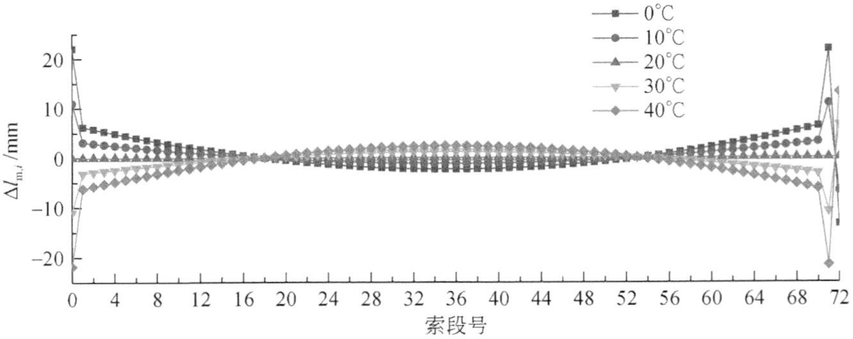


图 6.9 空缆状态下各悬链线索水平投影长度的变化量 $\Delta l_{m,i}$

温度升高，主缆跨中点下降；如果温度降低，主缆跨中点升高；②不同温度下的温度敏感系数数值很接近，说明基准索股跨中高程随温度线性变化；③主跨的温度敏感系数绝对值大于左边跨，左边跨大于右边跨，也说明温度敏感系数与跨径呈负相关关系。

**表 6.7 不同温度下基准索股的线形计算结果**

| 参数 | | 符号 | 单位 | 数值 | | | | |
|---|---|---|---|---|---|---|---|---|
| | | | | 0℃ | 10℃ | 20℃ | 30℃ | 40℃ |
| 主跨 | 主缆水平分力 | $H_m$ | kN | 156.06 | 155.61 | 155.17 | 154.72 | 154.28 |
| | 悬链线主缆的水平投影总长度 | $l_{EF}$ | m | 728.141 | 728.130 | 728.119 | 728.109 | 728.099 |
| | 悬链线方程参数 | $a_{m,1}$ | — | 0.35406 | 0.35508 | 0.35610 | 0.35711 | 0.35812 |
| | | $c_m$ | m | −1028.750 | −1025.769 | −1022.819 | −1019.898 | −1017.005 |
| | 主缆无应力长度 | $S_{D_1E}$ | m | 1.602 | 1.607 | 1.612 | 1.617 | 1.622 |
| | | $S_{EF}$ | m | 743.124 | 743.203 | 743.282 | 743.361 | 743.440 |
| | | $S_{FD_2}$ | m | 1.875 | 1.880 | 1.885 | 1.890 | 1.895 |
| | 切点 $E$ 对应的切角 | $\theta$ | (°) | 19.875 | 19.930 | 19.985 | 20.040 | 20.094 |
| | 切点 $F$ 对应的切角 | $\beta$ | (°) | 19.858 | 19.913 | 19.968 | 20.022 | 20.077 |
| | 切点 $E$ 的高程 | $h_E$ | m | 928.142 | 928.140 | 928.139 | 928.137 | 928.135 |
| | 切点 $F$ 的高程 | $h_F$ | m | 928.023 | 928.021 | 928.019 | 928.018 | 928.016 |

续表

| 参数 | | 符号 | 单位 | 数值 | | | | |
|---|---|---|---|---|---|---|---|---|
| | | | | 0℃ | 10℃ | 20℃ | 30℃ | 40℃ |
| 左边跨 | 主缆水平分力 | $H_L$ | kN | 153.60 | 149.80 | 146.25 | 142.91 | 139.78 |
| | 悬链线主缆的水平投影长度 | $l_L$ | m | 236.651 | 236.638 | 236.626 | 236.613 | 236.601 |
| | 悬链线方程参数 | $a_{L,1}$ | — | 0.40001 | 0.40293 | 0.40580 | 0.40862 | 0.41139 |
| | | $c_L$ | m | −1012.528 | −987.485 | −964.042 | −942.051 | −921.377 |
| | 主缆无应力长度 | $S_L$ | m | 246.658 | 246.673 | 246.689 | 246.705 | 246.721 |
| | | $S_{GD_1}$ | m | 2.260 | 2.274 | 2.288 | 2.301 | 2.315 |
| | 切点 $G$ 对应的切角 | $\omega$ | (°) | 22.331 | 22.486 | 22.637 | 22.786 | 22.933 |
| | 切点 $G$ 的高程 | $h_G$ | m | 928.061 | 928.056 | 928.051 | 928.045 | 928.040 |
| 右边跨 | 主缆水平分力 | $H_R$ | kN | 115.55 | 109.42 | 104.02 | 99.24 | 94.99 |
| | 悬链线主缆的水平投影长度 | $l_R$ | m | 117.339 | 117.321 | 117.305 | 117.288 | 117.273 |
| | 悬链线方程参数 | $a_{R,1}$ | — | 0.47349 | 0.47775 | 0.48190 | 0.48594 | 0.48988 |
| | | $c_R$ | m | −761.710 | −721.254 | −685.666 | −654.171 | −626.130 |
| | 主缆无应力长度 | $S_R$ | m | 126.766 | 126.761 | 126.757 | 126.754 | 126.751 |
| | | $S_{D_2Q}$ | m | 2.336 | 2.356 | 2.376 | 2.395 | 2.413 |
| | 切点 $Q$ 对应的切角 | $\varphi$ | (°) | 26.169 | 26.387 | 26.600 | 26.807 | 27.009 |
| | 切点 $Q$ 的高程 | $h_Q$ | m | 927.797 | 927.788 | 927.779 | 927.771 | 927.763 |
| 桥塔 | 左桥塔塔顶偏移量 | $\Delta_1$ | m | 0.000 | 0.001 | 0.001 | 0.002 | 0.002 |
| | 右桥塔塔顶偏移量 | $\Delta_2$ | m | 0.006 | 0.007 | 0.007 | 0.008 | 0.008 |

**表 6.8　基准索股跨中点的高程和温度敏感系数**

| 参数 | | 符号 | 单位 | 数值 | | | | |
|---|---|---|---|---|---|---|---|---|
| | | | | 0℃ | 10℃ | 20℃ | 30℃ | 40℃ |
| 主跨 | 跨中点 $M$ 的高程 | $h_M$ | m | 862.986 | 862.793 | 862.601 | 862.410 | 862.219 |
| | 温度敏感系数 | $\varepsilon_m$ | mm/℃ | −19.248 | −19.208 | — | −19.131 | −19.095 |
| 左边跨 | 跨中点 $J$ 的高程 | $h_J$ | m | 887.147 | 886.964 | 886.784 | 886.607 | 886.433 |
| | 温度敏感系数 | $\varepsilon_L$ | mm/℃ | −18.149 | −17.995 | — | −17.670 | −17.552 |
| 右边跨 | 跨中点 $K$ 的高程 | $h_K$ | m | 901.918 | 901.781 | 901.647 | 901.516 | 901.389 |
| | 温度敏感系数 | $\varepsilon_R$ | mm/℃ | −13.545 | −13.388 | — | −13.061 | −12.896 |

# 6.5 讨　　论

## 6.5.1 施工状态的影响

根据不同施工状态主跨主缆各吊点高程的温度敏感系数均值(图 6.10)发现:①空缆状态的温度敏感系数绝对值大于基准索股,这是由温度变化引起的桥塔弯曲造成的。在空缆状态,升温时桥塔向主跨倾斜,主跨跨径减小,主缆各点下移,与主缆热胀引起的各点下移相叠加;降温时桥塔向边跨倾斜,主跨跨径增大,主缆各点上移,与主缆冷缩引起的各点上移相叠加。因此,桥塔弯曲加剧了空缆状态主跨的温度效应。而对于基准索股,温度变化几乎不能引起桥塔弯曲。②空缆状态的温度敏感系数与成桥状态接近,且前者绝对值略大于后者。主要是因为在相同温度变化量作用下,空缆状态各悬链线两端点高差的变化量大于成桥状态,如图 6.11 所示。

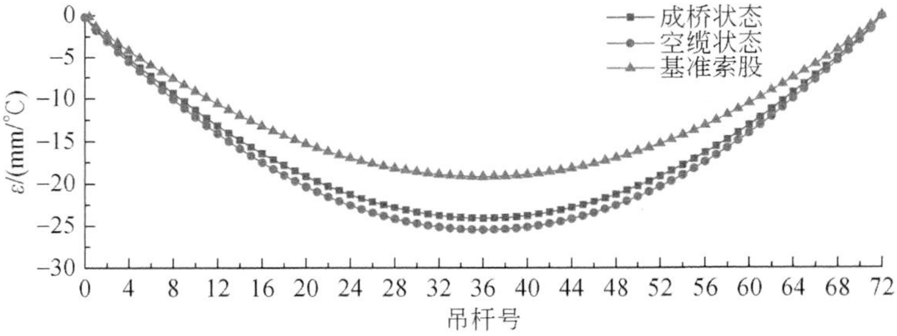


图 6.10　不同施工状态下主跨主缆各吊点高程的温度敏感系数均值

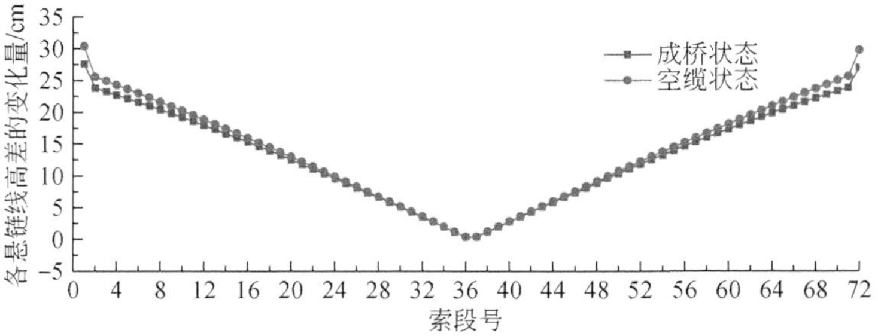


图 6.11　升温 20℃时各悬链线高差的变化量

从各跨主缆跨中高程的温度敏感系数的计算值与实测值对比(表 6.9)可以看出:①主缆跨中温度敏感系数的计算值和实测值吻合较好;②对于边跨的温度敏感系数绝对值,成桥状态<空缆状态<基准索股,主要可能是由温度变化引起的桥塔

弯曲变形造成的,桥塔弯曲变形在一定程度上抵消了边跨的温度效应。

**表 6.9　各跨主缆跨中高程的温度敏感系数的计算值与实测值**（单位:mm/℃）

| 位置 | 符号 | 成桥状态 | | 空缆状态 | | 基准索股 | |
|---|---|---|---|---|---|---|---|
| | | 计算值 | 实测值 | 计算值 | 实测值 | 计算值 | 实测值 |
| 主跨 | $\varepsilon_m$ | −24.088 | −23.2 | −25.477 | −25.0 | −19.171 | −18.2 |
| 左边跨 | $\varepsilon_L$ | −0.627 | −0.5 | −8.622 | −9.2 | −17.849 | −17.1 |
| 右边跨 | $\varepsilon_R$ | −0.141 | −0.2 | −2.067 | −2.3 | −13.219 | −14.1 |

### 6.5.2　主索鞍圆弧和桥塔弯曲变形的影响

如果计算中不考虑主索鞍圆弧,只需将主索鞍圆心 $C$ 放在主缆 IP 点,并令主索鞍半径 $R=0$ 即可。如果不考虑桥塔弯曲变形,只需令桥塔柔度系数 $\xi=0$ 即可。为了研究主索鞍圆弧和桥塔弯曲变形的影响,对比以下四个工况的计算结果:①$R\neq0,\xi\neq0$;②$R=0,\xi\neq0$;③$R\neq0,\xi=0$;④$R=0,\xi=0$。其中,工况 1 对应上述 6.3.1 节和 6.3.3 节的计算结果,即基准温度下的线形计算,其他三个工况为增算的工况。在工况 2 和工况 4 中不考虑主索鞍圆弧,不但令主索鞍半径 $R=0$,而且将主索鞍圆心 $C$ 放在主缆 IP 点。

根据成桥状态各吊点高程的温度敏感系数(图 6.12)及空缆状态各吊点高程和索夹安装位置的温度敏感系数(图 6.13)发现:①主索鞍圆弧对主缆高程和索夹安装位置的温度敏感系数影响极小,因此计算中可以忽略主索鞍圆弧,将主缆端部设置在 IP 点上;②桥塔弯曲变形对主缆高程和索夹安装位置的温度敏感系数影响很大,不可忽略。

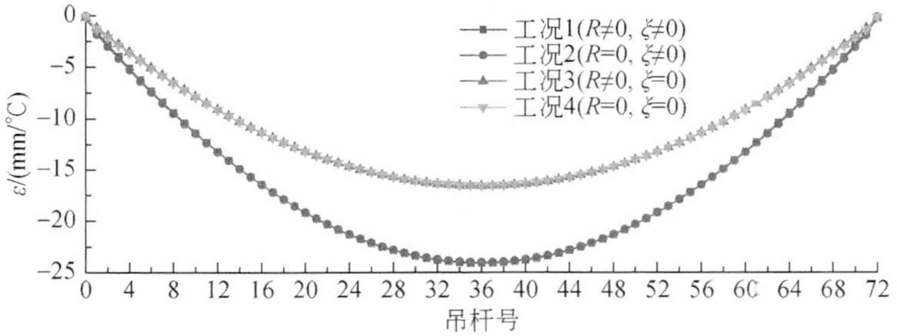


图 6.12　成桥状态各吊点高程的温度敏感系数

从边跨主缆跨中高程温度敏感系数(表 6.10)可以看出,主索鞍圆弧的影响可以忽略,而桥塔弯曲变形的影响不可忽略。

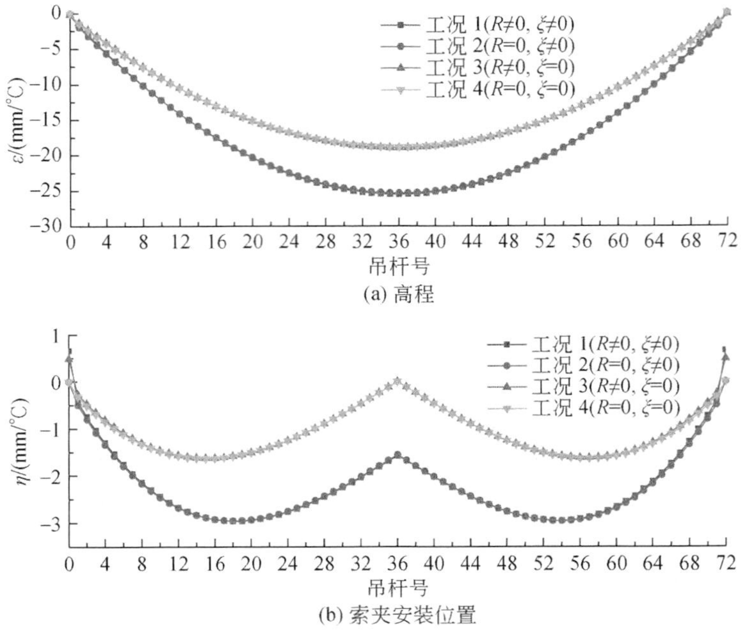


图 6.13　空缆状态各吊点高程和索夹安装位置的温度敏感系数

**表 6.10　边跨主缆跨中高程温度敏感系数**　　（单位：mm/℃）

| 施工阶段 | 位置 | $R\neq0,\xi\neq0$ | $R=0,\xi\neq0$ | $R\neq0,\xi=0$ | $R=0,\xi=0$ |
|---|---|---|---|---|---|
| 成桥状态 | 左边跨 | −0.627 | −0.629 | −4.556 | −4.617 |
| | 右边跨 | −0.141 | −0.140 | −1.148 | −1.187 |
| 空缆状态 | 左边跨 | −8.622 | −8.677 | −18.933 | −18.807 |
| | 右边跨 | −2.067 | −2.125 | −15.781 | −15.796 |

### 6.5.3　边跨吊杆的影响

为验证当边跨存在吊杆时此方法的有效性，在金东大桥基础上，新设计一个边跨带有吊杆的悬索桥方案。全桥共 87 对吊杆，如图 6.14 所示，从左到右依次编号，左边跨、主跨、右边跨的吊杆对数分别为 10 对、71 对和 6 对，其吊杆力如图 6.15 所示。

根据本章方法依次计算出 0℃、10℃、20℃、30℃、40℃的主缆线形，将各吊点从左向右依次重新编号，并包括左右锚点和主索鞍上的切点。根据不同温度下的高程变化量（图 6.16）可以发现：①主跨的高程变化量大于边跨；②主跨和边跨的主缆高程变化趋势是一致的，并与温度的变化呈现负相关关系，即温度上升则高程下降，温度下降则高程增加。

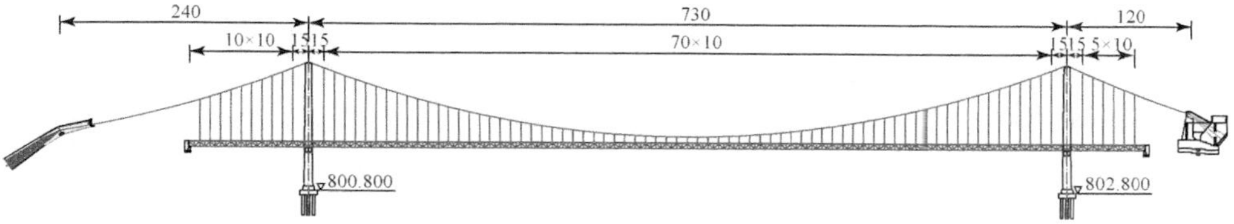


图 6.14　桥型布置图(单位:m)

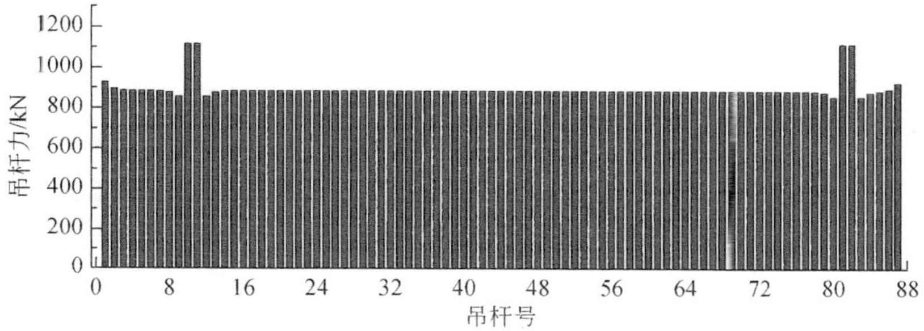


图 6.15　三跨吊杆力

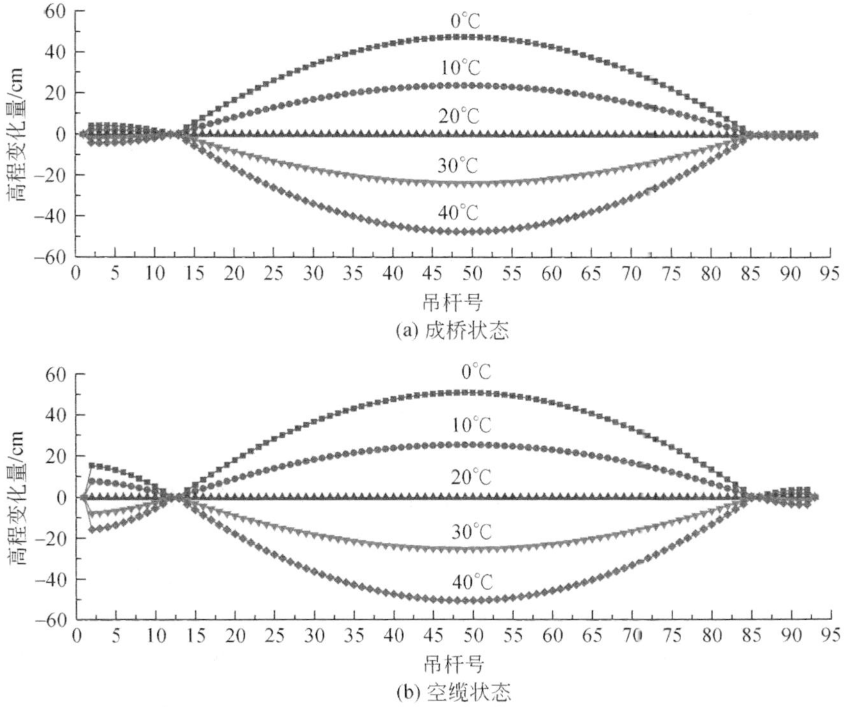


图 6.16　主缆高程变化量

根据边跨有无吊杆下主跨主缆高程的温度敏感系数对比情况(表 6.11)发现,边跨吊杆对主缆的温度敏感系数影响甚微。根据吊点的水平距离随温度的变化情况(图 6.17)来看,主跨各吊点的水平距离受温度影响最大,左边跨次之,右边跨最小。

**表 6.11 边跨吊杆影响下主跨主缆高程的温度敏感系数** (单位:mm/℃)

| 位置 | 符号 | 成桥状态 | | 空缆状态 | |
|---|---|---|---|---|---|
| | | 边跨有吊杆 | 边跨无吊杆 | 边跨有吊杆 | 边跨无吊杆 |
| 主跨 | $\varepsilon_m$ | −24.088 | −23.838 | −25.477 | −25.376 |
| 左边跨 | $\varepsilon_L$ | −0.627 | −2.077 | −8.622 | −7.812 |
| 右边跨 | $\varepsilon_R$ | −0.141 | −0.434 | −2.067 | −1.816 |

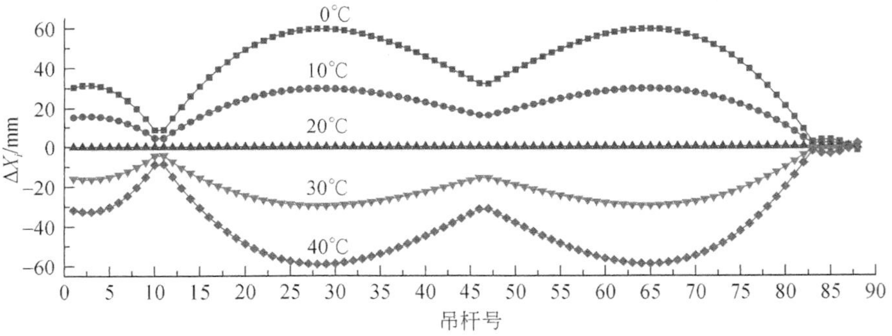


图 6.17 空缆状态下索夹安装位置的变化量 $\Delta X_i$

## 6.6 本章小结

本章基于分段悬链线理论建立了不同温度下悬索桥主缆线形的解析计算方法,围绕力学平衡条件、几何相容条件以及无应力长度守恒三大条件,依次计算出成桥基准温度下主缆线形、成桥任意温度下主缆线形、空缆基准温度下主缆线形和空缆任意温度下主缆线形,重点计算与分析了主缆高程、索夹安装位置的温度敏感系数。同时,很大程度上归纳并统一了分段悬链线理论在悬索桥主缆找形上的应用,并将非线性耦合方程组转化为无约束优化问题的目标函数,利用非线性 GRG 法求解,提高了方法的可行性和计算效率。本章只研究主缆整体温度变化的影响,而主缆截面温度梯度和纵桥向不均匀分布的影响不在本章研究范围内,根据相应的分析结果得到以下结论:

(1)本章算法涵盖并统一了分段悬链线在主缆找形中的应用,可以适应不同施工状态(成桥状态、空缆状态和基准索股)、不同边界条件(考虑/不考虑主索鞍圆弧)和不同桥塔刚度(考虑/不考虑桥塔弯曲),只需改变少量参数即可进行相应计算的切换。

(2)在温度作用下,悬索桥桥塔和主缆变形与温度变化量呈线性关系;主缆各点高程变化与温度变化呈负相关关系,即若温度升高,则主缆下移,若温度降低,则主缆升高;吊点高程的温度敏感系数最大值出现在跨中,且主缆跨中高程的温度敏感系数与跨径呈负相关关系;索夹安装位置的温度敏感系数最大值则出现在四分点附近。

(3)施工状态对主缆高程的温度敏感系数有很大影响。对于主跨主缆高程的温度敏感系数绝对值,基准索股小于空缆状态,空缆状态接近并大于成桥状态;对于边跨,成桥状态<空缆状态<基准索股。

(4)在成桥和空缆状态下,升温时桥塔向主跨倾斜,降温时桥塔向边跨倾斜,桥塔的弯曲变形加剧了温度对主跨主缆高程的影响,减缓了温度对边跨主缆高程的影响,因此桥塔弯曲变形的影响不可忽略,但主索鞍圆弧的影响甚微,在适当情况下可忽略;对于基准索股,温度变化导致的边跨和主跨索股不平衡水平力不足以拉动桥塔使其弯曲。

## 参考文献


[1] Xu Y L, Chen B, Ng C L, et al. Monitoring temperature effect on a long suspension bridge. Structural Control and Health Monitoring, 2010, 17(6): 632-653.

[2] Zhang W M, Shi L Y, Li L, et al. Methods to correct unstrained hanger lengths and cable clamps' installation positions in suspension bridges. Engineering Structures, 2018, 171: 202-213.

[3] Xia Y, Chen B, Zhou X Q, et al. Field monitoring and numerical analysis of Tsing Ma Suspension Bridge temperature behavior. Structural Control and Health Monitoring, 2013, 20(4): 560-575.

[4] de Battista N, Brownjohn J M W, Tan H P, et al. Measuring and modelling the thermal performance of the Tamar Suspension Bridge using a wireless sensor network. Structure and Infrastructure Engineering, 2015, 11(2): 176-193.

[5] Westgate R, Koo K Y, Brownjohn J. Effect of solar radiation on suspension bridge performance. Journal of Bridge Engineering, 2015, 20(5): 04014077.

[6] Koo K Y, Brownjohn J M W, List D I, et al. Structural health monitoring of the Tamar Suspension Bridge. Structural Control and Health Monitoring, 2013, 20(4): 609-625.

[7] Roberts G W, Brown C J, Tang X. Correlated GNSS and temperature measurements at 10-minute intervals on the Severn Suspension Bridge. Applied Geomatics, 2017, 9(2): 115-124.

[8] Zhou L R, Xia Y, Brownjohn J M W, et al. Temperature analysis of a long-span suspension bridge based on field monitoring and numerical simulation. Journal of Bridge Engineering, 2016, 21(1): 04015027.

[9] Ding Y L, Li A Q. Temperature-induced variations of measured modal frequencies of steel box girder for along-span suspension bridge. International Journal of Steel Structures, 2011, 11(2): 145-155.

[10] Xia Q, Zhang J, Tian Y D, et al. Experimental study of thermal effects on a long-span suspension bridge. Journal of Bridge Engineering, 2017, 22(7): 04017034.

[11] Treyssède F. Finite element modeling of temperature load effects on the vibration of local modes in multi-cable structures. Journal of Sound and Vibration, 2018, 413: 191-204.

[12] Cheynet E, Snæbjörnsson J, Jakobsen J B. Temperature effects on the modal properties of a suspension bridge//Dynamics of Civil Structures, Volume 2. Cham: Springer, 2017: 87-93.

[13] Lepidi M, Gattulli V. Static and dynamic response of elastic suspended cables with thermal effects. International Journal of Solids and Structures, 2012, 49(9): 1103-1116.

[14] Treyssède F. Free linear vibrations of cables under thermal stress. Journal of Sound and Vibration, 2009, 327(1-2): 1-8.

[15] Treyssède F. Vibration analysis of horizontal self-weighted beams and cables with bending stiffness subjected to thermal loads. Journal of Sound and Vibration, 2010, 329(9): 1536-1552.

# 第 7 章　基于实测主缆线形的吊杆力识别算法

## 7.1 引　言

吊杆是桥梁中常见的索结构之一，是柔性构件，在悬索桥中其长度为几米到几十米不等，在将主梁上荷载传递给主缆的同时，也控制了主缆的安全与线形的美观。悬索桥吊杆张力的识别精度关乎施工控制质量、成桥受力状态的安全评估以及运营维护策略的制定。依照设计规范的要求与方法，吊杆张力及应力都应控制在容许范围内，整个桥梁的安全与其受力息息相关。

在之前的章节中，先后针对吊杆进行了多项研究工作，涉及吊杆力的精细化计算、吊杆无应力长度的计算、索夹安装位置的修正等。无论是设计阶段还是施工阶段，吊杆始终是悬索桥分析的重要一环。在分段悬链线的解析理论中，吊杆力是悬链线方程参数递推过程中的关键。因此，作者发现分段悬链线理论尚有潜力可以挖掘，不仅可以应用在设计阶段和施工阶段，还可以在运营阶段有所发挥。

在以往的研究中，频率法广泛应用于细长索结构张力的识别，通过测量索结构在人工激励或环境激励下的频率响应，根据张力与频率的对应关系，识别出其内部拉力的大小。在经典的张紧弦理论[1]中，简单考虑了索力与频率及其阶次的解析关系，但忽略了垂度效应和抗弯刚度的影响，并且需要其索密度和长度的信息；Triantafyllou[2]基于张紧弦理论，在抗弯刚度可忽略的前提下提出了考虑垂度效应的频率与索力的关系表达，需要索的无应力长度，然而在实际测量中，很难实现无应力长度的获取；而后 Triantafyllou 等[3]考虑了斜拉索的索力、频率和振动模态的关系，证实了索倾角的动力放大效应；Shimada 等[4]针对悬索桥吊杆分三步研究了频率法的应用，首先研究吊杆沿桥轴方向的振动模态，然后根据实测频率识别吊杆张力，并考虑索夹边界的影响，最后与传压元件的实测结果对比，得出长吊杆误差在 4%以内，且索夹的约束在短吊杆中的影响不可忽略，误差在 7%左右；Zui 等[5]基于考虑抗弯刚度的斜索频率法理论，建立了考虑垂度和刚度影响的频率法识别索力的公式，根据微振动测量提出利用高阶振动频率识别索力的方法，并采用有限元法进行验证；Mehrabi 等[6]基于有限差分法研究了频率与索力的关系，考虑了垂度以及抗弯刚度的影响，而且引入了边界约束和阻尼器的影响，并与有限元结果进行对比，误差可控制在 0.35%以内；Ni 等[7]以大直径的垂索为对象，基于有限元基本方法，重点研究了抗弯刚度对频率的影响，以青马大桥为案例，得出抗弯刚度对高阶频率的影响不可忽略的结论；Kim 等[8]根据实测的频率提出识别索力、抗弯刚度及轴向刚度的算法，以有限元模型进行验证，所提出的公式适用于大尺寸索结构，弥补了以前研究的不足，误差在 3%左右，并且得出抗弯刚度和索力成比例的结论；Ceballos 等[9]提出了考虑索的抗弯刚度与端部转动约束的固有频率显式解析表达，通过优化索力和抗弯刚度可有效减小短吊杆内力的识别误差，但在识别索力的过程中，其将两端的转动约束刚度作为已知参数，实际频率的现场测量中，很难识别出悬索桥吊杆的约束情况；Park 等[10]针对悬索桥双吊杆系统进行频率法吊杆力识别的研究，可同时识别其抗弯刚度和轴向刚度，发现长吊杆识别的精度优于短吊杆；Choi 等[11]针对以前研究中对重力效应研究的不足，重点研究了重力效应对索力及固有频率的影响，解释了在非线性振动过程中索表现出的硬化和软化现象，得出不可忽略大直径大自重索的重力影响的结论。Huang 等[12]在振动频率法中引入修正因子以测试固端-固端或固端-铰接边界下的索力，但对于短索仍存在较大误差。

从现有研究中可以看出，频率法应用于悬索桥吊杆力识别中仍存在一些问题：①频率法的测量精度受到边界约束刚度、吊杆抗弯刚度、吊杆长度等参数的影响，而准确确定这些参数难度较大；②频率法可以较精确地识别长吊杆的张力，而在识别短吊杆张力时显得无能为力。因此，频率法在实际的悬索桥吊杆力的识别工作中仍有一定的局限，亟须寻求一种新的手段。悬索桥的主缆线形与吊杆力密切相关，主缆线形可反映吊杆力的大小，因此作者认为可以根据主缆的实测线形反向识别吊杆力，但这方面的研究少有报道。

在现有的悬索桥主缆找形的研究中，有限元法和解析法多被采用。有限元法通过有限元模型，将主缆、吊杆及主梁等作为完整的系统，对边界条件加以简化，可对其受力及频率模态做一定的计算，也多用于频率法测索力结果验证，但模型与实际结构之间仍存在不可忽略的差异，且有限元法多用于设计阶段，在施工和运营期的桥梁受力状态评估中显得乏力。在现有的悬链线解析方法中，吊杆力常是设计已知参数，而在实际的施工和运营阶段，吊杆力由于施工误差及荷载变化产生的实际受力并不能确定，桥梁的安全状态不能得到可靠的评估。但悬链线解析理论可为线形反向识别吊杆力的解析算法提供一定的理论基础。Huang 等[13]根据找形解析理论识别出了悬索桥的吊杆力，但对于算法的敏感度未做进一步分析，而参数敏感度对于工程应用中识别精度十分关键。

若依据主缆线形识别吊杆力，首要是主缆线形几何形状的获取，这可借助先进的现代测量技术。传统的设备和技术经常用于工程测量中，如经纬仪、高精度全站仪、水准仪等。其中，全站仪测量系统基于空间极坐标系或球坐标系，精度可靠，测量直接，其精度一般可控制在毫米范围内，因此得到了广泛应用。除此之外，一些新型测量技术也在不断发展，如激光测距技术和近景摄影测量，可以减少高空作业的风险。激光测距技术的原理主要包括脉冲激光测距、激光相位法测距和激光三角测距。其测距精度低于高精度全站仪，但测量范围较长。而近景摄影测量始于19世纪40年代，现在已经进入一个稳步发展的时期。Psimoulis等[14]使用机器人全站仪测量了一座小跨径桥梁在列车通过时的挠度。Alamdari等[15]提出利用遥感技术对斜拉桥进行状态评估，包括激光扫描、地面机器人全站仪和数字水准仪。Slob等[16]介绍了三维地面激光扫描的几种应用，说明了激光扫描在工程地质实践和研究中的潜在好处。Park等[17]提出了一种利用地面激光扫描对结构进行健康检测的新方法，为了提高位移测量的精度，他们提出了位移测量模型。Golparvar-Fard等[18]提出了一种基于图像的三维重构技术，测量了结构变形，并与激光扫描仪进行比较。Jáuregui等[19]总结了近景摄影测量在桥梁工程应用中的基本要素和系统要求。Jiang等[20]总结了1985～2003年摄影测量中桥梁测量应用的主要方面，包括测量类型、摄像机、目标、网络控制和软件。这些方法对小尺度结构具有一定的测量精度，但对大尺度结构的测量精度还有待提高。同时，在桥梁工程中，这些技术大多用于挠度测量，甚至动态特征监测。这些技术为今后快速测量主缆的几何形状提供了可能和手段，若再利用分段悬链线解析算法，提出识别吊杆力的解析式，则极具创新性和实用性。

本章基于分段悬链线理论，提出反向识别吊杆力的解析算法。以实测主缆线形为切入点，以力学平衡条件和几何相容条件为约束方程，利用非线性GRG法求解非线性方程组，可识别出悬索桥全桥吊杆内力，并在金东大桥中验证了该方法的可行性和有效性。

## 7.2 主缆线形与吊杆力的关系

成桥状态下的悬索桥主缆线形呈现带有折角的多段悬链线形状(图7.1)，当作用$n$个吊杆力时，全线可分为$n+1$段悬链线。以左主索鞍切点$O_0$和各吊点$O_i$为坐标原点，分别建立坐标系，$x$轴水平向右，$y$轴竖直向下，结合式(2.2)和式(2.4)，可将悬链线方程参数$a_i$表达为

$$a_i=\operatorname{arcsinh}\left(\frac{q\Delta h_i}{2H}\operatorname{csch}\frac{ql_i}{2H}\right)+\frac{ql_i}{2H} \tag{7.1}$$

式中，$\Delta h_i$、$l_i$分别为相邻吊点的高差和它们之间索段的水平投影长度的实测值，$\Delta h_i=h_{O_{i-1}}-h_{O_i}$，$h_{O_i}$为第$i$个吊点$O_i$在大地坐标系中的高程。

式(7.1)中，$\Delta h_i$、$l_i$、$q$是已知条件，只包含主缆水平分力$H$一个未知数。而根据水平向力学平衡，各悬链线的主缆水平分力是相等的。考虑吊杆力对线形的几

何连续性的影响，以吊点处力的平衡关系为依据，分析识别吊杆力的途径。

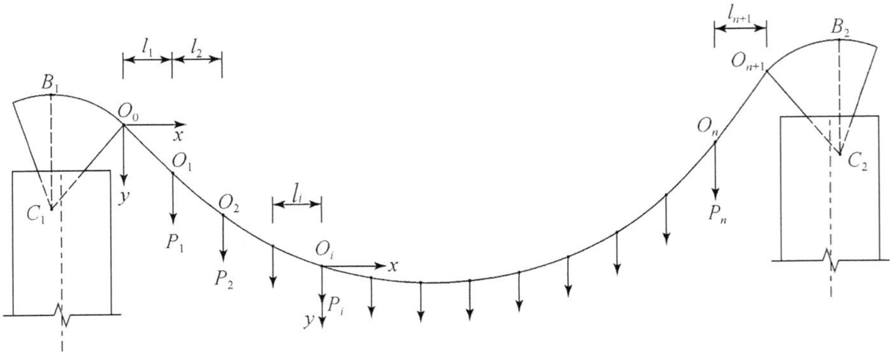


图 7.1　成桥状态下的悬索桥主跨主缆线形

如图 7.2 所示，根据式(2.17)，则有

$$H\tan\theta_i = H\tan\varphi_i + P_i \tag{7.2}$$

式中，$P_i$ 为第 $i$ 个吊点处的吊杆力；$\theta_i$、$\varphi_i$ 分别为第 $i$ 个吊点左侧主缆末端点的切角和右侧主缆起点的切角，可表达为

$$\tan\theta_i = \left.\frac{\mathrm{d}y}{\mathrm{d}x}\right|_{x=l_i} = \sinh\left(\frac{l_i}{c} + a_i\right) \tag{7.3a}$$

$$\tan\varphi_i = \left.\frac{\mathrm{d}y}{\mathrm{d}x}\right|_{x=0} = \sinh a_{i+1} \tag{7.3b}$$

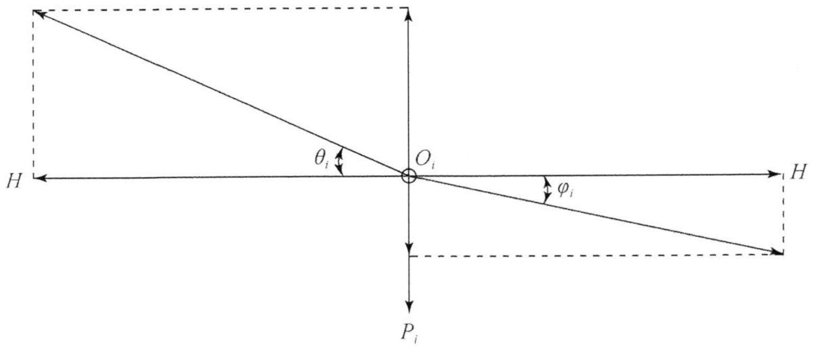


图 7.2　吊点的静力平衡

于是，可将吊杆力 $P_i$ 表达为

$$P_i = H\left[\sinh\left(\frac{l_i}{c} + a_i\right) - \sinh a_{i+1}\right] \tag{7.4}$$

依据悬索力学的平衡关系，式(7.4)为识别吊杆力的显式解析式，其与主缆水平分力和线形参数相关，且式中的参数 $a_i$ 也与主缆水平分力 $H$ 相关，所以若想识

别吊杆力，主缆水平分力是关键的突破点。

在上述解析过程中，值得注意的是，第 1 段与第 $n+1$ 段悬链线均与主索鞍的圆弧段相连，而切点(图 7.3 中 $O_0$ 和 $O_{n+1}$)一般不能由直观测量得到。因此，首尾段的 $l_1$ 和 $l_{n+1}$ 需要由索鞍段的几何特征确定。

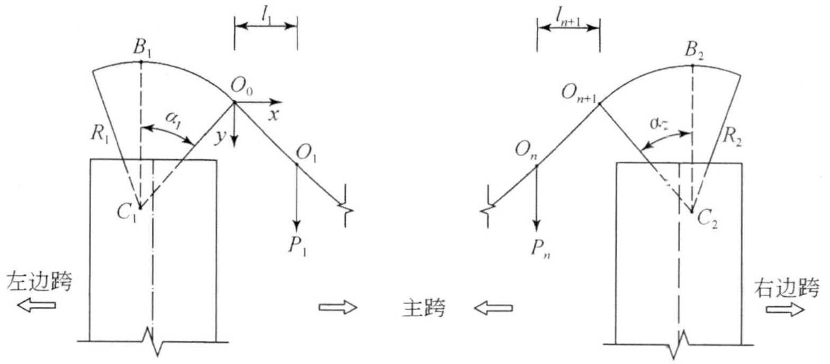


图 7.3　主缆在索鞍处的线形

在左塔顶，主缆段 $B_1O_1$ 由圆弧段 $B_1O_0$ 和悬链线 $O_0O_1$ 组成，其中 $O_0$ 是切点，也是第 1 段悬链线的起点。根据实测线形数据，易得 $B_1$ 和 $O_1$ 点的高程及水平距离，结合式(2.6)，若已知主缆水平分力 $H$，以 $a_1$ 为未知量，建立如下方程：

$$R_1(1-\mathrm{sech}a_1)+c\left[\cosh\left(\frac{l_1}{c}+a_1\right)-\cosh a_1\right]=\Delta h_{B_1O_1} \tag{7.5}$$

式中，$R_1$ 为左主索鞍的半径；$l_1=l_{B_1O_1}-R_1\tanh a_1$；$\Delta h_{B_1O_1}$ 和 $l_{B_1O_1}$ 分别为顶点 $B_1$ 和吊点 $O_1$ 间的实测高差和水平距离，其中，$\Delta h_{B_1O_1}=h_{B_1}-h_{O_1}$，$h_{B_1}$ 和 $h_{O_1}$ 分别为顶点 $B_1$ 和吊点 $O_1$ 在大地坐标系中的实测高程。

在右塔顶(图 7.3)，主缆段 $O_nB_2$ 由悬链线 $O_nO_{n+1}$ 和圆弧段 $O_{n+1}B_2$ 组成，其中 $O_{n+1}$ 是切点，也是第 $n+1$ 段悬链线的末端点。根据实测线形数据，易知 $B_2$ 和 $O_n$ 点的高程及水平距离，结合式(2.11)，若已知主缆水平分力 $H$，以 $a_{n+1}$ 和 $l_{n+1}$ 为未知量，建立如下方程：

$$R_2\left[1-\mathrm{sech}\left(\frac{l_{n+1}}{c}+a_{n+1}\right)\right]-c\left[\cosh\left(\frac{l_{n+1}}{c}+a_{n+1}\right)-\cosh a_{n+1}\right]=\Delta h_{B_2O_n} \tag{7.6a}$$

$$l_{O_nB_2}=-R_2\tanh\left(\frac{l_{n+1}}{c}+a_{n+1}\right)+l_{n+1} \tag{7.6b}$$

式中，$R_2$ 为右主索鞍的半径；$\Delta h_{B_2O_n}$ 和 $l_{O_nB_2}$ 分别为顶点 $B_2$ 和吊点 $O_n$ 间的实测高差和水平距离，其中 $\Delta h_{B_2O_n}=h_{B_2}-h_{O_n}$，$h_{B_2}$ 和 $h_{O_n}$ 分别为顶点 $B_2$ 和吊点 $O_n$ 在大地坐标系中的实测高程。

无论式(7.4)还是式(7.5)和式(7.6)中,均包含一个共同的未知参数:主缆水平分力 $H$。若想识别吊杆力,主缆水平分力必是关键突破点。

## 7.3 吊杆力计算

根据实测的各吊点线形数据,仍缺少一个解耦的条件。从合理充分利用现有研究成果的角度出发,基于现代测量技术和频率法,提出两种解耦条件的算法。其一是几何条件,基于现代测量技术,在主缆上补测一个点的坐标和高程,作为补充;其二是力学条件,基于频率法测试出一根长吊杆的索力,作为增加条件。

### 7.3.1 几何条件(方法Ⅰ)

利用现代先进的测量技术,可在第 $k$ 段悬链线上补测一非吊点 $Q$ 的高程及其距相邻吊点的水平距离。考虑到第 1 段及第 $n+1$ 段悬链线本身存在切点未知的问题,为提高识别精度,选取第 2 段～第 $n$ 段的某一段悬链线。根据第 $k$ 段的悬链线方程,分别以吊点 $O_k$ 和补测点 $Q$ 与吊点 $O_{k-1}$ 的高差闭合(图 7.4)为条件,建立如下方程组:

$$c\left[\cosh\left(\frac{l_k}{c}+a_k\right)-\cosh a_k\right]=h_{O_{k-1}}-h_{O_k} \tag{7.7a}$$

$$c\left[\cosh\left(\frac{l'_k}{c}+a_k\right)-\cosh a_k\right]=h_{O_{k-1}}-h_Q \tag{7.7b}$$

式中,$l'_k$ 为补测点 $Q$ 到吊点 $O_{k-1}$ 的水平投影长度;$h_Q$ 为补测点 $Q$ 在大地坐标系中的高程。

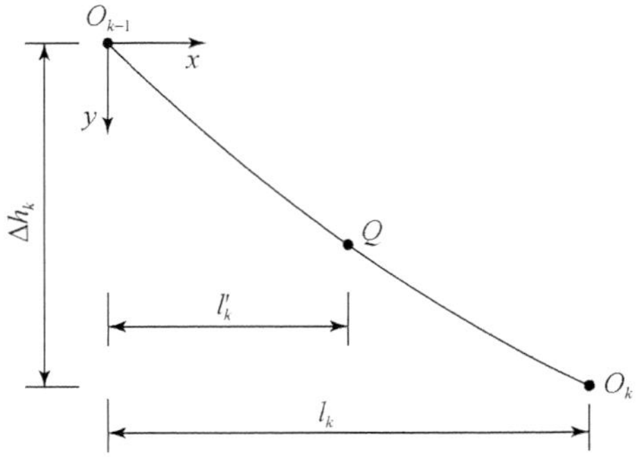


图 7.4 补测点 Q 的位置

因此,联立式(7.4)～式(7.7),以 $H$、$a_1$、$a_{n+1}$和 $l_{n+1}$为基本未知量,利用非线性 GRG 法实现快速求解,识别出各个吊杆的内力。

### 7.3.2　力学条件(方法Ⅱ)

振动频率法在短吊杆的测试中，受边界及抗弯刚度的影响，结果往往不尽人意，但在长吊杆的索力识别中具有较高精度，结果可靠。在 7.2 节线形测量的基础上，再补测某一细长吊杆的张力，建议取边吊杆。根据实测的第 $j$ 根吊杆的张力 $P_j$，有

$$H\left[\sinh\left(\frac{l_j}{c}+a_j\right)-\sinh a_{j+1}\right]=P_j \tag{7.8}$$

因此，联立式(7.4)～式(7.6)和式(7.8)，以 $H$、$a_1$、$a_{n+1}$ 和 $l_{n+1}$ 为基本未知量，利用非线性 GRG 法实现快速求解，识别出各个吊杆的内力。

## 7.4　算　　例

### 7.4.1　实测主缆线形

金东大桥的主缆实测线形(表 7.1)包括各测点的高程和水平位置数据，特别是主索鞍顶点 $B_1$ 和 $B_2$、主缆各吊点 $O_i$。$B_1$ 到 $O_1$ 点的水平距离为 15.227m；$B_2$ 到 $O_{71}$ 点的水平距离为 14.939m。这些数据均采用高精度全站仪(Leica TS30，测角精度为 0.5″，测量精度为 0.6mm＋1×$10^{-6}$)测量得到的，为了保证测量的准确性，分别用水银温度计和 DYM3 型空盒气压表对温度和大气压进行了校正。在测量中，首先沿桥和主缆两侧布置若干基点，形成测量控制网；然后在主缆索夹的上下两侧各放置一个测量棱镜，利用全站仪测量棱镜中心的位置；最后对每个索夹的棱镜中心点坐标求平均值，得到主缆中心的坐标。

**表 7.1　金东大桥的主缆实测线形数据**

| $i$ | $h_{O_i}$/m | $\Delta h_i$/m | $l_i$/m | $i$ | $h_{O_i}$/m | $\Delta h_i$/m | $l_i$/m | $i$ | $h_{O_i}$/m | $\Delta h_i$/m | $l_i$/m |
|---|---|---|---|---|---|---|---|---|---|---|---|
| $B_1$ | 928.710 | — | — | 10 | 893.027 | 2.906 | 10.000 | 20 | 870.015 | 1.807 | 9.996 |
| 1 | 923.146 | — | — | 11 | 890.231 | 2.796 | 10.006 | 21 | 868.317 | 1.698 | 9.995 |
| 2 | 919.357 | 3.789 | 9.995 | 12 | 887.546 | 2.686 | 10.003 | 22 | 866.729 | 1.588 | 10.003 |
| 3 | 915.681 | 3.677 | 9.997 | 13 | 884.970 | 2.576 | 9.998 | 23 | 865.251 | 1.478 | 10.004 |
| 4 | 912.114 | 3.567 | 9.998 | 14 | 882.504 | 2.466 | 10.004 | 24 | 863.882 | 1.369 | 9.999 |
| 5 | 908.657 | 3.457 | 10.003 | 15 | 880.148 | 2.356 | 10.002 | 25 | 862.623 | 1.259 | 10.002 |
| 6 | 905.311 | 3.346 | 10.006 | 16 | 877.902 | 2.246 | 9.999 | 26 | 861.474 | 1.150 | 9.997 |
| 7 | 902.075 | 3.236 | 10.004 | 17 | 875.765 | 2.136 | 10.004 | 27 | 860.434 | 1.040 | 10.003 |
| 8 | 898.949 | 3.126 | 10.002 | 18 | 873.739 | 2.027 | 10.003 | 28 | 859.503 | 0.931 | 9.998 |
| 9 | 895.933 | 3.016 | 9.999 | 19 | 871.822 | 1.917 | 9.997 | 29 | 858.682 | 0.821 | 10.002 |

续表

| $i$ | $h_{O_i}$/m | $\Delta h_i$/m | $l_i$/m | $i$ | $h_{O_i}$/m | $\Delta h_i$/m | $l_i$/m | $i$ | $h_{O_i}$/m | $\Delta h_i$/m | $l_i$/m |
|---|---|---|---|---|---|---|---|---|---|---|---|
| 30 | 857.971 | 0.712 | 9.999 | 45 | 860.432 | −0.930 | 9.998 | 60 | 887.541 | −2.576 | 9.996 |
| 31 | 857.368 | 0.602 | 10.004 | 46 | 861.472 | −1.040 | 9.995 | 61 | 890.227 | −2.686 | 9.997 |
| 32 | 856.876 | 0.493 | 9.996 | 47 | 862.621 | −1.149 | 10.001 | 62 | 893.022 | −2.796 | 10.002 |
| 33 | 856.493 | 0.383 | 9.996 | 48 | 863.880 | −1.259 | 10.001 | 63 | 895.928 | −2.906 | 10.003 |
| 34 | 856.219 | 0.274 | 10.002 | 49 | 865.248 | −1.368 | 9.993 | 64 | 898.944 | −3.016 | 9.996 |
| 35 | 856.055 | 0.164 | 10.004 | 50 | 866.727 | −1.478 | 10.002 | 65 | 902.069 | −3.126 | 10.001 |
| 36 | 856.000 | 0.055 | 9.999 | 51 | 868.314 | −1.588 | 10.003 | 66 | 905.305 | −3.236 | 10.002 |
| 37 | 856.055 | −0.055 | 10.002 | 52 | 870.012 | −1.697 | 10.004 | 67 | 908.652 | −3.346 | 9.995 |
| 38 | 856.219 | −0.164 | 9.997 | 53 | 871.819 | −1.807 | 10.005 | 68 | 912.108 | −3.456 | 9.996 |
| 39 | 856.492 | −0.274 | 10.004 | 54 | 873.735 | −1.917 | 9.997 | 69 | 915.675 | −3.566 | 10.001 |
| 40 | 856.875 | −0.383 | 10.002 | 55 | 875.762 | −2.026 | 10.004 | 70 | 919.351 | −3.676 | 10.003 |
| 41 | 857.368 | −0.492 | 10.003 | 56 | 877.898 | −2.136 | 10.001 | 71 | 923.139 | −3.788 | 9.995 |
| 42 | 857.969 | −0.602 | 9.999 | 57 | 880.144 | −2.246 | 9.994 | $B_2$ | 928.590 | — | — |
| 43 | 858.681 | −0.711 | 10.002 | 58 | 882.500 | −2.356 | 10.001 | — | — | — | — |
| 44 | 859.502 | −0.821 | 10.004 | 59 | 884.965 | −2.466 | 9.995 | — | — | — | — |

### 7.4.2 吊杆力识别

根据 7.3.1 节，在第 2 段主缆悬链线上补充测点 $Q$，其位置近似位于该段中点，测得 $h_Q$=921.249m，$l'_2$=4.999m。根据 7.3.2 节，利用频率法测得第 1 根吊杆张力 $P_1$=1050.0kN。根据补充条件，均先计算主缆线形的参数，包括主缆水平分力 $H$、首末段主缆的悬链线方程参数 $a$ 等。根据其与设计值的对比情况（表 7.2），可发现：①通过两种方法分别识别出的主缆水平分力均和设计值比较接近，方法Ⅰ相对误差为−3.40%，方法Ⅱ相对误差为−1.96%；②考虑主索鞍圆弧的影响计算得到的第 1 段和第 72 段悬链线方程参数也均和设计值接近，水平投影长度 $l_1$ 和 $l_{72}$ 与设计值的差值在 0.1mm 级，$a_1$ 和 $a_{72}$ 的计算结果与设计值的差值也在十万分位上。

**表 7.2 基于实测线形的主缆线形参数计算结果**

| 方法 | 主缆水平分力 | 第 1 段悬链线 | | 第 72 段悬链线 | |
|---|---|---|---|---|---|
| | $H$/kN | $a_1$ | $l_1$/m | $a_{72}$ | $l_{72}$/m |
| 计算值Ⅰ | 90766.24 | 0.38381 | 13.2139 | −0.38172 | 12.9263 |
| 计算值Ⅱ | 92125.33 | 0.38380 | 13.2141 | −0.38174 | 12.9264 |
| 设计值 | 93964.03 | 0.38378 | 13.2141 | −0.38176 | 12.9264 |

根据主缆的悬链线方程参数 $a_i$ 的计算结果(表 7.3),可知两种方法计算出的 $a_i$ 误差均在十万分位上,由此可认为,两种方法得出的线形基本一致,且从侧面反映出该桥施工质量较为可靠,与设计线形较为吻合。

**表 7.3　悬链线方程参数 $a_i$**

| $i$ | 计算值Ⅰ | 计算值Ⅱ | 设计值 | $i$ | 计算值Ⅰ | 计算值Ⅱ | 设计值 | $i$ | 计算值Ⅰ | 计算值Ⅱ | 设计值 |
|---|---|---|---|---|---|---|---|---|---|---|---|
| 1 | 0.38381 | 0.38380 | 0.38378 | 25 | 0.12634 | 0.12633 | 0.12634 | 49 | −0.13573 | −0.13575 | −0.13566 |
| 2 | 0.37131 | 0.37129 | 0.37110 | 26 | 0.11552 | 0.11551 | 0.11546 | 50 | −0.14646 | −0.14647 | −0.14652 |
| 3 | 0.36073 | 0.36072 | 0.36060 | 27 | 0.10457 | 0.10456 | 0.10457 | 51 | −0.15728 | −0.15729 | −0.15735 |
| 4 | 0.35036 | 0.35035 | 0.35026 | 28 | 0.09372 | 0.09371 | 0.09368 | 52 | −0.16808 | −0.16809 | −0.16817 |
| 5 | 0.33981 | 0.33980 | 0.33988 | 29 | 0.08278 | 0.08277 | 0.08277 | 53 | −0.17886 | −0.17887 | −0.17897 |
| 6 | 0.32929 | 0.32928 | 0.32945 | 30 | 0.07189 | 0.07187 | 0.07185 | 54 | −0.18979 | −0.18980 | −0.18976 |
| 7 | 0.31889 | 0.31888 | 0.31898 | 31 | 0.06093 | 0.06092 | 0.06093 | 55 | −0.20042 | −0.20043 | −0.20052 |
| 8 | 0.30845 | 0.30844 | 0.30848 | 32 | 0.05005 | 0.05003 | 0.05000 | 56 | −0.21122 | −0.21123 | −0.21127 |
| 9 | 0.29801 | 0.29800 | 0.29796 | 33 | 0.03911 | 0.03909 | 0.03906 | 57 | −0.22210 | −0.22211 | −0.22199 |
| 10 | 0.28743 | 0.28741 | 0.28740 | 34 | 0.02815 | 0.02814 | 0.02813 | 58 | −0.23265 | −0.23266 | −0.23270 |
| 11 | 0.27668 | 0.27667 | 0.27682 | 35 | 0.01720 | 0.01719 | 0.01718 | 59 | −0.24347 | −0.24348 | −0.24338 |
| 12 | 0.26616 | 0.26614 | 0.26621 | 36 | 0.00627 | 0.00626 | 0.00624 | 60 | −0.25411 | −0.25412 | −0.25404 |
| 13 | 0.25565 | 0.25564 | 0.25557 | 37 | −0.00467 | −0.00469 | −0.00470 | 61 | −0.26472 | −0.26473 | −0.26467 |
| 14 | 0.24485 | 0.24484 | 0.24492 | 38 | −0.01562 | −0.01564 | −0.01565 | 62 | −0.27520 | −0.27521 | −0.27528 |
| 15 | 0.23421 | 0.23420 | 0.23423 | 39 | −0.02655 | −0.02656 | −0.02659 | 63 | −0.28575 | −0.28576 | −0.28586 |
| 16 | 0.22358 | 0.22357 | 0.22353 | 40 | −0.03749 | −0.03750 | −0.03753 | 64 | −0.29651 | −0.29652 | −0.29642 |
| 17 | 0.21275 | 0.21274 | 0.21280 | 41 | −0.04842 | −0.04843 | −0.04846 | 65 | −0.30689 | −0.30690 | −0.30695 |
| 18 | 0.20203 | 0.20201 | 0.20206 | 42 | −0.05937 | −0.05938 | −0.05939 | 66 | −0.31736 | −0.31737 | −0.31745 |
| 19 | 0.19138 | 0.19136 | 0.19129 | 43 | −0.07027 | −0.07029 | −0.07031 | 67 | −0.32805 | −0.32806 | −0.32791 |
| 20 | 0.18061 | 0.18059 | 0.18051 | 44 | −0.08117 | −0.08118 | −0.08123 | 68 | −0.33845 | −0.33846 | −0.33835 |
| 21 | 0.16982 | 0.16980 | 0.16971 | 45 | −0.09213 | −0.09214 | −0.09214 | 69 | −0.34867 | −0.34868 | −0.34873 |
| 22 | 0.15887 | 0.15886 | 0.15889 | 46 | −0.10306 | −0.10307 | −0.10304 | 70 | −0.35894 | −0.35895 | −0.35907 |
| 23 | 0.14802 | 0.14801 | 0.14805 | 47 | −0.11389 | −0.11390 | −0.11393 | 71 | −0.36972 | −0.36973 | −0.36957 |
| 24 | 0.13724 | 0.13723 | 0.13720 | 48 | −0.12476 | −0.12477 | −0.12480 | 72 | −0.38172 | −0.38174 | −0.38176 |

从吊杆力的识别结果(图 7.5)可看出:①在吊杆力分布方面,两侧的边吊杆力均偏大,跨中的吊杆力都比较均匀;②方法Ⅰ识别的吊杆力均小于对应的设计值,方法Ⅱ识别的吊杆力普遍小于相应的设计值,但有部分吊杆略大于设计值;③方法Ⅰ的相对误差大于方法Ⅱ,方法Ⅰ的最大相对误差为−5.3%,方法Ⅱ的最大相

对误差为−2.5%，且相对误差最大值均出现在68号吊杆。

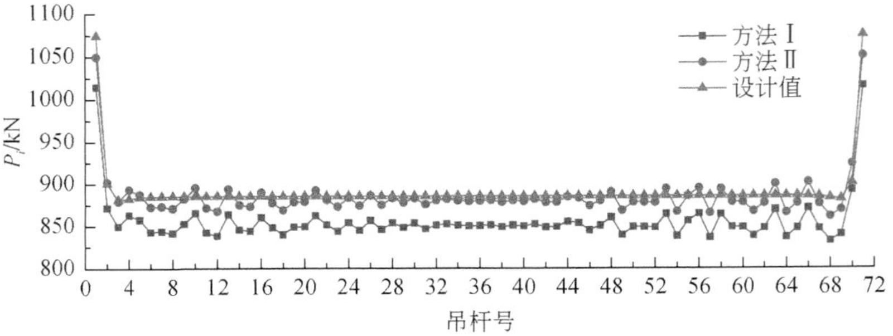


(a) 吊杆力

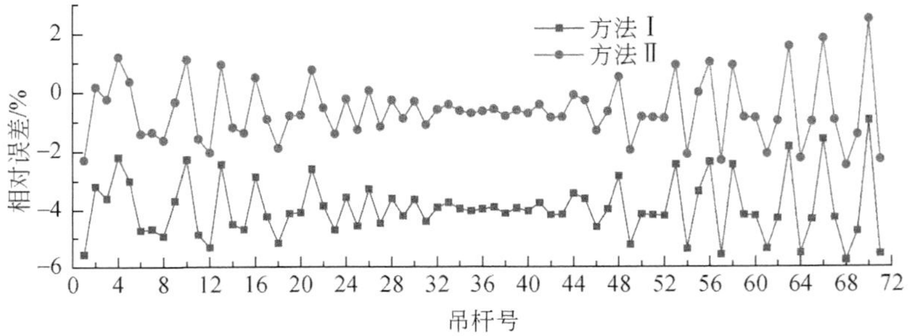


(b) 相对误差

图7.5 吊杆力识别结果

### 7.4.3 敏感性分析

方法Ⅰ和方法Ⅱ的误差来源有所区别，除解析表达中假设条件引起的系统误差和主缆线形的测量误差外，还分别来源于补测点$Q$的坐标测量误差和频率法识别的长吊杆张力误差。考虑实测数据受场地环境和仪器误差影响，存在一定的随机性。因此，有必要针对算法对实测数据精度的依赖度进行测评，本节以敏感性来评价算法的稳定性。

(1)方法Ⅰ的敏感性分析。

在7.4.2节中，主缆通过补测点$Q$，若$Q$位置有所变动(测量误差造成的)，主缆水平分力和识别得到的吊杆力均会受到影响。为了研究补测点$Q$坐标测量误差对吊杆力的影响，人为变动点$Q$坐标的测量结果。在图7.6中，点1对应7.4.2节中的$Q$点原始位置，点2～点5为虚加的补测点(坐标值见表7.4)，即由于测量误差，测得的点$Q$坐标变动到点2～点5。点2和点3的位置近似沿着实际的主缆轴线，而点4和点5在主缆的法线方向上，分别处于下侧和上侧。由于几何线形的测量误差一般在毫米级，因此对点 $Q$ 坐标变动量级为 1mm。

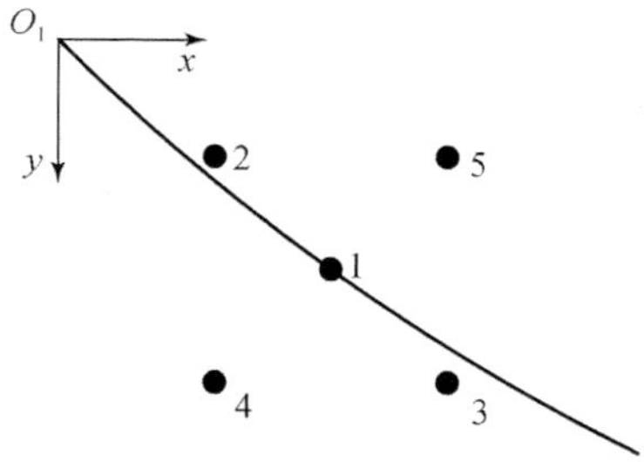


图 7.6　补测点 $Q$ 的原始位置和人为变动位置

**表 7.4　测点坐标和对应的主缆水平分力**

| 参数 | | 工况 1 | 工况 2 | 工况 3 | 工况 4 | 工况 5 |
|---|---|---|---|---|---|---|
| 坐标 | 点 | 1 | 2 | 3 | 4 | 5 |
| | $x$/m | 4.999 | 4.998 | 5.000 | 4.998 | 5.000 |
| | $y$/m | 1.897 | 1.896 | 1.898 | 1.898 | 1.896 |
| 主缆水平分力 $H$/kN | | 90766.2 | 128891.4 | 70049.8 | 54779.3 | 264565.6 |

根据主缆水平分力的识别结果(表 7.4)可看出，补测点 $Q$ 坐标虽然只有 1mm 的变动，但识别出的主缆水平分力相差较大。从工况 1、工况 4 和工况 5 的结果可知，补测点 $Q$ 在主缆法线方向上的变化会引起主缆水平分力的急剧变化，工况 4 的主缆水平分力明显减小是因为测点外移，与放松主缆的效果类似，相当于增加了首尾端点间主缆段的无应力长度；而工况 5 主缆内移，等同于拉紧主缆，相当于缩短了首尾两端点间主缆段的无应力长度，导致主缆力极大幅度的增加。从工况 1、工况 2 和工况 3 的结果可知，若补测点 $Q$ 的坐标变动到点 2，效果与拉紧主缆类似，即水平分力增加，而点 3 则类似于放松主缆，即减小了水平分力。

从工况 1～工况 5 的吊杆力识别结果(图 7.7)可看出，工况 5 的误差最大，相对误差已经高达 200%，其次是工况 4、工况 2、工况 3，工况 1 误差最小。虽然主缆水平分力急剧变化，但悬链线方程参数 $a_i$ 仍较为接近(图 7.8)，误差量级仍在十万分位上。综上所述，在方法 I 中，细微的测量误差，即使是毫米级，也会对吊杆力识别造成显著影响。因此，通过补测一点坐标的求解方法对几何测量精度有高敏感性，较为不稳定。

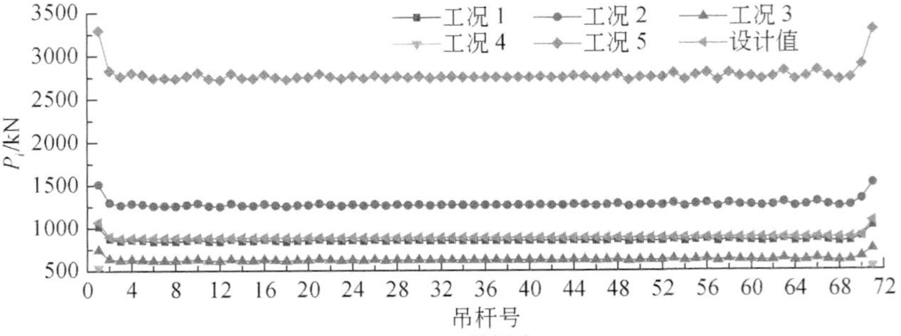


(a) 吊杆力

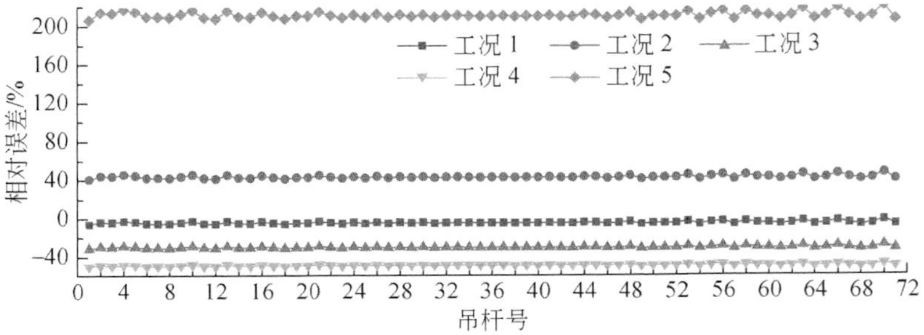


(b) 相对误差

图 7.7　工况 1～工况 5 的吊杆力识别结果

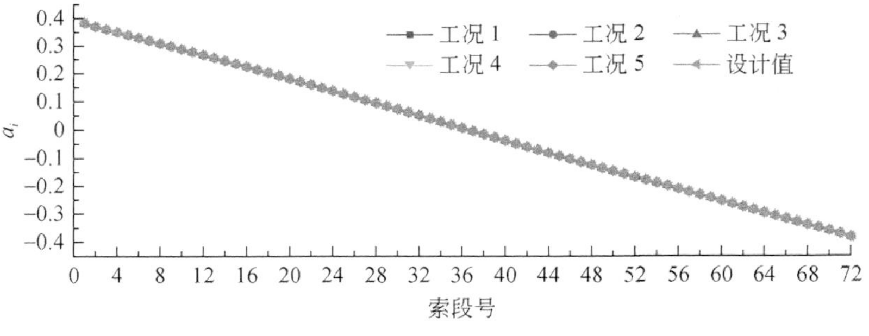


图 7.8　工况 1～工况 5 的悬链线方程参数 $a_i$

(2)方法Ⅱ的敏感性分析。

考虑到频率法测得的边吊杆力 $P_1$ 有一定的随机性，以 20kN(约 2%的吊杆力)为变动幅度，人为调整边吊杆力(表 7.5)。以 1010kN、1030kN、1050kN、1070kN、1090kN 为虚拟的吊杆力，分别建立工况 6～工况 10，根据主缆水平分力的识别结果，发现给边吊杆力 $P_1$ 施加人为变化后，主缆水平分力 $H$ 与边吊杆力 $P_1$ 呈线性变化(图 7.9)。在回归分析中，二者的相关系数极为接近 1。随着 $P_1$ 的增加，$H$ 也不断增加。$P_1$ 每 1kN 的变化量会引起水平分力 $H$ 76.13kN 的变化量，即 $P_1$ 的 1%误差引起 $H$ 的 0.81%误差。

表 7.5　边吊杆力 $P_1$ 和主缆水平分力 $H$

| 参数 | 工况 6 | 工况 7 | 工况 8 | 工况 9 | 工况 10 | 设计值 |
|---|---|---|---|---|---|---|
| $P_1$/kN | 1010.0 | 1030.0 | 1050.0 | 1070.0 | 1090.0 | 1074.5 |
| $H$/kN | 90406.8 | 91929.4 | 93452.1 | 94974.7 | 96497.4 | 93964.0 |

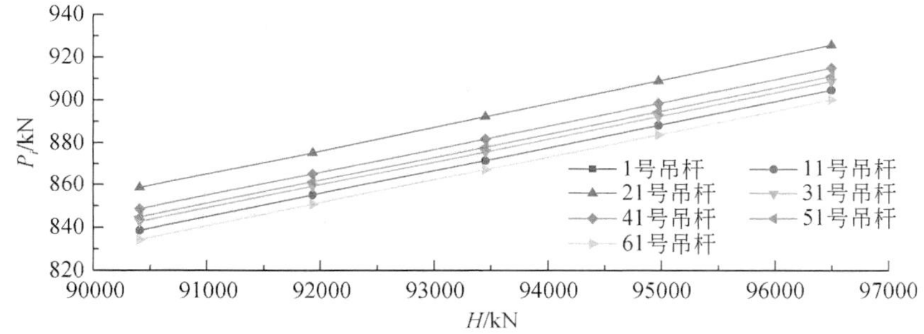


图 7.9　$H$ 和 $P_i$ 的线性关系

从工况 6～工况 10 的吊杆力识别结果(图 7.10)可以看出，吊杆力的识别相对误差分布在±6%以内。边吊杆力在以 2%幅度变化时，对悬链线方程参数 $a_i$ 的影响程度不大(图 7.11)，边吊杆力 20kN 的变化量仅引起 $a_i$ 的−0.00001 的平均改变，因此可认为工况 6～工况 10 的主缆线形基本一致。综上所述，以实测的长吊杆力为控制条件的求解算法敏感性较低，比方法Ⅰ更为可靠。

前面发现 $P_1$ 与主缆水平分力 $H$ 几乎呈线性关系，为研究其余的吊杆力与 $H$ 是否也存在类似的线性关系，取其余吊杆力 $P_i$($i$=2～71)在工况 6～工况 10 下的计算值，以 $H$ 为水平轴，以 $P_i$ 为纵轴，图示两者的关系，其中部分吊杆的结果如图 7.9

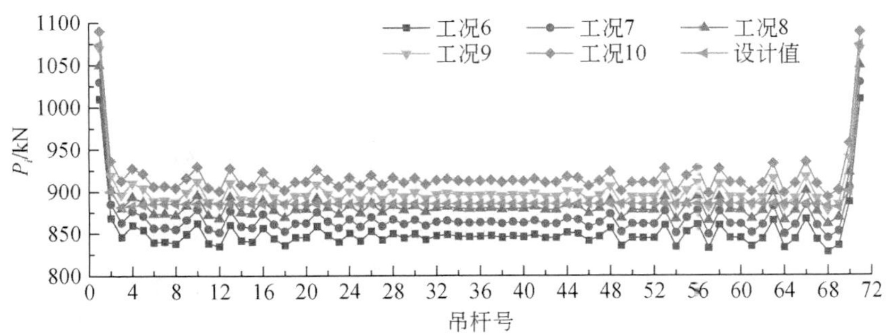


(a) 吊杆力

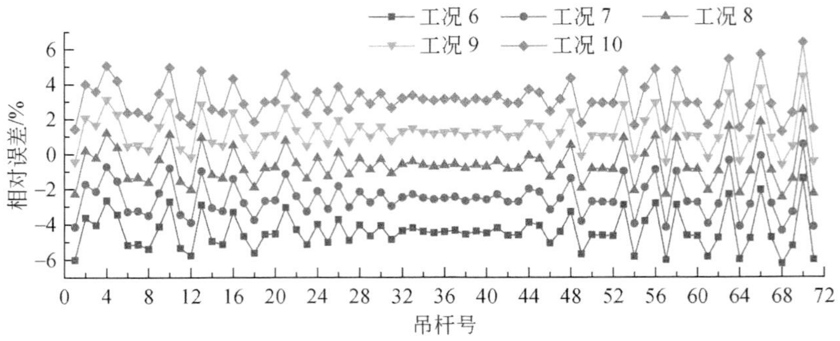

(b) 相对误差

图 7.10　工况 6～工况 10 的吊杆力识别结果

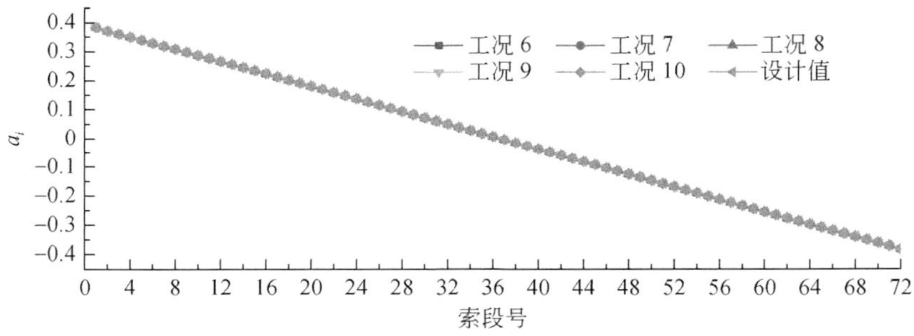

图 7.11　工况 6～工况 10 的悬链线方程参数 $a_i$

所示。从图中可以看出,吊杆的多个数据点分布在一条直线上。尝试用线性关系式依次拟合这些数据点,回归分析的结果显示,$P_i$ 与主缆水平分力 $H$ 的相关系数均接近 1,因此可认为二者也存在线性关系。

## 7.5　本章小结

本章基于分段悬链线理论和主缆实测线形,提出了反向识别悬索桥吊杆力的解析算法。从几何相容条件和力学平衡条件出发,并考虑主索鞍圆弧的影响,讨论了吊杆力与主缆线形参数和主缆水平分力的关系,推导了吊杆力的表达式。通过补充一个几何条件或力学条件来计算主缆水平分力,识别全桥吊杆力,并对算法的敏感性进行了较深入的分析。该方法成功应用于金东大桥,得到以下结论:

(1)基于悬链线的解析解,可有效表达出吊杆的解析式,但悬链线的未知参数多于实测主缆线形提供的几何边界数,不足以进行吊杆力的识别,还需补充一个几何条件(在主缆上补测一个非吊点的坐标)或力学条件(用频率法测出某个长吊杆的张力)。

(2)本章解析方法可以准确地识别出悬索桥所有吊杆力,有效地避免了频率法测试短吊杆力精度差的问题,概念明确、思路清晰、使用方便,适于推广。

(3)以补测主缆非吊点坐标作为补充条件的方法识别出的吊杆力结果受补充条件的影响较大,极为依赖几何测量的精度,不易控制;以实测某长吊杆力作为补充条件的方法可以有效地识别出其余吊杆力,此方法的敏感性低,识别结果受补充条件的影响较小,易于控制,实用性更强。

(4)主缆水平分力 $H$ 与各吊杆力$P_i$存在近似线性关系。

## 参考文献


[1] Irvine H M. Cable Structures. Cambridge: The MIT Press, 1981.

[2] Triantafyllou M S. The dynamics of taut inclined cables. The Quarterly Journal of Mechanics and Applied Mathematics, 1984, 37(3): 421-440.

[3] Triantafyllou M S, Grinfogel L. Natural frequencies and modes of inclined cables. Journal of Structural Engineering, 1986, 112(1): 139-148.

[4] Shimada T, Kimoto K, Narui S. Study on estimating tension of tied hanger ropes of suspension bridge by vibration method. Doboku Gakkai Ronbunshu. 1989, 404: 455-458.

[5] Zui H, Shinke T, Namita Y. Practical formulas for estimation of cable tension by vibration method. Journal of Structural Engineering, 1996, 122(6): 651-656.

[6] Mehrabi A B, Tabatabai H. Unified finite difference formulation for free vibration of cables. Journal of Structural Engineering, 1998, 124(11): 1313-1322.

[7] Ni Y Q, Ko J M, Zheng G. Dynamic analysis of large-diameter sagged cables taking into account flexural rigidity. Journal of Sound and Vibration, 2002, 257(2): 301-319.

[8] Kim B H, Park T. Estimation of cable tension force using the frequency-based system identification method. Journal of Sound and Vibration, 2007, 304(3-5): 660-676.

[9] Ceballos M A, Prato C A. Determination of the axial force on stay cables accounting for their bending stiffness and rotational end restraints by free vibration tests. Journal of Sound and Vibration, 2008, 317(1-2): 127-141.

[10] Park T, Hyung Lee D, Hwa Kim B. Estimation of tension force in double hangers by a system identification approach. Inverse Problems in Science and Engineering, 2010, 18(2): 197-216.

[11] Choi D H, Park W S. Tension force estimation of extradosed bridge cables oscillating nonlinearly under gravity effects. International Journal of Steel Structures, 2011, 11(3): 383-394.

[12] Huang Y H, Fu J Y, Wang R H, et al. Unified practical formulas for vibration-based method of cable tension estimation. Advances in Structural Engineering, 2015, 18(3): 405-422.

[13] Huang Y H, Fu J Y, Gan Q, et al. New method for identifying internal forces of hangers

based on form-finding theory of suspension cable. Journal of Bridge Engineering, 2017, 22(11):04017096.

[14] Psimoulis P A, Stiros S C. Measuring deflections of a short-span railway bridge using a robotic total station. Journal of Bridge Engineering, 2013, 18(2):182-185.

[15] Alamdari M M, Ge L, Kildashti K, et al. Non-contact structural health monitoring of a cable-stayed bridge: Case study. Structure and Infrastructure Engineering, 2019, 15(8): 1119-1136.

[16] Slob S, Hack R. 3D terrestrial laser scanning as a new field measurement and monitoring technique//Engineering Geology for Infrastructure Planning in Europe, Heidelberg: Springer, 2004:179-189.

[17] Park H S, Lee H M, Adeli H, et al. A new approach for health monitoring of structures: Terrestrial laser scanning. Computer-Aided Civil and Infrastructure Engineering, 2007, 22(1):19-30.

[18] Golparvar-Fard M, Bohn J, Teizer J, et al. Evaluation of image-based modeling and laser scanning accuracy for emerging automated performance monitoring techniques. Automation in Construction, 2011, 20(8):1143-1155.

[19] Jáuregui D V, White K R. Bridge inspection using virtual reality and photogrammetry//Inspection and Monitoring Techniques for Bridges and Civil Structures. Amsterdam: Elsevier, 2005:216-246.

[20] Jiang R N, Jáuregui D V, White K R. Close-range photogrammetry applications in bridge measurement: Literature review. Measurement, 2008, 41(8):823-834.

# 第8章 不等主跨三塔悬索桥主缆线形及其温度影响的解析研究

## 8.1 引　　言

传统双塔悬索桥的跨越能力在常见的桥型中独占鳌头，而多塔悬索桥更是增大了悬索桥的跨越能力[1~4]。在世界范围内有多座著名的多塔悬索桥，如法国1937年建成的Chateauneuf桥(49.15m+3×59.50m+49.15m)和1951年建成的Chatillon桥(92m+2×76m+92m)、日本1961年建成的小鸣门桥(70.6m+2×160m+50.8m)[5]、莫桑比克1965年建成的Save桥(110m+3×210m+110m)。近十年来，中国拉开了建设大跨度三塔悬索桥的序幕，如建成通车的泰州长江大桥(390m+2×1080m+390m)、马鞍山长江大桥(360m+2×1080m+360m)[6]和鹦鹉洲长江大桥(200m+2×850m+200m)，以及正在施工的瓯江北口大桥(230m+2×800m+358m)。

由于地形条件、通航要求和经济性等影响，不等主跨的三塔悬索桥要比上述的等主跨三塔悬索桥更适宜修建，例如，智利正在建设Chacao Channel桥(220m+1055m+1100m+324m)[7]，该桥曾因资金问题一度被搁置，如今又重新启动了；中国工程师为广东省南粤狮子洋大桥曾提出一个跨径布置为210m+1060m+1360m+330m的方案。与等主跨三塔悬索桥相比，不等主跨三塔悬索桥具有更强的地形适应能力，具有更广阔的应用前景。

主缆线形是不等主跨三塔悬索桥设计和施工控制的核心内容之一。对于不等主跨三塔悬索桥，两个主跨以跨径大小分别称为主跨和次主跨。次主跨矢跨比和边塔高度的确定原则及方法更是不等主跨三塔悬索桥主缆线形计算的关键内容。主跨的设计矢跨比通常根据工程经验给定，但次主跨的矢跨比需要根据受力条件等计算，以免两个主跨的主缆水平分力不等，造成中塔偏移。除此之外，主跨两侧的桥塔高度可根据其设计矢跨比合理选择，而次主跨外侧的桥塔也需要综合考虑结构受力、材料用量和桥梁美观性等要求。

温度对不等主跨三塔悬索桥主缆线形的影响也是值得关注的重点内容。与双塔悬索桥相似，相同的温度变化量会引起不等主跨三塔悬索桥各跨的主缆水平分力不同的变化量，造成桥塔偏移和跨度的改变，进而也会引起主缆高程的改变。三塔悬索桥的中塔两侧主缆的矢跨比大于边跨主缆，因此中塔塔顶受到的纵向约束比边塔弱[8]。对于对称布置的等主跨三塔悬索桥，相同的温度变化量将引起两个主跨主缆水平分力相同的变化量，因此中塔仍可保持直立状态。然而，对于不等主跨三塔悬索桥，温度变化必将引起中塔的弯曲变形。在成桥验收时，各跨跨中主缆高程和桥塔塔顶偏移量是重要的检测指标。设计图纸一般只给出这些指标在基准温度下的理论值，而现场测量时主缆的实际温度很可能与基准温度不同，因此需要将非基准温度下的测量结果换算到基准温度下。

目前关于多塔悬索桥静力性能的研究主要涉及等主跨悬索桥的活载变形[3,9～11]、悬索桥系统刚度[12～14]、中塔刚度[15～17]、主缆与索鞍的滑移[18,19]等，鲜有文献报道多塔/三塔悬索桥的主缆线形计算和温度影响的研究。

不等主跨悬索桥主缆线形的计算可参考传统双塔悬索桥的方法，主要包含两大类：有限元法和解析法。有限元法采用一系列离散的悬链线单元模拟主缆，利用牛顿法迭代求解非线性平衡方程，不断更新各单元的节点坐标和内力，从而计算主缆线形[20～23]。解析法基于分段直线理论[3,4]、分段抛物线理论[2,24]或分段悬链线理论[2]，根据缆索的力学平衡方程和几何变形协调相容方程，迭代确定主缆线形。其中，分段悬链线理论精度最高，目前应用最广。与有限元法相比，解析法具有物理意义明确、易收敛、计算效率高、易推广等优点，因此广泛采用[25～27]。

本章首先基于分段悬链线理论建立不等主跨悬索桥主缆线形的解析算法，明确次主跨矢跨比和桥塔高度的优化原则；然后提出计算温度对主缆线形影响的解析法，并考虑桥塔弯曲变形和散索鞍转动等因素；最后以跨径布置为 248m＋1060m＋1360m＋380m 的不等主跨三塔悬索桥为例验证该方法的可行性和有效性。

## 8.2　主缆线形计算

三塔悬索桥包含六跨，从左向右依次是左锚跨、左边跨、次主跨、主跨、右边跨和右锚跨，跨径分别为 $L_1$、$L_2$、$L_3$、$L_4$、$L_5$ 和 $L_6$，如图 8.1 所示。次主跨的跨径 $L_3$ 小于主跨跨径 $L_4$。为不失一般性，左边跨没有吊杆和主梁，而右边跨有吊杆和主梁。图中点 $A$ 和点 $G$ 为主缆锚固点，点 $B$ 和点 $F$ 为主缆在散索鞍上的 IP 点，点 $C$、点 $D$ 和点 $E$ 为主缆在三个塔顶的 IP 点。悬索桥的吊杆力可采用多点刚性支承连续梁法求解[20,28,29]。$P_{3,i}$、$P_{4,i}$和 $P_{5,i}$分别表示次主跨、主跨和右边跨的吊杆力，下标 3、4 和 5 分别表示次主跨、主跨和右边跨。主缆成桥线形计算可各跨独立进行，依次计算主跨、次主跨、边跨和锚跨。即先由主跨计算得到主缆的水平分力，然后根据桥塔两侧主缆水平分力相等的原则进行次主跨和边跨计算，最后利用散索鞍的力矩平衡计算锚跨，具体找形计算流程如图 8.2 所示。

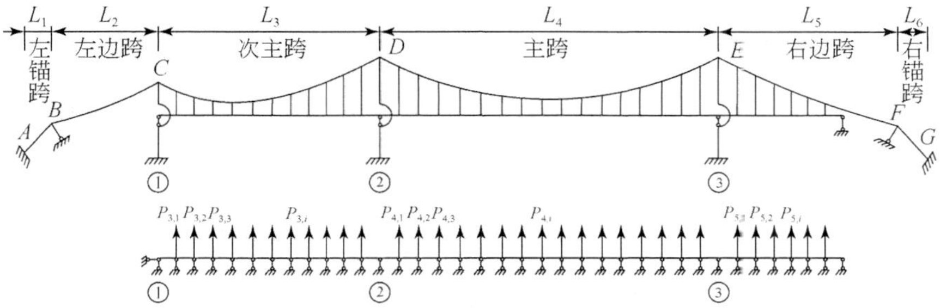


图 8.1　不等主跨三塔悬索桥示意图

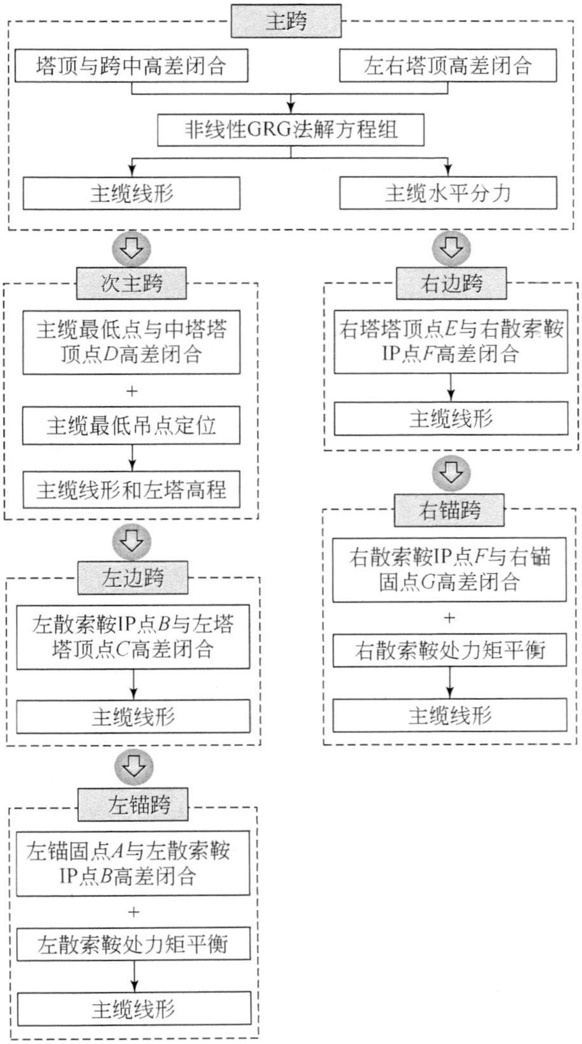


图 8.2　主缆找形计算流程

### 8.2.1　主跨

由于吊杆力的作用，主跨的主缆线形为带折角的多段悬链线，分别以点 $D$ 和各吊点 $O_{4,i}$ 为坐标原点建立坐标系，$x$ 轴水平向右，$y$ 轴竖直向下，以主缆水平分力 $H$、第 1 段悬链线方程参数 $a_{4,1}$ 为基本未知量，根据塔顶与跨中高差闭合、两塔顶高差闭合两个条件分别建立如下方程：

$$\sum_{i=1}^{m}\Delta h_{4,i}=\sum_{i=1}^{m}c\left[\cosh\left(\frac{l_{4,i}}{c}+a_{4,i}\right)-\cosh a_{4,i}\right]=h_D-h_{O_{4,m}} \tag{8.1a}$$

$$\sum_{i=1}^{n_4+1}\Delta h_{4,i}=h_D-h_E \tag{8.1b}$$

式中，$m$ 为点 $D$ 与跨中点 $O_{4,m}$ 之间的主缆段数；$\Delta h_{4,i}$ 为任一段主缆两端点的高差，可由式(2.4)确定；$c=-H/q$，$H$ 为主跨主缆水平分力，kN，$q$ 为主缆自重荷载集度，kN/m；$a_{4,i}$ 为第 $i$ 段悬链线方程参数；$l_{4,i}$ 为各悬链线的水平投影长度(图 8.3)；$n_4$ 为主跨吊杆数量，所以 $n_4+1$ 为主缆悬链线的数量；$h_D$、$h_{O_{4,m}}$ 和 $h_E$ 分别为点 $D$、点 $O_{4,m}$ 和点 $E$ 在大地坐标系中的高程。

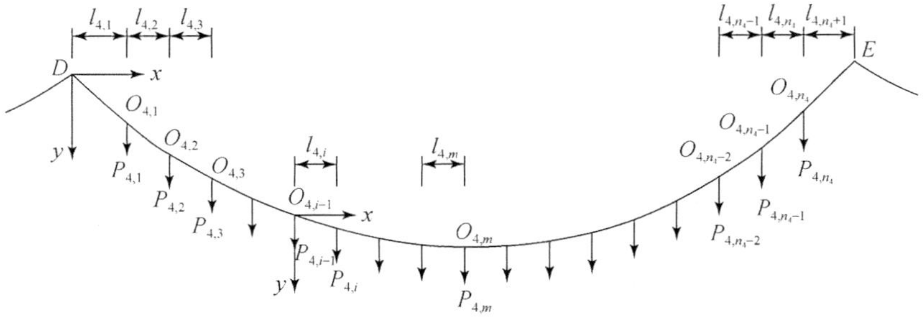


图 8.3　不等主跨三塔悬索桥的主跨主缆线形

根据式(2.19)，$a_{4,i+1}$ 与 $a_{4,i}$ 的递推关系[30]为

$$a_{4,i+1}=\operatorname{arcsinh}\left[\sinh\left(\frac{l_{4,i}}{c}+a_{4,i}\right)-\frac{P_{4,i}}{H}\right] \tag{8.2}$$

以 $H$ 和 $a_{4,1}$ 为变量，构造目标函数

$$\sum_{i=1}^{2}f_i^2(H,a_{4,1})=0 \tag{8.3}$$

利用非线性 GRG 法对式(8.3)进行规划求解，可计算出 $H$ 和 $a_{4,1}$，并得到主跨主缆的成桥线形和内力。

根据式(3.16)，此时第 $i$ 段悬链线主缆的无应力长度 $S_{4,i}$ 可表达为

$$S_{4,i}=c\left[\sinh\left(\frac{l_{4,i}}{c}+a_{4,i}\right)-\sinh a_{4,i}\right]-\frac{H}{2EA}\left(l_{4,i}+\frac{c}{2}\left\{\sinh\left[2\left(\frac{l_{4,i}}{c}+a_{4,i}\right)\right]-\sinh(2a_{4,i})\right\}\right) \tag{8.4}$$

式中，$E$ 和 $A$ 分别为主缆的弹性模量和横截面面积。

### 8.2.2　次主跨

为了使桥塔处于零弯矩的最佳受力状态，次主跨主缆的水平分力要与主跨相等。由于次主跨的跨径和主梁总恒载均小于主跨，所以其矢跨比也小于主跨，需通过计算确定。现有两种情形：①如果左塔（1 号桥塔）顶点 $C$ 与中塔（2 号桥塔）顶点 $D$ 的高程相等，那么次主跨主缆的最低吊点在跨中，其高程大于主跨主缆最低吊点，造成多数吊杆长度偏大，存在桥塔和吊杆材料的浪费，且影响桥梁美观；②如果点 $C$ 高程低于点 $D$，那么次主跨主缆的最低吊点不在跨中，而是偏向于矮塔（1 号塔）。因此，若事先给定 $C$ 点高程，可能计算出不合适的次主跨主缆最低吊点高程。可先给定次主跨主缆最低吊点高程，如让其等于主跨主缆跨中高程，然后计算出 $C$ 点高程。这样次主跨最短吊杆的长度与主跨相当，左边塔高度低到极致，节省了造价，美观性也较好。因此，选取第二种情形作为本章主缆找形的研究内容。

分别以点 $C$ 和各吊点 $O_{3,i}$ 为坐标原点建立坐标系，$x$ 轴水平向右，$y$ 轴竖直向下，如图 8.4 所示，次主跨的主缆水平分力与主跨一致，以悬链线方程参数 $a_{3,1}$ 和次主跨最低吊点的编号 $k$ 为基本未知量，根据最低吊点 $O_{3,k}$ 与点 $D$ 高差的闭合条件，可建立如下方程：

$$\sum_{i=k+1}^{n_3+1}\Delta h_{3,i}=\sum_{i=k+1}^{n_3+1}c\left[\cosh\left(\frac{l_{3,i}}{c}+a_{3,i}\right)-\cosh a_{3,i}\right]=h_{O_{3,k}}-h_D \tag{8.5}$$

式中，$n_3$ 为次主跨吊杆数量，所以 $n_3+1$ 为次主跨主缆悬链线数量；$h_{O_{3,k}}$ 为点 $O_{3,k}$ 在大地坐标系中的高程，$h_{O_{3,k}}=h_{O_{4,m}}$。

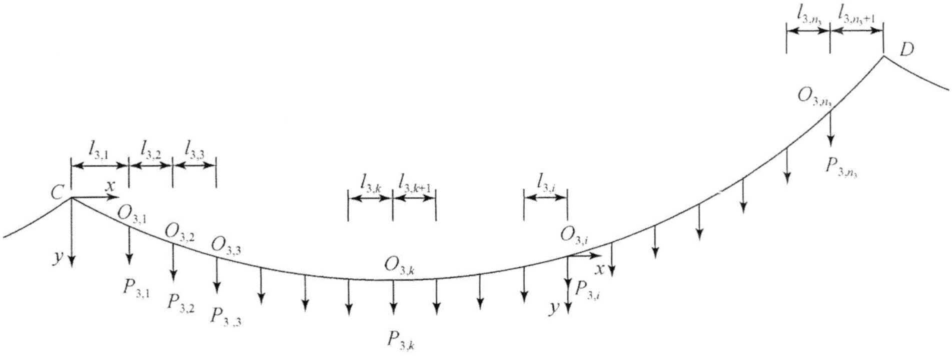

图 8.4　次主跨的主缆线形

为使点 $O_{3,k}$ 为次主跨最低吊点，有

$$\Delta h_{3,k}>0,\quad \Delta h_{3,k+1}<0 \tag{8.6}$$

与主跨类似，$a_{3,i+1}$ 与 $a_{3,i}$ 的递推关系[30]为

$$a_{3,i+1}=\operatorname{arcsinh}\left[\sinh\left(\frac{l_{3,i}}{c}+a_{3,i}\right)-\frac{P_{3,i}}{H}\right] \tag{8.7}$$

因此，联立式(8.5)～式(8.7)，利用非线性 GRG 法可计算出 $k$ 和 $a_{3,1}$，进而可求得次边跨主缆线形。

左塔顶点 $C$ 在大地坐标系中的高程 $h_C$ 为

$$h_C=h_{O_{3,k}}+\sum_{i=1}^{k}\Delta h_{3,i} \tag{8.8}$$

根据式(3.16)，次主跨的第 $i$ 段悬链线主缆的无应力长度 $S_{3,i}$ 可表达为

$$S_{3,i}=c\left[\sinh\left(\frac{l_{3,i}}{c}+a_{3,i}\right)-\sinh a_{3,i}\right]-\frac{H}{2EA}\left(l_{3,i}+\frac{c}{2}\left\{\sinh\left[2\left(\frac{l_{3,i}}{c}+a_{3,i}\right)\right]-\sinh(2a_{3,i})\right\}\right) \tag{8.9}$$

### 8.2.3　右边跨

为使右塔(3 号桥塔)处于直立状态，右边跨主缆水平分力与主跨相同。分别以 $E$ 点和各吊点 $O_{5,i}$ 为坐标原点建立坐标系，$x$ 轴水平向右，$y$ 轴竖直向下，如图 8.5 所示，其主缆水平分力与主跨相同，以悬链线方程参数 $a_{5,1}$ 为基本未知量，根据点 $E$ 与点 $F$ 高差的闭合条件，可建立如下方程：

$$\sum_{i=1}^{n_5+1}\Delta h_{5,i}=\sum_{i=1}^{n_5+1}c\left[\cosh\left(\frac{l_{5,i}}{c}+a_{5,i}\right)-\cosh a_{5,i}\right]=h_E-h_F \tag{8.10}$$

式中，$n_5$ 为右边跨吊杆数量，所以 $n_5+1$ 为右边跨主缆悬链线的数量；$h_F$ 为点 $F$ 在大地坐标系中的高程。

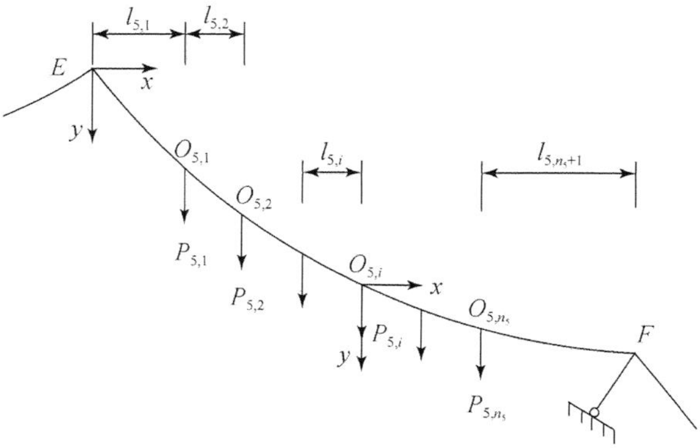


图 8.5　右边跨的主缆线形

也与主跨类似，$a_{5,i+1}$ 与 $a_{5,i}$ 的递推关系[30]为

$$a_{5,i+1}=\operatorname{arcsinh}\left[\sinh\left(\frac{l_{5,i}}{c}+a_{5,i}\right)-\frac{P_{5,i}}{H}\right] \tag{8.11}$$

将式(8.11)代入式(8.10)，可解得 $a_{5,1}$，进而可获得右边跨的主缆线形。

根据式(3.16)，右边跨的第 $i$ 段悬链线主缆的无应力长度 $S_{5,i}$ 可表达为

$$S_{5,i}=c\left[\sinh\left(\frac{l_{5,i}}{c}+a_{5,i}\right)-\sinh a_{5,i}\right]-\frac{H}{2EA}\left(l_{5,i}+\frac{c}{2}\left\{\sinh\left[2\left(\frac{l_{5,i}}{c}+a_{5,i}\right)\right]-\sinh(2a_{5,i})\right\}\right) \tag{8.12}$$

### 8.2.4　左边跨

左边跨没有吊杆，所以整跨主缆为一段悬链线(图 8.1)。以左散索鞍 IP 点 $B$ 为坐标原点建立坐标系，$x$ 轴水平向右，$y$ 轴竖直向下，其主缆水平分力与次主跨和主跨相同，根据点 $B$ 和点 $C$ 之间的高差闭合条件，可建立如下方程：

$$c\left[\cosh\left(\frac{L_2}{c}+a_2\right)-\cosh a_2\right]=h_B-h_C \tag{8.13}$$

式中，$h_B$ 为点 $B$ 在大地坐标系中的高程；$a_2$ 为左边跨悬链线方程的参数。

利用该方程可解得 $a_2$，进而可获得左边跨主缆线形。

根据式(3.16)，左边跨主缆的无应力长度 $S_2$ 可表达为

$$S_2=c\left[\sinh\left(\frac{L_2}{c}+a_2\right)-\sinh a_2\right]-\frac{H}{2EA}\left(L_2+\frac{c}{2}\left\{\sinh\left[2\left(\frac{L_2}{c}+a_2\right)\right]-\sinh(2a_2)\right\}\right) \tag{8.14}$$

### 8.2.5　锚跨

左锚跨和右锚跨主缆线形求解方法大体一致，以左锚跨为例，以左锚固点 $A$ 为坐标原点建立坐标系，$x$ 轴水平向右，$y$ 轴竖直向下，以主缆水平分力 $H_1$ 和主缆悬链线方程参数 $a_1$ 为未知量，根据点 $A$ 和点 $B$ 之间的高差闭合条件和左散索鞍力矩平衡条件(图 8.6)，可建立如下方程：

$$c_1\left[\cosh\left(\frac{L_1}{c_1}+a_1\right)-\cosh a_1\right]=h_A-h_B \tag{8.15a}$$

$$F_1d_1+W_1d_{w1}=F_2d_2 \tag{8.15b}$$

式中，$c_1=-H_1/q$；$h_A$ 为点 $A$ 在大地坐标系中的高程；$F_1$、$W_1$ 和 $F_2$ 分别为左锚跨主缆拉力、左散索鞍自重、左边跨主缆拉力；$d_1$、$d_{w1}$ 和 $d_2$ 分别为左散索鞍转动中心与前述 3 个力的距离，即力臂。

主缆拉力 $F_1$ 和 $F_2$ 可分别表达为

$$F_1=H_1\sec\alpha_1 \tag{8.16a}$$

$$F_2=H\sec\alpha_2 \tag{8.16b}$$

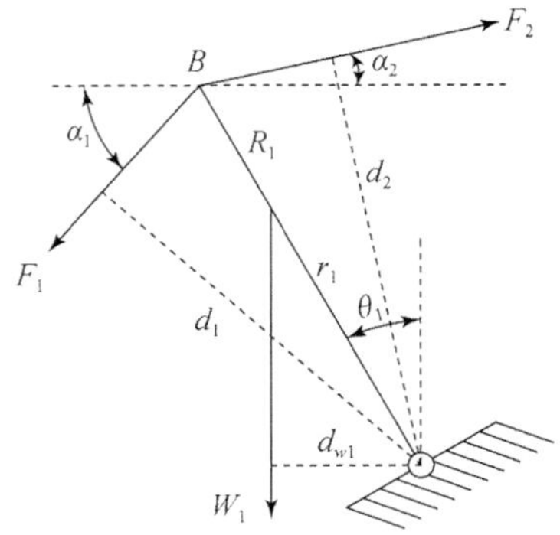


图 8.6　左散索鞍受力平衡

式中，$\alpha_1$ 和 $\alpha_2$ 分别为主缆拉力 $F_1$ 和 $F_2$ 与水平线的夹角(图 8.6)，根据主缆线形的悬链线方程可分别表达为

$$\alpha_1 = -\arctan\left[\sinh\left(\frac{L_1}{c_1}+a_1\right)\right] \tag{8.17a}$$

$$\alpha_2 = -\arctan(\sinh a_2) \tag{8.17b}$$

力臂 $d_1$、$d_{w1}$ 和 $d_2$ 可分别表达为

$$d_1 = R_1\cos(\alpha_1-\theta_1) \tag{8.18a}$$

$$d_{w1} = r_1\sin\theta_1 \tag{8.18b}$$

$$d_2 = R_1\cos(\theta_1-\alpha_2) \tag{8.18c}$$

式中，$R_1$ 和 $r_1$ 分别为左散索鞍 IP 点(点 $B$)和重心到转动中心的距离；$\theta_1$ 为左散索鞍与竖直线的夹角。

利用非线性 GRG 法，可计算出 $H_1$ 和 $a_1$，进而可算得左锚跨的主缆线形，且其主缆的无应力长度 $S_1$ 可表达为

$$S_1 = c_1\left[\sinh\left(\frac{L_1}{c_1}+a_1\right)-\sinh a_1\right]-\frac{H_1}{2EA}\left(L_1+\frac{c_1}{2}\left\{\sinh\left[2\left(\frac{L_1}{c_1}+a_1\right)\right]-\sinh(2a_1)\right\}\right) \tag{8.19}$$

利用类似的方法可以求得右锚跨主缆的无应力长度 $S_6$。

## 8.3　温 度 影 响

### 8.3.1　主缆线形的未知量

对于不等主跨三塔悬索桥任意温度下的主缆线形，当温度改变时，由于跨径和荷载的不同，各跨主缆的水平分力会发生不同程度的变化，引起桥塔倾斜和散索鞍

转动,各跨主缆线形也随之改变。为了计算温度对不等主跨三塔悬索桥主缆线形的影响,需建立各跨的耦合方程,并联立求解,其未知参数(表 8.1)包含四类:悬链线方程参数、主缆水平分力、悬链线的水平投影长度和散索鞍与竖直线的夹角。

**表 8.1　非基准温度下主缆线形的未知参数**

| 未知参数 | 主跨 | 次主跨 | 右边跨 | 左边跨 | 左锚跨 | 右锚跨 |
|---|---|---|---|---|---|---|
| 第 1 段悬链线方程参数 | $a_{4t,1}$ | $a_{3t,1}$ | $a_{5t,1}$ | $a_{2t,1}$ | $a_{1t,1}$ | $a_{6t,1}$ |
| 主缆水平分力 | $H_{4t}$ | $H_{3t}$ | $H_{5t}$ | $H_{2t}$ | $H_{1t}$ | $H_{6t}$ |
| 悬链线水平投影长度 | $l_{4t,i}, 1 \leqslant i \leqslant n_4+1$ | $l_{3t,i}, 1 \leqslant i \leqslant n_3+1$ | $l_{5t,i}, 1 \leqslant i \leqslant n_5+1$ | — | — | — |
| 散索鞍与竖直线夹角 | — | — | — | — | $\theta_{1t}$ | $\theta_{6t}$ |

注:下标 $t$ 表示该参数是非基准温度下的,用来与 8.2 节基准温度下的参数区分。

### 8.3.2　主缆线形的耦合方程

可根据跨径闭合、高差闭合、主缆无应力长度守恒和散索鞍处力矩平衡四类条件,建立耦合方程。

根据跨径闭合条件,分别建立各跨的控制方程,即

$$L_{1t} = L_1 + \Delta_B \tag{8.20a}$$

$$L_{2t} = L_2 - \Delta_B + \Delta_C \tag{8.20b}$$

$$\sum_{i=1}^{n_3+1} l_{3t,i} = L_3 - \Delta_C + \Delta_D \tag{8.20c}$$

$$\sum_{i=1}^{n_4+1} l_{4t,i} = L_4 - \Delta_D + \Delta_E \tag{8.20d}$$

$$\sum_{i=1}^{n_5+1} l_{5t,i} = L_5 - \Delta_E + \Delta_F \tag{8.20e}$$

$$L_{6t} = L_6 - \Delta_F \tag{8.20f}$$

式中,$L_{1t}$、$L_{2t}$、$L_{6t}$ 分别为非基准温度下左锚跨、左边跨和右锚跨的跨径;$\Delta_B$ 为左散索鞍点 $B$ 的水平位移,以向右为正;$\Delta_C$、$\Delta_D$ 和 $\Delta_E$ 分别为左塔、中塔和右塔塔顶的水平位移;$\Delta_F$ 为右散索鞍点 $F$ 的水平位移,以向右为正,可表达为

$$\Delta_B = R_1(\sin\theta_1 - \sin\theta_{1t}) \tag{8.21a}$$

$$\Delta_C = (H_{3t} - H_{2t})\xi_C \tag{8.21b}$$

$$\Delta_D = (H_{4t} - H_{3t})\xi_D \tag{8.21c}$$

$$\Delta_E = (H_{5t} - H_{4t})\xi_E \tag{8.21d}$$

$$\Delta_F = R_6(\sin\theta_{6t} - \sin\theta_6) \tag{8.21e}$$

式中,$\xi_C$、$\xi_D$ 和 $\xi_E$ 分别为左塔、中塔和右塔的柔度系数,m/kN。

根据高差闭合条件,分别建立各跨的控制方程,即

$$c_{1t}\left[\cosh\left(\frac{L_{1t}}{c_{1t}}+a_{1t}\right)-\cosh a_{1t}\right]=h_A-(h_B-\Delta_{B,\mathrm{v}}) \tag{8.22a}$$

$$c_{2t}\left[\cosh\left(\frac{L_{2t}}{c_{2t}}+a_{2t}\right)-\cosh a_{2t}\right]=(h_B-\Delta_{B,\mathrm{v}})-h_C \tag{8.22b}$$

$$\sum_{i=1}^{n_3+1}\Delta h_{3t,i}=\sum_{i=1}^{n_3+1}c_{3t}\left[\cosh\left(\frac{l_{3t,i}}{c_{3t}}+a_{3t,i}\right)-\cosh a_{3t,i}\right]=h_C-h_D \tag{8.22c}$$

$$\sum_{i=1}^{n_4+1}\Delta h_{4t,i}=\sum_{i=1}^{n_4+1}c_{4t}\left[\cosh\left(\frac{l_{4t,i}}{c_{4t}}+a_{4t,i}\right)-\cosh a_{4t,i}\right]=h_D-h_E \tag{8.22d}$$

$$\sum_{i=1}^{n_5+1}\Delta h_{5t,i}=\sum_{i=1}^{n_5+1}c_{5t}\left[\cosh\left(\frac{l_{5t,i}}{c_{5t}}+a_{5t,i}\right)-\cosh a_{5t,i}\right]=h_E-(h_F-\Delta_{F,\mathrm{v}}) \tag{8.22e}$$

$$c_{6t}\left[\cosh\left(\frac{L_{6t}}{c_{6t}}+a_{6t}\right)-\cosh a_{6t}\right]=(h_F-\Delta_{F,\mathrm{v}})-h_G \tag{8.22f}$$

式中,$c_{\mu t}=-H_{\mu t}/q$,$\mu=1,2,\cdots,6$;$\Delta h_{3t,i}$、$\Delta h_{4t,i}$和$\Delta h_{5t,i}$分别为非基准温度下次主跨、主跨和右边跨第 $i$ 段悬链线主缆的高差;$\Delta_{B,\mathrm{v}}$和$\Delta_{F,\mathrm{v}}$分别为点 $B$ 和点 $F$ 的竖向位移,以向下为正,可表达为

$$\Delta_{B,\mathrm{v}}=R_1(\cos\theta_1-\cos\theta_{1t}) \tag{8.23a}$$

$$\Delta_{F,\mathrm{v}}=R_6(\cos\theta_6-\cos\theta_{6t}) \tag{8.23b}$$

根据主缆无应力长度守恒条件,分别建立各跨的控制方程,即

$$S_{1t}=S_1(1+\eta\Delta t) \tag{8.24a}$$

$$S_{2t}=S_2(1+\eta\Delta t) \tag{8.24b}$$

$$S_{3t,i}=S_{3,i}(1+\eta\Delta t),\quad i=1,2,\cdots,n_3+1 \tag{8.24c}$$

$$S_{4t,i}=S_{4,i}(1+\eta\Delta t),\quad i=1,2,\cdots,n_4+1 \tag{8.24d}$$

$$S_{5t,i}=S_{5,i}(1+\eta\Delta t),\quad i=1,2,\cdots,n_5+1 \tag{8.24e}$$

$$S_{6t}=S_6(1+\eta\Delta t) \tag{8.24f}$$

式中,$\eta$ 为主缆的热膨胀系数;$\Delta t$ 为主缆的温度变化量;$S_{1t}$、$S_{2t}$和$S_{6t}$分别为非基准温度下左锚跨、左边跨、右锚跨的主缆无应力长度;$S_{3t,i}$、$S_{4t,i}$和$S_{5t,i}$分别为次主跨、主跨和右边跨主缆任意节段的无应力长度,可分别表达为

$$S_{\mu t}=c_{\mu t}\left[\sinh\left(\frac{L_{\mu t}}{c_{\mu t}}+a_{\mu t}\right)-\sinh a_{\mu t}\right]-\frac{H_{\mu t}}{2EA}\left(L_{\mu t}+\frac{c_{\mu t}}{2}\left\{\sinh\left[2\left(\frac{L_{\mu t}}{c_{\mu t}}+a_{\mu t}\right)\right]-\sinh(2a_{\mu t})\right\}\right) \tag{8.25a}$$

$$S_{\nu t,i}=c_{\nu t}\left[\sinh\left(\frac{l_{\nu t,i}}{c_{\nu t}}+a_{\nu t,i}\right)-\sinh a_{\nu t,i}\right]-\frac{H_{\nu t}}{2EA}\left(l_{\nu t,i}+\frac{c_{\nu t}}{2}\left\{\sinh\left[2\left(\frac{l_{\nu t,i}}{c_{\nu t}}+a_{\nu t,i}\right)\right]-\sinh(2a_{\nu t,i})\right\}\right) \tag{8.25b}$$

式中，$\mu=1,2,6$；$\nu=3,4,5$。

悬链线方程参数 $a_{\nu t,i+1}$ 和 $a_{\nu t,i}$ 的递推关系为[30]

$$a_{\nu t,i+1}=\operatorname{arcsinh}\left[\sinh\left(\frac{l_{\nu t,i}}{c_{\nu t}}+a_{\nu t,i}\right)-\frac{P_{\nu,i}}{H_{\nu t}}\right] \tag{8.26}$$

对于左锚跨，左散索鞍的力矩平衡方程为

$$F_{1t}d_{1t}+W_1 d_{w1t}=F_{2t}d_{2t} \tag{8.27}$$

式中，$W_1$ 为左散索鞍自重；$F_{1t}$ 和 $F_{2t}$ 分别为非基准温度下左锚跨和左边跨主缆的拉力；$d_{1t}$、$d_{w1t}$ 和 $d_{2t}$ 分别为左散索鞍转动中心到 $F_{1t}$、$W_1$ 和 $F_{2t}$ 的距离（即力臂），可分别表达为

$$F_{1t}=H_{1t}\sec\alpha_{1t} \tag{8.28a}$$

$$F_{2t}=H_{2t}\sec\alpha_{2t} \tag{8.28b}$$

$$d_{1t}=R_1\cos(\alpha_{1t}-\theta_{1t}) \tag{8.28c}$$

$$d_{w1t}=r_1\sin\theta_{1t} \tag{8.28d}$$

$$d_{2t}=R_1\cos(\theta_{1t}-\alpha_{2t}) \tag{8.28e}$$

式中，$\alpha_{1t}$ 和 $\alpha_{2t}$ 分别为主缆拉力 $F_{1t}$ 和 $F_{2t}$ 与水平线之间的夹角，可分别表达为

$$\alpha_{1t}=-\arctan\left[\sinh\left(\frac{L_{1t}}{c_{1t}}+a_{1t}\right)\right] \tag{8.29a}$$

$$\alpha_{2t}=-\arctan(\sinh a_{2t}) \tag{8.29b}$$

对于右锚跨，右散索鞍的力矩平衡方程为（图 8.7）

$$F_{5t}d_{5t}+W_6 d_{w6t}=F_{6t}d_{6t} \tag{8.30}$$

式中，$W_6$ 为右散索鞍自重；$F_{5t}$、$F_{6t}$ 分别为非基准温度下右边跨和右锚跨主缆的拉力；$d_{5t}$、$d_{w6t}$ 和 $d_{6t}$ 分别为右散索鞍转动中心到 $F_{5t}$、$W_6$ 和 $F_{6t}$ 的距离（图 8.7），即力臂，可分别表达为

$$F_{5t}=H_{5t}\sec\alpha_{5t} \tag{8.31a}$$

$$F_{6t}=H_{6t}\sec\alpha_{6t} \tag{8.31b}$$

$$d_{5t}=R_6\cos(\theta_{6t}-\alpha_{5t}) \tag{8.31c}$$

$$d_{w6t}=r_6\sin\theta_{6t} \tag{8.31d}$$

$$d_{6t}=R_6\cos(\alpha_{6t}-\theta_{6t}) \tag{8.31e}$$

式中，$\alpha_{5t}$ 和 $\alpha_{6t}$ 分别为主缆拉力 $F_{5t}$、$F_{6t}$ 和水平线之间的夹角，可分别表达为

$$\alpha_{5t}=\arctan\left[\sinh\left(\frac{l_{5t,n_5+1}}{c_{5t}}+a_{5t,n_5+1}\right)\right] \tag{8.32a}$$

$$\alpha_{6t}=\arctan(\sinh a_{6t}) \tag{8.32b}$$

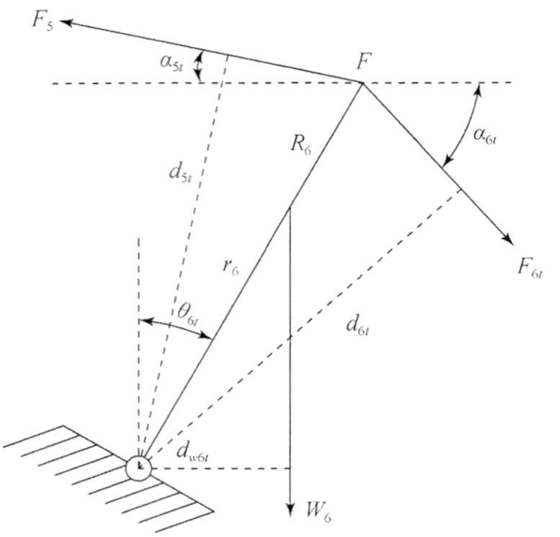


图 8.7 右散索鞍受力平衡

### 8.3.3 方程求解

由于塔顶位移 $\Delta_C$、$\Delta_D$ 和 $\Delta_E$ 和散索鞍 IP 点位移 $\Delta_B$、$\Delta_F$ 的媒介作用，各跨的控制方程需联立才能求解。联立式(8.20)、式(8.22)、式(8.24)、式(8.27)和式(8.30)，将其改写成函数形式 $f_i(\cdot)=0$，并构造目标函数

$$f_1^2+f_2^2+\cdots+f_{11}^2+\sum_{i=1}^{n_3+1}f_{12,i}^2+\sum_{i=1}^{n_4+1}f_{13,i}^2+\sum_{i=1}^{n_5+1}f_{14,i}^2+f_{15}^2+f_{16}^2+f_{17}^2=0 \tag{8.33}$$

利用非线性 GRG 法可对式(8.33)进行规划求解，计算出各跨主缆水平分力、悬链线方程参数等未知量(共 $n_3+n_4+n_5+17$ 个，见表 8.1)，进而可得到非基准温度下的主缆线形和桥塔位移。

## 8.4 算　　例

### 8.4.1 工程概况

某三塔悬索桥跨径布置为 248m＋1060m＋1360m＋380m(图 8.8)，两个主跨跨径不同，且左边跨无吊杆，右边跨有吊杆。全桥采用双根主缆，主跨矢跨比为 1/9，该桥的其余参数见表 8.2。

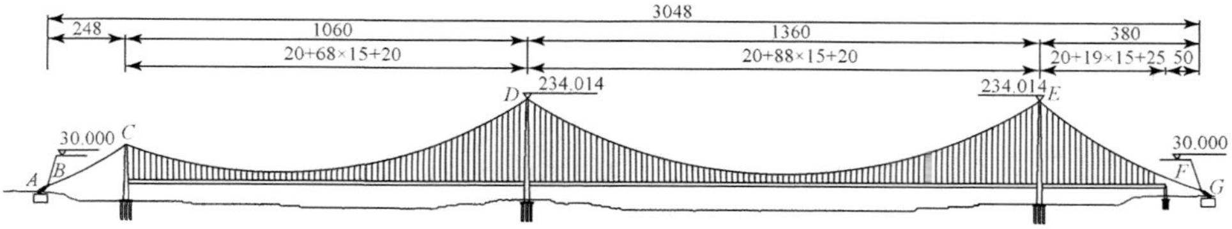


图 8.8　某三塔悬索桥立面图(单位:m)

**表 8.2　某三塔悬索桥已知参数**

| 基本参数 | | 符号 | 单位 | 数值 |
|---|---|---|---|---|
| 跨径 | 左锚跨 | $L_1$ | m | 16.38 |
| | 左边跨 | $L_2$ | m | 248 |
| | 次主跨 | $L_3$ | m | 1060 |
| | 主跨 | $L_4$ | m | 1360 |
| | 右边跨 | $L_5$ | m | 380 |
| | 右锚跨 | $L_6$ | m | 15.32 |
| 加劲梁 | 惯性矩 | $I_b$ | $m^4$ | 3.221 |
| | 弹性模量 | $E_b$ | GPa | 200 |
| | 每延米自重 | $w_b$ | kN/m | 158.31 |
| 主缆 | 横截面面积 | $A$ | $m^2$ | 0.2975 |
| | 弹性模量 | $E$ | GPa | 197 |
| | 每延米自重 | $q$ | kN/m | 24.03 |
| | 线膨胀系数 | $\eta$ | $℃^{-1}$ | $1.192\times10^{-5}$ |
| 悬链线水平投影长度 | 次主跨 | $l_{3,1}$, $l_{3,70}$ | m | 20 |
| | | $l_{3,2}\sim l_{3,69}$ | m | 15 |
| | 主跨 | $l_{4,1}$, $l_{4,90}$ | m | 20 |
| | | $l_{4,2}\sim l_{4,89}$ | m | 15 |
| | 右边跨 | $l_{5,1}$ | m | 20 |
| | | $l_{5,2}\sim l_{5,20}$ | m | 15 |
| | | $l_{5,21}$ | m | 75 |
| 吊杆数量 | 次主跨 | $n_3$ | — | 69 |
| | 主跨 | $n_4$ | — | 89 |
| | 右边跨 | $n_5$ | — | 20 |

续表

| 基本参数 | | | 符号 | 单位 | 数值 |
|---|---|---|---|---|---|
| 在大地坐标系中的高程 | 左锚固点 $A$ | | $h_A$ | m | 18.53 |
| | 左散索鞍 IP 点 $B$、右散索鞍 IP 点 $F$ | | $h_B,h_F$ | m | 30 |
| | 中塔塔顶点 $D$、右塔塔顶点 $E$ | | $h_D,h_E$ | m | 234.014 |
| | 右锚固点 $G$ | | $h_G$ | m | 17.14 |
| | 主跨跨中点 $O_{4,m}$ | | $h_{O_{4,m}}$ | m | 82.914 |
| 柔度系数 | 左塔 | | $\xi_1$ | m/kN | $7.837\times10^{-5}$ |
| | 中塔、右塔 | | $\xi_2,\xi_3$ | m/kN | $2.764\times10^{-4}$ |
| 散索鞍 | IP 点与转动中心的距离 | | $R_1,R_6$ | m | 3.05 |
| | 重心与转动中心的距离 | | $r_1,r_6$ | m | 1.879 |
| | 与竖直线的夹角 | 左 | $\theta_1$ | (°) | 25.01 |
| | | 右 | $\theta_6$ | (°) | 30.86 |
| | 自重 | 左 | $W_1$ | kN | 406.262 |
| | | 右 | $W_6$ | kN | 384.792 |

## 8.4.2　主缆线形

根据主梁截面特性值(表 8.2)和刚性支承连续梁模型可得到主跨、次主跨和右边跨的吊杆力,如图 8.9 所示。根据基准温度($\Delta t=0$℃)下的主缆线形计算结果(图 8.10),可知左塔顶高程为 129.985m,次主跨主缆矢跨比为 1/11.55,其主缆最低点在第 25 根吊杆处,与左塔的水平距离是 380m,其余各跨的主缆水平分力、悬链线方程参数和无应力长度见表 8.3。

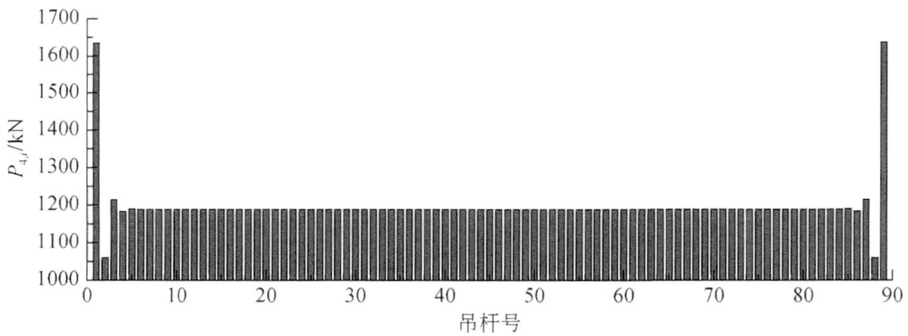

(a) 主跨

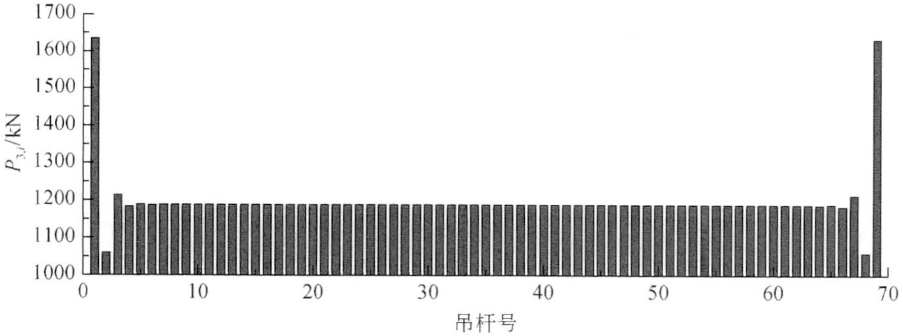


(b) 次主跨

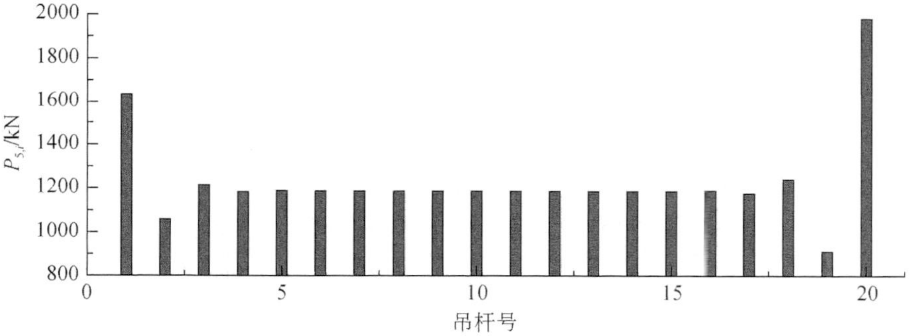


(c) 右边跨

图 8.9　主跨、次主跨、右边跨的三塔吊杆力

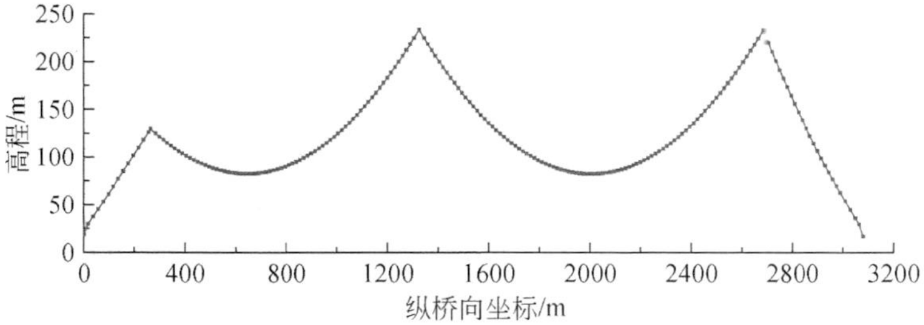


图 8.10　基准温度下的主缆线形

**表 8.3　不等主跨三塔悬索桥主缆线形计算结旲**

| 参数 | | 符号 | 单位 | 数值 | | | | |
|---|---|---|---|---|---|---|---|---|
| | | | | $\Delta t=-20$℃ | $\Delta t=-10$℃ | $\Delta t=0$℃ | $\Delta t=10$℃ | $\Delta t=20$℃ |
| 左锚跨 | 主缆水平分力 | $H_{1t}$ | kN | 142281.7 | 141482.3 | 140686.6 | 139893.6 | 139109.0 |
| | 悬链线方程参数 | $a_{1t}$ | — | −0.65143 | −0.65142 | −0.65142 | −0.65141 | −0.65141 |
| | 无应力长度 | $S_{1t}$ | m | 19.9417 | 19.9418 | 19.9418 | 19.9419 | 19.9420 |

续表

| 参数 | | 符号 | 单位 | 数值 | | | | |
|---|---|---|---|---|---|---|---|---|
| | | | | $\Delta t=-20℃$ | $\Delta t=-10℃$ | $\Delta t=0℃$ | $\Delta t=10℃$ | $\Delta t=20℃$ |
| 左边跨 | 主缆水平分力 | $H_{2t}$ | kN | 160262.6 | 159376.3 | 158495.6 | 157617.8 | 156747.0 |
| | 悬链线方程参数 | $a_{2t}$ | — | −0.37445 | −0.37430 | −0.37415 | −0.37340 | −0.37384 |
| | 无应力长度 | $S_{2t}$ | m | 266.5667 | 266.5986 | 266.6303 | 266.6621 | 266.6939 |
| 次主跨 | 主缆水平分力 | $H_{3t}$ | kN | 159566.4 | 159054.5 | 158545.8 | 158040.9 | 157542.7 |
| | 悬链线方程参数 | $a_{3t,1}$ | — | 0.23942 | 0.24048 | 0.24155 | 0.24261 | 0.24366 |
| | 无应力长度 | $\sum S_{3t,i}$ | m | 1082.3761 | 1082.5055 | 1082.6346 | 1082.7641 | 1082.8920 |
| 主跨 | 主缆水平分力 | $H_{4t}$ | kN | 159416.5 | 158984.1 | 158551.7 | 158124.1 | 157699.9 |
| | 悬链线方程参数 | $a_{4t,1}$ | — | 0.42646 | 0.42757 | 0.42868 | 0.42978 | 0.43088 |
| | 无应力长度 | $\sum S_{4t,i}$ | m | 1399.3288 | 1399.4941 | 1399.6609 | 1399.8269 | 1399.9935 |
| 右边跨 | 主缆水平分力 | $H_{5t}$ | kN | 159752.2 | 159153.9 | 158551.8 | 157956.0 | 157363.1 |
| | 悬链线方程参数 | $a_{5t,1}$ | — | 0.61779 | 0.61812 | 0.61846 | 0.61880 | 0.61914 |
| | 无应力长度 | $\sum S_{5t,i}$ | m | 430.5109 | 430.5613 | 430.6127 | 430.6636 | 430.7147 |
| 右锚跨 | 主缆水平分力 | $H_{6t}$ | kN | 134143.2 | 133601.8 | 133064.8 | 132537.6 | 132005.7 |
| | 悬链线方程参数 | $a_{6t,1}$ | — | 0.76406 | 0.76408 | 0.76409 | 0.76409 | 0.76410 |
| | 无应力长度 | $S_{6t}$ | m | 19.9371 | 19.9369 | 19.9369 | 19.9370 | 19.9370 |
| 塔顶位移 | 左塔 | $\Delta_C$ | m | 0.054 | 0.025 | 0 | −0.033 | −0.062 |
| | 中塔 | $\Delta_D$ | m | 0.041 | 0.019 | 0 | −0.023 | −0.043 |
| | 右塔 | $\Delta_E$ | m | −0.092 | −0.047 | 0 | 0.046 | 0.093 |
| 散索鞍 | 左散索鞍倾角 | $\theta_{1t}$ | (°) | 24.92 | 24.93 | 24.93 | 24.94 | 24.95 |
| | 右散索鞍倾角 | $\theta_{6t}$ | (°) | 30.85 | 30.86 | 30.86 | 30.86 | 30.87 |
| | 左散索鞍倾角变化量* | $\Delta\theta_{1t}$ | (°) | −0.011 | −0.006 | 0 | 0.005 | 0.010 |
| | 右散索鞍倾角变化量* | $\Delta\theta_{6t}$ | (°) | 0.011 | 0.005 | 0 | −0.003 | −0.008 |

* 散索鞍倾角变化量以顺时针为正。

### 8.4.3 温度的影响

利用 8.3 节的方法，依次计算降温 20℃（$\Delta t=-20℃$）、降温 10℃（$\Delta t=-10℃$）、升温 10℃（$\Delta t=10℃$）和升温 20℃（$\Delta t=20℃$）四个非基准温度下的主缆线形。从表 8.3 中塔顶位移和散索鞍倾角变化量的数据可以看出，降温时，左散索鞍和左塔、中塔向左偏移，右散索鞍和右塔向右偏移；升温时，左散索鞍和左塔、中塔向右偏移，右散索鞍和右塔向左偏移，且偏移量与温度变化量接近线性关系。散索鞍倾角变化量非常小，20℃的温度变化几乎不能引起散索鞍的转动。

根据主跨、次主跨和右边跨主缆高程变化量(图 8.11)可知,与基准温度下的主缆高程相比,升温时主缆降低,降温时主缆抬高;跨中高程变化量最大,向两端递减,且左右两个半跨大体上呈对称分布;温度变化量越大,主缆高程变化量就越大,两者大体上呈线性关系。

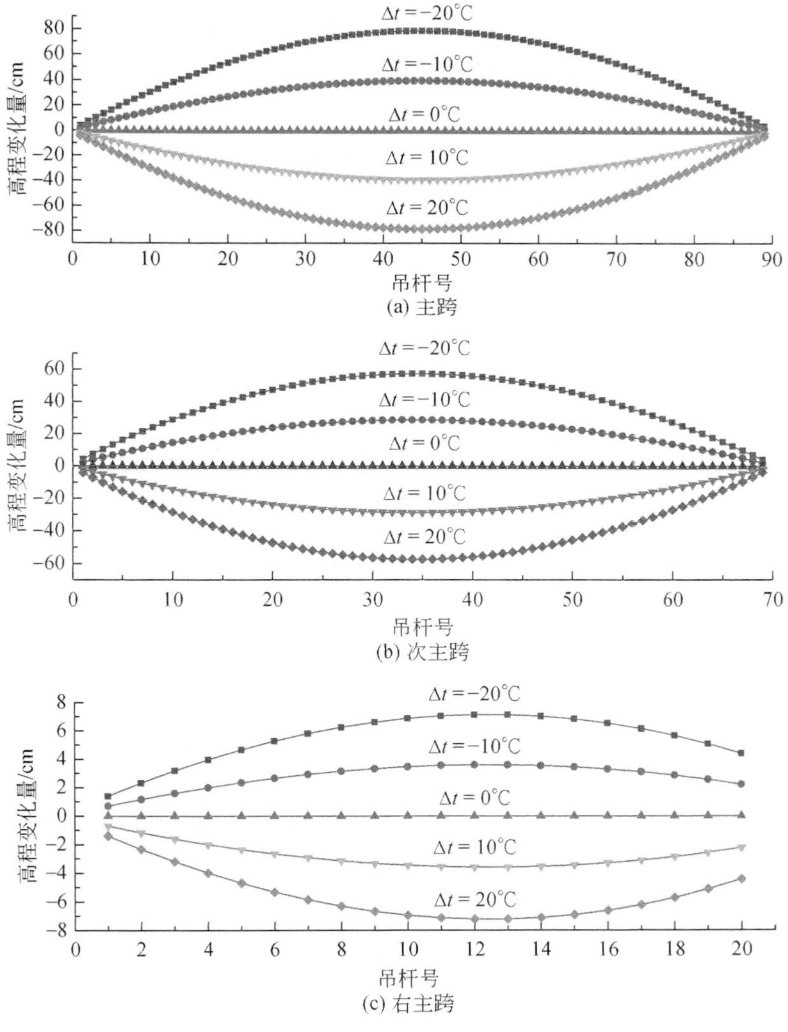


图 8.11　三塔悬索桥主缆高程变化量

根据左边跨、次主跨、主跨和右边跨主缆跨中高程的温度敏感系数(表 8.4)可知:①温度敏感系数为负值,说明主缆跨中点在升温时降低,在降温时抬高,与图 8.11 的结论一致;②各跨的温度敏感系数绝对值从大到小排序依次为:主跨、次主跨、右边跨和左边跨，说明跨径越大，主缆高程对温度越敏感；③降温/升温会导致次主跨的跨度发生变化，见表 8.5，且除了次主跨外，两个工况（$\xi \neq 0$、$\xi = 0$）的结果差异很大，说明桥塔的弯曲变形对主缆跨中高程的温度敏感系数影响很大，不可忽略，因此通过提高桥塔的刚度可有效地降低主跨主缆的温度敏感系数；④在降温/升温过程中，左塔和中塔的位移方向一致，而中塔和右塔的位移方向相反，见表 8.3，因此次主跨的跨径变化相对小于其他跨，而主跨的跨径变化大于其他跨，所以次主跨在 $\xi \neq 0$ 与 $\xi = 0$ 时差异较小。

**表 8.4 主缆跨中高程的温度敏感系数** （单位：mm/℃）

| 桥塔柔度系数 | 左边跨 | 次主跨 | 主跨 | 右边跨 |
|---|---|---|---|---|
| $\xi \neq 0$ | −0.719 | −28.673 | −39.362 | −3.455 |
| $\xi = 0$ | −4.580 | −27.058 | −28.368 | −17.034 |

**表 8.5 降温/升温引起的跨径变化**

| 桥跨 | 跨径变化/m | | | |
|---|---|---|---|---|
| | $\Delta t = -20$℃ | $\Delta t = -10$℃ | $\Delta t = 10$℃ | $\Delta t = 20$℃ |
| 左边跨 | −0.054 | −0.025 | 0.033 | 0.062 |
| 次主跨 | 0.013 | 0.006 | −0.010 | −0.019 |
| 主跨 | 0.133 | 0.066 | −0.069 | −0.136 |
| 右边跨 | −0.092 | −0.047 | 0.046 | 0.093 |

## 8.5 本章小结

本章基于分段悬链线理论，提出计算不等主跨三塔悬索桥主缆线形的解析算法，并研究了温度对主缆线形的影响。在主缆找形中，利用高差闭合条件依次独立计算主跨、次主跨和边跨，最后利用高差闭合条件和散索鞍力矩平衡条件计算锚跨。在温度影响的计算中，增添了主缆无应力长度守恒条件，以塔顶位移和散索鞍倾角为媒介，将各跨联立求解。最后将该方法应用于一座跨径布置为 248m＋1060m＋1360m＋380m 的不等主跨三塔悬索桥，得到以下结论：

(1)根据次主跨主缆最低吊点高程等于主跨主缆跨中高程的原则，可以实现次主跨主缆找形，计算出其矢跨比和边塔高度，既节省了次主跨吊杆和边塔的造价，又保有桥梁美观性，还有利于提高主缆与中塔索鞍之间的抗滑能力。

(2)降温时，左散索鞍和左塔、中塔向左偏移，右散索鞍和右塔向右偏移；升温时，左散索鞍和左塔、中塔向右偏移，右散索鞍和右塔向左偏移，且偏移量与温度变化量接近线性关系，但总体而言，温度对散索鞍的转动影响很小，20℃的温度变化几乎不能引起散索鞍的转动。

(3)温度变化越大，主缆高程变化也越大，两者大体上呈线性关系；主缆各点高程的温度敏感系数为负值，即升温时主缆降低，降温时主缆抬高；跨中温度敏感系数最大，向各跨两端递减，且左右两个半跨大体上呈对称分布；跨径越大，主缆跨中高程对温度就越敏感。

(4)桥塔弯曲变形引起的跨径变化对主缆高程的温度敏感系数影响很大，不可忽略，而且这种效应会与主缆的热胀冷缩效应相互影响，在左边跨和右边跨作用相消，而在次主跨和主跨作用相互叠加。

## 参考文献

[1] Forsberg T. Multi-span suspension bridges. International Journal of Steel Structures, 2001, 1(1):63-73.

[2] Yoshida O, Okuda M, Moriya T. Structural characteristics and applicability of four-span suspension bridge. Journal of Bridge Engineering, 2004, 9(5):453-463.

[3] Fukuda T. Analysis of multispan suspension bridges. Journal of the Structural Division, 1967, 93(3):63-86.

[4] Nazir C P. Multispan balanced suspension bridge. Journal of Structural Engineering, 1986, 112(11):2512-2527.

[5] Yamada H, Katsuchi H. Study on flutter characteristics of 4-span suspension bridge//Proceedings of the 4th European and African Conference on Wind Engineering, Prague, 2005.

[6] Zhang W M, Ge Y J. Flutter mode transition of a double-main-span suspension bridge in full aeroelastic model testing. Journal of Bridge Engineering, 2014, 19(7):06014004.

[7] Pizarro D, Hube M A, Valenzuela M, et al. Dynamic characteristics of a longitudinally asymmetrical multi-span suspension bridge: The Chacao bridge. IABSE Symposium Report, 2015, 105(2):1-8.

[8] Zhang X J. Study of structural parameters on the aerodynamic stability of three-tower suspension bridge. Wind and Structures an International Journal, 2010, 13(5):471-485.

[9] Choi D H, Gwon S G, Yoo H, et al. Nonlinear static analysis of continuous multi-span suspension bridges. International Journal of Steel Structures, 2013, 13(1):103-115.

[10] Wang X L, Chai S B, Xu Y. Deformation characteristics of double-cable multispan suspension bridges. Journal of Bridge Engineering, 2016, 21(4):05015007.

[11] Chai S B, Xiao R C, Wang X L. Approximate calculation for deformation of multi-tower suspension bridges. Structural Engineering International, 2016, 26(1):45-51.

[12] Jia L J, Lin Z B, Xiao R C, et al. Parameter effects on the mechanical performance of triple-tower four-span suspension bridges. Advances in Structural Engineering, 2018, 21(2):256-269.

[13] Juozapaitis A, Kliukas R, Sandovič G, et al. Analysis of modern three-span suspension bridges with stiff in bending cables. The Baltic Journal of Road and Bridge Engineering, 2013,8(3):205-211.

[14] Collings D. Multiple-span suspension bridges: State of the art. Proceedings of the Institution of Civil Engineers-Bridge Engineering, 2016, 169(3): 215-231.

[15] Cao H Y, Qian X D, Zhou Y L, et al. Feasible range for midtower lateral stiffness in three-tower suspension bridges. Journal of Bridge Engineering, 2018, 23(3): 06017009.

[16] Liang P, Wu X N, Xu Y. Static and dynamic behaviours of three-tower suspension bridges and the structure selection of the mid-tower. Advanced Materials Research, 2011, 163-167: 2343-2349.

[17] Wang X L, Chai S B. Determining the middle tower stiffness value in an in-plane double-cable triple-tower suspension bridge. Journal of Bridge Engineering, 2018, 23(7): 06018001.

[18] Cheng Z Y, Zhang Q H, Bao Y, et al. Analytical models of frictional resistance between cable and saddle equipped with friction plates for multispan suspension bridges. Journal of Bridge Engineering, 2018, 23(1): 04017118.

[19] Ruan X, Zhou J Y, Caprani C C. Safety assessment of the antisliding between the main cable and middle saddle of a three-pylon suspension bridge considering traffic load modeling. Journal of Bridge Engineering, 2016, 21(10): 04016069.

[20] Kim K S, Lee H S. Analysis of target configurations under dead loads for cable-supported bridges. Computers & Structures, 2001, 79(29-30): 2681-2692.

[21] Karoumi R. Some modeling aspects in the nonlinear finite element analysis of cable supported bridges. Computers & Structures, 1999, 71(4): 397-412.

[22] Kim H K, Lee M J, Chang S P. Non-linear shape-finding analysis of a self-anchored suspension bridge. Engineering Structures, 2002, 24(12): 1547-1559.

[23] Kim H K, Kim M Y. Efficient combination of a TCUD method and an initial force method for determining initial shapes of cable-supported bridges. International Journal of Steel Structures, 2012, 12(2): 157-174.

[24] Jung M R, Min D J, Kim M Y. Simplified analytical method for optimized initial shape analysis of self-anchored suspension bridges and its verification. Mathematical Problems in Engineering, 2015, 2015: 1-14.

[25] Cao H Y, Zhou Y L, Chen Z J, et al. Form-finding analysis of suspension bridges using an explicit iterative approach. Structural Engineering and Mechanics, 2017, 62(1): 85-95.

[26] Chen Z J, Cao H Y, Zhu H P. An iterative calculation method for suspension bridge's cable system based on exact catenary theory. The Baltic Journal of Road and Bridge Engineering, 2013, 8(3): 196-204.

[27] O'Brien W T, Francis A S. Cable movements under two-dimensional loads. Journal of the Structural Division, 1964, 90(3): 89-123.

[28] Jung M R, Min D J, Kim M Y. Nonlinear analysis methods based on the unstrained element

length for determining initial shaping of suspension bridges under dead loads. Computers & Structures, 2013, 128: 272-285.

[29] Thai H T, Choi D H. Advanced analysis of multi-span suspension bridges. Journal of Constructional Steel Research, 2013, 90: 29-41.

[30] Zhang W M, Shi L Y, Li L, et al. Methods to correct unstrained hanger lengths and cable clamps' installation positions in suspension bridges. Engineering Structures, 2018, 171: 202-213.

# 第 9 章　不等主跨三塔悬索桥中塔适宜刚度的解析算法

## 9.1 引　　言

对于三塔悬索桥，主跨主缆的矢跨比大于边跨，所以中塔塔顶受到的来自主缆的纵向约束比边塔弱[1]。当活载满布主跨或次主跨时，加载跨的主缆张力增大，非加载跨的主缆张力随塔顶位移达到平衡，因此中塔纵向刚度是解决加载跨与非加载跨塔顶不平衡力的关键[2]。如果中塔刚度过大，虽然活载作用引起的中塔塔顶纵向位移和加劲梁挠度都较小，但是中塔两侧主缆过大的不平衡张力将造成主缆与鞍座之间产生滑移问题；如果中塔刚度过小，活载作用导致中塔塔顶的纵向位移过大，加劲梁的挠度也会随之变大，可能会产生行车舒适性的问题[3]。因此，活载作用下，加劲梁的挠度控制与主缆和鞍座的抗滑移效应成为一对矛盾体，这就是三塔悬索桥特有的中塔效应问题，要求中塔刚度必须在一个适宜的范围之内[4,5]。

针对三塔悬索桥的中塔刚度，很多学者开展了相关研究。Yoshida 等[1]将塔顶的纵向刚度分解为两部分，即主缆对桥塔的约束刚度和裸塔的纵向抗推刚度。Wang 等[6]推导了中塔刚度上限和下限的计算公式，分别采用挠度限值和主缆抗滑安全系数最小容许值求解中塔刚度下限和上限，确定了中塔刚度的合理区间，并讨论了恒活载比值和跨径的影响。其研究表明，恒活载比值临界值约为 6.5 时，才存在合适的中塔刚度；随着主跨跨径的增大，中塔刚度取值范围增大，当主跨跨径从 1000m 增大至 2000m 时，桥塔刚度上限值增大 1 倍以上，下限值减小 40%以上，跨径越大，结构越容易同时满足结构变形和主缆抗滑移的要求。Cao 等[7]通过简化多塔悬索桥模型的方法，研究了三塔悬索桥中塔刚度的合理范围，定义了无量纲中塔刚度，为初步确定中塔刚度提供了计算方法。其研究中，中塔刚度与悬索桥矢跨比、恒活载比、跨径、汽车荷载等有关。Ma 等[8]基于能量原理推导了等效弹簧法计算中塔刚度，提出了 KMS(Kinematic Multispring)模型，认为主缆的弹性刚度和几何刚度是相关的。

这些研究都是针对等主跨三塔悬索桥。其中，主缆对桥塔约束刚度的计算公式均基于以下假定：①主缆线形是抛物线，但是悬索桥主缆的真实线形是多段悬链线[9]；②忽略了主缆在活载作用下的弹性伸长；③活载的形式仅是均布力，没有集中力，但是我国《公路桥涵设计通用规范》(JTG D60—2015)规定车道荷载包含均布荷载和集中力；④吊杆是连续分布的，像一个膜；⑤忽略了梁的刚度对活载的分配作用。因此，这些公式都具有一定的近似性。而且研究不等主跨三塔悬索桥中塔刚度的文献尚未见报道。

为了弥补上述不足，本章采用一种全新的思路(图 9.1)来计算三塔悬索桥的中塔刚度，基于分段悬链线理论提出一种不等主跨三塔悬索桥中塔适宜刚度的解析算法。首先利用多点刚性支承连续梁法计算恒载和活载共同作用下的吊杆力；接着以设计成桥状态(仅承受恒载作用)的主缆线形和内力为基础，根据高差闭合、跨径闭合、散索鞍力矩平衡和主缆无应力长度守恒等条件，建立恒载和活载共同作用下的各跨主缆线形控制方程；再分别以加劲梁挠跨比限值条件和主缆与中塔鞍座抗滑移控制条件求解中塔刚度的下限和上限，得出其合理区间；最后成功应用于一座不等主跨三塔悬索桥(248m＋1060m＋1360m＋380m)，并讨论恒活载比、摩擦系数等参数对中塔刚度的影响。

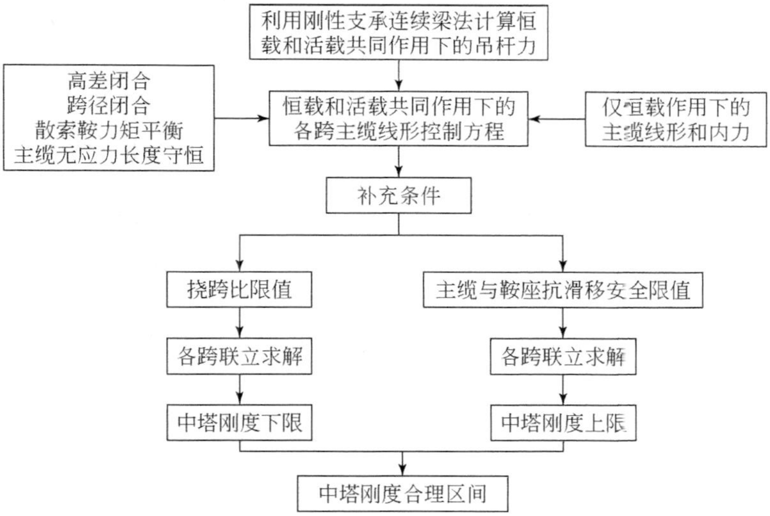


图 9.1　中塔刚度的计算流程

## 9.2　主缆线形计算

### 9.2.1　吊杆力计算

如图 9.2 所示，不等主跨三塔悬索桥各跨有左锚跨、左边跨、次主跨、主跨、右边跨和右锚跨，跨径分别为 $L_1$、$L_2$、$L_3$、$L_4$、$L_5$ 和 $L_6$。当恒载和活载共同作用时，其吊杆力仍可采用多点刚性支承连续梁法求解，视其刚性支承的支反力为吊杆力，其中 $P_{3,i}$、$P_{4,i}$和 $P_{5,i}$分别表示次主跨、主跨和右边跨的吊杆力，下标 3、4 和 5 分别表示次主跨、主跨和右边跨。

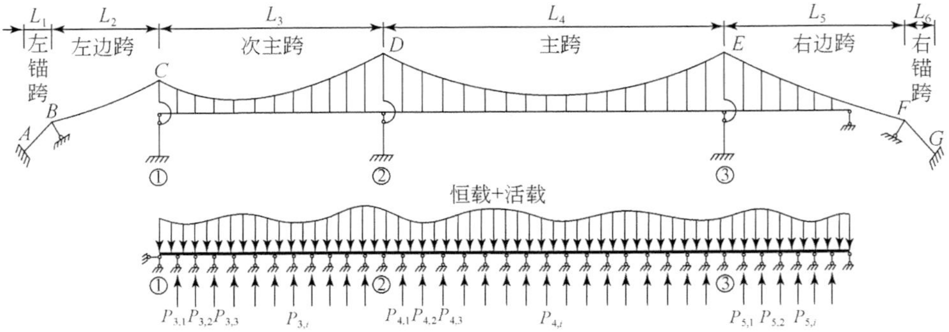


图 9.2　恒载和活载共同作用下的不等主跨三塔悬索桥示意图

### 9.2.2　主缆线形的未知量

活载作用下的主缆找形计算与温度作用下的类似，由于吊杆力发生变化，各跨主缆的水平分力也会发生不同程度的变化，使桥塔倾斜和散索鞍转动，导致各跨的跨径改变，因此需联立各跨的高差闭合、跨径闭合、散索鞍力矩平衡和主缆无应力长度守恒等控制方程进行主缆线形计算，涉及的未知参数有 5 类，共计 $n_3+n_4+n_5+18$ 个，即：①各跨第 1 段悬链线方程参数；②各跨主缆水平分力；③主缆各悬链线的水平投影长度；④散索鞍与竖直线的夹角；⑤中塔柔度系数 $\xi_D$。其中前 4 类见表 9.1。

**表 9.1　主缆线形的未知参数**

| 未知参数 | 左锚跨 | 左边跨 | 次主跨 | 主跨 | 右边跨 | 右锚跨 | 共计 |
|---|---|---|---|---|---|---|---|
| 第 1 段悬链线方程参数 | $a_1$ | $a_2$ | $a_{3,1}$ | $a_{4,1}$ | $a_{5,1}$ | $a_6$ | 6 |
| 主缆水平分力 | $H_1$ | $H_2$ | $H_3$ | $H_4$ | $H_5$ | $H_6$ | 6 |
| 悬链线水平投影长度 | — | — | $l_{3,i}$ | $l_{4,i}$ | $l_{5,i}$ | — | $n_3+n_4+n_5+3$ |
| 散索鞍与竖直线的夹角 | $\theta_1$ | — | — | — | — | $\theta_6$ | 2 |

### 9.2.3　控制方程

1. *左锚跨*

以左锚固点 $A$ 为坐标原点建立坐标系，$x$ 轴水平向右，$y$ 轴竖直向下，可根据高差闭合、散索鞍力矩平衡(图 9.3)和主缆无应力长度守恒三个条件，建立如下方程：

$$c_1\left[\cosh\left(\frac{L_1+\Delta_B}{c_1}+a_1\right)-\cosh a_1\right]=h_A-(h_B-\Delta_{B,\mathrm{v}}) \tag{9.1a}$$

$$F_1d_1+W_1d_{w1}=F_2d_2 \tag{9.1b}$$

$$c_1\left[\sinh\left(\frac{L_1+\Delta_B}{c_1}+a_1\right)-\sinh a_1\right]-\frac{H_1}{2EA}\left(L_1+\Delta_B+\frac{c_1}{2}\left\{\sinh\left[2\left(\frac{L_1+\Delta_B}{c_1}+a_1\right)\right]-\sinh(2a_1)\right\}\right)=S_1 \tag{9.1c}$$

式中，$c_1=-H_1/q$，$q$ 为主缆每延米自重，kN/m；$\Delta_B$ 和 $\Delta_{B,\mathrm{v}}$ 分别为点 $B$ 的水平位移和竖向位移，分别以向右和向下为正；$h_A$ 和 $h_B$ 分别为点 $A$ 和点 $B$ 在大地坐标系中的设计高程；$F_1$、$F_2$ 分别为左锚跨和左边跨主缆的拉力；$W_1$ 为左散索鞍自重；$d_1$、$d_{w1}$、$d_2$ 分别为左散索鞍转动中心到力 $F_1$、$W_1$、$F_2$ 的距离；$E$ 和 $A$ 分别为主缆的弹性模量和横截面面积；$S_1$ 为左锚跨主缆的无应力长度。其中参数可分别表达为

$$F_1=H_1\sec\alpha_1 \tag{9.2a}$$

$$F_2=H_2\sec\alpha_2 \tag{9.2b}$$

$$d_1=R_1\cos(\alpha_1-\theta_1) \tag{9.2c}$$

$$d_{w1}=r_1\sin\theta_1 \tag{9.2d}$$

$$d_2=R_1\cos(\theta_1-\alpha_2) \tag{9.2e}$$

$$\Delta_B=R_1(\sin\theta_1^0-\sin\theta_1) \tag{9.2f}$$

$$\Delta_{B,\mathrm{v}}=R_1(\cos\theta_1^0-\cos\theta_1) \tag{9.2g}$$

式中，$R_1$ 和 $r_1$ 分别为点 $B$ 和重心与转动中心的距离；$\theta_1^0$ 和 $\theta_1$ 分别为活载作用前后左散索鞍与竖直线的夹角；$\alpha_1$ 和 $\alpha_2$ 分别为主缆拉力 $F_1$、$F_2$ 与水平线的夹角，且有

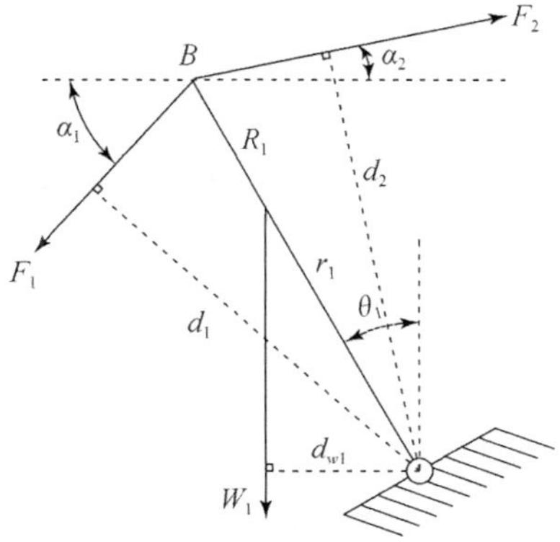


图 9.3　左散索鞍受力及几何参数

$$\alpha_1=-\arctan\left[\sinh\left(\frac{L_1+\Delta_B}{c_1}+a_1\right)\right] \tag{9.3a}$$

$$\alpha_2=-\arctan(\sinh a_2) \tag{9.3b}$$

2. 左边跨

左边跨若无吊杆，则以点 $B$ 为坐标原点建立坐标系，$x$ 轴水平向右，$y$ 轴竖直向下，可根据高差闭合和主缆无应力长度守恒两个条件，建立如下方程：

$$c_2\left[\cosh\left(\frac{L_2-\Delta_B+\Delta_C}{c_2}+a_2\right)-\cosh a_2\right]=(h_B-\Delta_{B,\mathrm{v}})-h_C \tag{9.4a}$$

$$\begin{aligned}&c_2\left[\sinh\left(\frac{L_2-\Delta_B+\Delta_C}{c_2}+a_2\right)-\sinh a_2\right]-\frac{H_2}{2EA}\left(L_2-\Delta_B+\Delta_C\right.\\&\left.+\frac{c_2}{2}\left\{\sinh\left[2\left(\frac{L_2-\Delta_B+\Delta_C}{c_2}+a_2\right)\right]-\sinh(2a_2)\right\}\right)=S_2\end{aligned} \tag{9.4b}$$

式中，$c_2=-H_2/q$；$h_C$ 为点 $C$ 在大地坐标系中的高程；$S_2$ 为左边跨主缆的无应力长度；$\Delta_C$ 为左塔（1 号塔）塔顶的水平位移，以向右为正，可表达为

$$\Delta_C=(H_3-H_2)\xi_C \tag{9.5}$$

式中，$\xi_C$ 为左塔的柔度系数，m/kN。

3. 次主跨

在次主跨，分别以点 $C$ 和各吊点 $O_{3,i}$ 为坐标原点建立坐标系，$x$ 轴水平向右，$y$ 轴竖直向下，如图 9.4 所示，根据跨径闭合、高差闭合和主缆无应力长度守恒三个条件，建立如下方程：

$$\sum_{i=1}^{n_3+1} l_{3,i}=L_3-\Delta_C+\Delta_D \tag{9.6a}$$

$$\sum_{i=1}^{n_3+1} c_3\left[\cosh\left(\frac{l_{3,i}}{c_3}+a_{3,i}\right)-\cosh a_{3,i}\right]=h_C-h_D \tag{9.6b}$$

$$\begin{aligned}&c_3\left[\sinh\left(\frac{l_{3,i}}{c_3}+a_{3,i}\right)-\sinh a_{3,i}\right]-\frac{H_3}{2EA}\left(l_{3,i}+\frac{c_3}{2}\left\{\sinh\left[2\left(\frac{l_{3,i}}{c_3}+a_{3,i}\right)\right]-\sinh(2a_{3,i})\right\}\right)\\&=S_{3,i},i=1,2,\cdots,n_3+1\end{aligned} \tag{9.6c}$$

式中，$n_3$ 为次主跨吊杆数量，所以 $n_3+1$ 为主缆悬链线的数量；$a_{3,i}$、$l_{3,i}$ 和 $S_{3,i}$ 分别为次主跨第 $i$ 段主缆的悬链线方程参数、水平投影长度和无应力长度；$\Delta_D$ 为中塔（2 号塔）塔顶的水平位移，以向右为正，可表达为

$$\Delta_D=(H_4-H_3)\xi_D \tag{9.7}$$

式中，$\xi_D$ 为中塔的柔度系数，m/kN。

另外，根据式(2.19)，$a_{3,i+1}$和$a_{3,i}$的递推关系[10]为

$$a_{3,i+1}=\operatorname{arcsinh}\left[\sinh\left(\frac{l_{3,i}}{c_3}+a_{3,i}\right)-\frac{P_{3,i}}{H_3}\right] \tag{9.8}$$

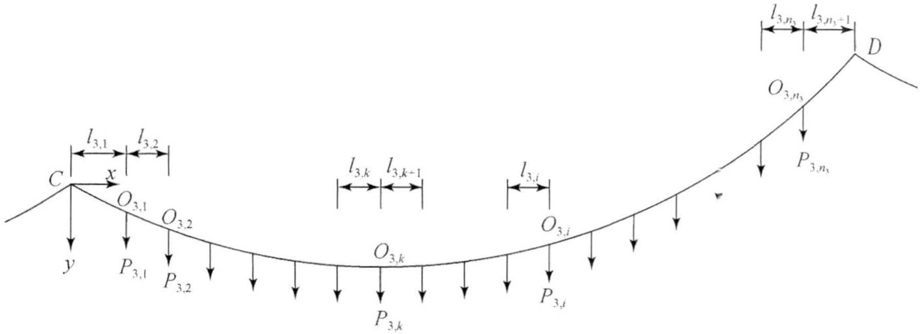


图 9.4 次主跨主缆线形及参数

4. 主跨

在主跨，分别以点 $D$ 和各吊点 $O_{4,i}$ 为坐标原点建立坐标系，$x$ 轴水平向右，$y$ 轴竖直向下，如图 9.5 所示，根据跨径闭合、高差闭合和无应力长度守恒三个条件，可建立如下方程：

$$\sum_{i=1}^{n_4+1} l_{4,i}=L_4-\Delta_D+\Delta_E \tag{9.9a}$$

$$\sum_{i=1}^{n_4+1} c_4\left[\cosh\left(\frac{l_{4,i}}{c_4}+a_{4,i}\right)-\cosh a_{4,i}\right]=h_D-h_E \tag{9.9b}$$

$$c_4\left[\sinh\left(\frac{l_{4,i}}{c_4}+a_{4,i}\right)-\sinh a_{4,i}\right]-\frac{H_4}{2EA}\left(l_{4,i}+\frac{c_4}{2}\left\{\sinh\left[2\left(\frac{l_{4,i}}{c_4}+a_{4,i}\right)\right]-\sinh(2a_{4,i})\right\}\right)$$
$$=S_{4,i},\quad i=1,2,\cdots,n_4+1 \tag{9.9c}$$

式中，$n_4$ 为主跨吊杆数量，所以 $n_4+1$ 为主缆悬链线的数量；$c_{4,i}$、$l_{4,i}$和 $S_{4,i}$分别为主跨第 $i$ 段主缆的悬链线方程参数、水平投影长度和无应力长度；$h_D$ 和 $h_E$ 分别为点 $D$ 和点 $E$ 在大地坐标系中的高程；$\Delta_E$ 为右塔(3 号塔)塔顶的水平位移，以向右为正，可表示为

$$\Delta_E=(H_5-H_4)\xi_E \tag{9.10}$$

式中，$\xi_E$ 为右塔的柔度系数，m/kN。

另外，根据式(2.19)，$a_{4,i+1}$和$a_{4,i}$的递推关系[10]为

$$a_{4,i+1}=\operatorname{arcsinh}\left[\sinh\left(\frac{l_{4,i}}{c_4}+a_{4,i}\right)-\frac{P_{4,i}}{H_4}\right] \tag{9.11}$$

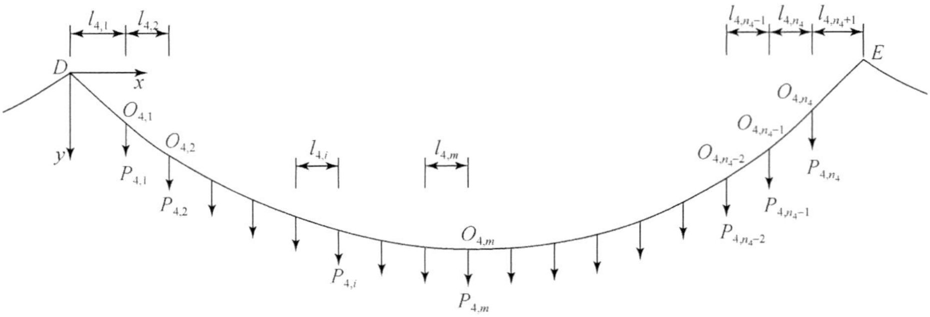


图 9.5　主跨主缆线形及参数

5. *右边跨*

在右边跨，以点 $E$ 和各吊点 $O_{5,i}$ 为坐标原点建立坐标系，$x$ 轴水平向右，$y$ 轴竖直向下，如图 9.6 所示，根据跨径闭合、高差闭合和主缆无应力长度守恒三个条件，可建立如下方程：

$$\sum_{i=1}^{n_5+1} l_{5,i} = L_5 - \Delta_E + \Delta_F \tag{9.12a}$$

$$\sum_{i=1}^{n_5+1} c_5 \left[\cosh\left(\frac{l_{5,i}}{c_5} + a_{5,i}\right) - \cosh a_{5,i}\right] = h_E - (h_F - \Delta_{F,\mathrm{v}}) \tag{9.12b}$$

$$c_5 \left[\sinh\left(\frac{l_{5,i}}{c_5} + a_{5,i}\right) - \sinh a_{5,i}\right] - \frac{H_5}{2EA}\left(l_{5,i} + \frac{c_5}{2}\left\{\sinh\left[2\left(\frac{l_{5,i}}{c_5} + a_{5,i}\right)\right] - \sinh(2a_{5,i})\right\}\right)$$
$$= S_{5,i}, \quad i = 1,2,\cdots,n_5+1 \tag{9.12c}$$

式中，$n_5$ 为右边跨吊杆数量，所以 $n_5+1$ 为主缆悬链线的数量；$a_{5,i}$、$l_{5,i}$ 和 $S_{5,i}$ 分别为右边跨第 $i$ 段主缆的悬链线方程参数、水平投影长度和无应力长度；$\Delta_F$ 和 $\Delta_{F,\mathrm{v}}$ 分别为 $F$ 点的水平位移和竖向位移，分别以向右和向下为正，可分别表达为

$$\Delta_F = R_6(\sin\theta_6^0 - \sin\theta_6) \tag{9.13a}$$

$$\Delta_{F,\mathrm{v}} = R_6(\cos\theta_6^0 - \cos\theta_6) \tag{9.13b}$$

式中，$R_6$ 为点 $F$ 与右散索鞍转动中心的距离(图 9.7)；$\theta_6^0$ 和 $\theta_6$ 分别为活载作用前后右散索鞍与竖直线的夹角。

另外，根据式(2.19)，$a_{5,i+1}$ 和 $a_{5,i}$ 的递推关系[10]为

$$a_{5,i+1} = \operatorname{arcsinh}\left[\sinh\left(\frac{l_{5,i}}{c_5} + a_{5,i}\right) - \frac{P_{5,i}}{H_5}\right] \tag{9.14}$$

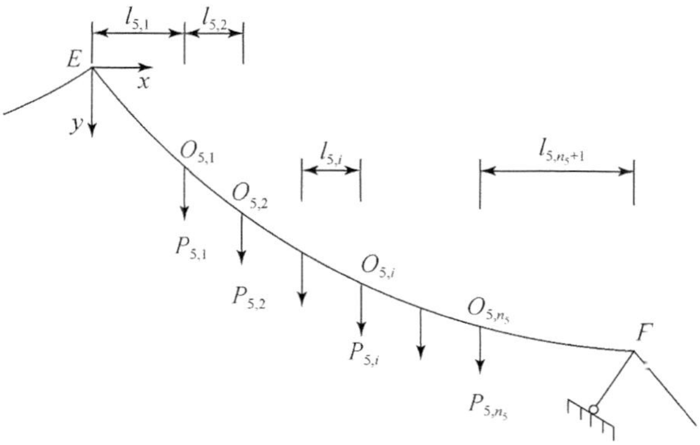


图 9.6　右边跨主缆线形及参数

6. 右锚跨

以点 $F$ 为坐标原点建立坐标系，$x$ 轴水平向右，$y$ 轴竖直向下，根据高差闭合、散索鞍力矩平衡(图 9.7)和主缆无应力长度守恒三个条件，可分别列出三个方程：

$$c_6\left[\cosh\left(\frac{L_6-\Delta_F}{c_6}+a_6\right)-\cosh a_6\right]=(h_F-\Delta_{F,\mathrm{v}})-h_G \tag{9.15a}$$

$$F_5 d_5+W_6 d_{w6}=F_6 d_6 \tag{9.15b}$$

$$\begin{aligned}&c_6\left[\sinh\left(\frac{L_6-\Delta_F}{c_6}+a_6\right)-\sinh a_6\right]-\frac{H_6}{2EA}\Big(L_6-\Delta_F\\&+\frac{c_6}{2}\left\{\sinh\left[2\left(\frac{L_6-\Delta_F}{c_6}+a_6\right)\right]-\sinh(2a_6)\right\}\Big)=S_6\end{aligned} \tag{9.15c}$$

式中，$S_6$ 为右锚跨主缆无应力长度；$W_6$ 为右散索鞍自重；$F_5$、$F_6$ 分别为右边跨主缆和右锚跨主缆的拉力；$d_5$、$d_{w6}$、$d_6$ 为右散索鞍转动中心到力 $F_5$、$W_6$、$F_6$ 的距离，可分别表示为

$$F_5=H_5\sec\alpha_5 \tag{9.16a}$$

$$F_6=H_6\sec\alpha_6 \tag{9.16b}$$

$$d_5=R_6\cos(\theta_6-\alpha_5) \tag{9.16c}$$

$$d_{w6}=r_6\sin\theta_6 \tag{9.16d}$$

$$d_6=R_6\cos(\alpha_6-\theta_6) \tag{9.16e}$$

式中，$r_6$ 为右散索鞍重心与转动中心的距离；$\alpha_5$ 和 $\alpha_6$ 分别为主缆拉力 $F_5$、$F_6$ 与水平线的夹角，且有

$$\alpha_5=\arctan\left[\sinh\left(\frac{l_{5,n_5+1}}{c_5}+a_{5,n_5+1}\right)\right] \tag{9.17a}$$

$$\alpha_6=\arctan(\sinh a_6) \tag{9.17b}$$

综上所述，目前控制方程的总数为 $n_3+n_4+n_5+17$，比未知参数总量少一个，因此需要增加一个控制条件才能求解方程组。

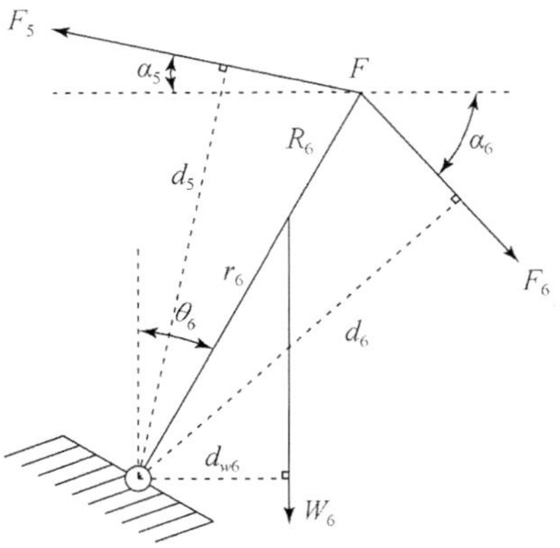


图 9.7　右散索鞍受力平衡及几何参数

# 9.3　中塔刚度

## 9.3.1　中塔刚度下限

1. 挠跨比限值条件

悬索桥挠跨比是指加劲梁最大竖向挠度与跨度的比值。我国《公路悬索桥设计规范》(JTG/T D65-05—2015)第 5.2.11 条规定：加劲梁由车道荷载频遇值引起的最大竖向挠度值不宜大于跨度的 1/250，频遇系数取 1。对挠跨比的限制是为了保证行车平顺性，因此这是适用性的规定。

不等主跨三塔悬索桥次主跨矢跨比与主跨不一致，故在计算中塔刚度时，不仅需要计算主跨满布活载下的刚度，还需要计算次主跨满布活载下的刚度。这是与等主跨三塔悬索桥的区别。当活载满跨加载在主跨时，取最大挠度限值为 $L_4/250$，根据高差闭合条件，有

$$\sum_{i=1}^{m} c_4\left[\cosh\left(\frac{l_{4,i}}{c_4}+a_{4,i}\right)-\cosh a_{4,i}\right]=h_D-\left(h_{O_{4,m}}-\frac{L_4}{250}\right) \tag{9.18}$$

式中，$m$ 为中塔塔顶点 $D$ 与主跨主缆最低吊点 $O_{4,m}$ 之间的主缆段数；$h_{O_{4,m}}$ 为点 $O_{4,m}$ 在大地坐标系中的设计高程，即仅有恒载作用时的高程。

利用类似的方法，可考虑次主跨活载加载时的计算。

2. 方程求解

由于塔顶位移 $\Delta_C$、$\Delta_D$、$\Delta_E$，以及散索鞍 IP 点位移 $\Delta_B$、$\Delta_F$ 的媒介作用，各跨的控制方程需联立求解。联立式(9.1)、式(9.4)、式(9.6)、式(9.9)、式(9.12)、式(9.15)和式(9.18)，将其改写成函数形式 $f_i(\cdot)=0$，并构造目标函数：

$$f_1^2+f_2^2+\cdots+f_7^2+\sum_{i=1}^{n_3+1}f_{8,i}^2+f_9^2+f_{10}^2+\sum_{i=1}^{n_4+1}f_{11,i}^2 \\ +f_{12}^2+f_{13}^2+\sum_{i=1}^{n_5+1}f_{14,i}^2+f_{15}^2+f_{16}^2+f_{17}^2+f_{18}^2=0 \tag{9.19}$$

利用非线性 GRG 法可对式(9.19)进行规划求解，解出 $n_3+n_4+n_5+18$ 个未知量，其中 $\xi_D$ 为中塔柔度系数最大值，其倒数就是中塔刚度下限。

### 9.3.2　中塔刚度上限

1. 主缆与鞍座抗滑移控制条件

主缆与中塔鞍座之间不允许发生相对滑移，因此两者之间要有足够大的抗滑移安全系数 $K$，这是安全性的规定。抗滑移安全系数 $K$ 的计算公式为

$$K=\frac{\mu\alpha_s}{\ln(F_{ct}/F_{cl})} \tag{9.20}$$

式中，$\mu$ 为主缆与鞍座的摩擦系数；$\alpha_s$ 为主缆在鞍座上的包角，rad；$F_{ct}$和 $F_{cl}$分别为主缆的紧边拉力和松边拉力。

在中塔点 $D$ 建立新的局部坐标系，$x$ 轴水平向右，$y$ 轴竖直向下，如图 9.8 所示。对于中塔左侧主缆，即次主跨最右侧一段主缆，在原坐标系中，其悬链线方程可表示为

$$y=c_3\left[\cosh\left(\frac{x}{c_3}+a_{3,n_3+1}\right)-\cosh a_{3,n_3+1}\right] \tag{9.21}$$

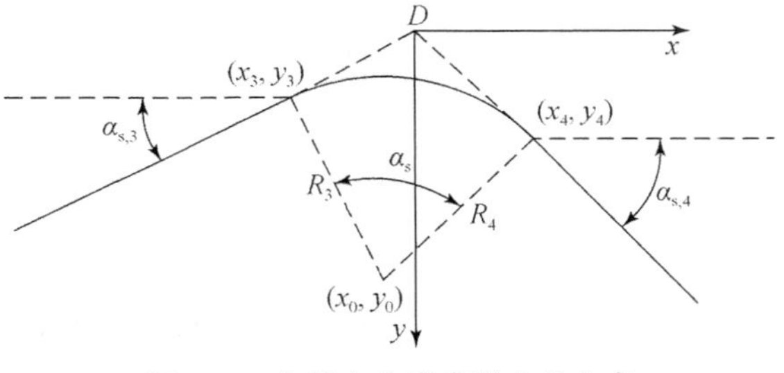


图 9.8　主缆在中塔索鞍上的包角

由移轴公式可得

$$y=c_3\left[\cosh\left(\frac{x+l_{3,n_3+1}}{c_3}+a_{3,n_3+1}\right)-\cosh a_{3,n_3+1}\right]-\Delta h_{3,n_3+1} \tag{9.22}$$

式中，$\Delta h_{3,n_3+1}$为次主跨最右一段主缆两端点的高差，可表达为

$$\Delta h_{3,n_3+1}=c_3\left[\cosh\left(\frac{l_{3,n_3+1}}{c_3}+a_{3,n_3+1}\right)-\cosh a_{3,n_3+1}\right] \tag{9.23}$$

对于中塔右侧一段主缆，新旧坐标系一致，故有

$$y=c_4\left[\cosh\left(\frac{x}{c_4}+a_{4,1}\right)-\cosh a_{4,1}\right] \tag{9.24}$$

接下来，需求出主缆在索鞍上切点的位置。设主缆与鞍座左右切点的横坐标为 $x_3$、$x_4$，根据式(9.22)和式(9.24)，可求出左右切点的纵坐标 $y_3$、$y_4$，其切点位置处的法线斜率可表达为

$$\lambda_3=-1\Big/\sinh\left(\frac{x_3+l_{3,n_3+1}}{c_3}+a_{3,n_3+1}\right) \tag{9.25a}$$

$$\lambda_4=-1\Big/\sinh\left(\frac{x_4}{c_4}+a_{4,1}\right) \tag{9.25b}$$

所以，可将索鞍圆心点坐标$(x_0,y_0)$分别表达为

$$x_0=\frac{\lambda_3x_3-\lambda_4x_4-y_3}{\lambda_3-\lambda_4} \tag{9.26a}$$

$$y_0=\lambda_3x_0-\lambda_3x_3+y_3 \tag{9.26b}$$

于是，左右切点到圆心点的距离 $d_3$、$d_4$ 可分别表达为

$$d_3=\sqrt{(x_3-x_0)^2+(y_3-y_0)^2} \tag{9.27a}$$

$$d_4=\sqrt{(x_4-x_0)^2+(y_4-y_0)^2} \tag{9.27b}$$

令 $d_3=R_3$、$d_4=R_4$，可根据左右切点处索鞍半径设计值 $R_3$ 和 $R_4$ 求出主缆与鞍座左右切点的横坐标 $x_3$、$x_4$。根据切点坐标，可将中塔左侧和右侧主缆在切点处与水平线的夹角表达为

$$\alpha_{s,3}=-\arctan\left(\frac{x_3}{c_3}+a_{3,n_3+1}\right) \tag{9.28a}$$

$$\alpha_{s,4}=\arctan\left(\frac{x_4}{c_4}+a_{4,1}\right) \tag{9.28b}$$

故主缆在索鞍上的包角为

$$\alpha_s=\alpha_{s,3}+\alpha_{s,4} \tag{9.29}$$

而且当活载作用在主跨时，主缆的紧边拉力和松边拉力分别为 $F_{ct}=H_4/\cos\alpha_{s,4}$和$F_{cl}=H_3/\cos\alpha_{s,3}$；当活载作用在次主跨时，主缆的紧边拉力和松边拉力分别为 $F_{cl}=H_3/\cos\alpha_{s,3}$和 $F_{ct}=H_4/\cos\alpha_{s,4}$。

因此，可补充控制方程：

$$K = \eta \tag{9.30}$$

式中，$\eta$ 为抗滑移安全系数的设计值。

2. 方程求解

联立式(9.1)、式(9.4)、式(9.6)、式(9.9)、式(9.12)、式(9.15)和式(9.30)，将其改写成函数形式 $f_i(\cdot)=0$，并构造目标函数：

$$\begin{aligned} & f_1^2 + f_2^2 + \cdots + f_7^2 + \sum_{i=1}^{n_3+1} f_{8,i}^2 + f_9^2 + f_{10}^2 + \sum_{i=1}^{n_4+1} f_{11,i}^2 \\ & + f_{12}^2 + f_{13}^2 + \sum_{i=1}^{n_5+1} f_{14,i}^2 + f_{15}^2 + f_{16}^2 + f_{17}^2 + f_{19}^2 = 0 \end{aligned} \tag{9.31}$$

利用非线性 GRG 法可对式(9.31)进行规划求解，解出 $n_3 + n_4 + n_5 + 18$ 个未知量，其中 $\xi_D$ 为中塔柔度系数最小值，其倒数就是中塔刚度上限。

## 9.4 算　　例

### 9.4.1 工程概况

与 8.4.1 节一致，该三塔悬索桥跨径布置为 248m＋1060m＋1360m＋380m，其主跨、次主跨的矢跨比分别为 1/9 和 1/11.55。根据其设计成桥线形下的各跨参数(表 9.2)进行中塔刚度合理区间的计算。其次主跨、主跨和右边跨的主缆各索段无应力长度如图 9.9 所示，其中 1～70 号、71～160 号、161～181 号分别属于次主跨、主跨和右边跨。

**表 9.2　计算中塔刚度的相关参数**

| 基本参数 | | 符号 | 单位 | 数值 |
|---|---|---|---|---|
| 跨径 | 左锚跨 | $L_1$ | m | 16.38 |
| | 左边跨 | $L_2$ | m | 248 |
| | 次主跨 | $L_3$ | m | 1060 |
| | 主跨 | $L_4$ | m | 1360 |
| | 右边跨 | $L_5$ | m | 380 |
| | 右锚跨 | $L_6$ | m | 15.32 |
| 加劲梁 | 惯性矩 | $I_b$ | $m^4$ | 3.221 |
| | 弹性模量 | $E_b$ | GPa | 200 |
| | 每延米自重 | $w_b$ | kN/m | 210.67 |

续表

| 基本参数 | | | 符号 | 单位 | 数值 |
|---|---|---|---|---|---|
| 主缆 | 横截面面积 | | $A$ | $m^2$ | 0.2975 |
| | 弹性模量 | | $E$ | GPa | 197 |
| | 每延米自重 | | $q$ | kN/m | 24.03 |
| | 主跨主缆最低点与中塔间的节段数 | | $m$ | — | 45 |
| | 次主跨主缆最低点与左塔间的节段数 | | $m'$ | — | 25 |
| | 无应力长度 | 左锚跨 | $S_1$ | m | 19.922 |
| | | 左边跨 | $S_2$ | m | 266.416 |
| | | 右锚跨 | $S_6$ | m | 19.927 |
| 吊杆数量 | 次主跨 | | $n_3$ | — | 69 |
| | 主跨 | | $n_4$ | — | 89 |
| | 右边跨 | | $n_5$ | — | 20 |
| 悬链线水平投影长度 | 次主跨 | | $l_{3,1}, l_{3,70}$ | m | 20 |
| | | | $l_{3,2} \sim l_{3,69}$ | m | 15 |
| | 主跨 | | $l_{4,1}, l_{4,90}$ | m | 20 |
| | | | $l_{4,2} \sim l_{4,89}$ | m | 15 |
| | 右边跨 | | $l_{5,1}$ | m | 20 |
| | | | $l_{5,2} \sim l_{5,20}$ | m | 15 |
| | | | $l_{5,21}$ | m | 75 |
| 高程 | 左锚固点 $A$ | | $h_A$ | m | 18.53 |
| | 左、右散索鞍 IP 点 $B$、点 $F$ | | $h_B$、$h_F$ | m | 30 |
| | 左塔顶点 $C$ | | $h_C$ | m | 130.012 |
| | 中、右塔顶点 $D$、点 $E$ | | $h_D$、$h_E$ | m | 234.014 |
| | 右锚固点 $G$ | | $h_G$ | m | 17.14 |
| | 最低吊点 | 主跨 | $h_{O_{4,m}}$ | m | 82.914 |
| | | 次主跨 | $h_{O_{3,m'}}$ | m | 82.914 |
| 柔度系数 | 左塔 | | $\xi_C$ | m/kN | $7.837\times10^{-5}$ |
| | 右塔 | | $\xi_E$ | m/kN | $2.764\times10^{-4}$ |
| 散索鞍 | IP 点与转动中心的距离 | | $R_1, R_6$ | m | 3.05 |
| | 重心与转动中心的距离 | | $r_1, r_6$ | m | 1.879 |
| | 与竖直线的夹角 | 左 | $\theta_1^0$ | (°) | 25.01 |
| | | 右 | $\theta_6^0$ | (°) | 30.86 |
| | 自重 | 左 | $W_1$ | kN | 406.262 |
| | | 右 | $W_6$ | kN | 384.792 |

续表

| 基本参数 | | 符号 | 单位 | 数值 |
|---|---|---|---|---|
| 主索鞍 | 半径 | $R_3, R_4$ | m | 5.5 |
| | 主缆与索鞍摩擦系数 | $\mu$ | — | 0.2 |
| | 抗滑移安全系数 | $\eta$ | — | 2 |

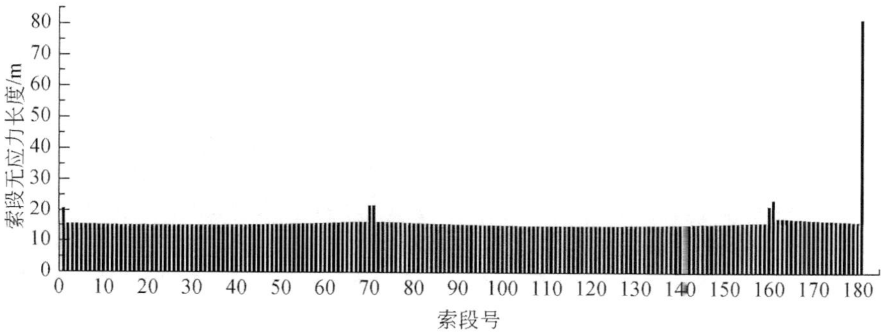


图 9.9　次主跨、主跨和右边跨的主缆各索段无应力长度

根据我国《公路桥涵设计通用规范》(JTG D60—2015)中汽车荷载的相关规定，车道荷载应包含一个均布荷载 $q_l$ 和一个集中力 $P_l$。根据该规范可确定 $q_l=32.22\text{kN/m}$，$P_l=1104.84\text{kN}$，需分别考虑满主跨加载和满次主跨加载两种方式(图 9.10)。

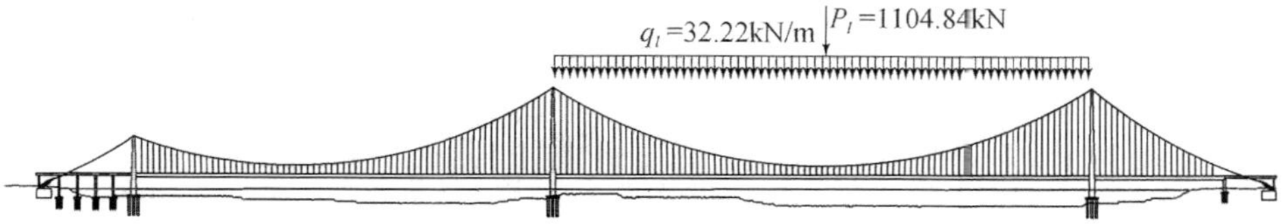


(a) 工况1

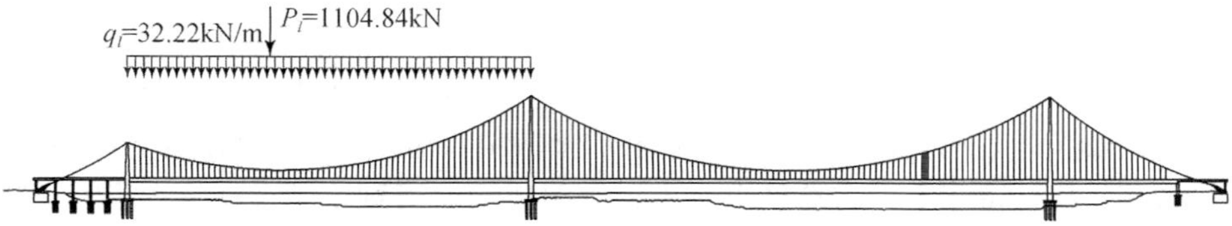


(b) 工况2

图 9.10　车道荷载加载方式

(1)工况 1。车道荷载施加在主跨，其中均布荷载满布于主跨加劲梁，集中力

作用在主缆最低点处的加劲梁节点上，即主跨第 45 根吊杆处，且由多点刚性支承连续梁法计算出各跨的吊杆力，如图 9.11(a)所示，其中 1～69 号、70～158 号、159～178 号分别属于次主跨、主跨、右边跨。

(2)工况 2。车道荷载施加在次主跨，其中均布荷载满布于次主跨加劲梁，集中力作用在主缆最低点处的加劲梁节点上，即次主跨第 25 根吊杆处，其各跨吊杆力如图 9.11(b)所示。

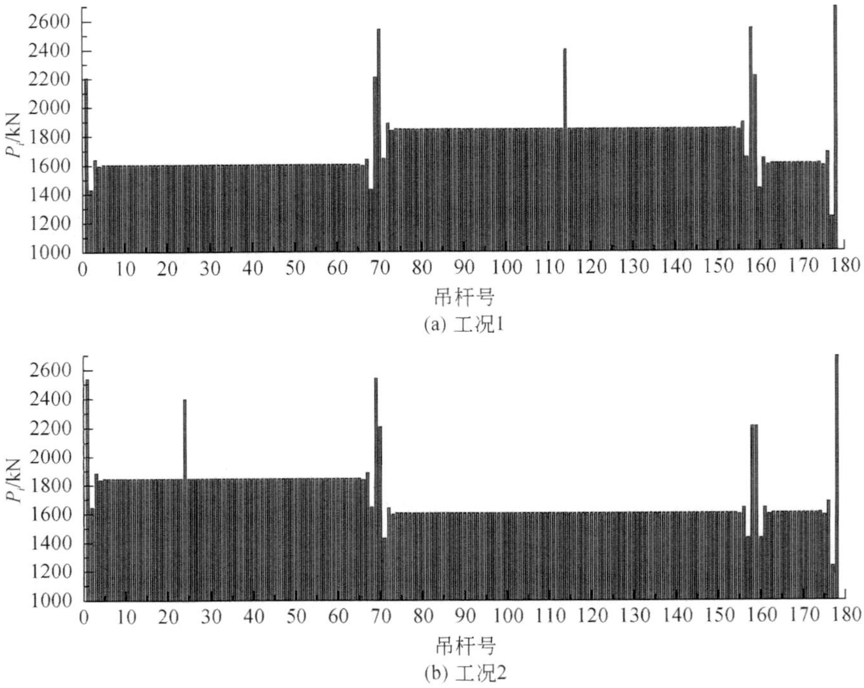


图 9.11 恒载和活载同时作用下的吊杆力

### 9.4.2 中塔刚度合理区间

考虑活载在主跨、次主跨满跨加载的两种工况，并分别利用挠跨比限值和主缆与索鞍抗滑移条件，计算中塔刚度的下限值和上限值，得出其中塔刚度的合理取值区间。根据中塔柔度系数的计算结果(表 9.3)，可得到中塔刚度的合理区间为 6.615～16.422MN/m(表 9.4)，分别取自活载作用在次主跨的主缆与索鞍抗滑移条件和活载作用在主跨时的挠跨比限值条件。因此，不等主跨三塔悬索桥中塔刚度合理区间的确定更为复杂。从表 9.3 也发现，当活载作用时，散索鞍转动引起的 IP 点位移很小，可以忽略。

**表 9.3　活载加载下的线形参数**

| 参数 | | 符号 | 单位 | 工况 1 | | 工况 2 | |
|---|---|---|---|---|---|---|---|
| | | | | 条件 1* | 条件 2* | 条件 1 | 条件 2 |
| 主缆水平分力 | 左锚跨 | $H_1$ | kN | 187855.6 | 182493.1 | 191158.5 | 194380.3 |
| | 左边跨 | $H_2$ | kN | 211145.2 | 205195.6 | 214821.9 | 218356.1 |
| | 次主跨 | $H_3$ | kN | 211923.6 | 205522.9 | 215851.9 | 219641.8 |
| | 主跨 | $H_4$ | kN | 218399.1 | 221717.9 | 204882.1 | 203002.8 |
| | 右边跨 | $H_5$ | kN | 217361.9 | 220596.0 | 204658.3 | 202868.9 |
| | 右锚跨 | $H_6$ | kN | 183376.1 | 186216.8 | 172120.1 | 170573.7 |
| 悬链线方程参数 | 左锚跨 | $a_1$ | — | −0.65175 | −0.65175 | −0.65177 | −0.65175 |
| | 左边跨 | $a_2$ | — | −0.37875 | −0.37340 | −0.37897 | −0.37916 |
| | 次主跨 | $a_{3,1}$ | — | 0.22458 | 0.23420 | 0.25760 | 0.25174 |
| | 主跨 | $a_{4,1}$ | — | 0.44244 | 0.43621 | 0.42047 | 0.42414 |
| | 右边跨 | $a_{5,1}$ | — | 0.60935 | 0.60793 | 0.61550 | 0.61641 |
| | 右锚跨 | $a_6$ | — | 0.76405 | 0.76406 | 0.76421 | 0.76423 |
| 中塔柔度系数 | | $\xi_D$ | m/kN | $3.508\times10^{-4}$ | $6.089\times10^{-5}$ | $1.512\times10^{-4}$ | $5.285\times10^{-5}$ |
| 与竖直线夹角 | 左散索鞍 | $\theta_1$ | (°) | 24.921 | 24.970 | 24.907 | 24.867 |
| | 右散索鞍 | $\theta_6$ | (°) | 30.713 | 30.710 | 30.832 | 30.851 |
| 角度变化量** | 左散索鞍 | $\Delta\theta_1$ | (°) | 0.089 | 0.040 | 0.103 | 0.143 |
| | 右散索鞍 | $\Delta\theta_6$ | (°) | −0.147 | −0.150 | −0.028 | −0.009 |
| 散索鞍 IP 点位移 | 左散索鞍 | $\Delta_B$ | mm | 4.3 | 1.9 | 5.0 | 6.9 |
| | | $\Delta_{B,v}$ | mm | −2.0 | −0.9 | −2.3 | −3.2 |
| | 右散索鞍 | $\Delta_F$ | mm | −6.7 | −6.9 | −1.3 | −0.4 |
| | | $\Delta_{F,v}$ | mm | −2.0 | −0.9 | −2.3 | −3.2 |
| 桥塔塔顶位移 | 左塔 | $\Delta_C$ | m | 0.061 | 0.026 | 0.081 | 0.101 |
| | 中塔 | $\Delta_D$ | m | 2.271 | 0.986 | −1.658 | −0.879 |
| | 右塔 | $\Delta_E$ | m | −0.287 | −0.310 | −0.062 | −0.037 |
| 中塔索鞍 | 切点水平坐标 | $x_3$ | m | — | −2.228 | — | −2.225 |
| | | $x_4$ | m | — | 2.215 | — | 2.238 |
| | 与水平线夹角 | $\alpha_{s,3}$ | rad | — | 0.4068 | — | 0.4219 |
| | | $\alpha_{s,4}$ | rad | — | 0.4228 | — | 0.4117 |
| | 主缆在索鞍上的包角 | $\alpha_s$ | rad | — | 0.8295 | — | 0.8337 |
| | 主缆紧边拉力 | $F_{ct}$ | kN | — | 243124.6 | — | 240757.9 |
| | 主缆松边拉力 | $F_{cl}$ | kN | — | 223780.7 | — | 221514.1 |

* 条件 1:挠跨比限值;条件 2:主缆与索鞍抗滑移限值。

** 散索鞍倾角以顺时针为正。

**表 9.4 中塔刚度的合理区间**

| 参数 | 工况 1 | | 工况 2 | |
|---|---|---|---|---|
| | 下限 | 上限 | 下限 | 上限 |
| 中塔刚度/(MN/m) | 2.851 | 16.422 | 6.615 | 18.920 |

# 9.5 讨论

## 9.5.1 恒活载比的影响

恒活载比 $\varepsilon$ 是指加劲梁单位长度自重与车道均布荷载的比值，是影响不等主跨三塔悬索桥中塔刚度合理区间的重要因素之一。以上述算例中实际的恒活载比($\varepsilon=6.63$)为基准，分别取 1/1.4、1/1.3、1/1.2、1/1.1、1.1 倍和 1.2 倍的恒载，计算出 6 种新的恒活载比，其对应的中塔刚度上限值与下限值如图 9.12 所示。从图中可以看出，恒活载比 $\varepsilon$ 对中塔刚度的影响较大，随着恒活载比越来越大，中塔合理刚度区间也越来越大。值得注意的是，当恒活载比小到一定数值时(如 $\varepsilon=5.1$)，可能不存在一个既满足挠跨比条件，又满足主缆与索鞍抗滑移条件的中塔刚度。因此，适当提高恒活载比有益于选择合理的三塔悬索桥中塔刚度。

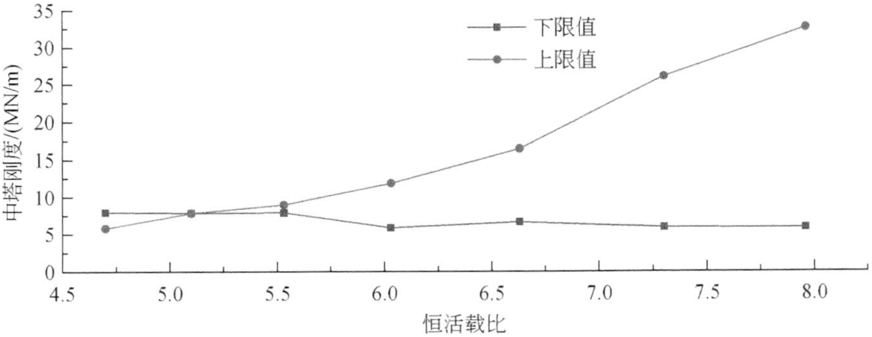


图 9.12 恒活载比对中塔刚度的影响

## 9.5.2 摩擦系数的影响

主缆与索鞍间的摩擦系数也是影响中塔刚度的因素之一，且只影响中塔刚度的最大值，不会影响中塔刚度的最小值。以上述算例中实际的摩擦系数 $\mu=0.2$ 为参考，取摩擦系数范围为 0.14～0.25，步长为 0.01，计算中塔刚度的合理区间，如图 9.13 所示。从图中可以看出，随着主缆与索鞍摩擦系数的增大，中塔刚度上限值也会增大,可以扩大中塔刚度的取值区间。当摩擦系数较小时(如 $\mu=0.15$),可能不存在同时满足挠跨比限值和主缆与索鞍抗滑移限值的合理中塔刚度。因此,适当提高主缆与索鞍间的摩擦系数有益于选择合理的三塔悬索桥中塔刚度。

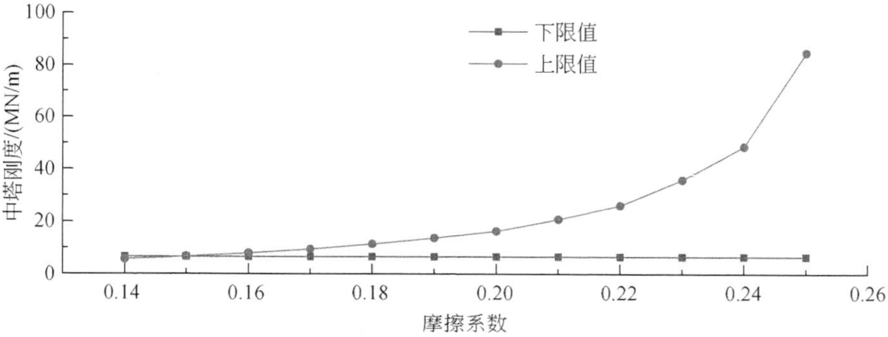


图 9.13　摩擦系数对中塔刚度的影响

# 9.6　本章小结

本章基于分段悬链线理论,建立了不等主跨三塔悬索桥中塔刚度的解析方法,可实现活载作用下不等主跨三塔悬索桥的主缆找形,同时分别以挠跨比限值和主缆与索鞍抗滑移条件计算出中塔刚度的下限值和上限值,得出其合理区间范围,区别于等主跨三塔悬索桥,不等主跨三塔悬索桥需综合考虑活载在主跨和次主跨的加载情况,通过研究结果可得到以下结论:

(1)活载下的主缆找形计算与温度影响下的主缆找形计算有很高的相似度,均需要以几何相容、静力平衡和无应力长度守恒为条件建立控制求解方程,但又有所不同,活载作用下,各跨的吊杆力需再由多点刚性支承梁计算。

(2)中塔刚度的合理区间需考虑活载的满主跨加载和满次主跨加载两种方式,其下限值和上限值分别利用活载作用在次主跨时的主缆与索鞍抗滑移条件和活载作用在主跨时的挠跨比限值条件得到,这是与等主跨三塔悬索桥的重要区别。

(3)恒活载比和主缆与索鞍间的摩擦系数均是影响中塔刚度合理区间的重要参数。随着恒活载比的增大,中塔刚度的区间范围也逐渐扩大,但当恒活载比小到一定程度时,可能不存在同时满足挠跨比限值和主缆与索鞍抗滑移限值条件的中塔刚度合理区间;而摩擦系数仅影响中塔刚度区间的上限值,随着摩擦系数的增加,中塔刚度上限值也增大,同样当其值过小时,可能不存在同时满足挠跨比限值和主缆与索鞍抗滑移限值条件的中塔刚度合理区间。因此,可适当提高恒活载比或主缆与索鞍间的摩擦系数,以扩大中塔刚度的合理区间范围。

(4)本章方法同样适用于等主跨三塔悬索桥的中塔刚度区间计算，且由活载作用引起的散索鞍偏转可忽略不计，可适当简化锚跨的计算。

## 参考文献

[1] Yoshida O, Okuda M, Moriya T. Structural characteristics and applicability of four-span suspension bridge. Journal of Bridge Engineering,2004,9(5):453-463.

[2] Daniel R A, van Dooren F J, de Meijer R H. Comparison of a single and double main span suspension bridge for the western Scheldt crossing//34th International Symposium on Bridge and Structural Engineering, Venice, 2010:1-8.

[3] Forsberg T. Multi-span suspension bridges. International Journal of Steel Structures, 2001, 1(1):63-73.

[4] Gwon S G, Yoo H, Choi D H. Effects of flexural rigidity of center tower in four-span suspension bridges. Journal of The Korean Society of Civil Engineers, 2014, 34(1):49-60.

[5] Liang P, Wu X N, Xu Y. Static and dynamic behaviours of three-tower suspension bridges and the structure selection of the mid-tower. Advanced Materials Research, 2010, 163-167: 2343-2349.

[6] Wang X L, Chai S B. Determining the middle tower stiffness value in an in-plane double-cable triple-tower suspension bridge. Journal of Bridge Engineering, 2018, 23(7):06018001.

[7] Cao H Y, Qian X D, Zhou Y L, et al. Feasible range for midtower lateral stiffness in three-tower suspension bridges. Journal of Bridge Engineering, 2018, 23(3):06017009.

[8] Ma X W, Nie J G, Fan J S. Longitudinal stiffness of multispan suspension bridges. Journal of Bridge Engineering, 2016, 21(5):06015010.

[9] Kim H K, Lee M J, Chang S P. Non-linear shape-finding analysis of a self-anchored suspension bridge. Engineering Structures, 2002, 24(12):1547-1559.

[10] Zhang W M, Shi L Y, Li L, et al. Methods to correct unstrained hanger lengths and cable clamps' installation positions in suspension bridges. Engineering Structures, 2018, 171: 202-213.

# 第 10 章　不等主跨双缆三塔悬索桥主缆线形及施工参数计算

## 10.1 引　　言

双缆悬索桥体系是指在同一个索面内采用垂度不同的上、下两根主缆，上、下缆间可通过吊杆相连或者相对独立，主梁则通常悬吊于下缆之上。该体系在不明显增加主缆材料用量的同时，可增加对桥塔的顺桥向约束，避免多塔悬索桥因中塔刚度不足产生过大变形，影响桥梁的使用。传统的多塔悬索桥中，边跨主缆垂度小，可给边塔提供有效的约束，而中塔两侧的主跨、次主跨主缆垂度大，可提供的约束作用较弱，易导致全桥整体刚度不足[1,2]。而中塔刚度过刚或过柔均会存在一定的问题，过刚则难以保证主缆与鞍座间的抗滑移安全性，过柔则难以控制活载作用下的加劲梁挠度，影响桥梁的使用性能[3]。因此，双缆悬索桥体系有可能成为破解这一难题的关键[4,5]。

关于双缆悬索桥的研究目前尚处于起步阶段。Wang 等[5]针对双缆悬索桥在活载作用下的变形特性问题，提出相应的简化力学模型，并讨论多个设计参数对双缆多塔悬索桥变形特性的影响。研究表明，变形特性受恒载在上、下缆的分配比例影响较小，而受矢跨比的影响较大，上缆垂度减小或下缆垂度增大均会使结构变形减小，且在相同的桥塔刚度下，双缆多塔悬索桥的变形远小于传统的多跨悬索桥。Chai 等[6]提出了双缆多塔悬索桥的主缆对桥塔纵向约束刚度的计算公式，并对多个设计参数进行了敏感性分析。研究表明，主梁恒载的增加、上缆所承受恒载的增大、下缆垂跨比的增大或主缆弹性刚度的增大都会加强主缆对桥塔的纵向约束；同时指出下缆的垂度比应大于传统悬索桥，但较大的垂度比将使双缆悬索桥的桥塔比传统悬索桥的桥塔更高。Wang 等[7]研究了双缆多塔悬索桥的中塔刚度问题，推导了其中塔刚度的上限值、下限值的表达式，确定了中塔刚度的合理范围，并与传统的三塔悬索桥进行了对比。研究表明，双缆三塔悬索桥中塔刚度的上限值、下限值相差较大；中塔刚度更易同时满足主缆结构变形和抗滑的要求，通过增大下缆矢跨比或减小上缆矢跨比可扩大中塔刚度的合理范围。研究指出，双缆三跨悬索桥中塔刚度的下限值小于传统双塔悬索桥，因此可采取柔性塔的形式。Wang 等[8]对双缆多跨悬索桥主缆与索鞍之间的抗滑移性能进行了研究，推导了双缆抗滑安全系数的解析计算公式。研究表明，上、下双缆的形式可有效提高主缆的抗滑能力，双缆悬索桥主缆与索鞍之间的抗滑移性能受活载加载跨的下缆和无活载加载跨的上缆共同控制，其抗滑能力随桥塔刚度与主缆刚度之比的增加而减小，随恒活载比的增大而增大，且受矢跨比和桥塔刚度影响。Zhang 等[9]研究了双缆多跨悬索桥在有无桥塔位移时活载在上、下缆之间的分配特性和桥梁变形。研究表明，活载对于刚性塔或柔性塔悬索桥的竖向刚度及主缆水平分力的影响是不同的；对于刚性塔，悬索桥竖向刚度与下缆的垂度成正比，上缆的水平力增量与两缆之间的距离成反比，下缆的水平力增量与其垂度成反比；但当桥塔为柔性塔时，悬索桥竖向刚度与下缆的恒载和上缆的垂度成反比，与桥塔刚度成正比，下缆水平力增量与下缆的垂度成反比，同时，通过增大桥塔刚度可提高主缆整体的水平力增量。

上述文献针对双缆多塔悬索桥的活载变形、中塔适宜刚度、主缆与索鞍的滑移性能等开展了较为全面而深入的研究，对后续研究很有启发。其多采用以下基本假设：①主缆线形是抛物线，但是悬索桥主缆的真实线形是多段悬链线[10~12]；②忽略了主缆在活载作用下的弹性伸长；③吊杆是连续分布的，可类比为薄膜；④忽略了上吊杆的伸长，认为上、下主缆的挠度相等；⑤忽略了梁的刚度对活载的分配作用；⑥认为边跨主缆对边塔的约束很强，所以忽略了边塔在活载作用下的变形。由此可见，上述研究仍有改进空间。因此，如果能克服上述不足，则可以为评估全桥刚度的研究[13,14]提供更可靠的参考。另外，关于双缆悬索桥的设计成桥线形及关键施工参数的计算，尚未见报道。成桥线形是研究活载变形和施工参数的前提条件，是桥梁设计中不可或缺的重要环节[15~18]。在施工控制过程中，关键施工参数涉及空缆线形、主索鞍和散索鞍预偏量[19,20]、索夹安装位置等。因此，本章基于分段悬链线理论，以成桥状态、活载作用下、空缆状态三种荷载阶段为关键工况，研究不等主跨双缆三塔悬索桥主缆线形的解析算法。

如图 10.1 所示，不等主跨双缆三塔悬索桥的主缆线形计算涉及六跨，分别为左锚跨、左边跨、次主跨、主跨、右边跨和右锚跨，跨径分别表示为 $L_1$、$L_2$、$L_3$、$L_4$、$L_5$

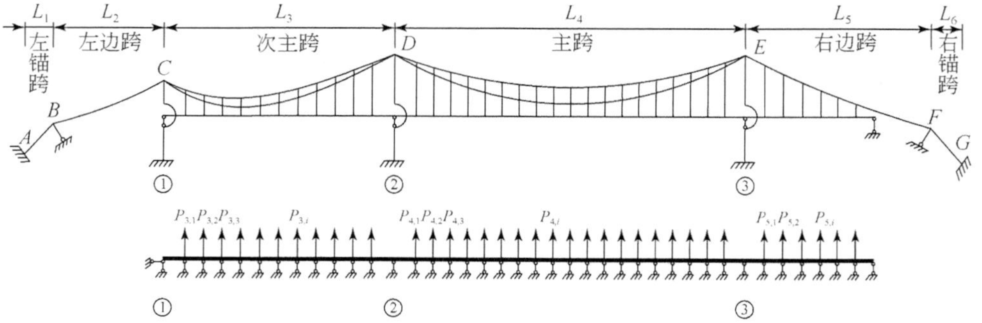


图 10.1　不等主跨双缆三塔悬索桥示意图

和 $L_6$，其中次主跨与主跨采用上、下双缆构造。根据不同的荷载阶段，需依次进行成桥状态、活载作用下和空缆状态的主缆线形计算(图 10.2)，其荷载分别对应仅成桥恒载、成桥恒载＋活载、施工荷载，各阶段的吊杆力可由多点刚性支承连续梁法[21～23]求解，空缆时可认为吊杆力为 0。

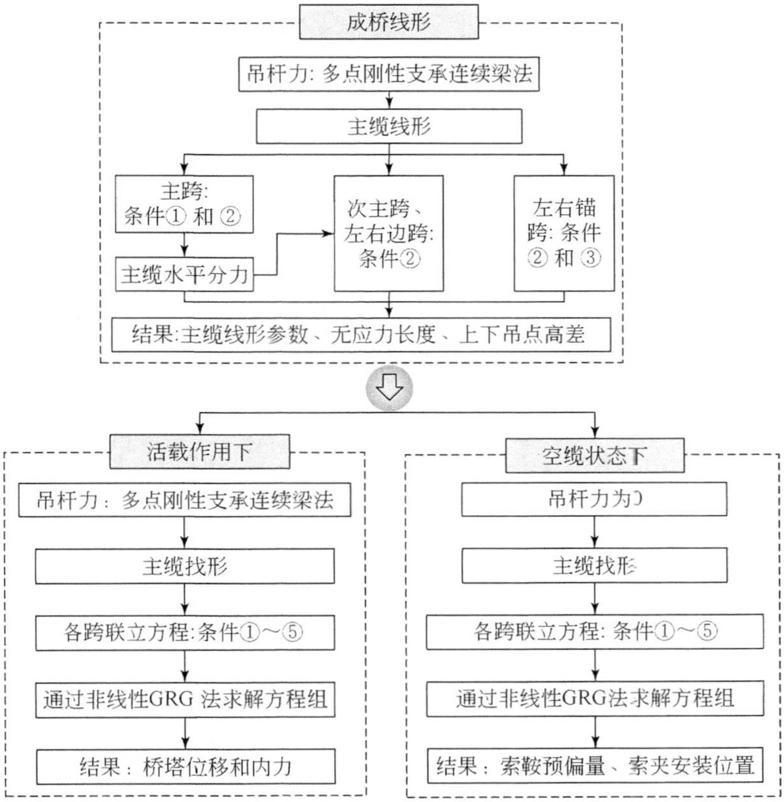


图 10.2　不等主跨双缆三塔悬索桥主缆找形计算流程

①-塔顶与跨中高差闭合；②-主缆左右两点高差；③-散索鞍力矩平衡；④-上下吊点高差闭合；⑤-无应力长度守恒

## 10.2　成桥线形计算

在成桥状态，各跨主缆找形相对独立。可先根据塔顶与跨中高差闭合、两塔顶高差闭合条件，分别计算主跨的上、下缆；再根据桥塔受力平衡和两塔顶(或塔顶与散索鞍 IP 点)高差闭合条件，进行次主跨、左边跨及右边跨的主缆线形计算；然后增补散索鞍的力矩平衡条件，进行锚跨主缆线形计算。此节侧重上、下缆主缆找形的差异，均与 8.2 节不等主跨三塔悬索桥主缆找形计算类似，可做参考。

由于吊杆力的作用，主跨的上、下主缆线形均是带折角的多段悬链线，如图 10.3所示。分别以点 $D$ 和上、下主缆的各吊点为坐标原点建立坐标系，$x$ 轴水平向右，$y$ 轴竖直向下。以下缆为例，取下缆的主缆水平分力 $H_4$ 和第 1 段主缆悬链线方程参数 $a_{4,1}$ 为基本未知量，根据塔顶与跨中高差闭合和两塔顶高差闭合条件，建立如下方程：

$$\sum_{i=1}^{m} \Delta h_{4,i} = \sum_{i=1}^{m} c_4 \left[\cosh\left(\frac{l_{4,i}}{c_4} + a_{4,i}\right) - \cosh a_{4,i}\right] = h_D - h_M \tag{10.1a}$$

$$\sum_{i=1}^{n_4+1} \Delta h_{4,i} = h_D - h_E \tag{10.1b}$$

式中，$m$ 为点 $D$ 与跨中点 $M$ 之间的主缆段数；$c_4 = -H_4/q$，$H_4$ 为下主缆水平分力，kN；$q$ 为下主缆自重荷载集度，kN/m；$l_{4,i}$ 为下主缆任意节段的水平投影长度；$n_4$ 为主跨吊杆数量，所以 $n_4+1$ 为主缆悬链线的数量；$\Delta h_{4,i}$ 为任一段主缆两端点的高差；$h_D$、$h_M$ 和 $h_E$ 分别为点 $D$、点 $M$ 和点 $E$ 在大地坐标系中的高程。

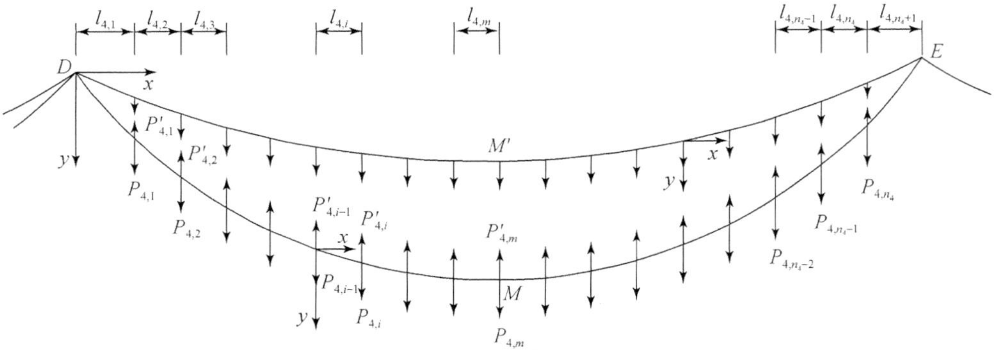


图 10.3　不等主跨双缆三塔悬索桥的主跨主缆线形

根据式(2.19)，$a_{4,i+1}$ 与 $a_{4,i}$ 的递推关系[24]为

$$a_{4,i+1} = \operatorname{arcsinh}\left[\sinh\left(\frac{l_{4,i}}{c_4} + a_{4,i}\right) - \frac{P_{4,i} - P'_{4,i}}{H_4}\right] \tag{10.2}$$

式中，$P_{4,i}$、$P'_{4,i}$ 分别为下缆和上缆下端的吊杆力，且有

$$P'_{4,i} = \lambda P_{4,i} \tag{10.3}$$

式中，$\lambda$ 为事先设定的上主缆承担的恒载比例；下缆的吊杆力 $P_{4,i}$ 可由刚性支承连续梁的支反力确定。

联立式(10.1)～式(10.3)，利用非线性 GRG 法可计算出下缆的主缆水平分力 $H_4$ 和第 1 段主缆悬链线方程参数 $a_{4,1}$，进而可得到下缆的各段主缆线形参数及无应力长度等，其中主缆无应力长度计算公式可见式(8.4)。

上缆的计算与下缆的计算基本一致，需要注意上缆仅受下端的吊杆力。那么根据上、下缆的主缆线形，可将上、下缆吊点的高差 $e_{4,i}$ 表达为

$$e_{4,i}=\sum_{j=1}^{i}\Delta h_{4,j}-\sum_{j=1}^{i}\Delta h'_{4,j} \tag{10.4}$$

式中，$\Delta h'_{4,j}$ 为上缆第 $i$ 段悬链线主缆的高差。

为了使桥塔处于零弯矩的最佳受力状态，也为了避免主缆与中塔索鞍之间产生滑移，次主跨上、下主缆的水平分力要分别与主跨的上、下缆相等，即

$$H'_3=H'_4 \tag{10.5a}$$

$$H_3=H_4 \tag{10.5b}$$

式中，$H'_3$ 和 $H_3$ 分别为次主跨上、下主缆的水平分力，kN。

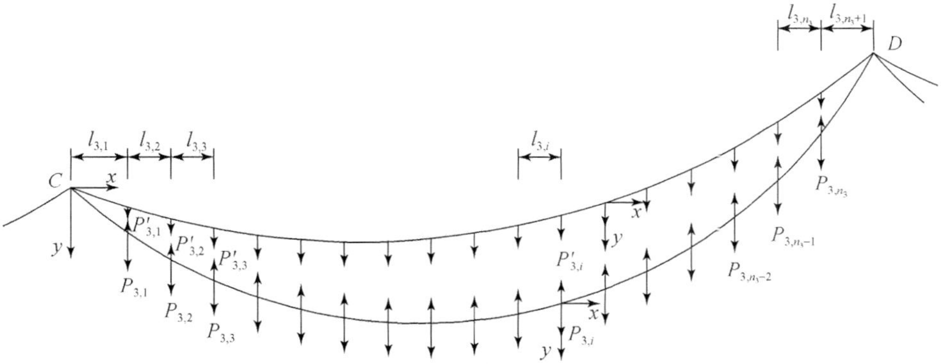


图 10.4　不等主跨双缆三塔悬索桥的次主跨主缆线形

分别以 $C$ 点和上、下缆的各吊点为坐标原点建立坐标系，$x$ 轴水平向右，$y$ 轴竖直向下。以下缆为例，取第 1 段主缆的悬链线方程参数 $a_{3,i}$ 为基本未知量，根据两塔顶高差闭合条件(图 10.4)，建立如下方程：

$$\sum_{i=1}^{n_3+1}\Delta h_{3,i}=\sum_{i=1}^{n_3+1}c_3\left[\cosh\left(\frac{l_{3,i}}{c_3}+a_{3,i}\right)-\cosh a_{3,i}\right]=h_C-h_D \tag{10.6}$$

式中，$n_3$ 为次主跨吊杆数量，所以 $n_3+1$ 为次主跨主缆悬链线数量；$\Delta h_{3,i}$ 为第 $i$ 段悬链线主缆的高差；$c_3=-H_3/q$；$l_{3,i}$ 为第 $i$ 段悬链线主缆的水平投影长度；$h_C$ 为点 $C$ 在大地坐标系中的高程。

根据式(2.19)，$a_{3,i+1}$ 与 $a_{3,i}$ 的递推关系[24]可表示为

$$a_{3,i+1}=\operatorname{arcsinh}\left[\sinh\left(\frac{l_{3,i}}{c_3}+a_{3,i}\right)-\frac{P_{3,i}-P'_{3,i}}{H_3}\right] \tag{10.7}$$

式中，$P_{3,i}$、$P'_{3,i}$ 分别为下缆和上缆下端的吊杆力，且有 $P'_{3,i}=\lambda P_{3,i}$。

联立式(10.6)和式(10.7)，利用非线性 GRG 法可计算出 $a_{3,i}$，进而得到次主

跨下缆各段主缆的线形、内力和无应力长度，其计算方式可参考 8.2.2 节。

次主跨上缆的计算与下缆的计算基本一致，也需注意上缆仅受下端的吊杆力。那么根据上、下缆的主缆线形，可将上、下缆吊点的高差 $e_{3,i}$ 表达为

$$e_{3,i}=\sum_{j=1}^{i}\Delta h_{3,j}-\sum_{j=1}^{i}\Delta h'_{3,j} \tag{10.8}$$

式中，$\Delta h'_{3,i}$ 为上缆第 $i$ 段悬链线主缆的高差。

边跨的主缆水平分力等于主跨上、下主缆水平分力之和。边跨主缆线形可以根据塔顶 IP 点与散索鞍 IP 点高差闭合进行计算，与次主跨类似。而锚跨主缆线形可以根据散索鞍 IP 点与主缆锚固点高差闭合及散索鞍力矩平衡进行计算。并依次计算出各跨的主缆无应力长度，即左锚跨 $S_1$、左边跨 $S_2$、右边跨 $S_{5,i}$（其中 $1\leqslant i\leqslant n_5+1$）和右锚跨 $S_6$，为活载作用及空缆时的主缆找形奠定基础。

## 10.3　活载作用下的变形和内力

### 10.3.1　主缆线形的未知量

在活载的作用下，各跨主缆的水平分力会发生不同程度的改变，使桥塔倾斜和散索鞍转动，造成各跨跨径有所改变，所以各跨的主缆线形需要联立求解。需要注意的是，成桥状态下上主缆承受恒载的比例 $\lambda$ 不再适用于恒载和活载共同作用下的情形，因此在恒载和活载共同作用下的下吊杆力 $P_{3v,i}$、$P_{4v,i}$ 和 $P_{5v,i}$（下标 $v$ 指恒载和活载共同作用下的参数）仍可由多点刚性支承连续梁法求出，上吊杆力是未知的。因此，涉及的未知量有 5 类：悬链线方程参数、主缆水平分力、悬链线的水平投影长度、上吊杆力和散索鞍与竖直线夹角，见表 10.1，共计 $3n_3+3n_4+n_5+23$ 个。

**表 10.1　恒载和活载共同作用下主缆线形的未知量**

| 未知量 | 左锚跨 | 左边跨 | 次主跨 | | 主跨 | | 右边跨 | 右锚跨 | 总数 |
|---|---|---|---|---|---|---|---|---|---|
| | | | 上缆 | 下缆 | 上缆 | 下缆 | | | |
| 悬链线方程参数 | $a_{1v,1}$ | $a_{2v,1}$ | $a'_{3v,1}$ | $a_{3v,1}$ | $a'_{4v,1}$ | $a_{4v,1}$ | $a_{5v,1}$ | $a_{6v,1}$ | 8 |
| 主缆水平分力 | $H_{1v}$ | $H_{2v}$ | $H'_{3v}$ | $H_{3v}$ | $H'_{4v}$ | $H_{4v}$ | $H_{5v}$ | $H_{6v}$ | 8 |
| 悬链线的水平投影长度 | — | — | $l'_{3v,i}$ | $l_{3v,i}$ | $l'_{4v,i}$ | $l_{4v,i}$ | $l_{5v,i}$ | — | $2n_3+2n_4+n_5+5$ |
| 上吊杆力 | — | — | $P'_{3v,i}$ | — | $P'_{4v,i}$ | — | — | — | $n_3+n_4$ |
| 散索鞍与竖直线夹角 | $\theta_{1v}$ | — | — | — | — | — | — | $\theta_{6v}$ | 2 |

### 10.3.2　主缆线形的耦合方程

1. 主跨

针对主跨的上、下缆，可根据跨径闭合、两塔顶高差闭合、无应力长度守恒和同一根吊杆的上下吊点的高差闭合条件，建立如下方程：

$$\sum_{i=1}^{n_4+1} l'_{4v,i}=L_4-\Delta_D+\Delta_E \tag{10.9a}$$

$$\sum_{i=1}^{n_4+1} l_{4v,i}=L_4-\Delta_D+\Delta_E \tag{10.9b}$$

$$\sum_{i=1}^{n_4+1} \Delta h'_{4v,i}=h_D-h_E \tag{10.9c}$$

$$\sum_{i=1}^{n_4+1} \Delta h_{4v,i}=h_D-h_E \tag{10.9d}$$

$$S'_{4v,i}=S'_{4,i},\quad i=1,2,\cdots,n_4+1 \tag{10.9e}$$

$$S_{4v,i}=S_{4,i},\quad i=1,2,\cdots,n_4+1 \tag{10.9f}$$

$$\sum_{j=1}^{i} \Delta h_{4v,j}-\sum_{j=1}^{i} \Delta h'_{4v,j}=\frac{P'_{4v,i}+E_hA_h}{P'_{4,i}+E_hA_h}e_{4,i},\quad i=1,2,\cdots,n_4 \tag{10.9g}$$

式中，$\Delta_D$ 和 $\Delta_E$ 分别为中塔和右塔塔顶的水平位移，以向右为正；$\Delta h_{4v,i}$ 和 $S_{4v,i}$ 分别为主跨下主缆第 $i$ 段悬链线的两端点高差和无应力长度；上标“$'$”用来表示主跨上主缆的参数；$E_h$ 和 $A_h$ 分别为吊杆的弹性模量和横截面面积。其中部分参数可表示为

$$\Delta_D=(H_{4v}+H'_{4v}-H_{3v}-H'_{3v})\xi_D \tag{10.10a}$$

$$\Delta_E=(H_{5v}-H_{4v}-H'_{4v})\xi_E \tag{10.10b}$$

$$\Delta h_{4v,i}=c_{4v}\left[\cosh\left(\frac{l_{4v,i}}{c_{4v}}+a_{4v,i}\right)-\cosh a_{4v,i}\right] \tag{10.10c}$$

$$S_{4v,i}=c_{4v}\left[\sinh\left(\frac{l_{4v,i}}{c_{4v}}+a_{4v,i}\right)-\sinh a_{4v,i}\right]-\frac{H_{4v}}{2EA}\left(l_{4v,i}+\frac{c_{4v}}{2}\left\{\sinh\left[2\left(\frac{l_{4v,i}}{c_{4v}}+a_{4v,i}\right)\right]-\sinh(2a_{4v,i})\right\}\right) \tag{10.10d}$$

式中，$\xi_D$ 和 $\xi_E$ 分别为中塔和右塔的柔度系数，m/kN；$c_{4v}=-H_{4v}/q$。

另外，$a_{4v,i+1}$ 和 $a_{4v,i}$、$a'_{4v,i+1}$ 和 $a'_{4v,i}$ 之间的递推关系[24]可分别表达为

$$a_{4v,i+1}=\operatorname{arcsinh}\left[\sinh\left(\frac{l_{4v,i}}{c_{4v}}+a_{4v,i}\right)-\frac{P_{4v,i}-P'_{4v,i}}{H_{4v}}\right] \tag{10.11a}$$

$$a'_{4v,i+1}=\operatorname{arcsinh}\left[\sinh\left(\frac{l'_{4v,i}}{c'_{4v}}+a'_{4v,i}\right)-\frac{P'_{4v,i}}{H'_{4v}}\right] \tag{10.11b}$$

2. 次主跨

针对次主跨的上、下缆，可根据跨径闭合、两塔顶高差闭合、无应力长度守恒和同一根吊杆的上下吊点的高差闭合条件，建立如下方程：

$$\sum_{i=1}^{n_3+1} l'_{3v,i} = L_3 - \Delta_C + \Delta_D \tag{10.12a}$$

$$\sum_{i=1}^{n_3+1} l_{3v,i} = L_3 - \Delta_C + \Delta_D \tag{10.12b}$$

$$\sum_{i=1}^{n_3+1} \Delta h'_{3v,i} = h_C - h_D \tag{10.12c}$$

$$\sum_{i=1}^{n_3+1} \Delta h_{3v,i} = h_C - h_D \tag{10.12d}$$

$$S'_{3v,i} = S'_{3,i}, \quad i=1,2,\cdots,n_3+1 \tag{10.12e}$$

$$S_{3v,i} = S_{3,i}, \quad i=1,2,\cdots,n_3+1 \tag{10.12f}$$

$$\sum_{j=1}^{i} \Delta h_{3v,j} - \sum_{j=1}^{i} \Delta h'_{3v,j} = \frac{P'_{3v,i} + E_{\mathrm{h}} A_{\mathrm{h}}}{P'_{3,i} + E_{\mathrm{h}} A_{\mathrm{h}}} e_{3,i}, \quad i=1,2,\cdots,n_3 \tag{10.12g}$$

式中，$\Delta_C$ 为左塔塔顶的水平位移，以向右为正；$\Delta h_{3v,i}$ 和 $S_{3v,i}$ 分别为次主跨下缆第 $i$ 段悬链线的两端点高差和无应力长度。其中部分参数可表示为

$$\Delta_C = (H_{3v} + H'_{3v} - H_{2v})\xi_C \tag{10.13a}$$

$$\Delta h_{3v,i} = c_{3v}\left[\cosh\left(\frac{l_{3v,i}}{c_{3v}} + a_{3v,i}\right) - \cosh a_{3v,i}\right] \tag{10.13b}$$

$$S_{3v,i} = c_{3v}\left[\sinh\left(\frac{l_{3v,i}}{c_{3v}} + a_{3v,i}\right) - \sinh a_{3v,i}\right] - \frac{H_{3v}}{2EA}\Bigg(l_{3v,i} + \frac{c_{3v}}{2}\left\{\sinh\left[2\left(\frac{l_{3v,i}}{c_{3v}} + a_{3v,i}\right)\right] - \sinh(2a_{3v,i})\right\}\Bigg) \tag{10.13c}$$

式中，$\xi_C$ 为左塔的柔度系数，m/kN；$c_{3v} = -H_{3v}/q$。

另外，$a_{3v,i+1}$ 和 $a_{3v,i}$、$a'_{3v,i+1}$ 和 $a'_{3v,i}$ 之间的递推关系[24]可表达为

$$a_{3v,i+1} = \operatorname{arcsinh}\left[\sinh\left(\frac{l_{3v,i}}{c_{3v}} + a_{3v,i}\right) - \frac{P_{3v,i} - P'_{3v,i}}{H_{3v}}\right] \tag{10.14a}$$

$$a'_{3v,i+1} = \operatorname{arcsinh}\left[\sinh\left(\frac{l'_{3v,i}}{c'_{3v}} + a'_{3v,i}\right) - \frac{P'_{3v,i}}{H'_{3v}}\right] \tag{10.14b}$$

3. 右边跨

在右边跨，分别以点 $E$ 和各吊点为原点建立多个坐标系，$x$ 轴水平向右，$y$ 轴

竖直向下，根据跨径闭合、高差闭合（点 $E$ 和点 $F$）和无应力长度守恒条件，可分别建立如下方程：

$$\sum_{i=1}^{n_5+1} l_{5v,i} = L_5 - \Delta_E + \Delta_F \tag{10.15a}$$

$$\sum_{i=1}^{n_5+1} \Delta h_{5v,i} = h_E - (h_F - \Delta_{F,\mathrm{v}}) \tag{10.15b}$$

$$S_{5v,i} = S_{5,i}, \quad i=1,2,\cdots,n_5+1 \tag{10.15c}$$

式中，$n_5$ 为右边跨吊杆数量，所以 $n_5+1$ 为右边跨主缆悬链线的数量；$h_F$ 为 $F$ 点在大地坐标系中的高程；$\Delta_F$ 为右散索鞍 IP 点的水平位移，以向右为正；$\Delta_{F,\mathrm{v}}$ 为右散索鞍 IP 点的竖向位移，以向下为正；$\Delta h_{5v,i}$ 和 $S_{5v,i}$ 分别为右边跨任一段主缆的两端点高差和无应力长度。其中部分参数可表示为

$$\Delta_F = R_6(\sin\theta_{6v} - \sin\theta_6) \tag{10.16a}$$

$$\Delta_{F,\mathrm{v}} = R_6(\cos\theta_6 - \cos\theta_{6v}) \tag{10.16b}$$

$$\Delta h_{5v,i} = c_{5v}\left[\cosh\left(\frac{l_{5v,i}}{c_{5v}} + a_{5v,i}\right) - \cosh a_{5v,i}\right] \tag{10.16c}$$

$$S_{5v,i} = c_{5v}\left[\sinh\left(\frac{l_{5v,i}}{c_{5v}} + a_{5v,i}\right) - \sinh a_{5v,i}\right] - \frac{H_{5v}}{2EA}\left(l_{5v,i} + \frac{c_{5v}}{2}\left\{\sinh\left[2\left(\frac{l_{5v,i}}{c_{5v}} + a_{5v,i}\right)\right] - \sinh(2a_{5v,i})\right\}\right) \tag{10.16d}$$

式中，$c_{5v} = -H_{5v}/(q+q')$；$R_6$ 为右散索鞍 IP 点到转动中心的距离（图 10.5）；$\theta_6$ 为仅恒载作用下右散索鞍与竖直线的夹角。

另外，$a_{5v,i+1}$ 和 $a_{5v,i}$ 的递推关系[24]为

$$a_{5v,i+1} = \operatorname{arcsinh}\left[\sinh\left(\frac{l_{5v,i}}{c_{5v}} + a_{5v,i}\right) - \frac{P_{5v,i}}{H_{5v}}\right] \tag{10.17}$$

4. *左边跨*

在左边跨，以点 $B$ 为原点建立坐标系，$x$ 轴水平向右，$y$ 轴竖直向下，根据高差闭合（点 $B$ 和点 $C$）和无应力长度守恒条件，可分别建立如下方程：

$$c_{2v}\left[\cosh\left(\frac{L_{2v}}{c_{2v}} + a_{2v}\right) - \cosh a_{2v}\right] = (h_B - \Delta_{B,\mathrm{v}}) - h_C \tag{10.18a}$$

$$S_{2v} = S_2 \tag{10.18b}$$

式中，$c_{2v} = -H_{2v}/(q+q')$；$h_B$ 为点 $B$ 在大地坐标系中的设计高程；$L_{2v}$ 为恒载和活载共同作用下左边跨的跨径，$L_{2v} = L_2 - \Delta_B + \Delta_C$，其中 $\Delta_B$ 为左散索鞍 IP 点的水平位移，以向右为正；$\Delta_{B,\mathrm{v}}$ 为左散索鞍 IP 点的竖向位移，以向下为正；$S_{2v}$ 为左边跨主缆无应力长度。$\Delta_B$、$\Delta_{B,\mathrm{v}}$ 和 $S_{2v}$ 可分别表达为

$$\Delta_B = R_1(\sin\theta_1 - \sin\theta_{1v}) \tag{10.19a}$$

$$\Delta_{B,\mathrm{v}} = R_1(\cos\theta_1 - \cos\theta_{1v}) \tag{10.19b}$$

$$S_{2v} = c_{2v}\left[\sinh\left(\frac{L_{2v}}{c_{2v}} + a_{2v}\right) - \sinh a_{2v}\right] - \frac{H_{2v}}{2EA}\left(L_{2v} + \frac{c_{2v}}{2}\left\{\sinh\left[2\left(\frac{L_{2v}}{c_{2v}} + a_{2v}\right)\right] - \sinh(2a_{2v})\right\}\right) \tag{10.19c}$$

式中，$R_1$ 为左散索鞍 IP 点到转动中心的距离(图 10.5)；$\theta_1$ 为仅恒载作用下左散索鞍与竖直线的夹角。

5. *左锚跨*

在左锚跨，以点 $A$ 为原点建立坐标系，$x$ 轴水平向右，$y$ 轴竖直向下，根据高差闭合(点 $A$ 和点 $B$)、左散索鞍力矩平衡(图 10.5)和无应力长度守恒条件，可分别建立如下方程：

$$c_{1v}\left[\cosh\left(\frac{L_{1v}}{c_{1v}} + a_{1v}\right) - \cosh a_{1v}\right] = h_A - (h_B - \Delta_{B,\mathrm{v}}) \tag{10.20a}$$

$$F_{1v}d_{1v} + W_1 d_{w1v} = F_{2v}d_{2v} \tag{10.20b}$$

$$S_{1v} = S_1 \tag{10.20c}$$

式中，$c_{1v} = -H_{1v}/(q+q')$；$L_{1v} = L_1 - \Delta_B$；$h_A$ 为点 $A$ 在大地坐标系中的高程；$W_1$ 为左散索鞍自重；$S_{1v}$为左锚跨主缆的无应力长度；$F_{1v}$和 $F_{2v}$分别为左锚跨和左边跨的主缆拉力；$d_{1v}$、$d_{w1v}$和 $d_{2v}$分别为左散索鞍转动中心与力 $F_{1v}$、$W_1$ 和 $F_{2v}$的距离，即力臂。其中部分参数可表示为

$$S_{1v} = c_{1v}\left[\sinh\left(\frac{L_{1v}}{c_{1v}} + a_{1v}\right) - \sinh a_{1v}\right] - \frac{H_{1v}}{2EA}\left(L_{1v} + \frac{c_{1v}}{2}\left\{\sinh\left[2\left(\frac{L_{1v}}{c_{1v}} + a_{1v}\right)\right] - \sinh(2a_{1v})\right\}\right) \tag{10.21a}$$

$$F_{1v} = \frac{H_{1v}}{\cos\alpha_{1v}} \tag{10.21b}$$

$$F_{2v} = \frac{H_{2v}}{\cos\alpha_{2v}} \tag{10.21c}$$

$$d_{1v} = R_1\cos(\alpha_{1v} - \theta_{1v}) \tag{10.21d}$$

$$d_{w1v} = r_1\sin\theta_{1v} \tag{10.21e}$$

$$d_{2v} = R_1\cos(\theta_{1v} - \alpha_{2v}) \tag{10.21f}$$

式中，$r_1$ 为左散索鞍重心到转动中心的距离；$\alpha_{1v}$和 $\alpha_{2v}$分别为主缆拉力 $F_{1v}$和 $F_{2v}$与水平线的夹角(图 10.5)，且有

$$\alpha_{1v} = -\arctan\left[\sinh\left(\frac{L_{1v}}{c_{1v}} + a_{1v}\right)\right] \tag{10.22a}$$

$$\alpha_{2v} = -\arctan(\sinh a_{2v}) \tag{10.22b}$$

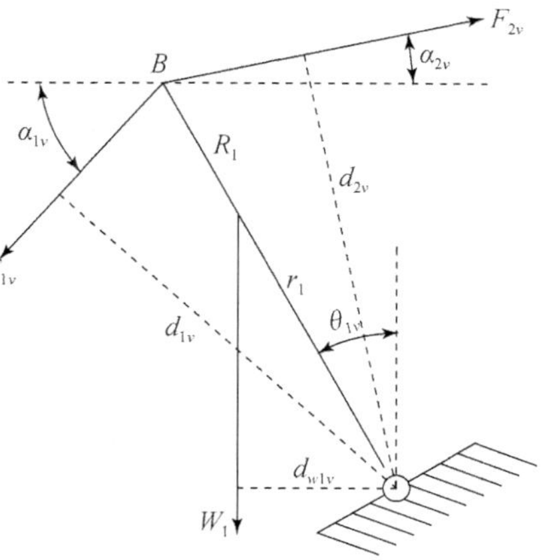


图 10.5　不等主跨双缆三塔悬索桥左散索鞍力矩平衡

6. *右锚跨*

在右锚跨，以点 $F$ 为原点建立坐标系，$x$ 轴水平向右，$y$ 轴竖直向下，根据高差闭合（点 $F$ 和点 $G$）、右散索鞍力矩平衡（图 10.6）和无应力长度守恒条件，可分别建立如下方程：

$$c_{6v}\left[\cosh\left(\frac{L_{6v}}{c_{6v}}+a_{6v}\right)-\cosh a_{6v}\right]=(h_F-\Delta_{F,\mathrm{v}})-h_G \tag{10.23a}$$

$$F_{5v}d_{5v}+W_6 d_{w6v}=F_{6v}d_{6v} \tag{10.23b}$$

$$S_{6v}=S_6 \tag{10.23c}$$

式中，$c_{6v}=-H_{6v}/(q+q')$；$L_{6v}=L_6-\Delta_F$；$h_G$ 为点 $G$ 在大地坐标系中的高程；$W_6$ 为右散索鞍自重；$S_{6v}$ 为右锚跨主缆的无应力长度；$F_{5v}$ 和 $F_{6v}$ 分别为右边跨和右锚跨的主缆拉力；$d_{5v}$、$d_{w6v}$ 和 $d_{6v}$ 分别为右散索鞍转动中心与力 $F_{5v}$、$W_6$ 和 $F_{6v}$ 的距离，如图 10.6 所示，即力臂。其中部分参数可表示为

$$S_{6v}=c_{6v}\left[\sinh\left(\frac{L_{6v}}{c_{6v}}+a_{6v}\right)-\sinh a_{6v}\right]-\frac{H_{6v}}{2EA}\left(L_{6v}+\frac{c_{6v}}{2}\left\{\sinh\left[2\left(\frac{L_{6v}}{c_{6v}}+a_{6v}\right)\right]-\sinh(2a_{6v})\right\}\right) \tag{10.24a}$$

$$F_{5v}=\frac{H_{5v}}{\cos\alpha_{5v}} \tag{10.24b}$$

$$F_{6v}=\frac{H_{6v}}{\cos\alpha_{6v}} \tag{10.24c}$$

$$d_{5v}=R_6\cos(\theta_{6v}-\alpha_{5v}) \tag{10.24d}$$

$$d_{w6v}=r_6\sin\theta_{6v} \tag{10.24e}$$

$$d_{6v}=R_6\cos(\alpha_{6v}-\theta_{6v}) \tag{10.24f}$$

式中，$r_6$ 为右散索鞍重心到转动中心的距离；$\alpha_{5v}$ 和 $\alpha_{6v}$ 分别为主缆拉力 $F_{5v}$ 和 $F_{6v}$ 与

水平线的夹角(图 10.6),且有

$$\alpha_{5v}=\arctan\left[\sinh\left(\frac{l_{5v,n_5+1}}{c_{5v}}+a_{5v,n_5+1}\right)\right] \tag{10.25a}$$

$$\alpha_{6v}=\arctan(\sinh a_{6v}) \tag{10.25b}$$

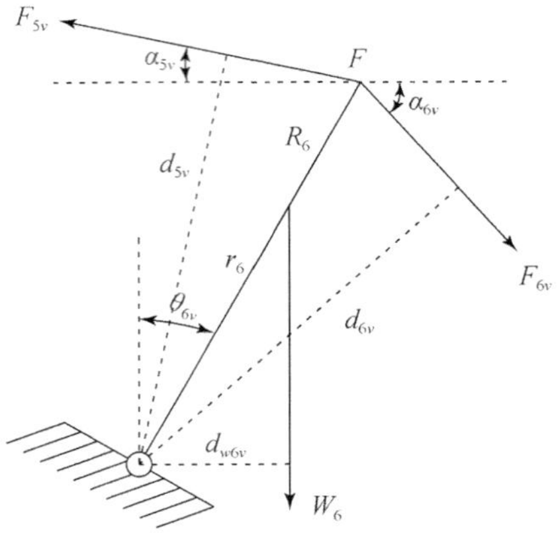


图 10.6　不等主跨双缆三塔悬索桥右散索鞍力矩平衡

### 10.3.3　方程求解

由于塔顶位移 $\Delta_C$、$\Delta_D$、$\Delta_E$,以及散索鞍 IP 点位移 $\Delta_B$、$\Delta_F$ 的媒介作用,各跨的控制方程需联立求解。联立式(10.9)、式(10.12)、式(10.15)、式(10.18)、式(10.20)和式(10.23),将其改写成函数形式 $f_i(\cdot)=0$,并构造目标函数:

$$f_1^2+\cdots+f_4^2+\sum_{i=1}^{n_4+1}f_{5,i}^2+\sum_{i=1}^{n_4+1}f_{6,i}^2+\sum_{i=1}^{n_4}f_{7,i}^2+f_8^2+\cdots+f_{11}^2+\sum_{i=1}^{n_3+1}f_{12,i}^2+$$
$$\sum_{i=1}^{n_3+1}f_{13,i}^2+\sum_{i=1}^{n_3}f_{14,i}^2+f_{15}^2+f_{16}^2+\sum_{i=1}^{n_5+1}f_{17,i}^2+f_{18}^2+\cdots+f_{25}^2=0 \tag{10.26}$$

利用非线性 GRG 法可对式(10.26)进行规划求解,解出表 10.1 中的 $3n_3+3n_4+n_5+23$ 个未知量,进而可获得恒载和活载共同作用下的主缆线形和内力。将该线形与仅恒载作用下的线形进行比较,即可得到活载导致的变形。

## 10.4　空缆线形和施工参数

不等主跨双缆三塔悬索桥的空缆线形计算与传统三塔悬索桥的不同。在其主缆架设中,依次架设下缆和上缆,因此有两个施工阶段要特别关注,分别是仅架设下缆阶段和双缆架设完成阶段。除主缆线形外，索夹安装位置、主索鞍预偏量、散索鞍预偏量等施工参数均是找形计算的重点。其中，上、下缆的索夹是在双缆架设完成后才安装的，仅需在第二阶段考虑其安装位置的计算，而主索鞍预偏量和散索鞍预偏量需要分别计算，这是因为两个阶段的桥塔、主缆荷载不同，其值也有所改变。空缆线形的计算思路与活载作用下的线形计算基本一致，主要区别在于吊杆力、主缆自重的荷载集度以及未知量的选取。

### 10.4.1　仅架设下缆

在下缆架设完成时，认为左边跨、次主跨、主跨及右边跨的主缆水平分力相等，左锚跨与右锚跨的主缆水平分力需根据散索鞍力矩平衡计算。根据 10.3 节活载作用下主缆找形的各控制方程组，可设置空缆状态下且仅下缆架设完成时的未知量，见表 10.2，共计 $n_3+n_4+n_5+17$ 个。但需要注意，$\Delta_C$、$\Delta_D$ 和 $\Delta_E$ 不再表示塔顶水平位移，而是分别表示左塔、中塔和右塔塔顶主索鞍预偏量。

**表 10.2　仅架设下缆时主缆线形的未知量**

| 未知量 | 左锚跨 | 左边跨 | 次主跨 | 主跨 | 右边跨 | 右锚跨 | 共计 |
|---|---|---|---|---|---|---|---|
| 悬链线方程参数 | $a_{1v,1}$ | $a_{2v,1}$ | $a_{3v,1}$ | $a_{4v,1}$ | $a_{5v,1}$ | $a_{6v,1}$ | 6 |
| 下主缆水平分力 | $H_{1v}$ | — | — | $H_{4v}$ | — | $H_{6v}$ | 3 |
| 各分段主缆水平投影长度 | — | — | $l_{3v,i}$ | $l_{4v,i}$ | $l_{5v,i}$ | — | $n_3+n_4+n_5+3$ |
| 索鞍预偏量 | — | $\Delta_C$ | $\Delta_D$ | $\Delta_E$ | — | — | 3 |
| 散索鞍与竖直线的夹角 | $\theta_{1v}$ | — | — | — | — | $\theta_{6v}$ | 2 |

根据式(10.26)，此时控制方程为

$$f_2^2+f_4^2+\sum_{i=1}^{n_4+1}f_{6,i}^2+f_9^2+f_{11}^2+\sum_{i=1}^{n_3+1}f_{13,i}^2+f_{15}^2+f_{16}^2+\sum_{i=1}^{n_5+1}f_{17,i}^2+f_{18}^2+\cdots+f_{25}^2=0 \tag{10.27}$$

利用非线性 GRG 法规划求解式(10.27)，计算出表 10.2 中的未知量，进而可获得仅架设下缆时的主缆线形、内力以及主索鞍预偏量。

此时，散索鞍预偏量可表示为

$$\Delta\theta_1=\theta_{1v}-\theta_1 \tag{10.28a}$$

$$\Delta\theta_6=\theta_{6v}-\theta_6 \tag{10.28b}$$

### 10.4.2　双缆架设完成

当上缆也架设完成时，此时次主跨及主跨上、下缆的主缆水平分力应与左边跨和右边跨相等，即 $H_{2v}=H'_{3v}+H_{3v}=H'_{4v}+H_{4v}=H_{5v}$。在前述的成桥状态中，次主跨的上、下缆水平分力分别与主跨的上、下缆水平分力相同。而在双缆架设完成后，上缆和下缆有着相同的索鞍预偏量，如果从成桥状态倒拆到空缆状态，主跨、次主跨的上、下缆主缆水平分力的减小量并不相等。因此，此时主缆线形的未知量又有所变化，见表 10.3，共计 $2n_3+2n_4+n_5+24$ 个。

**表 10.3　双缆架设完成时主缆线形的未知量**

| 未知量 | 左锚跨 | 左边跨 | 次主跨 | | 主跨 | | 右边跨 | 右锚跨 | 共计 |
|---|---|---|---|---|---|---|---|---|---|
| | | | 上缆 | 下缆 | 上缆 | 下缆 | | | |
| 悬链线方程参数 | $a_{1v,1}$ | $a_{2v,1}$ | $a'_{3v,1}$ | $a_{3v,1}$ | $a'_{4v,1}$ | $a_{4v,1}$ | $a_{5v,1}$ | $a_{6v,1}$ | 8 |
| 主缆水平分力 | $H_{1v}$ | — | $H'_{3v}$ | $H_{3v}$ | $H'_{4v}$ | $H_{4v}$ | — | $H_{6v}$ | 6 |
| 各分段主缆水平投影长度 | — | — | $l'_{3v,i}$ | $l_{3v,i}$ | $l'_{4v,i}$ | $l_{4v,i}$ | $l_{5v,i}$ | — | $2n_3+2n_4+n_5+5$ |
| 索鞍预偏量 | — | $\Delta_C$ | $\Delta_D$ | | $\Delta_E$ | | — | — | 3 |
| 散索鞍与竖直线夹角 | $\theta_{1v}$ | — | — | — | — | — | — | $\theta_{6v}$ | 2 |

根据式(10.26)，此时控制方程为

$$
\begin{aligned}
& f_1^2+\cdots+f_4^2+\sum_{i=1}^{n_4+1} f_{5,i}^2+\sum_{i=1}^{n_4+1} f_{6,i}^2+f_8^2+\cdots+f_{11}^2+\sum_{i=1}^{n_3+1} f_{12,i}^2+\sum_{i=1}^{n_3+1} f_{13,i}^2 \\
& +f_{15}^2+f_{16}^2+\sum_{i=1}^{n_5+1} f_{17,i}^2+f_{18}^2+\cdots+f_{26}^2=0
\end{aligned}
\tag{10.29}
$$

式中，$f_{26}=H'_{3v}+H_{3v}-H'_{4v}-H_{4v}$。

利用非线性 GRG 法规划求解式(10.29)，计算出表 10.3 中的未知量，进而可获得上、下缆的空缆线形、内力、主索鞍预偏量和散索鞍预偏角。

此时，索夹的安装位置可以用各吊点与桥塔的水平距离表示，如主跨下缆第 $i$ 个吊点与中塔的水平距离 $X_{3,i}$ 为

$$
X_{3,i}=\Delta_C+\sum_{j=1}^{i} l_{3v,j} \tag{10.30}
$$

# 10.5　算　　例

### 10.5.1　工程概况

如图 10.7 所示，某不等主跨双缆三塔悬索桥的桥跨布置为 248m＋860m＋1070m＋310m，详细设计参数见表 10.4。在主跨、次主跨采用上、下双缆形式，主跨上缆的设计矢跨比为 1/12，下缆的设计矢跨比为 1/7，其上缆与下缆承受主梁恒载的比例设置为 2/3，所以在恒载作用下，上、下层吊杆力的比例系数 $\lambda$ 为 0.4，其

活载设计值为 32.22kN/m。

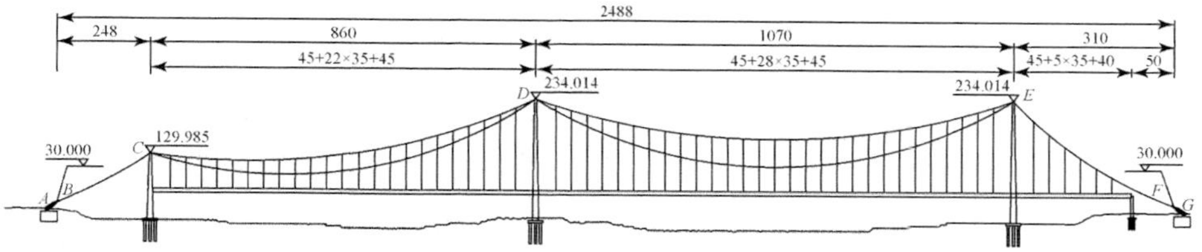


图 10.7　某不等主跨双缆三塔悬索桥全桥示意图(单位:m)

**表 10.4　某不等主跨双缆三塔悬索桥已知参数**

| 参数 | | | 符号 | 单位 | 数值 |
|---|---|---|---|---|---|
| 跨径 | 左锚跨 | | $L_1$ | m | 16.38 |
| | 左边跨 | | $L_2$ | m | 248 |
| | 次主跨 | | $L_3$ | m | 860 |
| | 主跨 | | $L_4$ | m | 1070 |
| | 右边跨 | | $L_5$ | m | 310 |
| | 右锚跨 | | $L_6$ | m | 15.32 |
| 加劲梁 | 惯性矩 | | $I_b$ | $m^4$ | 3.221 |
| | 弹性模量 | | $E_b$ | GPa | 200 |
| | 每延米自重 | | $w_b$ | kN/m | 158.31 |
| 主缆 | 横截面面积 | 上缆 | $A'$ | $m^2$ | 0.21 |
| | | 下缆 | $A$ | $m^2$ | 0.18 |
| | 成桥状态下每延米自重 | 上缆 | $q'$ | kN/m | 16.80 |
| | | 下缆 | $q$ | kN/m | 14.40 |
| | 空缆状态下每延米自重 | 上缆 | $q'_f$ | kN/m | 15.12 |
| | | 下缆 | $q_f$ | kN/m | 12.96 |
| | 弹性模量 | | $E$ | GPa | 197 |
| | 主跨中塔与跨中点之间的主缆段数 | | $m$ | — | 15 |
| | 分段主缆水平投影长度 | 次主跨 | $l_{3,1}$, $l_{3,24}$ | m | 45 |
| | | | $l_{3,2}\sim l_{3,23}$ | m | 35 |
| | | 主跨 | $l_{4,1}$, $l_{4,30}$ | m | 45 |
| | | | $l_{4,2}\sim l_{4,29}$ | m | 35 |
| | | 右边跨 | $l_{5,1}$ | m | 45 |
| | | | $l_{5,2}\sim l_{5,6}$ | m | 35 |
| | | | $l_{5,7}$ | m | 90 |

续表

| 参数 | | | 符号 | 单位 | 数值 |
|---|---|---|---|---|---|
| 吊杆 | 弹性模量 | | $E_h$ | GPa | 197 |
| | 上吊杆横截面面积 | | $A_h$ | $m^2$ | 0.003 |
| | 吊杆数量 | 次主跨 | $n_3$ | — | 23 |
| | | 主跨 | $n_4$ | — | 29 |
| | | 右边跨 | $n_5$ | — | 6 |
| 在大地坐标系下的高程 | 左锚固点 $A$ | | $h_A$ | m | 18.53 |
| | 左散索鞍 IP 点 $B$,右散索鞍 IP 点 $F$ | | $h_B$,$h_F$ | m | 30 |
| | 左塔塔顶点 $C$ | | $h_C$ | m | 129.985 |
| | 中塔塔顶点 $D$,右塔塔顶点 $E$ | | $h_D$,$h_E$ | m | 234.014 |
| | 右锚固点 $G$ | | $h_G$ | m | 17.14 |
| 柔度系数 | 左塔 | | $\xi_C$ | m/kN | $7.837\times10^{-5}$ |
| | 中塔、右塔 | | $\xi_D$,$\xi_E$ | m/kN | $2.764\times10^{-4}$ |
| 散索鞍 | IP 点到转动中心的距离 | | $R_1$,$R_6$ | m | 3.05 |
| | 重心到转动中心的距离 | | $r_1$,$r_6$ | m | 1.879 |
| | 与竖直线夹角 | 左 | $\theta_1$ | (°) | 25.01 |
| | | 右 | $\theta_6$ | (°) | 30.86 |
| | 自重 | 左 | $W_1$ | kN | 406.262 |
| | | 右 | $W_6$ | kN | 384.792 |

### 10.5.2 成桥线形

根据多点刚性支承连续梁法可计算出成桥状态下的下缆下端吊杆力,再根据吊杆力的比例系数 $\lambda$,可得到上缆下端的吊杆力(图 10.8)。根据 10.2 节的解析

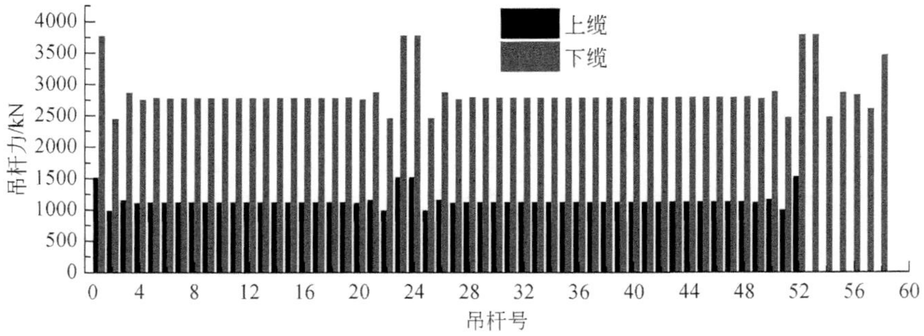


图 10.8 成桥状态下上缆和下缆的吊杆力

1~23 号、24~52 号、53~58 号吊杆分别属于次主跨、主跨和右边跨

法，计算出主缆成桥线形（图 10.9，详细参数见表 10.5）和无应力长度（图 10.10），其次主跨上缆和下缆的矢跨比分别为 1/14.91 和 1/8.71，均小于主跨。左锚跨、左边跨和右锚跨的主缆无应力长度分别为 19.9584m、266.9158m 和 19.9713m。

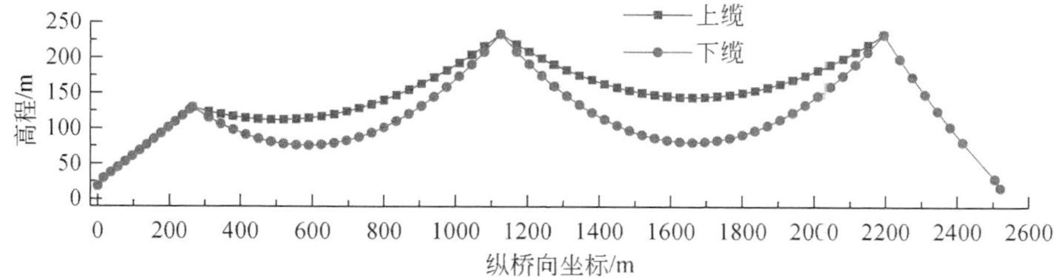


图 10.9　成桥状态下主缆线形

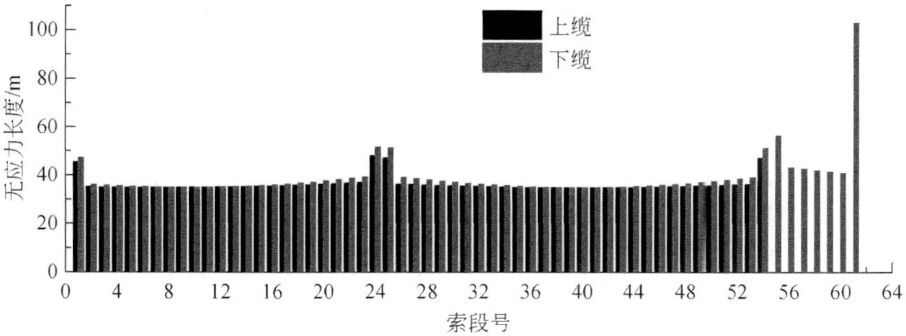


图 10.10　主缆无应力长度

1～24 号、25～54 号、55～61 号主缆索段分别属于次主跨、主跨和右边跨

**表 10.5　不等主跨双缆三塔悬索桥不同阶段的主缆线形参数**

| 参数 | | | 符号 | 单位 | 成桥状态 | 恒活载作用状态 | | 空缆状态 | |
|---|---|---|---|---|---|---|---|---|---|
| | | | | | | 工况 1 | 工况 2 | 仅有下缆 | 双缆 |
| 主缆水平分力 | 左锚跨 | | $H_1$ | kN | 120488.0 | 127371.6 | 127894.5 | 10794.5 | 33546.3 |
| | 左边跨 | | $H_2$ | kN | 136398.6 | 144067.9 | 144643.1 | 12910.8 | 39236.3 |
| | 次主跨 | 上缆 | $H_3'$ | kN | 78064.5 | 91596.8 | 71975.7 | — | 26457.6 |
| | | 下缆 | $H_3$ | kN | 58334.1 | 52926.7 | 73164.9 | 12910.8 | 12778.7 |
| | 主跨 | 上缆 | $H_4'$ | kN | 78064.5 | 74874.0 | 87674.2 | — | 26398.8 |
| | | 下缆 | $H_4$ | kN | 58334.1 | 72876.6 | 53992.9 | 12910.8 | 12837.4 |
| | 右边跨 | | $H_5$ | kN | 136398.6 | 147116.2 | 141311.3 | 12910.8 | 39236.3 |
| | 右锚跨 | | $H_6$ | kN | 90626.2 | 146804.2 | 140996.3 | 10794.5 | 38942.0 |

续表

| 参数 | | | 符号 | 单位 | 成桥状态 | 恒活载作用状态 | | 空缆状态 | |
|---|---|---|---|---|---|---|---|---|---|
| | | | | | | 工况 1 | 工况 2 | 仅有下缆 | 双缆 |
| 悬链线方程参数 | 左锚跨 | | $a_1$ | — | −0.65075 | −0.65085 | −0.65084 | −0.64333 | −0.64639 |
| | 左边跨 | | $a_2$ | — | −0.36456 | −0.36602 | −0.36612 | −0.26969 | −0.30509 |
| | 次主跨 | 上缆 | $a'_{3,1}$ | — | 0.13891 | 0.13062 | 0.14970 | — | 0.12636 |
| | | 下缆 | $a_{3,1}$ | — | 0.31754 | 0.31042 | 0.32700 | 0.31510 | 0.31930 |
| | 主跨 | 上缆 | $a'_{4,1}$ | — | 0.32128 | 0.32669 | 0.31346 | — | 0.30678 |
| | | 下缆 | $a_{4,1}$ | — | 0.53395 | 0.53802 | 0.52661 | 0.53794 | 0.54074 |
| | 右边跨 | | $a_5$ | — | 0.71455 | 0.70505 | 0.70895 | 0.77329 | 0.72891 |
| | 右锚跨 | | $a_6$ | — | 0.76580 | 0.76461 | 0.76468 | 0.77238 | 0.76879 |
| 与竖直线夹角变化量 | 左散索鞍 | | $\Delta\theta_1$ | (°) | — | −0.034 | −0.042 | 0.584 | 0.579 |
| | 右散索鞍 | | $\Delta\theta_6$ | (°) | — | −0.353 | −0.325 | 0.417 | 0.293 |
| 散索鞍 IP 点位移 | 左散索鞍 | | $\Delta_B$ | cm | — | 0.16 | 0.20 | −2.81 | −2.79 |
| | | | $\Delta_{B,v}$ | cm | — | −0.08 | −0.09 | 1.33 | 1.32 |
| | 右散索鞍 | | $\Delta_F$ | cm | — | −1.61 | −1.49 | 1.90 | 1.34 |
| | | | $\Delta_{F,v}$ | cm | — | −0.10 | −0.88 | 1.15 | 0.80 |
| 塔顶主索鞍预偏量 | 左塔 | | $\Delta_C$ | m | — | 0.036 | 0.039 | −1.072 | −0.720 |
| | 中塔 | | $\Delta_D$ | m | — | 0.892 | −0.960 | −0.321 | −0.495 |
| | 右塔 | | $\Delta_E$ | m | — | −0.175 | −0.098 | 1.469 | 0.766 |

### 10.5.3　活载作用下的变形和内力

分别取主跨满跨加载和次主跨满跨加载两种工况(图 10.11)，计算活载作用时不等主跨双缆三塔悬索桥的变形和内力。根据多点刚性支承连续梁法计算出恒载和活载共同作用时的下吊点吊杆力，如图 10.12 所示，根据 10.3 节的解析法，计算出上层吊杆力和其余线形参数(表 10.5)，其中未知数和控制方程数量多达 185 个，也证明了非线性 GRG 法的高效性。

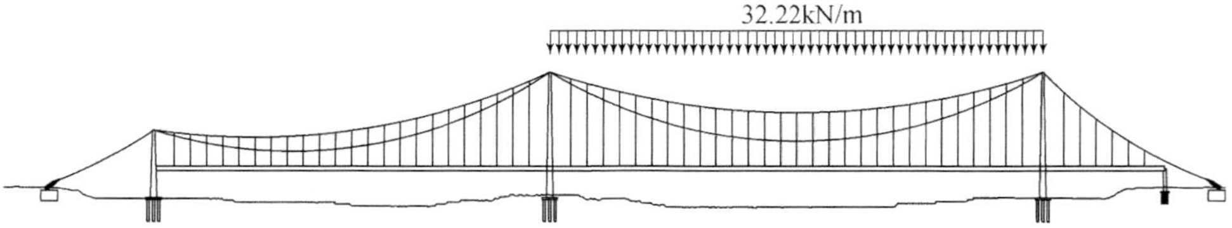


(a) 主跨满跨加载(工况1)

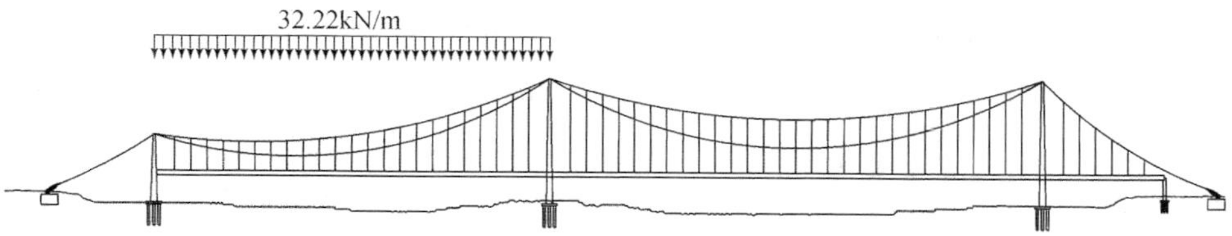


(b) 次主跨满跨加载(工况2)

图 10.11　活载作用时加载示意图

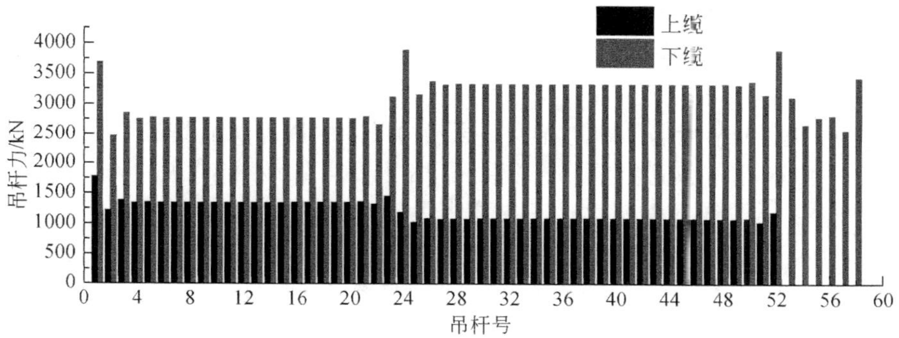


(a) 工况1

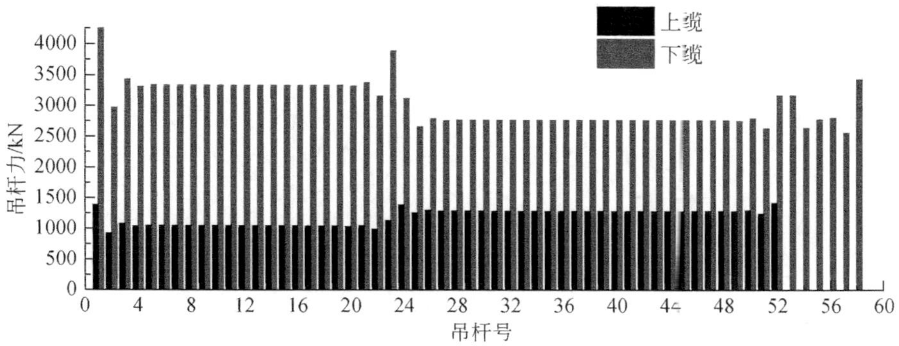


(b) 工况2

图 10.12　活载加载下上缆和下缆吊杆力

由图 10.12 可知，在工况 1 中，次主跨和主跨(加载跨)的绝大多数上、下吊杆力比值分别为 0.485 和 0.325；在工况 2 中，次主跨(加载跨)和主跨的绝大多数上、下吊杆力比值分别为 0.315 和 0.465。均与成桥状态的 0.4 不同，说明上、下主缆承担的活载比例与恒载不同。

从表 10.5 可以发现：①活载作用使得桥塔向加载跨弯曲，散索鞍也向加载跨转动，只是散索鞍的转角很小，散索鞍 IP 点的位移量也很小，可以忽略。②工况 1

的中塔位移小于工况2,尽管布置在次主跨的活载总量比主跨小,但其中塔塔顶承受了更大的不平衡水平力。这主要是因为次主跨主缆的矢跨比小于主跨,较少的活载也可以造成较大的主缆水平分力增量。此外,工况1的跨中竖向挠度略小于工况2的次主跨跨中竖向挠度(图10.13)。③与成桥状态(仅有恒载作用)相比,活载加载跨的上缆水平分力减小,下缆水平分力增大。这是因为桥塔向活载加载跨弯曲,该跨主缆跨度减少,造成主缆发生向下的位移(图10.13)。上主缆的矢跨比比下主缆小,因此上主缆向下的位移更大,造成上吊杆松弛,即长度变短,如图10.14所示。上吊杆力的减小使得上主缆水平分力减小,也就是卸载。活载的作用使得下吊杆力增大,又因为上吊杆力的松弛,下主缆承受了更多的荷载,水平分力变大。可以设想,如果桥塔不发生弯曲,加载跨的上缆和下缆水平分力均将增大。④与成桥状态相比,没有活载作用的主跨(即非加载跨)上缆水平分力增大,下缆水平分力减小,恰恰与加载跨相反。虽然边塔和中塔都向加载跨弯曲,但中塔位移更大,因此非加载跨的主缆跨度是增大的,造成主缆发生向上的位移(图10.13)。上主缆的矢跨比比下主缆小,因此上主缆向上的位移更大,造成上吊杆张紧,即长度增大,如图10.14所示。非加载跨上吊杆力变大,使得上主缆加载,下主缆卸载,因此上主缆水平分力增大,下主缆水平分力减小。

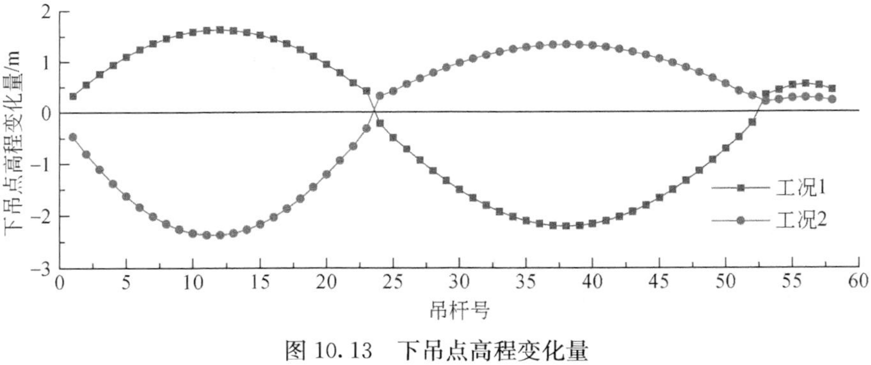


图10.13　下吊点高程变化量

### 10.5.4　空缆线形和施工参数

根据10.4节的解析法计算出了仅架设下缆和双缆架设完成两个空缆状态的主缆线形(图10.15),其索夹安装位置如图10.16所示。此时,其未知数和控制方程的数量分别为75个和134个,再次证明了非线性GRG法的有效性和高效性。从表10.5中可以看出:①两个空缆状态的主索鞍预偏量不同,右塔主索鞍预偏量最大,左塔次之,中塔最小;②左边塔和右边塔主索鞍分别向左边跨和右边跨方向预偏,这一点与传统双塔悬索桥一致,而中塔主索鞍向次主跨一侧预偏。

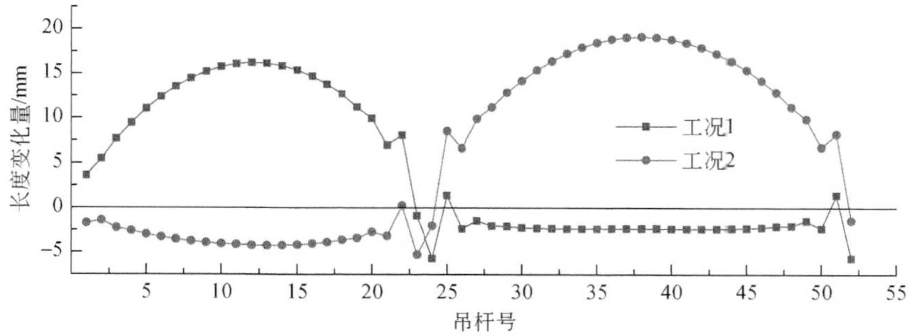


图 10.14　活载作用下上吊杆长度变化量

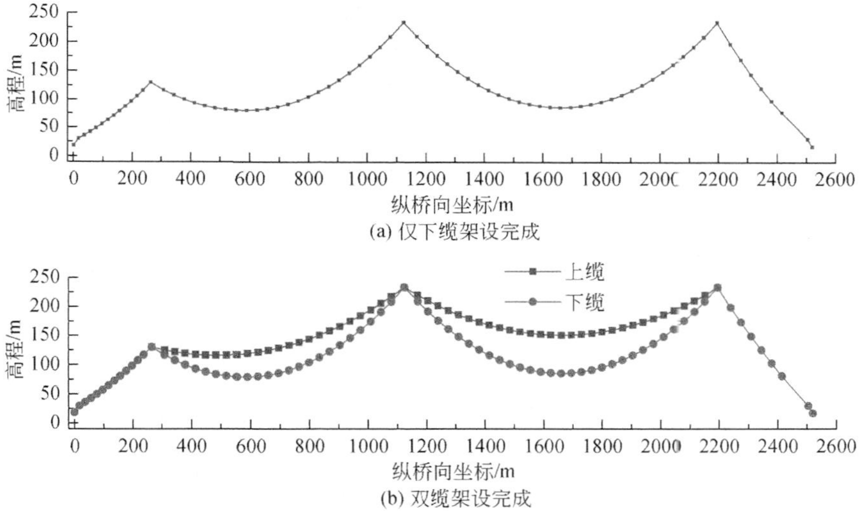


图 10.15　空缆状态的主缆线形

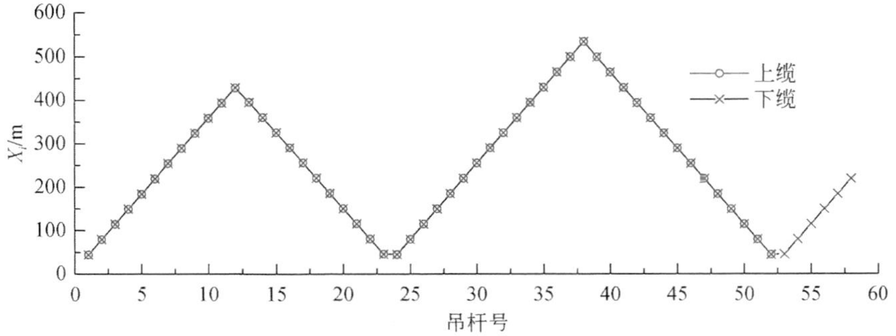


图 10.16　索夹安装位置

1～12 号、13～23 号索夹属于次主跨，分别以左塔和中塔为基准；24～37 号、38～52 号索夹属于主跨，分别以中塔和右塔为基准；53～58 号索夹属于右边跨，以右塔为基准

# 10.6 讨　　论

## 10.6.1 桥塔刚度对活载效应的影响

在 10.5.3 节中出现活载作用下加载跨的上缆和非加载跨的下缆松弛现象，这可能是由桥塔弯曲导致的。为了证明这一点，将三个桥塔的柔度系数 $\xi$ 取为 0，再次计算工况 1 和工况 2，发现工况 1 和工况 2 加载跨上、下吊杆力的比例系数分别为 0.381 和 0.382，均小于成桥状态的 0.4。从表 10.6 中可以看出，与成桥状态(仅受恒载作用)相比，活载加载跨的上缆和下缆水平分力均显著增大(表中粗体字)，非加载跨的主缆水平分力几乎没有变化。从上层吊杆的伸长量(图 10.17)可以看出，加载跨的上吊杆明显伸长，而非加载跨几乎没有变化。因此，桥塔刚度对活载效应有显著影响，即当桥塔为柔性时，加载跨的上吊杆和上缆均松弛；当桥塔为刚性时，则相反。

**表 10.6　$\xi=0$ 时的主缆水平分力**　　(单位:kN)

| 主缆 | | 符号 | 成桥状态 | 恒载和活载共同作用 | |
|---|---|---|---|---|---|
| | | | | 工况 1 | 工况 2 |
| 次主跨 | 上缆 | $H_3'$ | 78064.5 | 78561.3 | **84914.8** |
| | 下缆 | $H_3$ | 58334.1 | 57926.8 | **68581.0** |
| 主跨 | 上缆 | $H_4'$ | 78064.5 | **84913.7** | 78195.0 |
| | 下缆 | $H_4$ | 58334.1 | **68792.6** | 58123.8 |

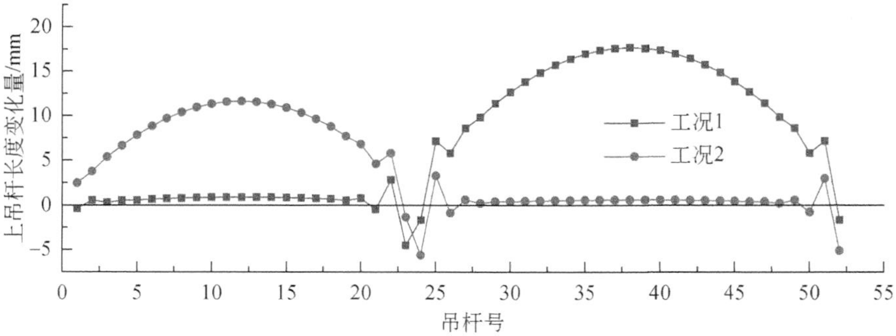


图 10.17　刚性桥塔状态时上吊杆长度变化量

### 10.6.2　双缆对中塔的纵向约束作用

为比较单缆和双缆对中塔的纵向约束作用的大小，以该悬索桥为原型进行改造，设计一座单缆的悬索桥，主跨主缆矢跨比为 1/7，与原型的下主缆一致，截面面积为原来的上缆和下缆面积之和，其他已知参数与原来的一致，见表 10.4。针对单缆悬索桥，再次计算工况 1 和工况 2，从桥塔塔顶位移计算结果的对比(表 10.7)中可以发现，双缆悬索桥的中塔位移显著小于单缆悬索桥，因此在不增加主缆材料用量的情况下，双缆结构可显著增强对中塔的约束作用。边塔位移没有明显变化，因为边跨主缆对边塔有很强的约束作用。

**表 10.7　活载下的桥塔塔顶位移**　(单位:m)

| 桥型 | 工况 1 | | | 工况 2 | | |
|---|---|---|---|---|---|---|
| | 左塔 | 中塔 | 右塔 | 左塔 | 中塔 | 右塔 |
| 单缆 | 0.021 | 2.139 | −0.274 | 0.050 | −2.178 | −0.074 |
| 双缆 | 0.036 | 0.892 | −0.175 | 0.039 | −0.960 | −0.098 |

### 10.6.3　与有限元法的对比

为验证本章提出的解析法的正确性，现使用有限元法对其结果进行复核。在通用有限元软件 ANSYS 中建立上述算例中不等主跨双缆三塔悬索桥的有限元模型，如图 10.18 所示。模型中的主梁和桥塔采用 Beam4 单元模拟，主缆和吊杆采用 Link10 单元模拟，散索鞍采用 Link8 单元模拟。其材料特性、截面特性和几何布局依据表 10.4，主缆的节点坐标值参考图 10.9，主缆及吊杆单元的初始应变分别根据图 10.10 和图 10.8 计算。主梁采用鱼骨梁形式，给定主梁的竖弯刚度和恒载自重，并以刚度极大的无重刚臂单元实现主梁和吊杆的连接。在左塔、右塔和右桥墩处对主梁节点设置竖向位移约束来模拟滑动支座，在中塔处对主梁节点设置完全的位移约束来模拟固定支座。根据静力分析，可得到恒载作用下的结构变形，如图 10.19 所示，主跨的主梁最大挠度仅约为 0.08m，说明解析法成桥状态的计算结果是相当精确的。

为验证活载作用下双缆三塔悬索桥线形解析法的准确性，依据 10.5.3 节的两种加载工况，以均布活载模拟活载，提取静力分析结果中的吊杆力(图 10.20)、主梁竖向变形、上吊杆伸长量和塔顶位移，并与解析算法进行对比。从图中可以发现，跨中区段的吊杆力计算结果精度较高，桥塔和桥墩附近的吊杆力计算结果精度略有差异，但影响较小。

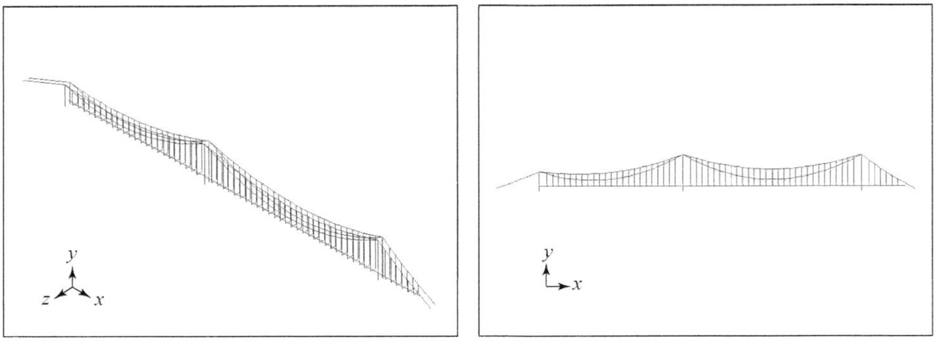


(a) 立体视图　　　　(b) 主视图

图 10.18　不等主跨双缆三塔悬索桥有限元模型

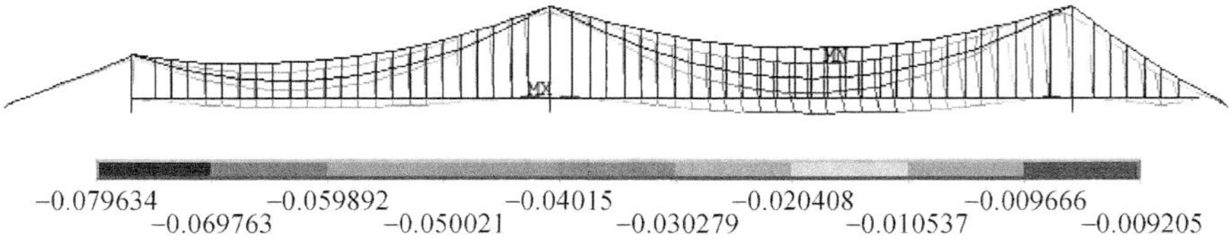


图 10.19　恒载作用下的结构变形(变形显示比例为 100,单位:m)

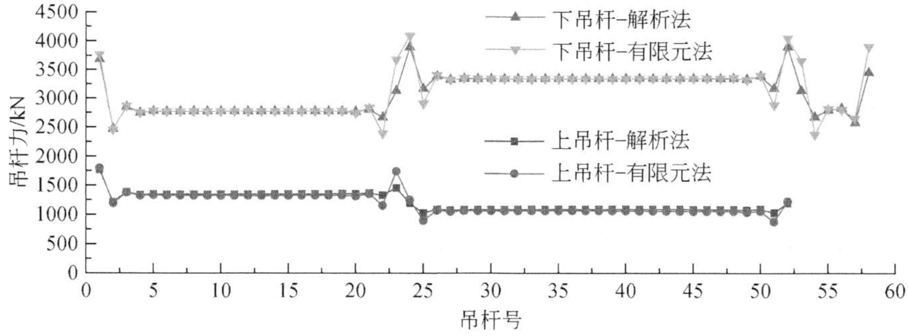


(a) 工况1

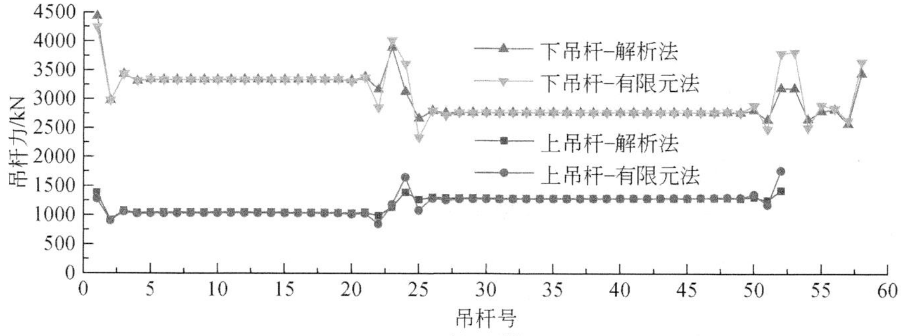


(b) 工况2

图 10.20　吊杆力的解析法和有限元法结果对比

为进一步验证本章推导的解析法的准确性，现将下吊点高程变化量和活载作用下上吊杆长度变化量的数值解与解析解进行对比，分别如图10.21和图10.22所示，塔顶位移的对比见表10.8。可以发现，解析法和有限元法的结果几乎一致，这也验证了本章解析法的准确性，因此该解析法值得推广。对于二者的微小差异，认为是将主梁和下吊杆的作用统一简化为力的作用导致的。一是忽略了主梁刚度对全桥受力的影响，二是忽略了下吊杆受力变化时的长度改变，但基于该简化思路，并未引入较大误差，证明该解析法仍是可靠且有效的。

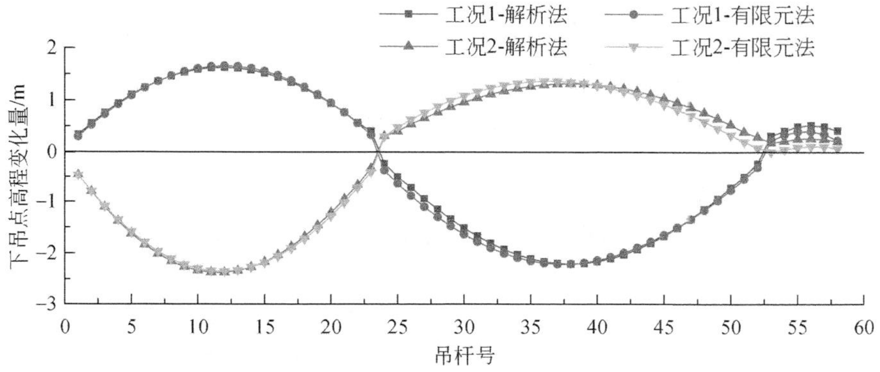


图10.21　下吊点高程变化量的解析法和有限元法结果对比

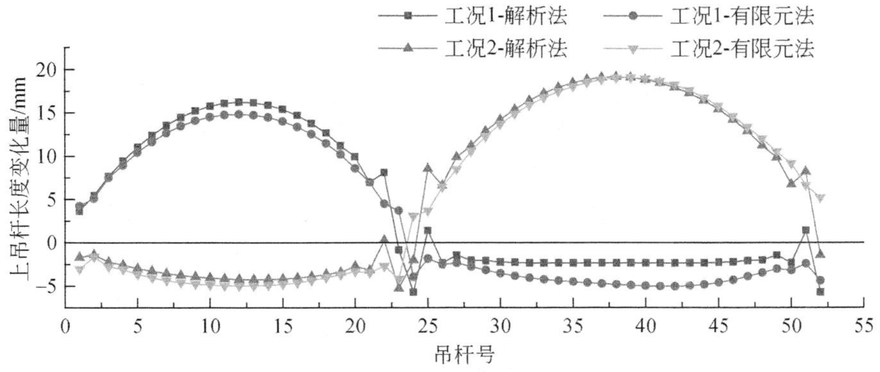


图10.22　上吊杆长度变化量的解析法和有限元法结果对比

**表10.8　解析法和有限元法计算的塔顶位移对比**　(单位:m)

| 方法 | 工况1 | | | 工况2 | | |
|---|---|---|---|---|---|---|
| | 左塔 | 中塔 | 右塔 | 左塔 | 中塔 | 右塔 |
| 解析法 | 0.036 | 0.892 | −0.175 | 0.039 | −0.960 | −0.098 |
| 有限元法 | 0.037 | 0.888 | −0.174 | 0.042 | −0.924 | −0.088 |

## 10.7 本章小结

本章基于分段悬链线理论，以不等主跨双缆三塔悬索桥为研究对象，建立了三种结构状态（成桥状态、活载作用下、空缆状态）下主缆线形的计算方法，不仅可计算出主缆的线形及内力，还可计算出主缆无应力长度、索鞍预偏量、索夹安装位置等关键施工参数，并在跨径布置为 248m＋860m＋1070m＋310m 的双缆三塔悬索桥上得以验证，更以有限元法证明了此方法是准确且可靠的，得出以下结论：

（1）在成桥状态，上、下主缆承担的恒载比例可以事先设定，计算出上、下层吊杆的比例系数；在给定主跨的上、下缆矢跨比前提下，才可根据次主跨上、下主缆水平分力与主跨分别相等的原则确定出次主跨的矢跨比，且次主跨矢跨比小于主跨矢跨比。

（2）与单缆悬索桥相比，双缆形式对中塔的纵向约束效果显著增强，且不会增加材料用量，适用于更大跨度的三塔悬索桥，但由于边跨主缆对边塔本就有较强的约束，其对边塔约束的增强效果不明显。

（3）活载使得三个桥塔均向加载跨弯曲，散索鞍也向加载跨转动，但引起的散索鞍转动很小，可以忽略；但活载引起的中塔位移明显，且其满布于次主跨时的中塔位移比活载满布于主跨时大，这是由于次主跨的矢跨比小于主跨的矢跨比，较小的活载也可产生较大的主缆水平分力增量；此外，活载满布于次主跨时引起的加载跨跨中竖向挠度大于活载满布于主跨时。

（4）在恒载和活载共同作用下，活载加载跨的上、下吊杆力的比例系数小于仅有恒载作用时（成桥状态），而非加载跨的上、下吊杆力的比例系数大于或等于该值，即活载作用使得加载跨的下缆张紧。

（5）中塔刚度对活载作用效应有明显的影响。当中塔为柔性塔时，活载加载跨的上吊杆和上缆均松弛，非加载跨的上缆和上吊杆张紧，下缆松弛；当中塔为刚性塔时，活载加载跨的上吊杆和上缆均张紧，非加载跨没有明显变化。

（6）在空缆状态下，中塔主索鞍向次主跨一侧预偏，左边塔和右边塔主索鞍分别向左边跨和右边跨方向预偏，右边塔索鞍预偏量最大，左边塔次之，中塔最小；此外，仅架设下缆时和双缆架设完成时的索鞍预偏量差异很大，施工中需注意。

### 参考文献

[1] Gwon S G, Yoo H, Choi D H. Effects of flexural rigidity of center tower in four-span suspension bridges. Journal of The Korean Society of Civil Engineers, 2014, 34(1): 49-60.

[2] Daniel R A, van Dooren F J, de Meijer R H. Comparison of a single and double main span suspension bridge for the western Scheldt crossing//34th International Symposium on Bridge

and Structural Engineering, Venice, 2010: 1-8.

[3] Cao H Y, Qian X D, Zhou Y L, et al. Feasible range for midtower lateral stiffness in three-tower suspension bridges. Journal of Bridge Engineering, 2018, 23(3): 06017009.

[4] Gimsing N J. Cable Supported Bridges: Concept and Design. New York: Wiley, 1997.

[5] Wang X L, Chai S B, Xu Y. Deformation characteristics of double-cable multispan suspension bridges. Journal of Bridge Engineering, 2016, 21(4): 06015007.

[6] Chai S B, Xiao R C, Li X N. Longitudinal restraint of a double-cable suspension bridge. Journal of Bridge Engineering, 2014, 19(4): 06013002.

[7] Wang X L, Chai S B. Determining the middle tower stiffness value in an in-plane double-cable triple-tower suspension bridge. Journal of Bridge Engineering, 2018, 23(7): 06018001.

[8] Wang X L, Chai S B, Xu Y. Sliding resistance of main cables in double-cable multispan suspension bridges. Journal of Bridge Engineering, 2017, 22(3): 06016011.

[9] Zhang L W, Xiao R C, Jiang Y, et al. The characteristics of the multi-span suspension bridge with double main cables in the vertical plane. Structural Engineering and Mechanics, 2012, 42(3): 291-311.

[10] Chen Z J, Cao H Y, Zhu H P. An iterative calculation method for suspension bridge's cable system based on exact catenary theory. Baltic Journal of Road and Bridge Engineering, 2013, 8(3): 196-204.

[11] Cao H Y, Zhou Y L, Chen Z J, et al. Form-finding analysis of suspension bridges using an explicit iterative approach. Structural Engineering and Mechanics, 2017, 62(1): 85-95.

[12] Sun Y, Zhu H P, Xu D. A specific rod model based efficient analysis and design of hanger installation for self-anchored suspension bridges with 3D curved cables. Engineering Structures, 2016, 110: 184-208.

[13] Zhou Y F, Chen S R. Iterative nonlinear cable shape and force finding technique of suspension bridges using elastic catenary configuration. Journal of Engineering Mechanics, 2019, 145(5): 04019031.

[14] Kim M Y, Jung M R, Attard M M. Unstrained length-based methods determining an optimized initial shape of 3-dimensional self-anchored suspension bridges. Computers & Structures, 2019, 217: 18-35.

[15] Kim H K, Lee M J, Chang S P. Non-linear shape-finding analysis of a self-anchored suspension bridge. Engineering Structures, 2002, 24(12): 1547-1559.

[16] Yoshida O, Okuda M, Moriya T. Structural characteristics and applicability of four-span suspension bridge. Journal of Bridge Engineering, 2004, 9(5): 453-463.

[17] Jung M R, Min D J, Kim M Y. Simplified analytical method for optimized initial shape analysis of self-anchored suspension bridges and its verification. Mathematical Problems in Engineering, 2015: 1-14.

[18] Sun Y, Zhu H P, Xu D. New method for shape finding of self-anchored suspension bridges with three-dimensionally curved cables. Journal of Bridge Engineering, 2015, 20(2): 04014063.

[19] Karoumi R. Some modeling aspects in the nonlinear finite element analysis of cable supported bridges. Computers & Structures,1999,71(4):397-412.

[20] Wang S R,Zhou Z X,Wen D,et al. New method for calculating the preoffsetting value of the saddle on suspension bridges considering the influence of more parameters. Journal of Bridge Engineering,2016,21(12):06016010.

[21] Jung M R,Min D J,Kim M Y. Nonlinear analysis methods based on the unstrained element length for determining initial shaping of suspension bridges under dead loads. Computers & Structures,2013,128:272-285.

[22] Kim K S,Lee H S. Analysis of target configurations under dead loads for cable-supported bridges. Computers & Structures,2001,79(29-30):2681-2692.

[23] Thai H T,Choi D H. Advanced analysis of multi-span suspension bridges. Journal of Constructional Steel Research,2013,90:29-41.

[24] Zhang W M,Shi L Y,Li L,et al. Methods to correct unstrained hanger lengths and cable clamps' installation positions in suspension bridges. Engineering Structures, 2018, 171: 202-213.

# 第 11 章　地锚式空间缆索悬索桥的主缆找形和吊杆力计算

## 11.1 引　　言

空间缆索悬索桥是指主缆、吊杆分处于不同倾斜程度的平面内，主缆在横桥向逐渐展开，不仅存在竖向矢跨比，也存在横向矢跨比，这区别于传统的平行索面悬索桥。随着悬索桥向长大化方向不断发展，加劲梁宽跨比逐渐减小，造成横向刚度和扭转刚度也越来越小，致使桥梁稳定性问题越发突出。而空间缆索悬索桥不仅可以适用于宽桥面的建设需求，以缓解城市化进程和交通量剧增带来的压力[1]，还可以在不牺牲竖向承载力的同时，增加一定的横向刚度和扭转刚度[2~4]，改善整体稳定性。

目前，空间缆索悬索桥已建成不少采用自锚式体系的结构，如韩国永宗大桥[5,6]、中国广州猎德大桥、中国杭州江东大桥[7]、中国南京夹江大桥、中国青岛海湾大桥大沽河航道桥、中国天津富民桥、美国奥克兰海湾新桥[8]等。而近年来建成的挪威哈罗格兰德大桥[9]采用地锚式空间缆索的结构体系，跨径超过千米，远超中国重庆的丰都长江大桥。此类悬索桥不再限于跨径较小的自锚式体系，而是向更大跨度的地锚式突破。鉴于其复杂的空间特点，空间缆索悬索桥在日后发展中仍会面临不少难点，如施工的体系转换、主缆扭转行为、吊杆张拉方案等[10~12]，而其中成桥状态下主缆空间线形的计算正是其施工阶段分析的基础。

由于索结构的力学和美学特性，索被广泛应用于许多结构，如索穹顶、斜拉桥、悬索桥及输电线网等[13]，其计算理论也一直在发展。在柔索索网结构中，Suzuki 等[14]基于已有的悬链线理论和弹性悬链线理论，改进了单索单元的数值计算方法。Huang 等[15]推导了在自重和温度影响下索的解析解，可适用于柔索结构的静力分析。Andreu 等[16]提出针对三维索网结构的弹性悬链线理论，修正了以往不可伸长的索方程，确保了索变形后的精确平衡，并改善了算法的数值稳定和效率问题。Such 等[17]基于悬链线方程提出了一种计算三维索结构的新方法，可考虑索的弹性伸长并具有较高的数值效率。但上述研究中，索网结构的边界条件、荷载形式与悬索桥有很大不同，因此需要结合悬索桥自身的特点进行成桥线形的计算。

悬索桥主缆找形理论发展多年，形成了基于悬索力学的解析法和基于有限位移理论的有限元法。Karoumi[18]基于弹性悬链线的解析解提出了双节点索单元及其切线刚度矩阵的表达式，比考虑垂度效应的等效切线模型法更适于索桥的分析；Kim 等[19]也基于弹性悬链线的解析解，以节点坐标和无应力长度构建悬链线索单元，根据索单元的增量方程和 Newton-Raphson 法实现线形目标，即 TCUD 法，且在悬索桥和斜拉桥中均可应用；2012 年，Kim 等[20]基于悬链线解析解的非线性索单元及其切线刚度矩阵，改进了 TCUD 法，解决了桥塔的轴向压缩和梁的轴向变形问题，改善了在跨径更大的悬索桥中的找形精度。Jung 等[21]在 TCUD 法和改进后的 TCUD 法基础上提出了 GTCUD(the generalized TCUD)法和无应力长度法，可以消除塔和主梁轴向变形的影响，使得主梁和桥塔弯矩分布更加合理；前者引入附加的边界约束，不再将无应力长度作为未知量，后者遵从无应力长度守恒，借助牛顿迭代法实现成桥线形的计算。Lu 等[22]研究了自锚式悬索桥施工中吊杆的张拉方案，提出了相关的索力简化优化方法，包括最小弯曲能量法、内力平衡法、影响矩阵法等优化理论。Jung 等[23]针对自锚式悬索桥在恒载下主缆初始线形的优化问题，提出了一种可以精确计算结构各单元无应力长度的简化解析方法，并通过无应力长度法得以验证。但鉴于空间缆索的三维受力特点，如吊杆倾斜、主缆向横桥向偏移等，上述针对平行索面悬索桥主缆找形的理论成果，不能很好地应用在空间缆索的计算中，需要将二维找形拓展至三维找形。

在悬链线理论和弹性悬链线理论的基础上，不少学者进行了空间缆索的相关研究。Kim 等[6]以韩国永宗大桥为背景，基于弹性悬链线理论，提出自锚式悬索桥主缆找形方法，可使线形收敛到满足垂跨要求。罗喜恒等[24]采用数值解析法对空间缆索悬索桥成桥状态和空缆状态主缆线形进行了分析。Yang 等[25]提出两节点悬链线单元及切线刚度矩阵的表达式，以 Newton-Raphson 法和荷载增量法求解平衡方程，可有效应用于三维索结构的几何非线性分析。Sun 等[26]以桁架索单元的形式，通过建立线性坐标迭代方程和迭代关系矩阵，实现三维索面的主缆找形。Li 等[27]结合有限元分析和悬链线解析解，提出了其合理成桥状态的优化原则。Xiao 等[28]以有限元程序为基础，提出空间缆索悬索桥各跨找形分析的迭代思路，发现跨中短吊杆对其主缆跨中点的横向位移作用明显，其横向坐标位置对数值收敛和计算效率有很大影响，需设置特殊约束以防止该点位移发散。Rezaiee-Pajand 等[13]提出空间索单元的悬链线解析解和切线刚度矩阵的表达式，可考虑热效应引起的主缆长度变化。Wei 等[29]推导出空间索单元的解析解及刚度矩阵，增添了索单元两端的弹性段及刚臂段，但矩阵形式较为复杂，需要大量的计算资源。Li 等[30]将空间缆索找形的未知量减少到 3 个，用影响矩阵法求解耦合的非线性方程组，提高了计算效率。Song 等[31]在有限元分析的基础上，提出了空间缆索悬索桥主跨及边跨的迭代找形方法。但主缆水平分力以抛物线解为初值，逐渐更新索单元内力和节点坐标，效率较低，且在迭代中主跨跨中横向位移不易控制，计算易发散。在上述研究中，二维悬链线理论到三维悬链线理论的成功拓展无疑为空间缆索的主缆线形计算和成桥状态的分析奠定了坚实基础，但通常需要无应力长度作为未知量或增设附加边界约束，在求解上多依赖于矩阵的迭代和复杂的编程，常面临初值选择、数值振荡或发散的收敛性问题，对一般的桥梁设计者而言，计算效率仍显不足。因此，建立更为有效的空间主缆线形计算方法，提高计算效率，对桥梁设计者有重要意义。

除空间缆索悬索桥成桥线形计算外，其施工面临的主缆从平面到空间过渡问题也备受关注。Zhang 等[10]根据广州猎德大桥的缩尺试验和现场实测，系统全面地研究了自锚式悬索桥在结构转换体系过程中的非线性行为，发现索夹的转角与主缆的横向位移有密切关系，与吊杆张拉次序和路径无关，并可通过预设索夹偏角的方式以抵消主缆扭转的影响。Wang 等[11]研究了跨径布置、施工程序和吊杆类型对空间缆索施工的影响，并提出了一种用于空间缆索施工的横向支撑结构，可有效提高施工安全储备和可施工性。Li 等[12]结合缩尺模型和有限元模型，研究了自锚式空间缆索悬索桥体系转换施工中的主缆扭转行为，指出索夹横向预偏角对主缆索段的扭转有着关键作用，建立了索夹安装预偏角的计算方法。由此可见，施工问题突出的同时，成桥线形的计算，尤其是吊杆成桥时横向倾角和主跨跨中点横向坐标的计算，是施工的重要依据，事关索夹安装角度的放样、吊杆的张拉控制及主缆架设线形控制等，不容小视。

因此，本章将平面分段悬链线理论拓展至空间缆索主缆找形。首先分析空间缆索体系的线形及受力特点，然后从吊杆上吊点的力学平衡关系出发，考虑吊杆受力和主缆线形的耦合效应，依次推导出主缆水平分力、悬链线偏角、线形方程参数的递推关系。利用竖向矢跨比及控制点(IP 点、锚固点)的设计空间位置和非线性 GRG 法，计算空间缆索悬索桥主跨主缆的线形。在此过程中，作者发现并验证了竖向矢跨比与横向矢跨比间的线性关系，对空间缆索悬索桥的初步设计极具参考价值。为进一步提高空间缆索找形的精度，在解析法基础上，结合有限元法提出地锚式空间缆索悬索桥的迭代找形思路。最后通过某主跨 260m 的已建自锚式空间缆索悬索桥及一主跨 500m 的地锚式空间缆索悬索桥方案的验证，表明所提出方法的可行性和良好的精度，也证明了地锚式悬索桥吊杆力迭代计算的必要性。

## 11.2　空间缆索主缆线形计算

### 11.2.1　空间主缆的分段悬链线

空间缆索悬索桥的吊杆呈现不同的横桥向倾斜程度，将其分解为竖向和水平两个分力,可以发现,其竖向分力一方面与主梁恒载相平衡,另一方面与主缆自重共同作用使主缆呈现出带有折角的近似分段悬链线的形状,而其横向分力则使主缆在水平投影面内呈现出分段折线的线形。基于其空间受力特点,结合平面分段悬链线理论,做出以下假定:

(1)主缆材料处于弹性工作阶段,符合胡克定律。

(2)主缆是理想的柔性索,只存在轴向拉力,无弯矩和压力。

(3)主缆在相邻吊点内的线形处于与桥轴线呈一定倾角的铅垂面内,且可适用传统悬链线理论。

(4)吊杆只在横桥向有倾角,在纵桥向没有倾角。

在主跨范围内,分别以主缆左端点 $O_0$ 点(左桥塔 IP 点)、各主缆节点 $O_i$(各吊杆上吊点)为原点建立单段悬链线的局部坐标系,$x$ 轴平行于桥轴线向右,$y$ 轴平行于横桥向,$z$ 轴竖直向下,如图 11.1 所示,则第 $i$ 段悬链线的线形可表达为

$$y = x\tan\alpha_i \tag{11.1a}$$

$$z = c_i\cosh\left(\frac{x}{c_i\cos\alpha_i} + a_i\right) + b_i \tag{11.1b}$$

式中,$\alpha_i$ 为第 $i$ 段悬链线所在平面(图 11.1 中阴影面)与 $xoz$ 面的夹角;$c_i = -H_i/q$,$H_i$ 为第 $i$ 段悬链线的主缆水平分力,kN;$q$ 为主缆的每延米自重,kN/m;$a_i$ 和 $b_i$ 为悬链线方程的参数。

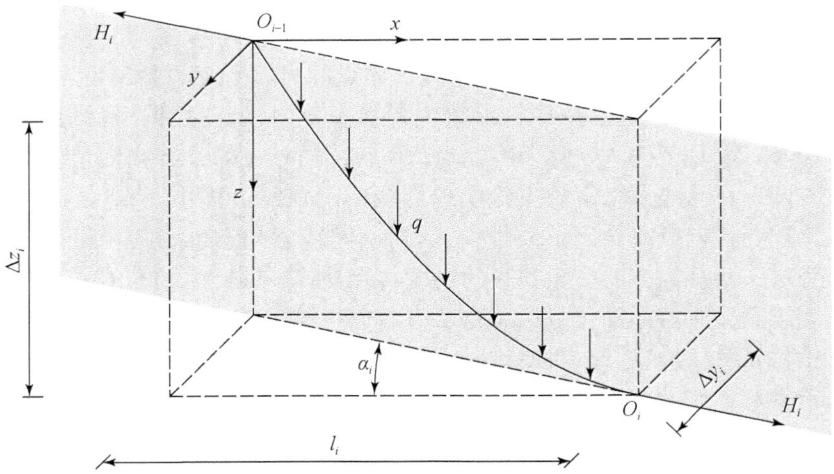

图 11.1 第 $i$ 段空间悬链线示意图

根据边界条件 $z(0)=0$,有

$$b_i = -c_i\cosh a_i \tag{11.2}$$

将式(11.2)代入式(11.1b),可得

$$z=c_i\left[\cosh\left(\frac{x}{c_i\cos\alpha_i}+a_i\right)-\cosh a_i\right] \tag{11.3}$$

所以第 $i$ 段悬链线的横向距离和高差分别为

$$\Delta y_i=l_i\tan\alpha_i \tag{11.4a}$$

$$\Delta z_i=c_i\left[\cosh\left(\frac{l_i}{c_i\cos\alpha_i}+a_i\right)-\cosh a_i\right] \tag{11.4b}$$

式中，$l_i$ 为第 $i$ 段悬链线在 $x$ 轴上的水平投影长度。

如图 11.2 所示，第 $i$ 段和第 $i+1$ 段悬链线主缆通过吊杆上吊点 $O_i$ 连接，此处应满足 $x$、$y$、$z$ 三个方向的静力平衡，分别表达为

$$H_i\cos\alpha_i=H_{i+1}\cos\alpha_{i+1} \tag{11.5a}$$

$$H_i\sin\alpha_i=H_{i+1}\sin\alpha_{i+1}+P_{y,i} \tag{11.5b}$$

$$H_i\tan\varphi_i=H_{i+1}\tan\delta_{i+1}+P_{z,i} \tag{11.5c}$$

式中，$P_{y,i}$ 为吊杆力的水平分力；$P_{z,i}$ 为吊杆力的竖向分力与索夹自重之和；$\varphi_i$ 和 $\delta_{i+1}$ 分别为第 $i$ 段悬链线末端点和第 $i+1$ 段悬链线首端点处的切角，可表达为

$$\tan\varphi_i=\left.\frac{\mathrm{d}z}{\mathrm{d}(x/\cos\alpha_i)}\right|_{x=l_i}=\left.\sinh\left(\frac{x}{c_i\cos\alpha_i}+a_i\right)\right|_{x=l_i}=\sinh\left(\frac{l_i}{c_i\cos\alpha_i}+a_i\right) \tag{11.6a}$$

$$\tan\delta_{i+1}=\left.\frac{\mathrm{d}z}{\mathrm{d}(x/\cos\alpha_{i+1})}\right|_{x=0}=\left.\sinh\left(\frac{x}{c_{i+1}\cos\alpha_{i+1}}+a_{i+1}\right)\right|_{x=0}=\sinh a_{i+1} \tag{11.6b}$$

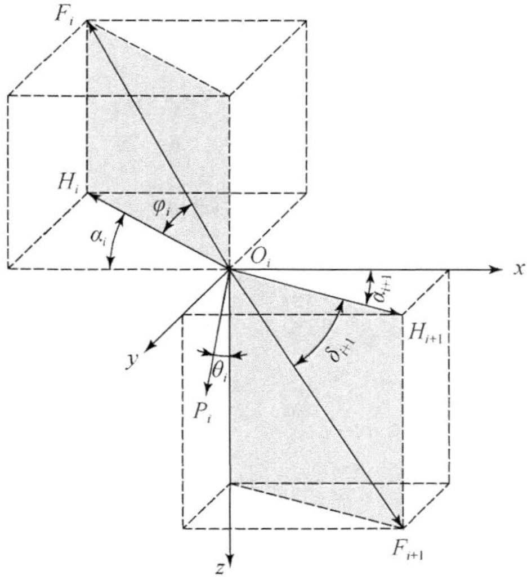


图 11.2　上吊点 $O_i$ 的静力平衡关系

将式(11.5a)变换形式,可得

$$H_{i+1}=\frac{H_i\cos\alpha_i}{\cos\alpha_{i+1}} \tag{11.7}$$

将式(11.7)代入式(11.5b),可得

$$\alpha_{i+1}=\arctan\frac{H_i\sin\alpha_i-P_{y,i}}{H_i\cos\alpha_i} \tag{11.8}$$

将式(11.8)代入式(11.7),可得

$$H_{i+1}=H_i\cos\alpha_i\sec\alpha_{i+1}=H_i\cos\alpha_i\sec\left(\arctan\frac{H_i\sin\alpha_i-P_{y,i}}{H_i\cos\alpha_i}\right) \tag{11.9}$$

将式(11.6a)和式(11.6b)代入式(11.5c),可得

$$H_i\sinh\left(\frac{l_i}{c_i\cos\alpha_i}+a_i\right)=H_{i+1}\sinh a_{i+1}+P_{z,i} \tag{11.10}$$

将式(11.9)再代入式(11.10),则有

$$a_{i+1}=\operatorname{arcsinh}\frac{H_i\sinh\left(\frac{l_i}{c_i\cos\alpha_i}+a_i\right)-P_{z,i}}{H_{i+1}}=\operatorname{arcsinh}\frac{H_i\sinh\left(\frac{l_i}{c_i\cos\alpha_i}+a_i\right)-P_{z,i}}{H_i\cos\alpha_i\sec\left(\arctan\frac{H_i\sin\alpha_i-P_{y,i}}{H_i\cos\alpha_i}\right)} \tag{11.11}$$

若已知第 $i$ 段悬链线方程的参数 $H_i$、$\alpha_i$ 和 $a_i$,通过式(11.7)、式(11.8)、式(11.11),便可递推出第 $i+1$ 段悬链线主缆的线形参数,进而可依次确定出其余各段主缆的线形。这样确定空间主缆线形的基本未知参数仅需要三个,分别为第1段主缆的主缆水平分力 $H_1$、所在竖平面的偏角 $\alpha_1$ 和悬链线方程参数 $a_1$,可大幅减少主缆找形的未知量数量。

根据三个几何相容条件分别建立控制方程:①主缆左端点 $O_0$ 和右端点 $O_{n+1}$ 的高差闭合,如图 11.3(a)所示;②主缆跨中点 $O_m$ 设计高程满足竖向矢跨比要求;③主缆左端点 $O_0$ 和右端点 $O_{n+1}$ 的横桥向距离闭合,如图 11.3(b)所示,可分别表达为

$$\sum_{i=1}^{n+1}c_i\left[\cosh\left(\frac{l_i}{c_i\cos\alpha_i}+a_i\right)-\cosh a_i\right]=h_{O_0}-h_{O_{n+1}} \tag{11.12a}$$

$$\sum_{i=1}^{m}c_i\left[\cosh\left(\frac{l_i}{c_i\cos\alpha_i}+a_i\right)-\cosh a_i\right]=h_{O_0}-h_{O_m} \tag{11.12b}$$

$$\sum_{i=1}^{n+1}l_i\tan\alpha_i=d_0 \tag{11.12c}$$

式中,$h_{O_0}$、$h_{O_{n+1}}$ 和 $h_{O_m}$ 分别为主缆左端点 $O_0$、右端点 $O_{n+1}$、跨中点 $O_m$ 的设计高程;$n$ 为单侧主缆的吊杆数;$m$ 为左侧桥塔到跨中的主缆段数;$d_0$ 为主缆左右端点的设计横桥向距离差。

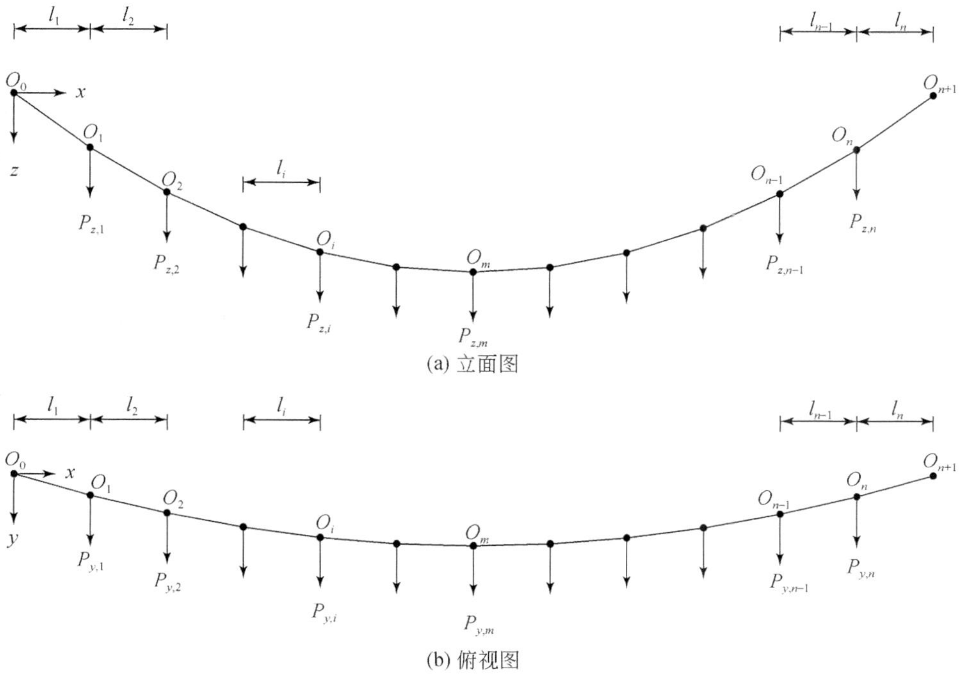


图 11.3　空间缆索悬索桥主跨的空间线形

方程组(11.12)中包含的未知量有：第 1 段主缆的主缆水平分力 $H_1$、所在竖平面的偏角 $\alpha_1$ 和悬链线方程参数 $a_1$，为实现快速的精确求解，先根据方程组(11.12)分别构造如下函数形式：

$$f_1 = \sum_{i=1}^{n+1} c_i \left[\cosh\left(\frac{l_i}{c_i \cos\alpha_i} + a_i\right) - \cosh a_i\right] - (h_{O_0} - h_{O_{n+1}}) \tag{11.13a}$$

$$f_2 = \sum_{i=1}^{m} c_i \left[\cosh\left(\frac{l_i}{c_i \cos\alpha_i} + a_i\right) - \cosh a_i\right] - (h_{O_0} - h_{O_m}) \tag{11.13b}$$

$$f_3 = \sum_{i=1}^{n+1} l_i \tan\alpha_i - d_0 \tag{11.13c}$$

进而，建立目标函数：

$$\sum_{i=1}^{3} f_i^2 = 0 \tag{11.14}$$

利用非线性 GRG 法，将该数值求解转化为无约束优化问题，可实现高精度数值解的计算，求出第 1 段主缆的主缆水平分力 $H_1$、所在竖平面的偏角 $\alpha_1$ 和悬链线方程参数 $a_1$，之后可根据式(11.4)、式(11.7)、式(11.8)和式(11.11)递推出各段悬链线的高差和横桥向距离、主缆水平分力、所在竖平面的偏角、悬链线方程参数等，

并为主缆无应力长度计算奠定基础。第 $i$ 段悬链线主缆的无应力长度可表达为

$$S_i=c_i\left[\sinh\left(\frac{l_i}{c_i\cos\alpha_i}+a_i\right)-\sinh a_i\right]-\frac{H_i}{2EA}\left(\frac{l_i}{\cos\alpha_i}+\frac{c_i}{2}\left\{\sinh\left[2\left(\frac{l_i}{c_i\cos\alpha_i}+a_i\right)\right]-\sinh(2a_i)\right\}\right) \tag{11.15}$$

式中，$E$ 和 $A$ 分别为主缆的弹性模量和横截面面积。

### 11.2.2　吊杆力的精确计算

在上述解析过程中，各上吊点 $O_i$ 处的水平及竖向吊杆力（$P_{y,i}$ 和 $P_{z,i}$）是已知的，然而吊杆上、下两端分别与主缆和加劲梁相连，吊杆力的精确计算需要依靠主缆、吊杆及主梁的系统模型。在传统的竖直索面悬索桥中，初始吊杆力可用多点刚性支承连续梁法确定，但在空间缆索悬索桥中，该值仅为吊杆下端节点内力的竖向分力，用以平衡主梁恒载，上吊点的内力和横桥向的分力均需要进一步计算，且与主缆线形存在耦合关系。下面介绍三种计算吊杆力的方法。

1. 吊杆保持直线形状时

理论上，空间缆索悬索桥的吊杆在横桥向有倾斜，在自重作用下是有小垂度的悬链线线形，但其倾斜角度和自重均较小，可近似为直线形状，即主缆节点和主梁锚固点的直线连线。因此，如图 11.4 所示，吊杆上端的吊杆力 $P_i$ 在横桥向有倾角 $\theta_i$，若不考虑吊杆自重，则式(11.5b)中的 $P_{y,i}$ 和式(11.5c)中的 $P_{z,i}$ 可分别表示为

$$P_{y,i}=P_{z,i}^0\tan\theta_i \tag{11.16a}$$

$$P_{z,i}=P_{z,i}^0+P_{c,i} \tag{11.16b}$$

式中，$P_{z,i}^0$ 为由多点刚性支承连续梁法确定的第 $i$ 根吊杆下端节点内力的竖向分力；$P_{c,i}$ 为主缆上吊点 $O_i$ 处的索夹自重；$\theta_i$ 为吊杆倾角，可表达为

$$\tan\theta_i=\frac{y_{d,i}-\sum_{j=1}^{i}l_j\tan\alpha_j}{h_{O_0}-\sum_{j=1}^{i}\left[\cosh\left(\frac{l_j}{c_j\cos\alpha_j}+a_j\right)-\cosh a_j\right]-h_{d,i}} \tag{11.17}$$

式中，$y_{d,i}$ 为第 $i$ 根吊杆主梁锚固点的横桥向坐标，以点 $O_0$ 处的整体坐标系为基准（图 11.4）；$h_{d,i}$ 为第 $i$ 根吊杆主梁锚固点的设计高程。

这里，式(11.16)中的 $P_{z,i}$ 不包含吊杆自重，需通过循环迭代的方式计算，其步骤如下。

(1) 以式(11.18)计算主缆上吊点的竖向分力 $P_{z,i}$。

$$P_{z,i}^k=P_{z,i}^0+P_{c,i}+P_{w,i}^k \tag{11.18}$$

式中，$k$ 为循环迭代次数；$P_{w,i}^k$ 为吊杆自重，可根据吊杆有应力长度计算，初始计算时为 0。

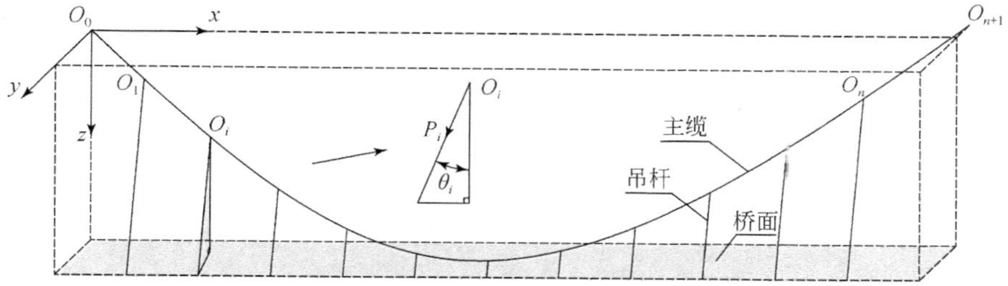


图 11.4　主缆-吊杆-主梁的耦合关系

(2)利用 11.2.1 节的空间分段悬链线法计算主缆线形，并根据吊杆有应力长度计算各吊杆自重引起的内力增量 $P_{w,i}^{k+1}$，其可表达为

$$P_{w,i}^{k+1}=\frac{wS_{\mathrm{h},i}}{1+(P_{z,i}^{k}-0.5wS_{\mathrm{h},i})/(E_{\mathrm{h}}A_{\mathrm{h}}\cos\theta_i)} \tag{11.19}$$

式中，$w$ 为吊杆的每延米自重，kN/m；$E_{\mathrm{h}}$ 为吊杆的弹性模量，MPa；$A_{\mathrm{h}}$ 为吊杆的横截面面积，m$^2$；$S_{\mathrm{h},i}$ 为第 $i$ 根吊杆的有应力长度，可表达为

$$S_{\mathrm{h},i}=\sqrt{\left(y_{\mathrm{d},i}-\sum_{j=1}^{i}l_j\tan\alpha_j\right)^2+\left\{h_{O_0}-\sum_{j=1}^{i}\left[\cosh\left(\frac{l_j}{c_j\cos\alpha_j}+a_j\right)-\cosh a_j\right]-h_{\mathrm{d},i}\right\}^2} \tag{11.20}$$

(3)利用式(11.21)判定吊杆力是否满足收敛要求，若满足，则当前线形即为目标线形，循环结束；若不满足，则 $k=k+1$，并返回第(1)步。

$$\max_{1\leqslant i\leqslant n}\left|\frac{P_{z,i}^{k+1}-P_{z,i}^{k}}{P_{z,i}^{k}}\right|\leqslant\varepsilon \tag{11.21}$$

式中，$\varepsilon$ 为误差收敛的限值，可取 0.055%。

这种循环迭代计算吊杆力的方法概念清晰，不增加基本未知量，借助于 Excel 中的规划求解工具，仅需 2～3 次迭代即可满足收敛要求，比以往的矩阵迭代更为便利。未知参数 $a_1$、$\alpha_1$ 和 $H_1$ 的初值可表达为

$$a_1=\operatorname{arcsinh}\frac{4F_{\mathrm{V}}}{L} \tag{11.22a}$$

$$\alpha_1=\arctan\frac{4y_{\mathrm{d},m}}{L} \tag{11.22b}$$

$$H_1=\frac{L}{2F_{\mathrm{V}}}\sum_{i=1}^{n}P_{z,i} \tag{11.22c}$$

式中，$F_{\mathrm{V}}$ 为主缆的设计竖向垂度；$L$ 为主跨跨径。

2. 吊杆为悬链线形状时

倾斜吊杆在自重作用下是有小垂度的悬链线，与主缆相似。以主缆上吊点 $O_i$ 为坐标原点，$x$ 轴沿横桥向水平向外，$y$ 轴竖直向下，建立局部坐标系。根据第 $i$ 根

吊杆的高差闭合和主梁锚固点处力的平衡两个条件，可分别建立如下控制方程：

$$-\frac{P_{y,i}}{w}\left[\cosh\left(\frac{\sum_{j=1}^{i} l_j\tan\alpha_j - y_{d,i}}{P_{yi}}w + a_{h,i}\right) - \cosh a_{h,i}\right] \tag{11.23a}$$

$$= h_{O_0} - \sum_{j=1}^{i}\left[\cosh\left(\frac{l_j}{c_j\cos\alpha_j} + a_j\right) - \cosh a_j\right] - h_{d,i}$$

$$P_{y,i}\sinh\left(-\frac{y_{d,i} - \sum_{j=1}^{i} l_j\tan\alpha_j}{P_{y,i}}w + a_{h,i}\right) = P_{z,i}^0 \tag{11.23b}$$

式中，$a_{h,i}$为第 $i$ 根吊杆的悬链线方程的无量纲参数。

此时，$P_{z,i}$可表示为

$$P_{z,i} = P_{y,i}\sinh a_{h,i} \tag{11.24}$$

在方程组(11.23)中，以 $P_{y,i}$和 $a_{h,i}$为未知数，可构建如下函数形式：

$$f_4 = -\frac{P_{y,i}}{w}\left[\cosh\left(\frac{\sum_{j=1}^{i} l_j\tan\alpha_j - y_{d,i}}{P_{yi}}w + a_{h,i}\right) - \cosh a_{h,i}\right] - h_{O_0} \tag{11.25a}$$

$$+ \sum_{j=1}^{i}\left[\cosh\left(\frac{l_j}{c_j\cos\alpha_j} + a_j\right) - \cosh a_j\right] + h_{d,i}$$

$$f_5 = P_{y,i}\sinh\left(-\frac{y_{d,i} - \sum_{j=1}^{i} l_j\tan\alpha_j}{P_{y,i}}w + a_{h,i}\right) - P_{z,i}^0 \tag{11.25b}$$

联立式(11.13)和式(11.25)建立目标函数：

$$\sum_{i=1}^{3+2n} f_i^2 = 0 \tag{11.26}$$

此时，基本未知量从 3 个($H_1$、$\alpha_1$ 和 $a_1$)增加为 $3+2n$ 个($H_1$、$\alpha_1$、$a_1$、$P_{y,i}$和$a_{h,i}$，$i=1,2,\cdots,n$)。这种方法可以一次性求得主缆节点处的吊杆力和主缆的空间线形，无需循环迭代，但其参数增多，且未知量数量随之增加，一定程度上增加了数值计算的难度。

此时，吊杆上端倾角 $\theta_i$ 可表达为

$$\theta_i = 0.5\pi - \arctan(\sinh a_{h,i}) \tag{11.27}$$

3. *有限元法和解析法相结合的迭代法*

根据上述两种计算思路，均可得到较高精度的主缆空间线形。但实际中，主缆和吊杆组成的缆索系统对于主梁的约束并非刚性支承，而是多点弹性支承，吊杆力的大小与上述解析法中并不相同。有限元法在结构非线性分析上有着解析法不可比拟的优势，但其索单元的构建又依赖于悬索的解析解。因此在解析找形基础上，

结合有限元法，建立一种可靠的迭代算法以实现主缆找形和吊杆力的精确计算，是一种极为可行的思路，其步骤如下：

(1)根据 11.2.1 节的解析法，计算出主缆各节点坐标、主缆和吊杆内力及无应力长度等参数。

(2)建立有限元模型，即主缆-吊杆-主梁的主跨模型，其中主梁用梁单元模拟，各节点坐标值采用设计值，主缆和吊杆均采用只受拉索单元模拟，输入其无应力长度，主缆的节点坐标根据上述解析法结果确定。

(3)执行非线性分析，提取吊杆上端内力 $P_i^k$，其中，$k$ 为循环迭代次数。

(4)根据式(11.28)，判定吊杆力是否满足收敛要求；若满足收敛要求，则循环结束，认为达到了主缆找形和吊杆力的精细化计算的目标；若不满足，则将 $P_i^k$ 作为新的吊杆力，返回第(1)步，重新进行解析找形。

$$\max_{1\leqslant i\leqslant n}\left|\frac{P_i^{k+1}-P_i^k}{P_i^k}\right|\leqslant\varepsilon \tag{11.28}$$

## 11.3　竖向矢跨比和横向矢跨比的关系

悬索桥主缆的矢跨比对结构内力和稳定性有很大影响。对于空间缆索悬索桥，不仅存在竖向矢跨比，还存在横向矢跨比，前者是主缆线形计算的前提，后者则是计算结果。从受力角度来看，二者均与主缆力和吊杆力有着很大的联系。若分析出二者的关系，便能根据设计矢跨比快速计算出横向矢跨比。在初步设计阶段，可以快速、准确地为桥梁横断面设计提供依据，既避免空间状的主缆侵入净空界限内，也便于制定桥面设施布置与安装的方案。

接下来，以上述解析理论为基础，逐步分析竖向矢跨比和横向矢跨比间可能存在的关系。

根据式(11.4)，主缆跨中点的横向矢高 $F_{\mathrm{L}}$ 和竖向垂度 $F_{\mathrm{V}}$ 可分别表达为

$$F_{\mathrm{L}}=\sum_{i=1}^{m}\Delta y_i=\sum_{i=1}^{m}l_i\tan\alpha_i \tag{11.29a}$$

$$F_{\mathrm{V}}=\sum_{i=1}^{m}c_i\left[\cosh\left(\frac{l_i}{c_i\cos\alpha_i}+a_i\right)-\cosh a_i\right] \tag{11.29b}$$

对于横向矢高 $F_{\mathrm{L}}$，将式(11.5)代入式(11.29a)，可得

$$\begin{aligned}F_{\mathrm{L}}&=l_1\tan\alpha_1+l_2\frac{H_1\sin\alpha_1-P_{y,1}}{H_1\cos\alpha_1}+\cdots+l_{m-1}\frac{H_{m-2}\sin\alpha_{m-2}-P_{y,m-2}}{H_{m-2}\cos\alpha_{m-2}}+l_m\frac{H_{m-1}\sin\alpha_{m-1}-P_{y,m-1}}{H_{m-1}\cos\alpha_{m-1}}\\&=l_1\tan\alpha_1+\frac{H_1\sin\alpha_1\sum\limits_{i=2}^{m}l_i-\sum\limits_{i=2}^{m}\left(P_{y,i-1}\sum\limits_{j=i}^{m}l_j\right)}{H_1\cos\alpha_1}=\sum_{i=1}^{m}l_i\tan\alpha_1-\frac{\sum\limits_{i=2}^{m}\left(P_{y,i-1}\sum\limits_{j=i}^{m}l_j\right)}{H_1\cos\alpha_1}\end{aligned} \tag{11.30}$$

可见，横向矢高 $F_L$ 与主缆分力 $H_1\cos\alpha_1$（桥轴线方向）、横桥向吊杆分力 $P_{y,i}$ 有着密切的关系。若能分析出竖向垂度 $F_V$ 与主缆力和吊杆力的关系，便能以此进行联立，进一步阐释二者的关系。但 $F_V$ 是多个双曲余弦函数表达式的和，不易将其简化为主缆力和吊杆力的函数。

因此，如图 11.5 所示，若假设主缆的立面线形是抛物线，则竖向垂度 $F_V$ 可表达为

$$F_V=\frac{q'L^2}{8H_1\cos\alpha_1} \tag{11.31}$$

式中，$q'$ 为主梁设计恒载每延米自重的一半与单侧主缆每延米自重的和。

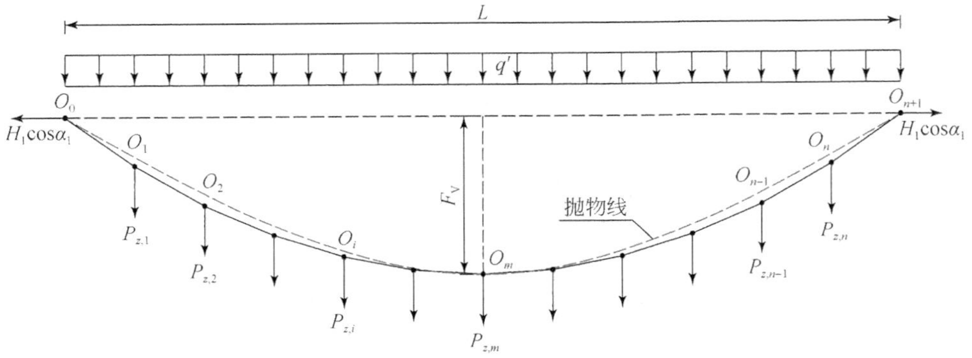


图 11.5　空间主缆的立面抛物线

由此可见，以主缆在桥轴线方向的分力 $H_1\cos\alpha_1$ 为纽带，联立式(11.30)和式(11.31)，可得

$$F_L=-\frac{8\sum_{i=2}^{m}(P_{y,i-1}\sum_{j=i}^{m}l_j)}{q'L^2}F_V+\frac{L\tan\alpha_1}{2} \tag{11.32}$$

可以看出，$F_L$ 和 $F_V$ 的关系中也包含了 $P_{y,i}$、$\alpha_1$。但 $P_{y,i}$、$\alpha_1$ 均是空间缆索主缆线形的计算结果，并不能直接作为已知量参与计算，所以若想根据桥梁基本布置和恒载设计值快速估算横向矢跨比，仍需进一步简化。

如图 11.6 所示，在侧视图中，从桥塔到跨中吊杆下吊点，缆索系统的整个高差由主缆段 $O_0O_m$ 和跨中吊杆组成，考虑到跨中吊杆的高度相对于整个高度较小，近似认为竖向垂度与主缆端点 $O_0$ 和跨中桥面高程的高差相等，同时近似认为横向矢高与桥面半宽 $y_{d,i}$（此处不包含主缆端点 $O_0$ 到桥轴线的水平距离）相等，所以 $\tan\theta_m$ 可近似用 $(h_{O_0}-h_{d,m})/y_{d,m}$ 代替，并假设 $\theta_i\approx\theta_m$。

如图 11.7 所示，下吊点的竖向分力 $P_{z,i}$ 根据左右梁段（吊杆间距）的自重进行估算，即各取左梁段和右梁段的一半，可表达为 $P_{z,i}=(q'-q)(l_i+l_{i+1})/2$。

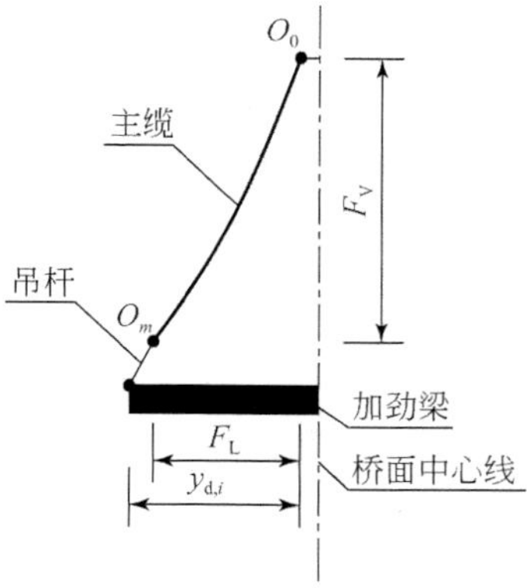


图 11.6　空间缆索的侧视图

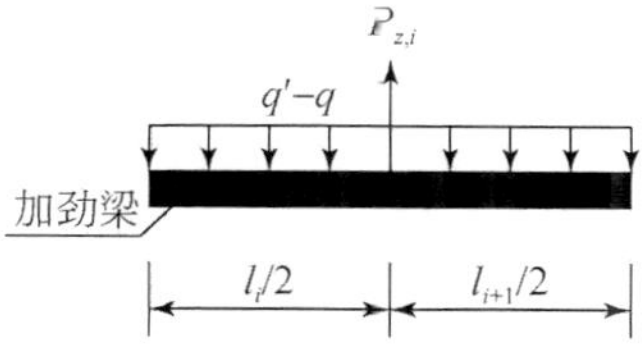


图 11.7　竖向吊杆分力的简化

如图 11.8 所示，在平面投影中，根据主缆左端点 $O_0$、右端点 $O_{n+1}$、跨中点 $O_m$ 在水平面的投影位置，分别拟合为抛物线和两段直线，则 $O_0$ 切线角 $\alpha_1$ 的正切值分别为 $4F_L/L$ 和 $2F_L/L$。

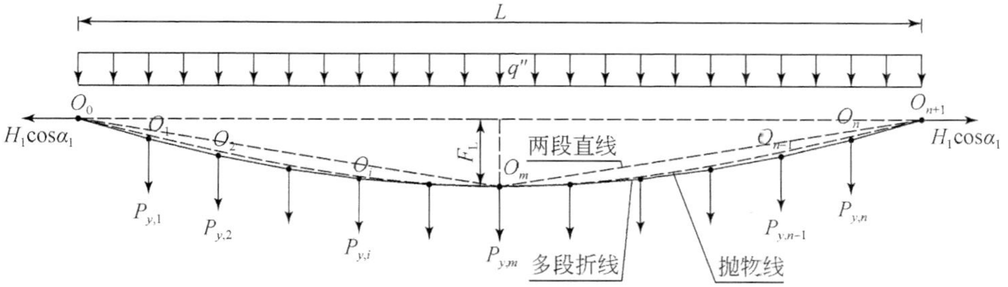


图 11.8　空间主缆的平面抛物线

因此，$P_{y,i}$ 和 $\tan\alpha_1$ 可分别表达为

$$P_{y,i}=(q'-q)\frac{l_i+l_{i+1}}{2}\frac{y_{d,i}}{h_{O_0}-h_{d,i}} \tag{11.33a}$$

$$\tan\alpha_1=\beta_1\frac{4F_L}{L}+\beta_2\frac{2F_L}{L} \tag{11.33b}$$

式中，$\beta_1$ 和 $\beta_2$ 为修正系数，且 $\beta_1$ 与 $\beta_2$ 的和为 1。

将式(11.33a)、式(11.33b)代入式(11.32)，简化可得

$$F_L=\frac{4(q'-q)y_{d,m}\sum_{i=2}^{m}\left[(l_{i-1}+l_i)\sum_{j=i}^{m}l_j\right]}{\beta_1 q'(h_{O_0}-h_{d,m})L^2}F_V \tag{11.34}$$

经试验，当 $\beta_1$、$\beta_2$ 取 3/4 和 1/4 时，根据 $F_V$ 求出的 $F_L$ 偏大，当 $\beta_1$、$\beta_2$ 取 15/16 和 1/16 时，根据 $F_V$ 求出的 $F_L$ 又偏小。因此将二者取平均值，当 $\beta_1$、$\beta_2$ 分别取 27/32、5/32 时，具有良好的拟合效果。

式(11.34)便是 $F_L$ 和 $F_V$ 的关系表达式。由此可见，根据竖向垂度、桥梁基本布局(桥宽、桥塔高度等)及恒载设计值便可快速估算出空间缆索的横向矢高，以便于进行桥梁横断面设计。

## 11.4 算　　例

### 11.4.1 主缆空间线形和吊杆力的解析法

2008 年杭州江东大桥建成通车，是一座典型的自锚式空间缆索悬索桥[7,32]，桥跨布置为 83m＋260m＋83m，如图 11.9 和图 11.10 所示，其主缆、吊杆等设计参数见表 11.1，根据 11.2 节的解析法，可分别得到以下几种主缆找形结果：①不考虑吊杆自重；②考虑吊杆自重，且吊杆为直线；③考虑吊杆自重，且吊杆为悬链线；④文献[32]的结果。

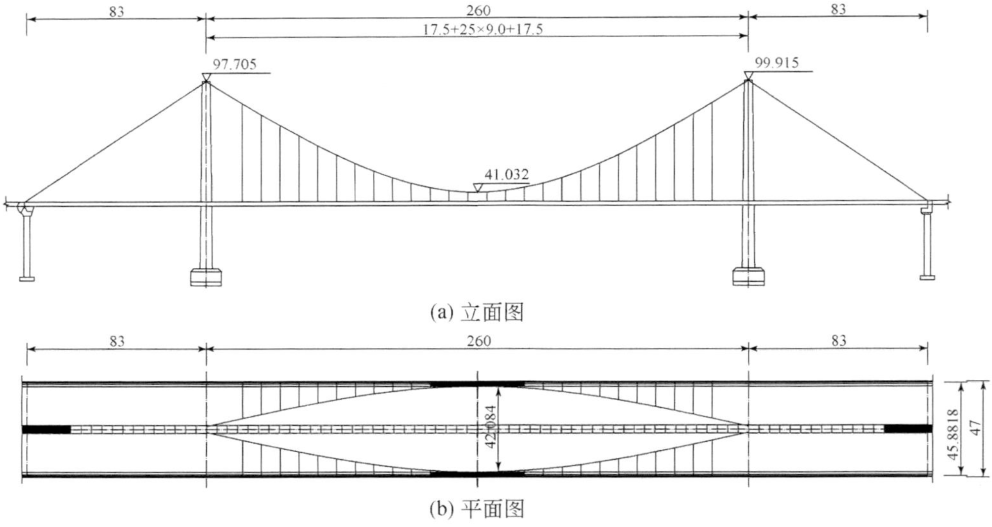


图 11.9　杭州江东大桥布置图(单位：m)

图 11.10　杭州江东大桥效果图

**表 11.1　杭州江东大桥的基本参数**

| 基本参数 | | 符号 | 单位 | 数值 |
|---|---|---|---|---|
| 主缆 | 每延米自重 | $q$ | kN/m | 6.2 |
| | 横截面面积 | $A$ | $m^2$ | 0.0715 |
| | 弹性模量 | $E$ | GPa | 200 |
| | 左端点 $O_0$ 设计高程 | $h_{O_0}$ | m | 97.705 |
| | 右端点 $O_{n+1}$ 设计高程 | $h_{O_{n+1}}$ | m | 99.915 |
| | 跨中点 $O_m$ 设计高程 | $h_{O_m}$ | m | 41.032 |
| 吊杆 | 单侧主缆吊杆数量 | $n$ | — | 26 |
| | 桥塔到跨中点的吊杆数量 | $m$ | — | 13 |
| | 设计间距 | $l_2 \sim l_n$ | m | 9 |
| | 边吊杆到桥塔中心线的距离 | $l_1, l_{n+1}$ | m | 17.5 |
| | 横截面面积 | $A$ | $m^2$ | 0.00432 |
| | 弹性模量 | $E$ | GPa | 195 |
| | 每延米自重 | $w$ | kN/m | 0.33226 |
| | 下吊点横坐标 | $y_{d,i}$ | m | 21.4409 |
| 桥面纵坡(单向) | | — | % | 0.85 |

各吊杆力设计参数及主缆节点坐标均列于表 11.2。通过结果的对比发现:①在各主缆的节点横坐标上,考虑吊杆自重且为悬链线时与文献[32]的结果基本重合,若不考虑吊杆自重,则与文献[32]的结果也极为接近,横坐标最大误差仅为 0.004m,

**表 11.2　杭州江东大桥的空间主缆线形的计算结果**

| 吊点编号 | $h_{d,i}$/m | $P_{z,i}^0$/kN | $P_{c,i}$/kN | $P_{w,i}$/kN | 上吊点横坐标 y/m | | | | | | | 上吊点竖坐标 z/m | | | | | | |
|---|---|---|---|---|---|---|---|---|---|---|---|---|---|---|---|---|---|---|
| | | | | | ① | ② | ③ | ④ | ①−④ | ②−④ | ③−④ | ① | ② | ③ | ④ | ①−④ | ②−④ | ③−④ |
| 1 | 35.0454 | 1174.682 | 41.255 | 17.081 | 4.709 | 4.705 | 4.712 | 4.712 | −0.003 | −0.007 | 0 | 83.677 | 83.653 | 83.653 | 83.653 | 0.024 | 0 | 0 |
| 2 | 35.1219 | 1229.812 | 38.744 | 14.721 | 6.960 | 6.954 | 6.963 | 6.963 | −0.003 | −0.009 | 0 | 77.022 | 76.991 | 76.991 | 76.992 | 0.030 | −0.001 | −0.001 |
| 3 | 35.1984 | 1232.352 | 36.086 | 12.559 | 9.031 | 9.024 | 9.034 | 9.034 | −0.003 | −0.010 | 0 | 70.934 | 70.900 | 70.900 | 70.900 | 0.034 | 0 | 0 |
| 4 | 35.2749 | 1236.465 | 33.506 | 10.596 | 10.921 | 10.913 | 10.923 | 10.924 | −0.003 | −0.011 | −0.001 | 65.412 | 65.378 | 65.378 | 65.378 | 0.034 | 0 | 0 |
| 5 | 35.3514 | 1234.967 | 33.506 | 8.831 | 12.628 | 12.619 | 12.630 | 12.630 | −0.002 | −0.011 | 0 | 60.455 | 60.423 | 60.423 | 60.423 | 0.032 | 0 | 0 |
| 6 | 35.4279 | 1236.926 | 30.943 | 7.263 | 14.152 | 14.143 | 14.153 | 14.153 | −0.001 | −0.010 | 0 | 56.061 | 56.034 | 56.034 | 56.034 | 0.027 | 0 | 0 |
| 7 | 35.5044 | 1233.156 | 28.384 | 5.892 | 15.491 | 15.481 | 15.490 | 15.491 | 0 | −0.010 | −0.001 | 52.231 | 52.208 | 52.208 | 52.209 | 0.022 | −0.001 | −0.001 |
| 8 | 35.5809 | 1238.156 | 28.384 | 4.718 | 16.644 | 16.634 | 16.642 | 16.643 | 0.001 | −0.009 | −0.001 | 48.960 | 48.943 | 48.943 | 48.943 | 0.017 | 0 | 0 |
| 9 | 35.6574 | 1239.790 | 25.865 | 3.740 | 17.609 | 17.600 | 17.607 | 17.607 | 0.002 | −0.007 | 0 | 46.251 | 46.239 | 46.239 | 46.239 | 0.012 | 0 | 0 |
| 10 | 35.7339 | 1233.672 | 23.388 | 2.958 | 18.384 | 18.375 | 18.381 | 18.381 | 0.003 | −0.006 | 0 | 44.102 | 44.094 | 44.094 | 44.094 | 0.008 | 0 | 0 |
| 11 | 35.8104 | 1237.391 | 23.388 | 2.372 | 18.968 | 18.960 | 18.965 | 18.965 | 0.003 | −0.005 | 0 | 42.509 | 42.505 | 42.505 | 42.505 | 0.004 | 0 | 0 |
| 12 | 35.8869 | 1238.421 | 20.960 | 1.981 | 19.359 | 19.351 | 19.355 | 19.356 | 0.003 | −0.005 | −0.001 | 41.474 | 41.473 | 41.473 | 41.473 | 0.001 | 0 | 0 |
| 13 | 35.9634 | 1236.121 | 20.960 | 1.786 | 19.555 | 19.546 | 19.551 | 19.551 | 0.004 | −0.005 | 0 | 40.996 | 40.996 | 40.996 | 40.996 | 0 | 0 | 0 |
| 13.5* | 36.0017 | 0 | 0 | 0 | 19.554 | 19.546 | 19.551 | 19.551 | 0.003 | −0.005 | 0 | 41.032 | 41.032 | 41.032 | 41.032 | 0 | 0 | 0 |
| 14 | 36.0399 | 1237.234 | 20.960 | 1.787 | 19.554 | 19.546 | 19.550 | 19.551 | 0.003 | −0.005 | −0.001 | 41.074 | 41.074 | 41.074 | 41.074 | 0 | 0 | 0 |

续表

| 吊点编号 | $h_{d,i}$/m | $P_{z,i}^0$/kN | $P_{c,i}$/kN | $P_{w,i}$/kN | 上吊点横坐标 $y$/m | | | | | | | 上吊点竖坐标 $z$/m | | | | | | |
|---|---|---|---|---|---|---|---|---|---|---|---|---|---|---|---|---|---|---|
| | | | | | ① | ② | ③ | ④ | ①−④ | ②−④ | ③−④ | ① | ② | ③ | ④ | ①−④ | ②−④ | ③−④ |
| 15 | 36.1164 | 1234.757 | 20.960 | 1.983 | 19.357 | 19.349 | 19.354 | 19.354 | 0.003 | −0.005 | 0 | 41.708 | 41.706 | 41.706 | 41.706 | 0.002 | 0 | 0 |
| 16 | 36.1929 | 1239.675 | 23.388 | 2.374 | 18.966 | 18.957 | 18.963 | 18.963 | 0.003 | −0.006 | 0 | 42.897 | 42.893 | 42.893 | 42.893 | 0.004 | 0 | 0 |
| 17 | 36.2694 | 1235.727 | 23.388 | 2.961 | 18.381 | 18.372 | 18.378 | 18.378 | 0.003 | −0.006 | 0 | 44.645 | 44.637 | 44.637 | 44.637 | 0.008 | 0 | 0 |
| 18 | 36.3459 | 1233.681 | 25.865 | 3.744 | 17.604 | 17.595 | 17.602 | 17.603 | 0.001 | −0.008 | −0.001 | 46.950 | 46.938 | 46.938 | 46.938 | 0.012 | 0 | 0 |
| 19 | 36.4224 | 1235.240 | 28.384 | 4.722 | 16.639 | 16.630 | 16.638 | 16.638 | 0.001 | −0.008 | 0 | 49.813 | 49.796 | 49.796 | 49.796 | 0.017 | 0 | 0 |
| 20 | 36.4989 | 1235.960 | 28.384 | 5.896 | 15.486 | 15.477 | 15.486 | 15.486 | 0 | −0.009 | 0 | 53.236 | 53.214 | 53.214 | 53.214 | 0.022 | 0 | 0 |
| 21 | 36.5754 | 1232.928 | 30.943 | 7.267 | 14.147 | 14.138 | 14.148 | 14.148 | −0.001 | −0.010 | 0 | 57.221 | 57.193 | 57.193 | 57.193 | 0.028 | 0 | 0 |
| 22 | 36.6519 | 1236.523 | 33.506 | 8.835 | 12.624 | 12.615 | 12.625 | 12.625 | −0.001 | −0.010 | 0 | 61.766 | 61.734 | 61.734 | 61.735 | 0.031 | −0.001 | −0.001 |
| 23 | 36.7284 | 1231.93 | 33.506 | 10.600 | 10.916 | 10.908 | 10.918 | 10.919 | −0.003 | −0.011 | −0.001 | 66.877 | 66.843 | 66.842 | 66.843 | 0.034 | 0 | −0.001 |
| 24 | 36.8049 | 1233.096 | 36.086 | 12.563 | 9.027 | 9.020 | 9.030 | 9.030 | −0.003 | −0.010 | 0 | 72.551 | 72.517 | 72.516 | 72.517 | 0.034 | 0 | −0.001 |
| 25 | 36.8814 | 1226.323 | 38.744 | 14.724 | 6.957 | 6.950 | 6.959 | 6.959 | −0.002 | −0.009 | 0 | 78.791 | 78.760 | 78.760 | 78.760 | 0.031 | 0 | 0 |
| 26 | 36.9579 | 1170.934 | 41.255 | 17.083 | 4.707 | 4.702 | 4.709 | 4.709 | −0.002 | −0.007 | 0 | 85.596 | 85.572 | 85.572 | 85.572 | 0.024 | 0 | 0 |

注:①不考虑吊杆自重;②考虑吊杆自重,且吊杆为直线;③考虑吊杆自重,且吊杆为悬链线;④文献[32]的结果。

＊13.5 指主缆跨中点,此处无吊杆。

而考虑吊杆自重且为直线时，横坐标误差稍大，最大误差为 0.011m；②在主缆节点的高程上，考虑吊杆自重的两组结果均和文献[32]十分吻合，而不考虑吊杆自重时，节点的高程误差较大，最大误差为 0.034m。由此证明了在上述解析法中，考虑吊杆自重且为悬链线时的找形效果最佳，考虑吊杆为直线时次之，计入其自重时误差主要集中于横坐标上，而不考虑吊杆自重时，误差集中于高程上。

### 11.4.2　主缆空间线形和吊杆力的迭代法

如图 11.11 所示，某双塔三跨地锚式空间缆索悬索桥的桥跨布置为 200m＋500m＋225m，主缆采用预制平行索股技术，横截面面积为 0.13854m²，单根钢丝直径为 6mm，抗拉强度标准值为 1860MPa，其理论垂度为 80m，上下游主缆在左右桥塔处均相距 5m，左右两侧均采用重力式锚碇；全桥共 33 对吊杆，采用的钢丝直径为 7mm，抗拉强度标准值为 1860MPa，吊杆在主梁上锚固点高程均为 47m，下吊点横桥向间距为 43.8m。主梁为扁平钢箱梁断面，恒载每延米自重为 234.038kN/m，横截面面积和抗弯惯性矩分别为 1.6178m² 和 3.2211m⁴，材料弹性模量为 206GPa。其余设计参数见表 11.3，包括主缆材料特性、吊杆材料特性、吊杆间距及控制点高程等。

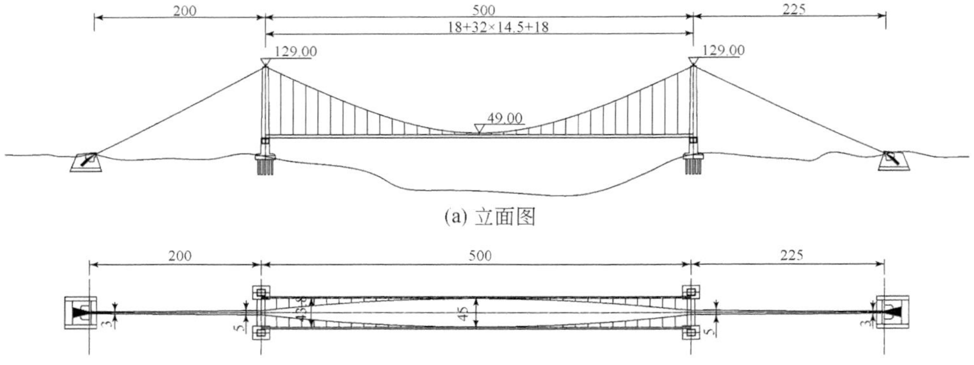


图 11.11　某双塔三跨地锚式空间缆索悬索桥(单位:m)

**表 11.3　地锚式空间缆索悬索桥设计基本参数**

| 基本参数 | | 符号 | 单位 | 数值 |
|---|---|---|---|---|
| 主缆 | 每延米自重 | $q$ | kN/m | 10.87572 |
| | 横截面面积 | $A$ | m² | 0.13854 |
| | 弹性模量 | $E$ | GPa | 195 |

续表

| | 基本参数 | 符号 | 单位 | 数值 |
|---|---|---|---|---|
| 主缆 | 左端点 $O_0$ 设计高程 | $h_{O_0}$ | m | 129 |
| | 右端点 $O_{n+1}$ 设计高程 | $h_{O_{n+1}}$ | m | 129 |
| | 跨中点 $O_m$ 设计高程 | $h_{O_m}$ | m | 49 |
| 吊杆 | 单侧主缆吊杆数量 | $n$ | — | 33 |
| | 桥塔到跨中点的吊杆数量 | $m$ | — | 17 |
| | 设计间距 | $l_2 \sim l_n$ | m | 14.5 |
| | 边吊杆到桥塔中心线距离 | $l_1, l_{n+1}$ | m | 18 |
| | 每延米自重 | $w$ | kN/m | 0.35611 |
| | 横截面面积 | $A$ | $m^2$ | 0.00454 |
| | 弹性模量 | $E$ | GPa | 195 |
| | 下吊点横坐标 | $y_{d,i}$ | m | 19.4 |
| | 下吊点高程 | $h_{d,i}$ | m | 47 |
| 主梁 | 主梁恒载每延米自重的一半与单侧主缆每延米自重的和 | $q'$ | kN/m | 127.895 |

如图 11.12 所示，根据多点刚性支承连续梁法计算吊杆的竖向分力，除两端的 4 根吊杆外，其余的竖向分力分布较为均匀。然后以吊杆竖向分力为已知条件，并考虑吊杆是有垂度的悬链线，进行空间主缆线形的计算，得到吊杆的横桥向倾角及水平分力。如图 11.13 所示，主缆线形的空间特征明显，在横桥向渐变展开。从图 11.13(b)可以发现，在两端到四分跨点间，主缆在横桥向迅速偏移，空间构形较明显，但在四分跨点之间，主缆的空间构形相对较弱。

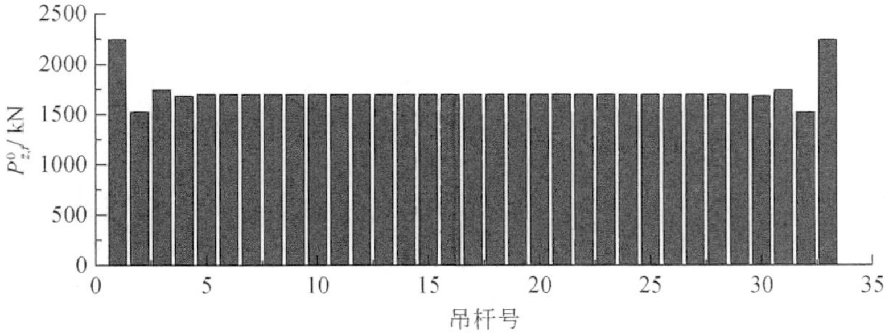


图 11.12　下吊点竖向分力初值

为修正多点刚性支承连续梁法带来的误差，结合解析法和有限元模型(图 11.14)，进行主缆线形及吊杆内力的迭代运算。经 38 次循环迭代，满足 0.055%

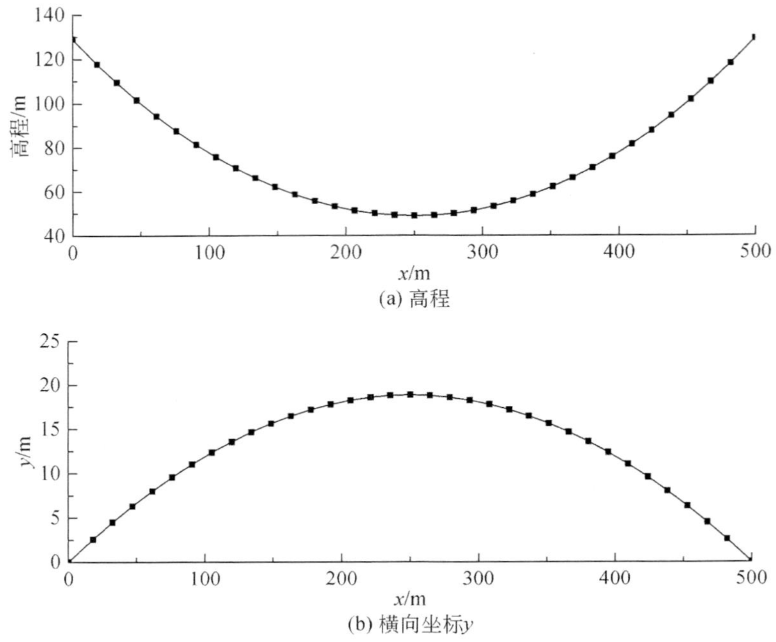


(a) 高程

(b) 横向坐标y

图 11.13　主缆初始线形

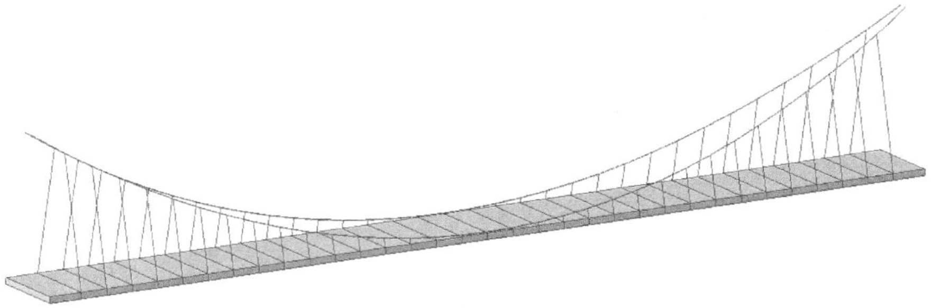

图 11.14　地锚式悬索桥主跨有限元模型

的收敛条件，实现了精确的空间主缆线形和吊杆力的计算。在迭代过程中发现：①如图 11.15所示，随着迭代次数的增多，1 号吊杆力逐渐增加，2 号吊杆力逐渐减小，其余吊杆力则基本保持不变。在吊杆力误差分析(表 11.4)中，发现吊杆力和的初值和终值分别为 58908.15kN 和 58963.17kN，总体变化幅度仅有 0.093%，所以以多点刚性支承连续梁法确定的吊杆力具有较好的精度，其误差主要集中于端部的吊杆。②在主缆节点坐标表(表 11.5)中，误差主要集中于主缆两端的高程上，最大误差为 0.010m，在主缆横坐标上，其线形则基本一致，最大误差仅为 0.003m，且最大误差均出现在主缆节点 $O_1$ 处，与吊杆力最大误差位置一致，也印证了吊杆力对主缆线形有很大影响。③主缆和吊杆的无应力长度是悬索桥设计和施工的重要参数，根据无应力长度的前后变化（表 11.6），可知主缆无应力总长度的初值和终值分别为 532.947m 和 532.948m，绝对误差仅 0.001m，且误差主要集中于端部两段主缆，绝对误差分别为 0.005m 和−0.004m。

综上所述，多点刚性支承连续梁和迭代法计算吊杆力的最大区别在于各吊杆内力的分布发生了变化，其改变主要集中于主梁的左右两端的吊杆，因此主缆线形在此处有较大误差，而靠近跨中部分则基本保持不变，也证明了迭代法可有效解决主跨两端的主缆线形及吊杆力的精确计算问题。

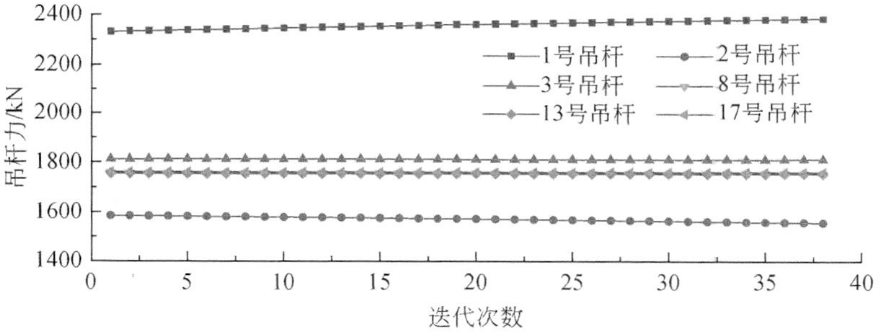


图 11.15　吊杆力的迭代过程

**表 11.4　主跨左半跨的吊杆力**

| 吊杆编号 | 初值/kN | 终值/kN | 绝对误差/kN | 相对误差/% |
|---|---|---|---|---|
| 1 | 2332.28 | 2388.87 | 56.59 | 2.426 |
| 2 | 1586.39 | 1559.12 | −27.27 | −1.719 |
| 3 | 1813.47 | 1813.71 | 0.24 | 0.013 |
| 4 | 1749.76 | 1747.1 | −2.66 | −0.152 |
| 5 | 1764.28 | 1764.29 | 0.01 | 0.001 |
| 6 | 1758.15 | 1758.14 | −0.01 | −0.001 |
| 7 | 1757.88 | 1758.00 | 0.12 | 0.007 |
| 8 | 1756.38 | 1756.45 | 0.07 | 0.004 |
| 9 | 1755.58 | 1755.60 | 0.02 | 0.001 |
| 10 | 1754.99 | 1754.98 | −0.01 | −0.001 |
| 11 | 1754.78 | 1754.75 | −0.03 | −0.002 |
| 12 | 1754.95 | 1754.90 | −0.05 | −0.003 |
| 13 | 1755.76 | 1755.50 | −0.26 | −0.015 |
| 14 | 1757.09 | 1757.20 | 0.11 | 0.006 |

续表

| 吊杆编号 | 初值/kN | 终值/kN | 绝对误差/kN | 相对误差/% |
|---|---|---|---|---|
| 15 | 1759.84 | 1759.70 | −0.14 | −0.008 |
| 16 | 1761.04 | 1761.09 | 0.05 | 0.003 |
| 17 | 1761.84 | 1762.38 | 0.54 | 0.031 |

**表 11.5　主跨左半跨的上吊点坐标**

| 上吊点编号 | $y$/m | | | $z$/m | | |
|---|---|---|---|---|---|---|
| | 初值 | 终值 | 绝对误差 | 初值 | 终值 | 绝对误差 |
| 1 | 2.569 | 2.572 | 0.003 | 117.777 | 117.767 | −0.010 |
| 2 | 4.484 | 4.485 | 0.001 | 109.450 | 109.449 | −0.001 |
| 3 | 6.294 | 6.294 | 0 | 101.621 | 101.620 | −0.001 |
| 4 | 7.982 | 7.982 | 0 | 94.352 | 94.352 | 0 |
| 5 | 9.552 | 9.552 | 0 | 87.624 | 87.624 | 0 |
| 6 | 11.003 | 11.003 | 0 | 81.442 | 81.441 | −0.001 |
| 7 | 12.335 | 12.335 | 0 | 75.801 | 75.800 | −0.001 |
| 8 | 13.546 | 13.546 | 0 | 70.701 | 70.701 | 0 |
| 9 | 14.636 | 14.636 | 0 | 66.141 | 66.141 | 0 |
| 10 | 15.603 | 15.603 | 0 | 62.120 | 62.120 | 0 |
| 11 | 16.448 | 16.448 | 0 | 58.637 | 58.637 | 0 |
| 12 | 17.168 | 17.168 | 0 | 55.691 | 55.691 | 0 |
| 13 | 17.763 | 17.763 | 0 | 53.281 | 53.281 | 0 |
| 14 | 18.230 | 18.230 | 0 | 51.408 | 51.408 | 0 |
| 15 | 18.567 | 18.567 | 0 | 50.070 | 50.070 | 0 |
| 16 | 18.771 | 18.771 | 0 | 49.268 | 49.268 | 0 |
| 17 | 18.840 | 18.840 | 0 | 49.000 | 49.000 | 0 |

**表 11.6　主跨左半跨的索段无应力长度**

| 索段编号 | 初值/m | 终值/m | 绝对误差/m |
|---|---|---|---|
| 1 | 21.320 | 21.325 | 0.005 |
| 2 | 16.794 | 16.790 | −0.004 |
| 3 | 16.542 | 16.542 | 0 |
| 4 | 16.273 | 16.273 | 0 |
| 5 | 16.029 | 16.029 | 0 |

续表

| 索段编号 | 初值/m | 终值/m | 绝对误差/m |
|---|---|---|---|
| 6 | 15.798 | 15.798 | 0 |
| 7 | 15.584 | 15.584 | 0 |
| 8 | 15.388 | 15.388 | 0 |
| 9 | 15.209 | 15.209 | 0 |
| 10 | 15.049 | 15.049 | 0 |
| 11 | 14.908 | 14.908 | 0 |
| 12 | 14.786 | 14.786 | 0 |
| 13 | 14.683 | 14.683 | 0 |
| 14 | 14.601 | 14.601 | 0 |
| 15 | 14.538 | 14.538 | 0 |
| 16 | 14.497 | 14.497 | 0 |
| 17 | 14.476 | 14.476 | 0 |

### 11.4.3　有关矢跨比的讨论

在上述的解析框架下，根据主梁设计恒载、设计竖向矢跨比、吊杆间距等参数，可计算出有较好精度的空间主缆线形。

以 11.4.2 节的地锚式空间缆索悬索桥为背景，讨论两种工况下主缆矢跨比间的关系。在工况 1 中，保持主缆跨中点和桥面高程不变，通过改变主缆左右两端点的高程改变竖向矢跨比；在工况 2 中，保持主缆左右两端点的高程和桥面高程不变，通过改变主缆跨中点的高程改变竖向矢跨比。其参数设置见表 11.7。

**表 11.7　矢跨比的分析参数**

| 编号 | 工况 1 | | | | 工况 2 | | | |
|---|---|---|---|---|---|---|---|---|
| | $h_{O_0}$/m | $h_{O_m}$/m | $h_{d,i}$/m | $y_{d,i}$/m | $h_{O_0}$/m | $h_{O_m}$/m | $h_{d,i}$/m | $y_{d,i}$/m |
| 1 | 129 | 49 | 47 | 19.4 | 137 | 57 | 47 | 19.4 |
| 2 | 130 | 49 | 47 | 19.4 | 137 | 56 | 47 | 19.4 |
| 3 | 131 | 49 | 47 | 19.4 | 137 | 55 | 47 | 19.4 |
| 4 | 132 | 49 | 47 | 19.4 | 137 | 54 | 47 | 19.4 |
| 5 | 133 | 49 | 47 | 19.4 | 137 | 53 | 47 | 19.4 |
| 6 | 134 | 49 | 47 | 19.4 | 137 | 52 | 47 | 19.4 |

续表

| 编号 | 工况 1 | | | | 工况 2 | | | |
|---|---|---|---|---|---|---|---|---|
| | $h_{O_0}$/m | $h_{O_m}$/m | $h_{d,i}$/m | $y_{d,i}$/m | $h_{O_0}$/m | $h_{O_m}$/m | $h_{d,i}$/m | $y_{d,i}$/m |
| 7 | 135 | 47 | 49 | 19.4 | 137 | 51 | 47 | 19.4 |
| 8 | 136 | 49 | 47 | 19.4 | 137 | 50 | 47 | 19.4 |
| 9 | 137 | 49 | 47 | 19.4 | 137 | 49 | 47 | 19.4 |

根据式(11.29b)、式(11.32)和式(11.34)可分别计算不同竖向垂度 $F_V$下的横向矢高 $F_L$，通过对比发现：

(1)当主缆跨中点高程不变时，由式(11.32)和式(11.34)计算得到不同竖向垂度 $F_V$下的横向矢高 $F_L$与空间分段悬链线理论解误差相对稳定(图 11.16)，可能是系统误差，误差均值分别约为－0.116m 和 0.204m，见表 11.8；当主缆两端点高程不变时，两者得到的 $F_L$相比空间分段悬链线理论解有较明显的误差变化，可能是当跨中吊杆的高度较长时，主缆与吊杆倾斜角度的近似性减弱，所以式(11.33a)中的简化处理方式引入了较大的误差。

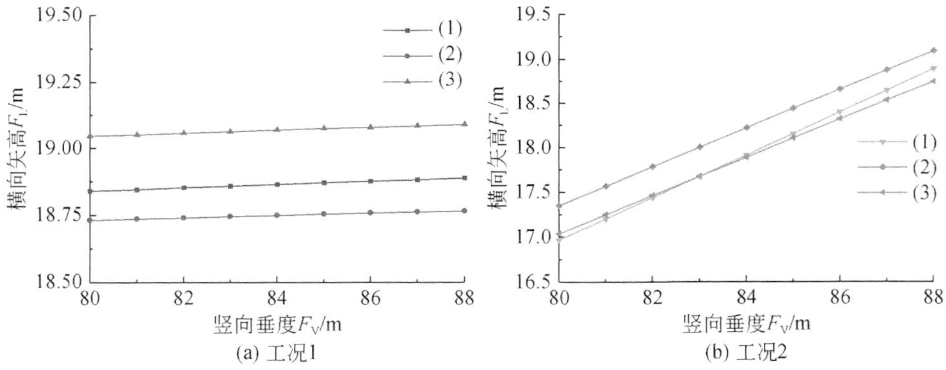


图 11.16　竖向和横向矢跨比的关系

**表 11.8　主缆竖向矢跨比与横向矢跨比参数**

| 编号 | $F_V$/m | 工况 1 | | | | | 工况 2 | | | | |
|---|---|---|---|---|---|---|---|---|---|---|---|
| | | $F_L$/m | | | 绝对误差/m | | $F_L$/m | | | 绝对误差/m | |
| | | (1) | (2) | (3) | (2)－(1) | (3)－(1) | (1) | (2) | (3) | (2)－(1) | (3)－(1) |
| 1 | 80 | 18.840 | 18.731 | 19.047 | －0.109 | 0.207 | 16.969 | 17.354 | 17.038 | 0.385 | 0.069 |
| 2 | 81 | 18.846 | 18.736 | 19.052 | －0.110 | 0.206 | 17.204 | 17.570 | 17.251 | 0.366 | 0.047 |
| 3 | 82 | 18.853 | 18.741 | 19.058 | －0.112 | 0.205 | 17.440 | 17.787 | 17.464 | 0.347 | 0.024 |
| 4 | 83 | 18.859 | 18.745 | 19.063 | －0.114 | 0.204 | 17.677 | 18.004 | 17.677 | 0.327 | 0 |

续表

| 编号 | $F_V$/m | 工况 1 | | | | | 工况 2 | | | | |
|---|---|---|---|---|---|---|---|---|---|---|---|
| | | $F_L$/m | | | 绝对误差/m | | $F_L$/m | | | 绝对误差/m | |
| | | (1) | (2) | (3) | (2)−(1) | (3)−(1) | (1) | (2) | (3) | (2)−(1) | (3)−(1) |
| 5 | 84 | 18.865 | 18.749 | 19.069 | −0.116 | 0.204 | 17.915 | 18.221 | 17.890 | 0.306 | −0.025 |
| 6 | 85 | 18.871 | 18.754 | 19.074 | −0.117 | 0.203 | 18.155 | 18.438 | 18.103 | 0.283 | −0.052 |
| 7 | 86 | 18.877 | 18.758 | 19.079 | −0.119 | 0.202 | 18.397 | 18.655 | 18.316 | 0.258 | −0.081 |
| 8 | 87 | 18.882 | 18.762 | 19.084 | −0.120 | 0.202 | 18.641 | 18.872 | 18.529 | 0.231 | −0.112 |
| 9 | 88 | 18.888 | 18.765 | 19.089 | −0.123 | 0.201 | 18.888 | 19.089 | 18.742 | 0.201 | −0.146 |

注：(1)、(2)、(3)分别根据式(11.29b)、式(11.32)和式(11.34)计算得出。

(2)根据拟合结果(表 11.9)可知，空间主缆的竖向垂度与横向矢高有着明显的线性关系。从拟合效果上来看，利用式(11.32)和式(11.34)拟合得到的直线与分段悬链线理伦值拟合的直线的相似性系数均十分接近于 1，说明其相似度很高，也证明了式(11.32)和式(11.34)的有效性。

**表 11.9　主缆矢跨比的拟合结果**

| 线性方程的参数 | 工况 1 | | | 工况 2 | | |
|---|---|---|---|---|---|---|
| | (1) | (2) | (3) | (1) | (2) | (3) |
| 斜率 | 0.006 | 0.0043 | 0.0053 | 0.2397 | 0.2169 | 0.2130 |
| 截距 | 18.361 | 18.390 | 18.624 | −2.2128 | 0 | 0 |
| 相似性系数 $\eta^*$ | — | 0.999999946 | 0.999999989 | — | 0.999985553 | 0.999985553 |

* 相似性系数越接近于 1，说明相似度越高，其计算公式为：$\eta=\{u^{T}\nu\}^2\cdot\{u^{T}u\}^{-1}\cdot\{\nu^{T}\nu\}^{-1}$，$\{u\}$、$\{v\}$是列向量。

(3) 将 $F_L$和 $F_V$的比值折算为吊杆的横桥向倾角，分别为 19.03°和 13.25°。而通过半桥面宽和桥塔高度(桥面以上)的比例系数折算出的吊杆的横桥向倾角分别为 18.84°和 13.31°。这两种方式计算出的吊杆横桥向倾角相差不大，也证明了图 11.6 中的简化方式是可行的。

如图 11.17 所示，两个算例中的吊杆横桥向倾角的最大变化范围约 2°，均值分别为 19.65°和 14.12°，可近似看成处于一个倾斜面内。因此，空间主缆的竖向矢跨比和横向矢跨比与其几何边界条件关系密切，二者的比例和半桥面宽度与桥塔高度的比例较为接近，也说明了空间主缆的各吊杆虽然有着不司的倾斜角度，但由于其倾斜角度较为接近，可近似认为主缆与吊杆均处于同一倾斜平面内，并且空间主缆的竖向垂度与横向矢高有着近似的线性关系。

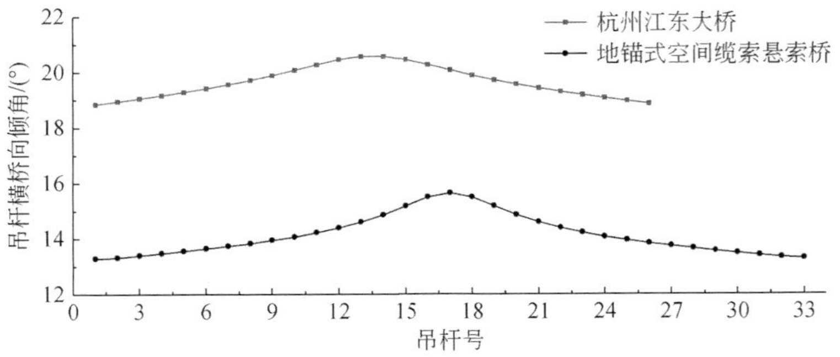


图 11.17　吊杆的横桥向倾角

这样在桥梁初步设计阶段，可根据竖向矢跨比、桥面宽度和桥塔高度等条件估算出主缆跨中的横向位置，将快速地为桥梁横断面设计提供依据，进行矢跨比优化，既避免了空间状的主缆侵入净空界限内，也便于制定桥面设施布置与安装的方案。但这种近似计算方法会导致主缆空间线形和吊杆力与实际存在不可忽视的误差，精确的主缆空间线形和吊杆力仍需利用前述的理论和方法进行计算。

## 11.5　结　论

本章将平面分段悬链线理论拓展至空间缆索的主缆找形，通过几何相容条件和力学平衡条件，建立空间缆索的分段悬链线表达式、线形参数间的递推关系及线形控制方程，并利用非线性 GRG 法进行快速的高精度数值求解，实现空间缆索的主缆找形，为施工阶段分析提供可靠的支撑。通过杭州江东大桥及某地锚式空间缆索悬索桥方案验证了本章方法的可行性和有效性，并得出以下结论：

(1)空间分段悬链线可将线形未知数简化为三个基本未知量，无需复杂的迭代和编程，改善了找形计算的效率，提高了方法的通用性和实用性。

(2)在吊杆力的精确计算中，考虑吊杆自重且为悬链线时的找形效果最佳，考虑吊杆为直线时次之，计入其自重时误差主要集中于横坐标上，而不考虑吊杆自重时，误差集中于高程上。

(3)分别利用多点刚性支承连续梁法和迭代法计算出的吊杆力有明显不同，各吊杆力的分布发生了变化，其改变主要集中于主梁左右两端的吊杆，因此主缆线形在此处也有较大误差，而靠近跨中部分则基本保持不变，也证明了迭代法可有效解决主跨两端的主缆线形及吊杆力的精确计算问题。

(4)在空间分段悬链线理论中，竖向垂度是计算的前提，横向矢高则是找形的结果，二者与几何边界条件(桥面宽度和桥塔高度等)关系密切，其比例和半桥面宽度与桥塔高度的比例较为接近，可近似认为主缆与吊杆均处于同一倾斜平面内，并且空间主缆的竖向垂度与横向矢高有着近似线性的关系。

(5)本章暂未考虑其边跨的主缆线形计算，其力学条件和边界条件可参考平面主缆找形理论，但本章针对竖向垂度和横向矢高的计算方法和讨论，对于桥梁横断面设计和矢跨比优化具有重要意义。

## 参考文献


[1] Zhou G P, Li A Q, Li J H, et al. Test and numerical investigations on the spatial mechanics characteristics of extra-wide concrete self-anchored suspension bridge during construction. International Journal of Distributed Sensor Networks, 2019, 15(12): 1550147719891561.

[2] Sun Y, Zhu H P, Xu D. A specific rod model based efficient analysis and design of hanger installation for self-anchored suspension bridges with 3D curved cables. Engineering Structures, 2016, 110: 184-208.

[3] 李传习，柯红军，刘海波，等. 空间主缆自锚式悬索桥成桥状态的确定方法. 工程力学，2010，27(5): 137-146.

[4] 沈锐利，齐东春，唐茂林. 杭州江东大桥静力特性全桥模型试验研究. 土木工程学报，2011，44(1): 74-80.

[5] Gil H, Choi Y. Cable erection test at pylon saddle for spatial suspension bridge. Journal of Bridge Engineering, 2001, 6(3): 183-188.

[6] Kim H K, Lee M J, Chang S P. Non-linear shape-finding analysis of a self-anchored suspension bridge. Engineering Structures, 2002, 24(12): 1547-1559.

[7] Zhang Z H, Zhang J Y, Hao W S, et al. Hangzhou Jiangdong bridge designed as a spatial self-anchored suspension bridge, China. Structural Engineering International, 2010, 20(3): 303-307.

[8] Sun J, Manzanarez R, Nader M. Design of looping cable anchorage system for new San Francisco-Oakland Bay bridge main suspension span. Journal of Bridge Engineering, 2002, 7(6): 315-324.

[9] Wan J, Wang Q, Liao H, et al. Study on aerodynamic coefficients and responses of the integrated catwalk of Halogaland bridge. Wind and Structures, 2017, 25(3): 215-232.

[10] Zhang J P, Liu A R, Ma Z J, et al. Behavior of self-anchored suspension bridges in the structural system transformation. Journal of Bridge Engineering, 2013, 18(8): 712-721.

[11] Wang X M, Frangopol D M, Dong Y, et al. Novel technique for configuration transformation of 3D curved cables of suspension bridges: Application to the Dongtiao River Bridge. Journal of Performance of Constructed Facilities, 2018, 32(4): 04018045.

[12] Li C X, Li Y, He J. Experimental study on torsional behavior of spatial main cable for a self-anchored suspension bridge. Advances in Structural Engineering, 2019, 22(14): 3086-3099.

[13] Rezaiee-Pajand M, Mokhtari M, Masoodi A R. A novel cable element for nonlinear thermo-

elastic analysis. Engineering Structures, 2018, 167: 431-444.

[14] Suzuki Y, Miyata E S, Iverson S C. Static analyses of the triangular running skyline system: A three-dimensionally movable logging cable system. Computers & Structures, 1996, 60(4): 579-592.

[15] Huang Y, Lan W R. Static analysis of cable structure. Applied Mathematics and Mechanics, 2006, 27(10): 1425-1430.

[16] Andreu A, Gil L, Roca P. A new deformable catenary element for the analysis of cable net structures. Computers & Structures, 2006, 84(29-30): 1882-1890.

[17] Such M, Jimenez-Octavio J R, Carnicero A, et al. An approach based on the catenary equation to deal with static analysis of three dimensional cable structures. Engineering Structures, 2009, 31(9): 2162-2170.

[18] Karoumi R. Some modeling aspects in the nonlinear finite element analysis of cable supported bridges. Computers & Structures, 1999, 71(4): 397-412.

[19] Kim K S, Lee H S. Analysis of target configurations under dead loads for cable-supported bridges. Computers & Structures, 2001, 79(29-30): 2681-2692.

[20] Kim H K, Kim M Y. Efficient combination of a TCUD method and an initial force method for determining initial shapes of cable-supported bridges. International Journal of Steel Structures, 2012, 12(2): 157-174.

[21] Jung M R, Min D J, Kim M Y. Nonlinear analysis methods based on the unstrained element length for determining initial shaping of suspension bridges under dead loads. Computers & Structures, 2013, 128: 272-285.

[22] Lu P Z, Chen J T, Zhong J R, et al. Optimization analysis model of self-anchored suspension bridge. Mathematical Problems in Engineering, 2014, 2014: 1-8.

[23] Jung M R, Min D J, Kim M Y. Simplified analytical method for optimized initial shape analysis of self-anchored suspension bridges and its verification. Mathematical Problems in Engineering, 2015, 2015: 1-14.

[24] 罗喜恒，肖汝诚，项海帆. 空间缆索悬索桥的主缆线形分析. 同济大学学报(自然科学版)，2004, 32(10): 1349-1354.

[25] Yang M G, Chen Z Q, Hua X G. A new two-node catenary cable element for the geometrically non-linear analysis of cable-supported structures. Proceedings of the Institution of Mechanical Engineers, Part C: Journal of Mechanical Engineering Science, 2010, 224(6): 1173-1183.

[26] Sun Y, Zhu H P, Xu D. New method for shape finding of self-anchored suspension bridges with three-dimensionally curved cables. Journal of Bridge Engineering, 2015, 20(2): 04014063.

[27] Li J H, Feng D M, Li A Q, et al. Determination of reasonable finished state of self-anchored suspension bridges. Journal of Central South University, 2016, 23(1): 209-219.

[28] Xiao R C, Chen M H, Sun B. Determination of the reasonable state of suspension bridges with spatial cables. Journal of Bridge Engineering, 2017, 22(9): 04017060.

[29] Wei J D, Guan M Y, Cao Q, et al. Spatial combined cable element for cable-supported bridg-

es. Engineering Computations, 2019, 36(1): 204-225.

[30] Li T, Liu Z. A recursive algorithm for determining the profile of the spatial self-anchored suspension bridges. KSCE Journal of Civil Engineering, 2019, 23(3): 1283-1292.

[31] Song C L, Xiao R C, Sun B. Improved method for shape finding of long-span suspension bridges. International Journal of Steel Structures, 2020, 20(1): 247-258.

[32] 李传习. 现代悬索桥静力非线性理论与实践. 北京：人民交通出版社，2014.

# 第12章 基于循环调整的悬索桥全桥找形有限元方法

## 12.1 引　言

目前，主缆找形主要有解析法[1~4]、有限元法[5~8]、解析法与有限元法的迭代算法[9]等。解析法的计算思路明确，多使用分段抛物线理论或分段悬链线理论，先计算出成桥状态的主缆线形，然后根据无应力索长相等的原则计算出施工阶段的主缆线形。有限元法基于有限位移理论，通过结构的非线性迭代计算，不断更新节点位置和单元内力，进而确定主缆线形。Lonetti等[10]在有限元建模的框架内开发了主缆最佳线形的设计程序。为了避免只研究主缆系统所造成的误差，Zhou等[11]提出了一种基于有限元法的算法，利用三个层次的非线性迭代过程可以直接对悬索桥进行全桥分析。Sun等[12]提出了一种坐标迭代方法和一种非分辨坐标杆模型，依次建立成桥状态和空缆状态的非分辨坐标杆模型、空缆状态和成桥状态的有限元模型，对自锚式悬索桥进行主缆找形分析。Zhou等[13]使用ANSYS和BNLAS程序对自锚式混凝土梁悬索桥进行了主缆线形和吊杆力的计算，并重点研究混凝土收缩徐变对成桥状态的影响。Zhang等[9]提出了一种结合解析法与有限元法的迭代算法，先根据初始吊杆力，通过解析法计算主缆线形，再使用有限元软件考虑主缆-吊杆-加劲梁的相互作用，在上述线形下获取更为精确的吊杆力，循环迭代实现主缆的精确找形，虽然精度比解析法有所提高，但计算过程复杂。

如今，有限元软件已普遍应用于工程分析中，如通用的商业有限元软件ANSYS，既可快速实现大跨悬索桥的静力分析，又广泛应用于抗风、抗震等动力分析中。尤其对于大跨度悬索桥，静力分析虽然重要，但动力分析也是必不可少的，有限元在这方面具有很大的优势。为了实现这些目标，合适的建模方式是极其关键的，病态的模型不仅得不到收敛的计算结果，还将显著增加工程的时间和经济成本。如何利用成熟的有限元软件搭建起悬索桥主缆找形的方法，这对桥梁专业的高等院校师生或工程人员都有可借鉴的价值。

基于此，本章基于ANSYS提出一种适用于悬索桥循环找形的有限元法，可实现成桥状态及空缆状态下主缆线形的精确求解。首先分步建立全桥有限元模型，包括主梁、主缆、桥塔、吊杆、散索鞍等，考虑桥塔压缩、主索鞍偏移、散索鞍转动等因素。其中,根据建模分析的结果与设计目标的误差,选取适当的调整参数,以循环迭代的形式逐步逼近目标线形,直至精确满足成桥目标状态的各项设计要求。然后在此基础上,通过倒拆法,便捷地实现了空缆阶段关键施工参数的计算,如主索鞍预偏量、散索鞍预偏角、索夹安装位置等。最后,通过三跨 1624m 的丹麦 Great Belt 桥和主跨 730m 的中国金东大桥验证该方法的可行性和有效性。

## 12.2　已知吊杆力时的主缆找形方法

基于有限元软件实现悬索桥主缆找形的问题可分为两类:①吊杆力已知时的主缆找形,将主梁及吊杆的作用仅考虑为已知的吊杆力,以节点集中力的方式施加于仅有主缆的有限元模型上,这样全桥找形问题可大幅简化;②吊杆力未知时的全桥找形,此时由于吊杆力未知,需建立包含主梁及吊杆的完整有限元模型,通过模拟其真实受力情况及桥塔和锚跨的影响,逐步循环调整,实现精确找形。

当吊杆力已知时,主梁及吊杆可在建模时忽略,并以作用于主缆上的吊杆力(集中力)的形式来模拟其影响,仅需建立主缆的有限元模型,并施加合理的边界约束条件。因此,根据悬索桥的设计要求(跨径布置、矢跨比),使用主缆的材料及截面参数、吊杆间距、跨中设计高程等参数作为已知参数,进行循环找形的计算。

以单一的主跨为例,在 ANSYS 中,采用 Link10 单元模拟主缆,建立多段折线的主缆有限元模型,各上吊点即为折点,主缆的左右两端施加固定端约束。建立初始模型并输入各分段点的初始坐标和各段主缆单元的初应变。而在循环调整过程中,提取各上吊点的结果坐标及各段主缆单元的结果应变,以便下次建模时用来更新各上吊点的坐标及各段主缆单元的初应变,其中循环调整的计算方法如图 12.1 所示。具体包含以下步骤:

(1)输入预估的初始坐标和初应变,建立主缆模型。

(2)执行运算,获取主缆节点坐标、主缆单元应变等结果数据。

(3)判断主缆跨中高程是否满足精度要求;若满足,则执行步骤(4),若不满足,则调整主缆的应变值,当主缆跨中高程低于设计值时,选用大于 1 的调整系数,当主缆跨中高程高于设计值时,选用小于 1 的调整系数,并返回步骤(2)。

(4)判断各吊点的纵桥向坐标是否满足精度要求;若满足,则执行步骤(5),若不满足,则调整吊点的坐标值,图中的纵桥向坐标误差值=纵桥向坐标设计值－纵桥向坐标结果值,并返回步骤(2)。

(5)输出模型结果,结束循环。

基于 ANSYS 进行该循环中,有以下几点需要注意:

(1)所有的循环可全部通过参数化设计语言(ANSYS parametric design

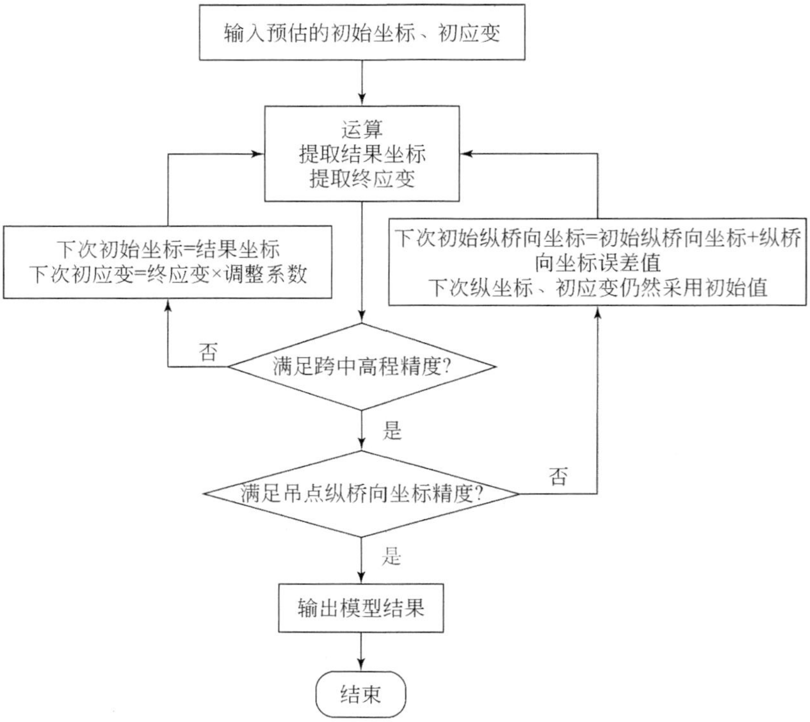


图 12.1 吊杆力已知时的主缆找形流程

language,APDL)中的*DOWHILE 命令自动实现。所有坐标和应变数据的读取与写入全部通过 APDL 参数化设计语言中的*TREAD 和*VWRITE 命令自动实现。

(2)第一次建模时输入的初始坐标和初应变是可以自由设定的,但最初输入的参数值与最终平衡状态的差距越大,循环计算所需要的时间就越长。例如,初始线形可以选取抛物线线形(可由跨径及矢跨比设计要求确定)、两段折线线形(左右两端点与跨中点的连线)和直线线形(左右两端点直接连线),相应节点的初始坐标即可随之确定。除此之外,作者建议建模时各段主缆的初始应变可统一设定为 0.002,此时有较好的计算速度。

(3)调整系数和找形精度是可以自由设定的,但它们必须相适应,否则无法结束循环。而为了加快循环的效率,调整系数可以设置成分阶段的,即在线形偏差较大时选取较大的调整系数(远离 1 的正数),当逐步逼近目标线形时,可选取较小的调整系数(接近 1 的正数),以获取高精度找形结果。

## 12.3　全桥找形方法

当吊杆力未知时，需要建立完整的全桥有限元模型。为了实现全桥主缆线形(主跨、边跨及锚跨)的精确计算，同时考虑主缆-吊杆-加劲梁的相互作用以及桥塔压缩、散索鞍转动的影响，除 12.2 节方法中所需要的建模数据外，需增加桥塔、主梁、吊杆、边跨、锚跨以及散索鞍等相关的建模数据，包括材料参数、截面参数、空间位置坐标等。

为提高找形的精度与速度，全桥找形方法大体上分为三步：①先忽略锚跨及散索鞍的影响，实现三跨悬索桥(两个边跨和一个主跨)主缆的精确找形；②单独考虑锚跨及散索鞍，实现锚跨主缆的精确找形；③合并上述两个找形模型，实现全桥主缆的精确找形。

### 12.3.1　三跨主缆找形

三跨主缆找形主要有以下几个步骤：

(1)建立三跨有限元模型，包括主梁、主缆、吊杆及桥塔等，其中为了保证循环建模的连续性和正确性，需采用弹簧的形式对桥塔的作用进行简化模拟，并施加合理的边界条件，如图 12.2 所示。

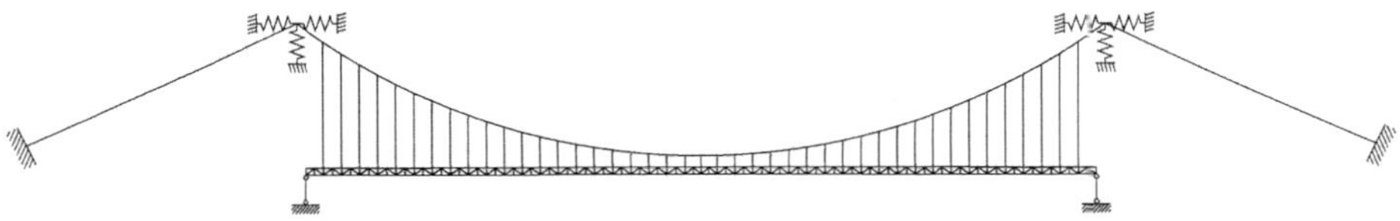

图 12.2　三跨桥-弹簧模型的示意图

(2)执行运算，获取主缆和下吊点的节点坐标、主缆及吊杆应变和内力等结果数据。

(3)三跨桥-弹簧模型的循环调整过程如图 12.3 所示，依次对有限元分析结果进行判定。

①主跨主缆跨中高程及左塔 IP 点纵桥向坐标是否满足精度要求。若满足，则执行步骤②，若不满足，则调整主缆跨中高程，调整左塔 IP 点纵桥向坐标，并返回步骤(2)。

②右塔 IP 点纵桥向坐标是否满足精度要求。若满足，则执行步骤③，若不满足，则调整右塔 IP 点纵桥向坐标，并返回步骤(2)。

③两塔 IP 点竖向坐标是否满足精度要求。若满足，则执行步骤④，若不满足，则调整两塔 IP 点竖向坐标，并返回步骤(2)。

④各上吊点纵桥向坐标是否满足精度要求。若满足，则执行步骤(4)，若不满足，调整各上吊点纵桥向坐标，并返回步骤(2)。

各子步骤调整策略见表 12.1。

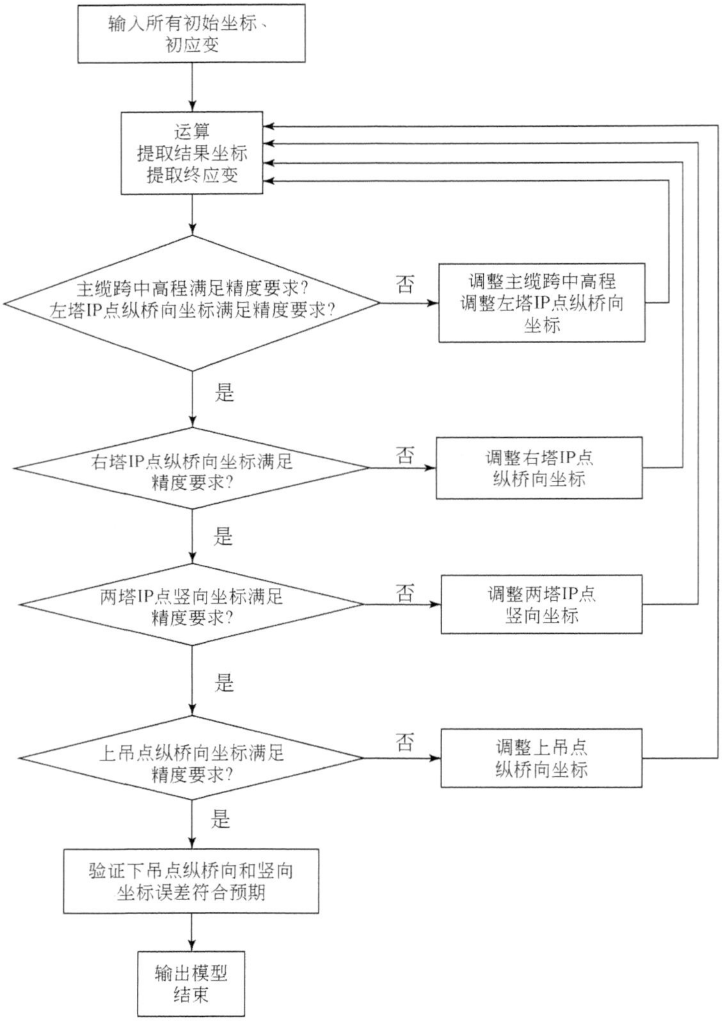


图 12.3　三跨桥-弹簧模型的循环调整过程

(4)验证各下吊点纵桥向和竖向坐标误差符合预期。

(5)输出模型结果，结束循环。

此时便可完成三跨主缆的高精度找形，但其中有关键的几点需要特别注意：

(1)用弹簧代替桥塔进行前期的循环调整计算，以保证循环建模的连续性和正确性，如图 12.4 所示。这是因为桥塔在循环调整的过程中会产生侧弯，假如后一次建立桥塔模型时采用前一次桥塔各节点的结果坐标，那么建立的桥塔将带有初始弯曲缺陷，与期望不符，并且可能造成较大的计算误差。具体方法如下：首先，在 ANSYS 中分别建立左塔和右塔的裸塔模型，并在每个塔底施加固定端约束的边界条件，然后在各塔顶分别施加合适的水平力和竖向力，同时忽略重力作用，记录塔顶 IP 点的水平位移和竖向位移，进而得到桥塔的侧弯刚度和轴向刚度。

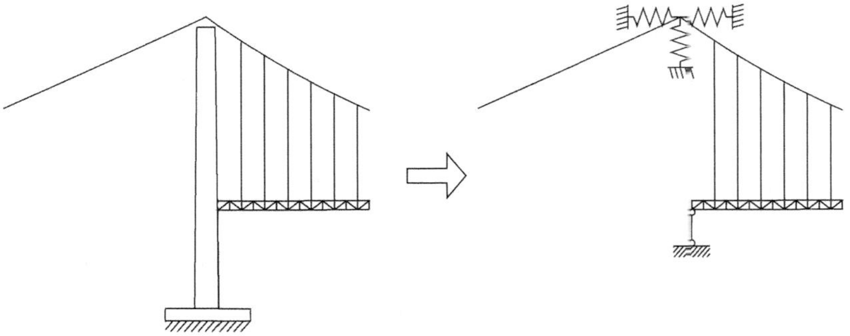

图 12.4　用弹簧代替桥塔的示意图

根据式(12.1)，分别选择合适的弹簧参数，包括弹簧的长度 $L$、横截面面积 $A$ 和弹性模量 $E$，使得水平弹簧和竖向弹簧的刚度分别和桥塔的侧弯刚度和轴向刚度相等。弹簧可以用 Link10 单元模拟，但需要注意的是，左右水平弹簧要设置成仅受拉单元，竖向弹簧设置成仅受压单元。另外，给弹簧单元设置的横截面面积不宜过小，否则桥-弹簧模型的计算容易发散。

$$k=\frac{EA}{L} \tag{12.1}$$

式中，$k$ 为桥塔的侧弯刚度或轴向刚度。

(2)两个边跨的主缆也采用 Link10 单元，模拟成多段折线的形式，以考虑垂度效应，折点的水平间距宜与主跨的接近，在左边跨的左端和右边跨的右端施加固端约束。主梁的桁架杆件用 Beam4 单元模拟，吊杆则采用 Link10 单元模拟，依次连接主缆上的上吊点和对应的主梁上的下吊点。

(3)首次建模时，输入的主缆分段点初始坐标和主缆、吊索单元的初应变是可以自由设定的，弹簧单元的初应变为 0。该方法中初始线形和初应变无需较高精度，只需使最初几次的建模计算能够收敛即可，但最初输入的参数值与设计平衡状态的差距越大，循环计算所需要的时间就越长。一般来说，主跨主缆分段点的初始坐标可以按照主跨左右端点和跨中点所求得的抛物线确定。并根据抛物线理论，将主梁和主缆的自重之和按竖向均布荷载的形式作用在主缆上，由此估算出主跨主缆的水平力和主跨各段主缆的初应变。左右边跨主缆分段点的初始坐标可以按照左右散索点与左右桥塔 IP 点连成的直线确定。左右边跨各段主缆的初应变可以按照边跨水平力等于主跨水平力的方法大致分别设定统一的数值。吊杆的初应变可以按照每一吊杆承担左右相邻梁段重力之和的一半来近似估算。

(4)在循环调整计算的过程中,需要对相应的单元应变及节点坐标进行合适的调整。为避免对吊杆应变进行人为调整,主梁的节点坐标在每次循环建模中均采用初始设计值,除此之外,各段主缆、吊索及弹簧单元的初应变和所有主缆的节点坐标都需要根据前一次运算结果进行修正,以逐渐逼近目标线形。

根据每次运算后提取的所有主缆节点的结果坐标和各段主缆、吊杆、弹簧单元的结果应变,相应的调整策略见表 12.1。

**表 12.1 判别条件和调整策略**

| 步骤 | 判别对象 | 判别条件 | 调整策略 |
|---|---|---|---|
| (3)-① | 主跨主缆跨中高程<br>左塔 IP 点纵桥向坐标 | 左塔 IP 点偏左边跨侧<br>主跨主缆跨中高程偏下 | 下次主跨主缆初应变=<br>主跨主缆终应变×放大系数 |
| | | 左塔 IP 点偏主跨侧<br>主跨主缆跨中高程偏下 | 下次左边跨主缆初应变=<br>左边跨主缆终应变×放大系数 |
| | | 左塔 IP 点偏左边跨侧<br>主跨主缆跨中高程偏上 | 下次左边跨主缆初应变=<br>左边跨主缆终应变×缩小系数 |
| | | 左塔 IP 点偏主跨侧<br>主跨主缆跨中高程偏上 | 下次主跨主缆初应变=<br>主跨主缆终应变×缩小系数 |
| (3)-② | 右塔 IP 点纵桥向坐标 | 右塔 IP 点偏主跨侧 | 下次右边跨主缆初应变=<br>右边跨主缆终应变×放大系数 |
| | | 右塔 IP 点偏右边跨侧 | 下次右边跨主缆初应变=<br>右边跨主缆终应变×缩小系数 |
| (3)-③ | 左(右)塔 IP 点竖向坐标 | IP 点竖向坐标结果值和设计值不符 | 下次左(右)塔 IP 点初始竖向坐标=左(右)塔 IP 点结果竖向坐标+左(右)塔 IP 点竖向坐标误差值*<br>下次左(右)塔竖向弹簧支点初始竖向坐标=左(右)塔竖向弹簧支点竖向坐标+左(右)塔 IP 点竖向坐标误差值* |
| (3)-④ | 主跨上吊点纵桥向坐标 | 上吊点的纵桥向坐标结果值和设计值不符 | 下次上吊点初始纵桥向坐标=上吊点初始纵桥向坐标+上吊点纵桥向坐标误差值** |

* 塔 IP 点竖向坐标误差值=塔 IP 点竖向坐标设计值-塔 IP 点竖向坐标结果值;

** 上吊点纵桥向坐标误差值=上吊点纵桥向坐标设计值-上吊点纵桥向坐标结果值。

(5)在循环过程中,每次建模均采用主梁的设计线形为初始坐标,而且吊杆的初应变使用上次计算的结果值。也就是说,在新一次建模中,初始吊杆力为前一次结构平衡时的吊杆力,同时,使变形的主梁恢复设计线形。这样便可保证在结构受力基本不变的情况下,梁体的位置得以修正,也可使得下次循环中的梁体位移逐渐变小。因此,在多次循环后,可使主梁在设计线形处平衡。

(6)在循环过程中,建模所使用的弹簧节点初始坐标和弹簧单元初应变均采用前一次计算得到的结果坐标和结果应变,但是这样做仅能够还原上一次计算平衡时的弹簧内力,而不能还原弹簧的刚度。这是因为建模时弹簧的长度被 ANSYS 默认为弹簧的无应力长度,实际上应为弹簧在当前应变值下的有应力长度。因此,后续建模时模型中的弹簧刚度与桥塔的刚度有一定的差异,但弹簧的长度变化值与其自身长度相比极小,此差异的影响极其微小,所以采用循环调整计算的方法仍是可行和准确的。

经上述步骤后,主跨和左右两边跨的节点坐标已调整到位,并且主梁线形满足一定的精度要求,此时三跨主缆找形的目标已初步完成。

### 12.3.2　锚跨找形

本节单独考虑锚跨及散索鞍,实现锚跨主缆的精确找形。首先,分别建立左右锚跨的有限元模型,仅包含锚跨、散索鞍和第一边跨,总共三个单元。三个单元共用一个节点(散索点,也是 12.3.1 节中的主缆锚固点),其余三个节点都施加固定端约束,如图 12.5 所示。

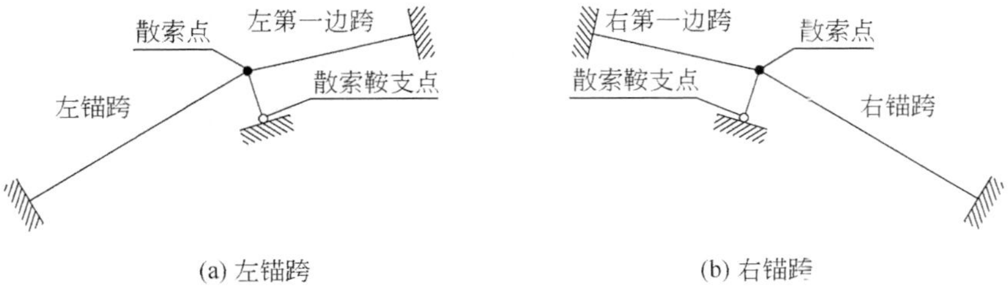


图 12.5　左右锚跨模型的示意图

其中,锚跨的主缆建模方式与上述相同,而散索鞍需根据受力特点进行简化处理。忽略散索鞍实际几何构造,采用单一的直杆模拟,以此模拟散索鞍的转动效应,即当锚跨模型受力不平衡时,散索点将会围绕散索鞍支点转动。散索鞍的单元类型为 Link8 单元,并设置很大的弹性模量来模拟散索鞍巨大的压缩刚度,同时按照重力转动力矩等效的原则设置散索鞍材料的密度,即均质直杆的自重对支点的转动力矩等于实际散索鞍的转动力矩。

下面以左锚跨为例，详细说明锚跨循环调整计算的方法。

初次建模时，左第一边跨单元的初应变采用上述三跨找形中该段主缆的应变结果值，左锚跨单元的初应变可以先近似采用左第一边跨的初应变。左锚跨的左端锚固点、散索点、散索鞍支点和左第一边跨右节点的初始坐标均为设计值。因此，在循环调整的过程中，目标是寻找合适的左锚跨单元的应变值，使得左散索点在计算中不发生移动，这样也同时保证了散索鞍的倾角和左第一边跨单元的应变保持不变，而且中间三跨的桥-弹簧模型在理论上能够不受影响。

为实现锚跨的主缆找形，需要注意以下三点：

(1)为提高计算速度，每次建模时，左第一边跨单元的初应变始终使用上述三跨找形中该段主缆的应变结果值，同时左锚跨的左端节点、散索点、散索鞍支点和左第一边跨右节点的初始坐标始终使用设计值。

(2)锚跨找形是通过不断改变锚跨主缆单元的初应变实现的，因此根据每次模型的运算结果选择合适的调整策略。

①若左散索点偏边跨侧，则下次左锚跨初应变＝左锚跨应变结果值×放大系数。

②若左散索点偏锚跨侧，则下次左锚跨初应变＝左锚跨应变结果值×缩小系数。

(3)由于散索点的位移会对主跨跨中产生较大的影响，应设置较高的位移控制精度，同时，为了适应精度要求，控制每次锚跨初应变的调整幅度不应过大。

通过三跨主缆找形以及锚跨主缆找形，已初步完成主缆的找形，提取循环结束后最后一次建模的结果坐标、应变值、无应力长度及内力等，便可作为主缆找形的结果。但由于是分开单独考虑，并对桥塔及索鞍做了简化处理，为此需要后续建立完整的全桥有限元模型，并将上述结果值作为新的初值进行运算，验证主缆找形的精度。

### 12.3.3 全桥找形

基于 12.3.1 节和 12.3.2 节的结果模型，建立五跨桥-弹簧模型，如图 12.6 所示。先验证整合后的五跨桥-弹簧模型是否处于平衡状态，然后将弹簧再替换为桥塔，考虑桥塔预抬高，建立全桥有限元模型，验证全桥找形的精度。

首先，主跨和左右边跨的节点初始坐标和单元初应变按照 12.3.1 节输出的值设置，锚跨的锚固点、散索点、散索鞍支点的坐标按照设计值设置，左锚跨和右锚跨的单元初应变按照 12.3.2 节输出的值设置。在重力条件下执行运算，验证整合后的五跨桥-弹簧模型处于平衡状态，即各节点的位移均小于一定的限值。这样就得到了调整完成的五跨桥-弹簧模型。

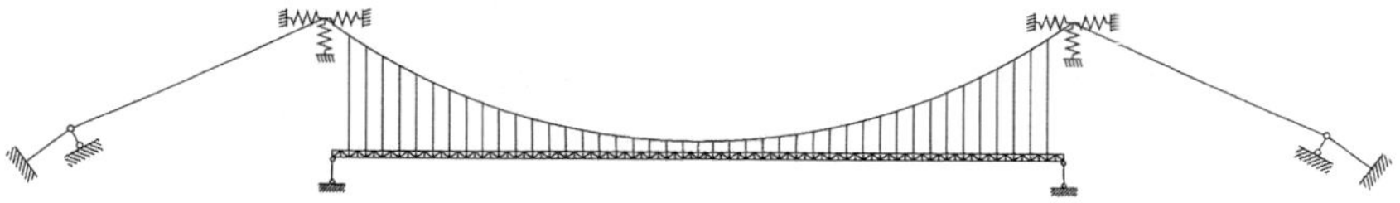

图 12.6　五跨桥-弹簧模型示意图

为建立完整的全桥有限元模型，需将弹簧单元再替换为桥塔，可分为以下步骤：

(1)根据五跨桥-弹簧模型的运算结果，提取左右塔顶竖向弹簧的应变结果值，并通过以下公式计算弹簧内力：

$$F=E\varepsilon A \tag{12.2}$$

式中，$F$ 为竖向弹簧的内力；$E$、$A$ 分别为竖向弹簧材料的弹性模量和横截面面积，其值已在 12.3.1 节中设置；$\varepsilon$ 为五跨桥-弹簧模型中提取出的竖向弹簧应变结果值。

(2)将集中力 $F$ 施加于裸塔模型上，如图 12.7 所示，并且施加自重，记录塔顶节点和桥塔下横梁上节点的竖向压缩位移。

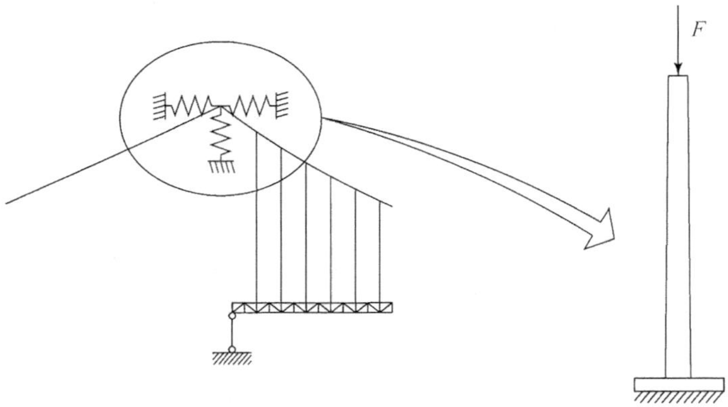


图 12.7　对裸塔施加集中力的模型示意图

(3)将得到的竖向压缩位移分别设置为塔顶节点及桥塔下横梁节点的预抬高量，即改变下次计算时桥塔模型相应节点的初始竖向坐标。

(4)执行运算，再次提取塔顶节点及桥塔下横梁节点的结果坐标，验证其与设计值的误差是否满足精度要求，若不满足，将二者差值修正进新的模型，再次执行运算，直至满足精度要求。

(5)根据步骤(4)中模型的结果，以节点坐标和单元应变的结果值作为初值，建立有初始内力的桥塔模型，并施加集中力 $F$ 和自重，执行运算，验证有初始内力的桥塔模型可以完全平衡施加的塔顶压力，即各节点的位移均小于一定的限值。

(6)整合五跨桥-弹簧模型和有初始内力的桥塔模型，即可建立完整的全桥有限元模型，如图 12.8 所示，在重力荷载下执行运算，验证各节点坐标结果值与设计值均小于误差限值，则全桥模型调整完毕，成桥状态的全桥找形目标实现。

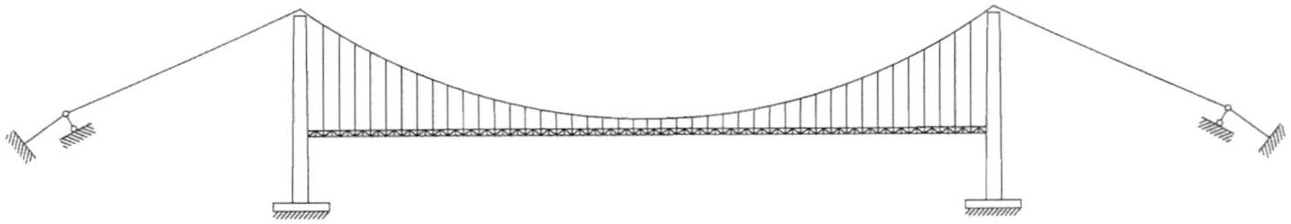

图 12.8　全桥模型示意图

需要说明的是，各桥塔预抬高量最大值仅为几厘米，这对百米高的桥塔来说是很微小的，因此步骤(4)、(5)中仅精确调整了塔顶节点和桥塔下横梁上的节点坐标，以保证二者在分别与主缆 IP 点和主梁梁端耦合时模型的精度。而桥塔上其余节点与全桥主缆找形的联系较弱，可不进行相应预抬高的调整和结果坐标的控制。另外，由于桥塔塔顶与主缆 IP 点并不是一个点，在整合全桥模型时需要将这两个节点的自由度进行耦合，使其纵桥向、横桥向和竖向的位移均保持一致。

## 12.4　倒拆求空缆线形

以高精度的成桥状态全桥模型为基础，采用倒拆法进行空缆状态主缆线形的计算。首先，需在每个塔顶节点正上方各增设一个节点，可设置为高于塔顶节点 1cm，并将这个新节点和塔顶节点连接成小单元，单元实常数可按照桥塔自身顶部单元的实常数设置。将原先主缆 IP 点与塔顶节点自由度的横桥向、纵桥向、竖向的耦合关系修改为主缆 IP 点与塔顶节点在横桥向和竖向耦合、主缆 IP 点与新节点在纵桥向耦合，其余均按照 12.3 节全桥模型的初始值设置。在重力场中运算一次，验证转移了耦合关系后全桥模型仍然可以在设计成桥状态平衡。

验证成功后，通过 EKILL 命令将塔顶小单元杀死(即解除主缆 IP 点与桥塔的纵桥向耦合)，并且用同样的方法将主梁、桥面板、吊杆等单元杀死。空缆状态的模型示意图如图 12.9 所示。

执行运算，提取所有主缆节点的结果坐标。主缆 IP 点空缆状态与成桥状态纵桥向坐标的差值即塔顶鞍座预偏量，根据散索鞍支点坐标、散索点成桥状态坐标和散索点空缆状态坐标，可计算出散索鞍预偏角，根据主缆各节点坐标可得到主缆空缆线形。

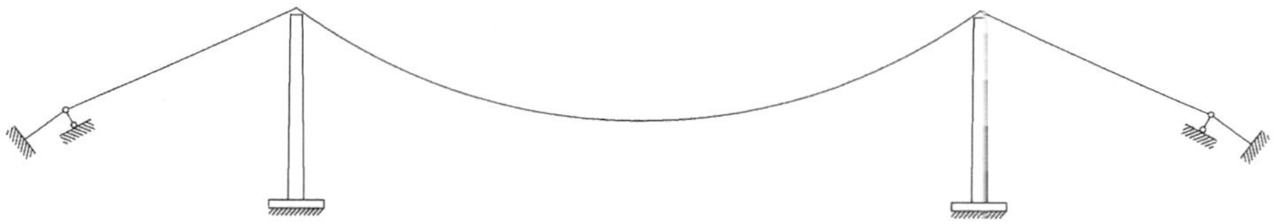

图 12.9　空缆状态的模型示意图

# 12.5　算　　例

## 12.5.1　已知吊杆力时的主缆找形算例

Great Belt 桥[3,5,6,8]是一座位于丹麦的大跨度悬索桥，于 1998 年运营通车，主跨 1624m，主缆的设计矢跨比约为 1/9，是目前世界上已建成的第五大跨度悬索桥。以该桥为算例，验证 12.2 节中已知吊杆力时主跨主缆找形算法的有效性。该桥主跨的布置如图 12.10 所示，主跨主缆的相关参数见表 12.2。

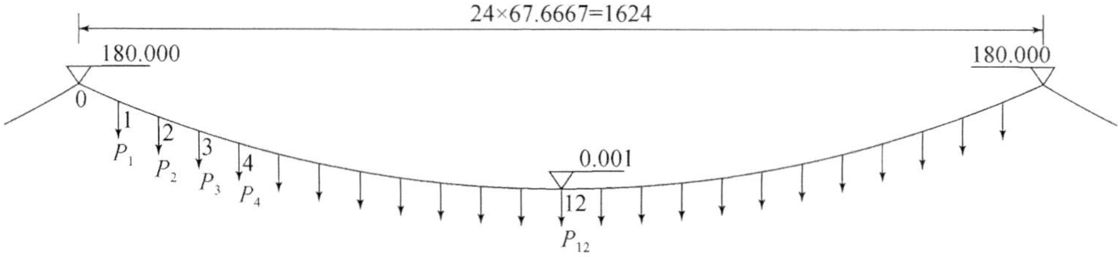


图 12.10　Great Belt 桥的主缆模型示意图(单位：m)

**表 12.2　Great Belt 桥主跨主缆的已知参数**

| 参数 | 符号 | 单位 | 数值 |
|---|---|---|---|
| 横截面面积 | $A$ | $m^2$ | 0.4 |
| 弹性模量 | $E$ | GPa | 210 |
| 每延米自重 | $w$ | kN/m | 32.9 |
| 吊杆力 | $P_1$ | kN | 4906.596 |
| | $P_2$ | kN | 4897.055 |
| | $P_3$ | kN | 4899.638 |
| | $P_4$ | kN | 4898.905 |
| | $P_5$ | kN | 4899.079 |

续表

| 参数 | 符号 | 单位 | 数值 |
| --- | --- | --- | --- |
| 吊杆力 | $P_6$ | kN | 4899.105 |
| | $P_7$ | kN | 4899.045 |
| | $P_8$ | kN | 4899.042 |
| | $P_9$ | kN | 4899.115 |
| | $P_{10}$ | kN | 4899.043 |
| | $P_{11}$ | kN | 4899.043 |
| | $P_{12}$ | kN | 4899.115 |

利用12.2节的找形算法，得到该主跨的主缆节点坐标结果值(表12.3)和主缆水平分力(表12.4)，对比文献[3]和文献[8]的结果可知，坐标最大绝对误差为3mm，主缆水平分力的最大相对误差仅为0.16%。这证明所提方法具有较好的找形精度，可为全桥主缆找形奠定基础。

**表12.3　主缆节点坐标的计算结果**

| 节点号 | $y$/m | | | 绝对误差/m | |
| --- | --- | --- | --- | --- | --- |
| | Kim等[8]① | Cao等[3]② | 本章结果③ | ③－① | ③－② |
| 0 | 180.000 | 180.000 | 180.000 | 0 | 0 |
| 1 | 151.132 | 151.129 | 151.129 | －0.003 | 0 |
| 2 | 124.812 | 124.811 | 124.811 | －0.001 | 0 |
| 3 | 101.032 | 101.031 | 101.031 | －0.001 | 0 |
| 4 | 79.781 | 79.780 | 79.780 | －0.001 | 0 |
| 5 | 61.050 | 61.050 | 61.050 | 0 | 0 |
| 6 | 44.833 | 44.833 | 44.833 | 0 | 0 |
| 7 | 31.122 | 31.123 | 31.123 | 0.001 | 0 |
| 8 | 19.912 | 19.913 | 19.913 | 0.001 | 0 |
| 9 | 11.198 | 11.198 | 11.199 | 0.001 | 0.001 |
| 10 | 4.977 | 4.977 | 4.977 | 0 | 0 |
| 11 | 1.245 | 1.245 | 1.245 | 0 | 0 |
| 12 | 0.001 | 0.001 | 0.001 | 0 | 0 |

**表 12.4　主缆水平分力的计算结果**

| 文献 | Kim 等[6] | Kim 等[8] | Cao 等[3] | 本章结果 |
|---|---|---|---|---|
| 结果/MN | 194.00 | 193.75 | 193.69 | 193.69 |
| 相对误差/% | −0.16 | −0.03 | 0 | — |

### 12.5.2　全桥找形算例

为了证明在吊杆力未知时的全桥主缆找形算法的有效性，以金东大桥为算例。如图 2.8 所示，其跨径布置为 240m+730m+120m，主跨矢跨比为 1/10，其基本参数见表 12.5。

**表 12.5　金东大桥有限元全桥找形基本参数**

| 参数 | | 符号 | 单位 | 数值 |
|---|---|---|---|---|
| 主缆 | 主跨跨径 | $L_{\mathrm{m}}$ | m | 730 |
| | 左边跨跨径 | $L_{\mathrm{s,L}}$ | m | 240 |
| | 右边跨跨径 | $L_{\mathrm{s,R}}$ | m | 120 |
| | 左锚跨跨径 | $L_{\mathrm{a,L}}$ | m | 16.38 |
| | 右锚跨跨径 | $L_{\mathrm{a,R}}$ | m | 15.32 |
| | 每延米自重 | $q$ | kN/m | 14.268 |
| | 弹性模量 | $E$ | GPa | 197.03 |
| | 横截面面积 | $A$ | $\mathrm{m}^2$ | 0.1759 |
| | 跨中点高程 | $h_{O_m}$ | m | 856.00 |
| | 左锚固点高程 | $h_{A,\mathrm{L}}$ | m | 848.53 |
| | 右锚固点高程 | $h_{A,\mathrm{R}}$ | m | 867.14 |
| 吊杆 | 吊杆数量 | $n$ | — | 71 |
| | 吊杆间距 | $l_2 \sim l_{71}$ | m | 10 |
| | 左塔中心线与第一根吊杆的水平距离 | $l_1$ | m | 15 |
| | 最后一根吊杆与右塔中心线的水平距离 | $l_{72}$ | m | 15 |
| | 弹性模量 | $E_{\mathrm{h}}$ | GPa | 199 |
| | 横截面面积 | $A_i$ | $\mathrm{m}^2$ | 0.00214 |
| | 每延米自重 | $w_i$ | kN/m | 0.1835 |

续表

| | 参数 | 符号 | 单位 | 数值 |
|---|---|---|---|---|
| 桥塔 | 左塔高度 | $h_{t,L}$ | m | 126 |
| | 右塔高度 | $h_{t,R}$ | m | 124 |
| | 弹性模量 | $E_t$ | GPa | 32.5 |
| | 左塔柱横截面面积 | $A_{t,L}$ | m² | 8.260 |
| | 右塔柱横截面面积 | $A_{t,R}$ | m² | 12.707 |
| 散索鞍 | 散索鞍 IP 点与转动中心的距离 | $l_s$ | m | 3.05 |
| | 左散索鞍 IP 点、重心、转动支点的连线与竖向的夹角 | $\omega_L$ | (°) | 25.01 |
| | 右散索鞍 IP 点、重心、转动支点的连线与竖向的夹角 | $\omega_R$ | (°) | 30.86 |
| | 左散索鞍自重 | $G_L$ | kN | 406.262 |
| | 右散索鞍自重 | $G_R$ | kN | 384.792 |

在 ANSYS 中建立的用于循环调整主跨和左右两边跨的桥-弹簧模型如图 12.11所示。图 12.11(a)为整个三跨桥-弹簧有限元模型,图 12.11(b)展示了模型右端的一些细节,如桁架梁、桥面板和桥塔弹簧等。该模型共包含 5645 个节点和 9576 个单元。主缆、吊杆、桥塔弹簧、主梁、桥面板的单元数量依次为 192 个、142 个、12 个、8062 个、1168 个。

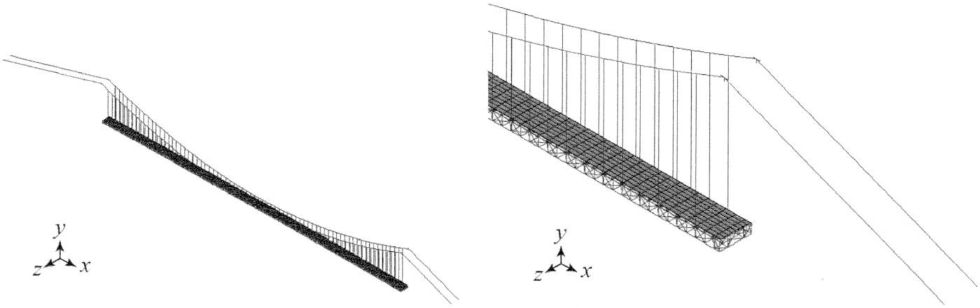


(a) 三跨桥-弹簧有限元模型　　(b) 模型右段细节图

图 12.11　ANSYS 有限元模型

主缆线形的结果见表 12.6,并与文献[14]中的解析法结果进行对比可以发现,主跨主缆节点高程误差呈现对称分布,跨中区域的误差相对很小,靠近两端的主缆高程误差稍大,且最大绝对误差仅为 8mm。因此,本章方法的找形结果具有很高的精度。

**表 12.6　不同方法计算出的上吊点高程**

| 吊点编号 | 高程/m | | 绝对误差/cm | 吊点编号 | 高程/m | | 绝对误差/cm |
|---|---|---|---|---|---|---|---|
| | 文献[14] | 本章方法 | | | 文献[14] | 本章方法 | |
| 1 | 923.106 | 923.102 | −0.4 | 37 | 856.055 | 856.056 | 0.1 |
| 2 | 919.312 | 919.316 | 0.4 | 38 | 856.218 | 856.220 | 0.2 |
| 3 | 915.632 | 915.637 | 0.5 | 39 | 856.491 | 856.493 | 0.2 |
| 4 | 912.062 | 912.069 | 0.7 | 40 | 856.873 | 856.875 | 0.2 |
| 5 | 908.603 | 908.610 | 0.7 | 41 | 857.365 | 857.366 | 0.1 |
| 6 | 905.255 | 905.263 | 0.8 | 42 | 857.965 | 857.967 | 0.2 |
| 7 | 902.018 | 902.026 | 0.8 | 43 | 858.675 | 858.677 | 0.2 |
| 8 | 898.891 | 898.899 | 0.8 | 44 | 859.494 | 859.496 | 0.2 |
| 9 | 895.876 | 895.883 | 0.7 | 45 | 860.422 | 860.424 | 0.2 |
| 10 | 892.971 | 892.978 | 0.7 | 46 | 861.460 | 861.462 | 0.2 |
| 11 | 890.176 | 890.183 | 0.7 | 47 | 862.606 | 862.609 | 0.3 |
| 12 | 887.492 | 887.499 | 0.7 | 48 | 863.863 | 863.866 | 0.3 |
| 13 | 884.918 | 884.925 | 0.7 | 49 | 865.229 | 865.232 | 0.3 |
| 14 | 882.455 | 882.461 | 0.6 | 50 | 866.704 | 866.707 | 0.3 |
| 15 | 880.101 | 880.107 | 0.6 | 51 | 868.289 | 868.292 | 0.3 |
| 16 | 877.858 | 877.863 | 0.5 | 52 | 869.983 | 869.987 | 0.4 |
| 17 | 875.725 | 875.729 | 0.4 | 53 | 871.787 | 871.791 | 0.4 |
| 18 | 873.701 | 873.705 | 0.4 | 54 | 873.701 | 873.705 | 0.4 |
| 19 | 871.787 | 871.791 | 0.4 | 55 | 875.724 | 875.729 | 0.5 |
| 20 | 869.983 | 869.987 | 0.4 | 56 | 877.858 | 877.863 | 0.5 |
| 21 | 868.289 | 868.292 | 0.3 | 57 | 880.101 | 880.107 | 0.6 |
| 22 | 866.704 | 866.707 | 0.3 | 58 | 882.455 | 882.461 | 0.6 |
| 23 | 865.229 | 865.232 | 0.3 | 59 | 884.918 | 884.925 | 0.7 |
| 24 | 863.863 | 863.866 | 0.3 | 60 | 887.492 | 887.499 | 0.7 |
| 25 | 862.606 | 862.609 | 0.3 | 61 | 890.176 | 890.183 | 0.7 |
| 26 | 861.460 | 861.462 | 0.2 | 62 | 892.971 | 892.978 | 0.7 |
| 27 | 860.422 | 860.424 | 0.2 | 63 | 895.876 | 895.883 | 0.7 |
| 28 | 859.494 | 859.496 | 0.2 | 64 | 898.891 | 898.899 | 0.8 |
| 29 | 858.675 | 858.677 | 0.2 | 65 | 902.018 | 902.026 | 0.8 |
| 30 | 857.965 | 857.967 | 0.2 | 66 | 905.255 | 905.263 | 0.8 |
| 31 | 857.365 | 857.366 | 0.1 | 67 | 908.603 | 908.610 | 0.7 |
| 32 | 856.873 | 856.875 | 0.2 | 68 | 912.062 | 912.069 | 0.7 |
| 33 | 856.491 | 856.493 | 0.2 | 69 | 915.632 | 915.637 | 0.5 |
| 34 | 856.218 | 856.220 | 0.2 | 70 | 919.312 | 919.315 | 0.3 |
| 35 | 856.055 | 856.056 | 0.1 | 71 | 923.106 | 923.102 | −0.4 |
| 36 | 856.000 | 856.001 | 0.1 | — | — | — | — |

基于 ANSYS 的循环找形算法也可以准确地求出各吊杆力，见表 12.7，并与文献[9]中的迭代结果进行对比可以发现，除主梁端部的两对吊杆外，其余吊杆力计算的吻合度很高。

总体来看，本章方法的结果与不考虑索鞍圆弧的解析法存在较小的差别。这是因为在解析法中吊杆力通常采用刚性支承连续梁法等近似方法，而实际上主梁并非严格的刚性支承连续梁，其吊杆力不够精确，从而导致主缆线形计算结果有差异。

**表 12.7 不同方法计算出的下吊点吊杆力**

| 吊杆号 | 吊杆力/kN | | 相对误差/% |
|---|---|---|---|
| | 文献[9] | 本章方法 | |
| 1 | 1120.8 | 1162.0 | 3.7 |
| 2 | 895.4 | 854.6 | −4.6 |
| 3 | 874.5 | 870.6 | −0.4 |
| 4 | 879.3 | 875.4 | −0.4 |
| 5 | 883.6 | 878.8 | −0.5 |
| 6 | 885.4 | 881.7 | −0.4 |
| 7 | 885.7 | 882.7 | −0.3 |
| 8～64 | 885.7～885.9 | 882.9～885.6 | −0.32～−0.03 |
| 65 | 885.8 | 882.3 | −0.4 |
| 66 | 885.3 | 881.3 | −0.5 |
| 67 | 883.6 | 878.6 | −0.6 |
| 68 | 878.6 | 875.3 | −0.4 |
| 69 | 873.5 | 870.3 | −0.4 |
| 70 | 894.6 | 855.8 | −4.3 |
| 71 | 1127.9 | 1165.9 | 3.4 |

本章方法和文献[4]使用的解析法计算出的鞍座预偏值见表 12.8，其中包括散索鞍的预偏角和主索鞍的预偏量。本章方法和文献[4]计算出的空缆状态关键点的高程见表 12.9。可以看出，本章方法得到的结果与解析法之间的误差很小，预偏角的绝对误差均小于 0.1°，预偏量的绝对误差均小于 0.02m，可以说明倒拆求空缆状态的方法是有效的。

**表 12.8　不同方法计算出的鞍座预偏值**

| 预偏值 | | 符号 | 单位 | 数值 | | 绝对误差 |
|---|---|---|---|---|---|---|
| | | | | 文献[4] | 本章方法 | |
| 预偏角 | 左散索鞍 | $\alpha_{s,L}$ | (°) | 0.930 | 0.910 | −0.020 |
| | 右散索鞍 | $\alpha_{s,R}$ | (°) | 0.965 | 0.892 | −0.073 |
| 预偏量 | 左主索鞍 | $\Delta_{m,L}$ | m | 1.187 | 1.199 | 0.012 |
| | 右主索鞍 | $\Delta_{m,R}$ | m | 0.474 | 0.472 | −0.002 |

**表 12.9　不同方法计算出的空缆状态关键点的高程**

| 节点 | 符号 | 单位 | 数值 | | 绝对误差 |
|---|---|---|---|---|---|
| | | | 文献[4] | 本章方法 | |
| 左四分点 | $h_{1/4}$ | m | 878.919 | 878.880 | −0.039 |
| 跨中点 | $h_{1/2}$ | m | 863.126 | 863.078 | −0.048 |
| 右四分点 | $h_{3/4}$ | m | 878.907 | 878.881 | −0.026 |

综上所述，本章提出的方法与原先提出的其他方法计算得到的结果几乎一致，由此证明了循环调整的有限元法在全桥找形中的可行性和有效性。

## 12.6　本章小结

基于通用有限元软件 ANSYS，本章提出了一种基于循环调整的悬索桥全桥找形有限元法。首先用弹簧替代桥塔，然后依次进行中间三跨的循环调整、左右锚跨的循环调整，再将它们整合为五跨的桥-弹簧模型，之后建立有内力的桥塔模型，最后将弹簧换回桥塔得到调整完成的全桥模型。在循环调整的过程中，主要思路是基于前一次建模的结果值与期望达到的设计值之间的误差来对后一次建模使用的参数做出适当的调整，最终使得有限元模型运算得到的结果精确地满足设计成桥状态的各项参数设定。通过调整完成的全桥模型，可以获得成桥状态的主缆线形和吊杆力。另外，应用单元生死功能，将模型中的主梁、吊杆等构件拆除，可以获得塔顶鞍座预偏量和散索鞍预偏角等关键施工参数。最后，本章以一座已建成的主跨 730m 的钢桁架悬索桥为工程算例进行计算，验证了该方法的可行性和有效性。通过本章的研究可得到以下结论：

(1)本章找形方法对于吊杆力已知的主缆找形问题和吊杆力未知的全桥找形问题均可适用。

(2)可以有效地求出成桥状态的主缆线形和吊杆力，与现有的其他方法计算结果有较好的一致性。

（3）通过单元生死功能可以简便地由成桥状态倒拆回空缆状态，求得塔顶鞍座预偏量、散索鞍预偏角和空缆线形等关键施工参数，与现有的其他算法计算结果有较好的一致性。

（4）本章方法能够在模型内部包含主缆、桥塔、吊杆、主梁和散索鞍的相互影响作用，同时还考虑了桥塔的压缩和散索鞍的转动，从而使计算结果更加贴近于实际工程情况。另外，由于该方法不需要预知吊杆力，可以避免传统解析法在使用近似方法计算吊杆力时引入的误差。

（5）在通用的有限元软件 ANSYS 中以 APDL 的形式实现，具有很强的通用性和实用性，相较于桥梁专用程序，其前后处理更为方便，可迁移性更强，也便于工程师应用。最终在 ANSYS 软件中获得了调整完毕的悬索桥全桥有限元模型，后续可以作为桥梁抗风抗震等分析的基础。

## 参 考 文 献

[1] Chen Z J, Cao H Y, Zhu H P. An iterative calculation method for suspension bridge's cable system based on exact catenary theory. The Baltic Journal of Road and Bridge Engineering, 2013, 8(3): 196-204.

[2] Jung M R, Min D J, Kim M Y. Simplified analytical method for optimized initial shape analysis of self-anchored suspension bridges and its verification. Mathematical Problems in Engineering, 2015, 2015(24): 1-14.

[3] Cao H Y, Zhou Y L, Chen Z J, et al. Form-finding analysis of suspension bridges using an explicit iterative approach. Structural Engineering and Mechanics, 2017, 62(1): 85-95.

[4] Zhang W M, Tian G M, Yang C Y, et al. Analytical methods for determining the cable configuration and construction parameters of a suspension bridge. Structural Engineering and Mechanics, 2019, 71(6): 603-625.

[5] Karoumi R. Some modeling aspects in the nonlinear finite element analysis of cable supported bridges. Computers & Structures, 1999, 71(4): 397-412.

[6] Kim K S, Lee H S. Analysis of target configurations under dead loads for cable-supported bridges. Computers & Structures, 2001, 79(29-30): 2681-2692.

[7] Kim H K, Lee M J, Chang S P. Non-linear shape-finding analysis of a self-anchored suspension bridge. Engineering Structures, 2002, 24(12): 1547-1559.

[8] Kim H K, Kim M Y. Efficient combination of a TCUD method and an initial force method for determining initial shapes of cable-supported bridges. International Journal of Steel Structures, 2012, 12(2): 157-174.

[9] Zhang W M, Li T, Shi L Y, et al. An iterative calculation method for hanger tensions and the cable shape of a suspension bridge based on the catenary theory and finite element method. Advances in Structural Engineering, 2019, 22(7): 1566-1578.

[10] Lonetti P, Pascuzzo A. Design analysis of the optimum configuration of self-anchored cable-stayed suspension bridges. Structural Engineering and Mechanics, 2014, 51(5): 847-866.

[11] Zhou Y F, Chen S R. Iterative nonlinear cable shape and force finding technique of suspension bridges using elastic catenary configuration. Journal of Engineering Mechanics, 2019, 145(5): 04019031.

[12] Sun Y, Zhu H P, Xu D. New method for shape finding of self-anchored suspension bridges with three-dimensionally curved cables. Journal of Bridge Engineering, 2015, 20(2): 04014063.

[13] Zhou G P, Li A Q, Li J H, et al. Determination and implementation of reasonable completion state for the self-anchored suspension bridge with extra-wide concrete girder. Applied Sciences, 2019, 9(12): 2576.

[14] Zhang W M, Tian G M, Liu Z. Analytical study of uniform thermal effects on cable configuration of a suspension bridge during construction. Journal of Bridge Engineering, 2019, 24(11): 04019104.

# 第 13 章　总结和展望

## 13.1　总　　结

1883 年，Brooklyn 桥的建成标志着现代悬索桥进入新的发展历史时期。20 世纪后期，世界范围内，大跨径悬索桥建设进程加快，美国、英国、丹麦、日本等国家的悬索桥成就辉煌。随着计算机科学的飞速发展，悬索桥设计计算理论从挠度理论逐渐向有限位移理论过渡，极大地推动了大跨悬索桥的建设与发展。在进入 21 世纪之后，我国成为新的悬索桥建设的主战场，先后建成西堠门大桥、南京栖霞山长江大桥、杭瑞洞庭湖大桥、杨泗港长江大桥等一批极具特色的悬索桥，并且在建或规划的超大跨悬索桥亦不在少数，当之无愧成为世界悬索桥的新中心。目前我国已实现桥梁自主设计、自主建造，取得了丰硕的先进技术成果，证明了桥梁工业化水平的巨大提升，彰显了我国的综合国力，也象征着我国正在从桥梁大国向桥梁强国迈进。

在悬索桥的发展历程中，悬索桥设计理论不断更新，按所采用的基本假定的不同，经历了弹性理论、挠度理论、有限位移理论三个阶段。作为典型的缆索承重体系之一，悬索桥的缆索系统是其设计与施工的关键。悬索桥主缆线形的设计与计算一直是学术界与工程界关注的重点，并形成了有限元法和解析法两种方法。解析法力学概念清晰，计算精度高、速度快，并具有良好的通用性和适用性，经历了传统抛物线理论、分段直线理论、分段抛物线理论、悬链线理论等阶段，目前已发展出成熟的分段悬链线理论，广泛应用于悬索桥的分析中。

但分段悬链线的解析理论在当前的研究及应用中，尚存在部分关键问题有待深入分析和解决。因此，本书在总结前人研究的基础上，以大跨悬索桥的主缆找形为研究对象，依托金东大桥、南粤狮子洋大桥等悬索桥工程或方案，在分段悬链线的解析框架下，深入挖掘并分析主缆找形的关键问题，重点关注施工关键参数及施工误差修正的计算，对悬索桥设计及施工都极具借鉴意义。通过对成桥状态、空缆状态、基准索股架设三个不同阶段的主缆线形的深入分析，保证了主缆找形的准确性及可靠性。为充分发挥解析法的优势，对三塔悬索桥、双缆悬索桥、空间索面悬索桥等特殊类型的悬索桥结构形式也进行了一系列关键问题研究，研究结果可为工程设计人员和学术研究人员提供可靠依据及参考。

成桥状态下的主缆线形是设计和施工的出发点，可按照先主跨后边跨再锚跨的顺序依次计算，而且各跨主缆找形的思路大同小异。相同之处在于几何相容条件，包括各跨的高程闭合条件和跨径闭合条件(均对各跨的控制点而言，如分跨点、索鞍 IP 点等)。在分段悬链线的解析理论下，要确定出每一跨的悬链线形状，只需确定其参数方程中的主缆水平分力、悬链线无量纲参数以及各索段的水平投影长度，相应地需要构建出至少三个控制方程才可准确求解出来。因此，这两个几何相容条件缺一不可，而且对于空缆状态也是这样。不同之处则在于各跨第三个控制条件有所变化。主跨需要根据设计矢跨比，构建出第二个高差闭合条件；边跨在主跨之后，只需通过桥塔的平衡受力条件，将主跨的主缆水平分力转换到边跨；锚跨与边跨类似，但其过渡需要使用散索鞍的平衡条件，即保持自身不发生转动的力矩平衡条件。这样在实现主缆找形的同时，也考虑了主索鞍、散索鞍，避开了有限元在细部处理上乏力的弊端。而若不考虑索鞍圆弧，各跨主缆找形的跨径闭合条件便不再需要，其各跨长度可直接由跨径等参数唯一确定。

在此基础上，欲实现更为精确的主缆线形和内力计算，还需要解决吊杆的受力问题。解析法以多点刚性支承连续梁等主梁模型来模拟吊杆和主梁对主缆的作用，并将其简化为作用在主缆上的多个集中力，这样的假设不仅吊杆的自重难以考虑，而且主梁的作用也未能真实模拟。考虑实际中吊杆对主梁的弹性支承效果，结合有限元模型，二者互为输入条件，实现迭代运算，进一步改善主缆找形的精度，同时还可获得精确的吊杆力及下料长度。吊杆的自重可通过在解析法内结合主缆和主梁节点坐标的迭代计算进行考虑，为准确获取吊杆的下料长度提供可靠保障。

继成桥线形之后，施工阶段的空缆线形和施工参数的精确计算是实现成桥设计线形的重要途径。空缆线形与成桥线形的找形思路有异曲同工之妙。“异曲”指空缆状态的计算需要涵盖诸多的施工参数，包括主索鞍预偏量、散索鞍预偏角、桥塔预抬高量以及索夹安装位置等，一旦任一参数有偏差，都将可能引起成桥时的严重后果。悬索桥施工步骤复杂，在主梁的吊装过程中，索鞍也需要逐步顶推，以保证桥塔等构件的受力安全。最为显著的区别则在于空缆状态的计算必须依靠成桥线形，以主缆无应力长度守恒为重要纽带，构建除上述控制条件外的第四类关键控制条件——以分跨点为界限的各跨主缆无应力长度在每一阶段均一致。“同工”则指无论空缆状态还是成桥状态，两个几何相容条件都是一致的，从本质上讲，空缆的索鞍预偏及施工过程的顶推都是通过改变跨径的闭合条件来协调各跨受力，只需在构建跨径闭合条件时引入相关参量便可实现二者在求解形式上的统一。不仅如此，空缆状态也可看成吊杆力为 0 的成桥状态，而且需要计算索鞍顶推量的主梁吊装阶段也可当成有部分吊杆力的成桥状态，计算时只需改变相应的吊杆力数值即可，这样在求解形式上又可以进一步统一和简化。

以上一般是在基准温度下的设计与计算，在实际施工时，现场温度多变，工厂预制的主缆等构件在下料时均需要相应的修正计算，索股架设完成更需要严格的施工监控措施来保障施工的质量。不同温度下主缆线形计算的原理与空缆线形的计算尤为相似，在引入无应力长度守恒时，加入主缆的温度特性，修正相应温度下的主缆长度即可，其高程闭合条件保持一致，跨径闭合条件则还需要加入桥塔变形。当索股架设完成后，通过施工监控的测量数据，及时修正吊杆下料长度及索夹安装位置，是达到合理成桥状态的关键措施。这个过程中，主梁的恒载误差、空缆线形的架设误差均作为考量重点，而线形计算所需要的参数及控制条件的设置与上述情况基本一致，只是求解顺序需要改变为从空缆状态反求成桥状态。

因此，在一般悬索桥整个线形设计及施工过程中，针对这些要点，本书基于分段悬链线理论逐步展开研究和讨论，得出以下结论：

(1)若不考虑索鞍圆弧，悬链线的线形确定仅依赖于方程中的主缆水平分力和一个无量纲参数，而引入索鞍圆弧，切点的位置导致主缆悬链线的水平投影长度成为未知量，非线性控制方程由 2 个增加到 3 个。但本质上，其几何相容条件依旧存在，需要在高差闭合和跨径闭合条件中引入索鞍的几何参数。

(2)由传统的刚性支承连续梁法或重力分配法等确定的吊杆力与通过迭代运算(有限元法和解析法相结合的方法)得到的吊杆力存在一定的偏差，尤其在边吊杆上，相对误差最大约 10%，不容小视；三种情况下的吊杆力对索鞍切点位置和主缆水平分力的影响甚微，但对线形的影响相对较大。

(3)以成桥线形为基础，空缆线形和施工参数的计算需要各跨联立，在分段悬链线理论中，当同时纳入主跨、边跨、锚跨时，通过几何相容条件、力学平衡条件和无应力长度守恒原则，非线性控制方程多达 17 个，但可一次性计算出索鞍预偏量、各跨主缆的悬链线方程参数、切点坐标和切线角等。

(4)在每次顶推之前，桥塔两侧的不平衡主缆水平分力和主缆对桥塔的竖向作用力均会对塔底产生弯矩，其中，前者引起的弯矩是主要作用，而两者引起的弯矩之比随施工的推进而逐渐减小，这是因为主缆对桥塔的竖向作用力随着施工的推进逐步增大，逐渐占据主导地位。对于边跨跨径不等的悬索桥，大边跨一侧的桥塔塔底截面应力比较容易超限，对主索鞍的顶推时机起到控制作用。而主缆对桥塔的竖向作用力随着施工的推进逐步增大，延缓了塔底拉应力的出现。

(5)空缆线形的架设误差和成桥恒载误差的施工反馈计算对实现设计成桥线形有着重要影响，无论吊杆无应力长度还是索夹安装位置的修正都依赖于它们，误差影响分析表明，空缆线形的架设误差对成桥线形的影响相对更大。

(6)整体温度改变引起的主缆无应力长度的变化是与空缆找形最大的区别，考虑整体温度影响的找形算法，可适应不同施工状态(成桥状态、空缆状态和基准索股)、不同边界条件(考虑/不考虑索鞍圆弧)和不同桥塔刚度(考虑/不考虑桥塔弯曲),并只需改变少量参数即可切换。分析发现,在温度作用下,桥塔弯曲变形的影响不可忽略,索鞍圆弧的影响则甚微;悬索桥桥塔和主缆变形与温度变化呈线性关系;主缆各点竖向位移与温度变化呈负相关关系;在成桥和空缆状态时,升温时桥塔向中跨倾斜,降温时桥塔向边跨倾斜,桥塔弯曲变形加剧了温度对主跨主缆高程的影响,减缓了温度对边跨主缆高程的影响;对于基准索股,温度变化导致的边跨和中跨索股不平衡水平力不足以拉动桥塔使其弯曲;主跨主缆高程的温度敏感系数绝对值最大值出现在跨中,且各跨主缆的跨中高程温度敏感系数与跨径呈负相关关系;施工状态对主缆高程的温度敏感系数有很大影响,对于主跨主缆高程的温度敏感系数绝对值,基准索股小于成桥状态,空缆状态接近并大于成桥状态;对于边跨,成桥状态<空缆状态<基准索股;索夹安装位置的温度敏感系数最大值出现在四分点附近。

(7)基于主缆实测线形,提出了识别悬索桥吊杆力的解析算法,是分段悬链线理论的反向应用,有效地避免了频率法测试短吊杆力精度差的问题。但仅凭主缆各吊点和索鞍顶点的实测坐标不足以识别出悬索桥吊杆力,还需补充一个几何条件(在主缆上补测一个非吊点的坐标)或力学条件(用频率法测出某个长吊杆的张力),前者极为依赖几何测量的精度,不易控制,后者可以有效地识别出其余吊杆力,算法敏感性低,识别结果受补充条件的影响较小,易于控制;同时还发现主缆水平分力与吊杆力之间的近似线性关系。

解析法往往要借助于高效的数值算法。本书首次将非线性 GRG 法融入多段悬链线计算理论,建立了高精度、高效率的悬索桥解析算法,可以计算设计和施工控制的关键参数,包括主缆线形、汽车荷载效应、温度作用效应、主缆无应力长度、吊杆无应力长度、索夹初始安装位置、主索鞍预偏量、散索鞍预偏量、索鞍顶推时机和顶推量等。相比于 Newton-Raphson 法,非线性 GRG 法通过 Excel 便可实现快速求解,这无疑极大地降低了计算难度,提升了方法的应用效率,使得桥梁方向的研究人员可以快速准确地建立悬索桥分析研究的基础框架。

随着越来越多特殊形式的悬索桥步入人们的视野,本书后半部分就一些特殊形式的悬索桥展开研究,如不等主跨的三塔悬索桥、不等主跨的双缆三塔悬索桥、空间缆索地锚式悬索桥等。以分段悬链线为基础框架,提供可行的找形思路和算法,并得到以下结论:

(1)不等主跨的三塔悬索桥找形与双塔悬索桥虽相似但也有不同。提出了次主跨主缆最低点高程等于主跨主缆跨中高程的设计原则,降低了次主跨一侧的边塔高度,减少了次主跨吊杆和边塔的材料用量,而且全桥整体美观性较好;继而在温度影响的研究中发现,桥塔变形与温度变化接近线性关系,但散索鞍的转动几乎不受温度的影响;主缆高程变化量与温度变化量也大体呈线性负相关,且跨径越大,主缆的跨中高程对温度越敏感;桥塔弯曲变形引起的跨径变化对主缆高程的温度敏感系数影响很大,不可忽略,这种效应与主缆的热胀冷缩效应在左边跨和右边跨互相抵消,而在次主跨和主跨相叠加。

(2)不等主跨的三塔悬索桥中塔刚度是存在适宜范围的,要兼顾主次两个主跨的活载工况。基于主缆与中塔索鞍滑移安全性和加劲梁活载挠跨比限值建立了中塔适宜刚度的解析算法,发现其上限和下限分别来自汽车荷载满布于主跨和次主跨两种工况。恒活载比值对中塔刚度影响较大,可通过增加恒载重量适当提高恒活载比值的方式,扩大中塔合理刚度区间。恒活载比值较小时,可能不存在同时满足挠跨比限值和主缆与索鞍抗滑移限值条件下的合理中塔刚度区间。恒活载比值越大,中塔合理刚度区间也越大。主缆与索鞍摩擦系数也会影响中塔刚度,主缆与索鞍摩擦系数越大,中塔刚度的最大值也就越大,因此适当提高主缆与索鞍摩擦系数,可以扩大合理中塔刚度区间。主缆与索鞍摩擦系数较小时,可能不存在同时满足挠跨比限值和主缆与索鞍抗滑移限值条件下的合理中塔刚度区间。

(3)双缆体系的优势在于对桥塔顺桥向约束作用可能更为强大,使多塔悬索桥不至于因为其中塔刚度不足而产生过大变形,影响桥梁的使用。通过三种结构状态(成桥状态、活载作用下、空缆状态)的不等主跨双缆三塔悬索桥主缆找形研究,发现在成桥状态,次主跨需根据上下主缆水平分力分别与主跨相等的原则确定,其双缆算得的矢跨比均小于主跨的设计矢跨比;与单缆悬索桥相比,双缆悬索桥的主缆对中塔的纵向约束效果显著,对边塔的纵向约束作用没有明显增强;活载满布于次主跨时的中塔位移比活载满布于主跨时大;活载可使加载跨的下缆张紧作用更明显,在恒活载共同作用下,活载加载跨上下吊杆力的比例小于仅有恒载作用时(成桥状态)的值,而非加载跨上下吊杆力的比例大于或等于仅有恒载作用时(成桥状态)的值;中塔刚度对活载作用效应有明显的影响;空缆时的索鞍预偏规律与传统双塔悬索桥一致,与跨径的相对大小有关,但仅架设下缆和双缆架设完成两个空缆状态的索鞍预偏量差异很大。

(4)空间分段悬链线可将主缆线形的独立量数量简化为三个;在吊杆力的精确计算中,考虑吊杆自重且为悬链线时的主缆找形效果最佳,考虑吊杆为直线时次之,计入其自重时线形的误差主要集中于横桥向位置,而不考虑吊杆自重,则线形的误差集中于高程上;利用多点刚性支承连续梁法和迭代法计算出的吊杆力有着明显的不同,各吊杆内力的分布发生了变化,其改变主要集中于主梁左右两端的吊杆,因此主缆线形在此处也有较大误差,而靠近跨中的部分则基本保持不变,也证明了迭代法可有效解决主跨两端的主缆线形及吊杆力的精确计算问题;空间主缆的竖向垂度和横向矢高与几何边界条件关系密切,二者的比例和半桥面宽度与桥塔高度的比例较为接近，可近似认为主缆与吊杆均处于同一倾斜平面内，并且空间主缆的竖向垂度与横向矢高有着近似的线性关系。

(5)所提出的基于 ANSYS 的悬索桥找形思路和方法，实现了低初值要求的悬索桥全桥迭代找形，并以 APDL 参数化设计语言的形式实现，具有良好的通用性和实用性，可迁移性强，可成为验证本书解析方法的重要途径，后续也可以作为桥梁抗风抗震等分析的基础。

本书的研究成果已应用于云南金东大桥（主跨 730m 钢桁梁悬索桥，建成当时跨金沙江最大跨度桥梁），为其提供了全套施工监控指令（包括主缆无应力长度、吊杆无应力长度、桥塔预抬高量、索鞍预偏量、基准索股架设、一般索股架设、散索鞍临时约束解除和主索鞍顶推等），实现了施工的高精度，成桥状态主缆和桥面高程误差均在 2cm 以内，桥塔偏移在 1cm 以内。

## 13.2　展　望

我国南京仙新路过江通道和龙潭过江通道、深中通道伶仃洋大桥等一批超大跨度悬索桥都将在不久之后建成，张皋过江通道主桥、莲花山过江通道、双屿门大桥、燕矶长江大桥、西堠门公铁大桥等又一批超大跨度悬索桥的规划使得我国成为世界悬索桥冉冉升起的新星，建成后的张皋过江通道主桥更是以 2300m 的主跨问鼎世界。悬索桥在朝着超大跨方向的发展中，也必然面临更大的困难和挑战，分段悬链线解析理论也将会有更大的发挥空间。

(1)悬索桥跨径越来越大，主缆直径随之增加，其抗弯刚度也将对主缆线形产生不可忽略的影响，尤其是在施工过程中。因此，考虑抗弯刚度的分段悬链线理论可能成为今后超大跨悬索桥计算的主流；跨径增加还会导致主缆的拉力过大，必然需要超大锚碇，其合理的设计是悬索桥稳定的重要保障。

(2)在交通量日益剧增的背景下，对于旧桥拓宽或者宽桥面新桥的设计，空间主缆形式的悬索桥可能成为很好的可行方案，还能增加其抗风稳定性；不仅如此，应对宽桥面的三主缆甚至四主缆形式的超大跨悬索桥也可能在未来作为一种可行方案，其主缆找形计算也将会增加更多的参数和考量。如三主缆悬索桥，主缆的美观与协调、三个索面的刚度均衡等均是线形设计的重点。

(3)虽然目前悬索桥的最大跨径仍未突破 2000m，但有跨径超过 2000m 的悬索桥正在积极建设中，如土耳其的恰纳卡莱大桥（主跨 2023m）和中国的张皋长江大桥（主跨 2300m），其主缆线形的设计必然会面临更多的问题，需要综合考虑主缆、桥塔、锚碇等关键的结构参数、施工可行性以及经济性等因素，以保证结构具有更高的安全性和稳定性。

(4)以悬链线解析解为基础的索单元在悬索桥计算与分析中均有良好的应用,但对于新兴的斜拉悬索组合桥梁的结构形式,还需突破其结构刚度的协调、恒载的合理分配等重点和难点。

(5)分段悬链线理论的研究中,认为主缆是一条具有弹性模型和横截面面积的“线”,其截面尺寸带来的细节问题,如各分索股的参数和影响,并未有深入的研究和讨论,而施工中分索股无应力长度的计算和施工方案的设计都是极为重要的。但本书所提出的诸多思路和公式均可为后续研究奠定基础。

本书研究了传统双塔悬索桥的主缆线形和施工参数的解析算法,并在此基础上,拓展了不等主跨三塔悬索桥的中塔刚度和温度影响、空间缆索悬索桥主缆找形等研究内容,且首次将非线性 GRG 法融入分段悬链线计算理论中,建立了高精高效的悬索桥解析算法。但在悬索桥设计和施工阶段,还需方方面面的考虑,主缆线形的计算仅是悬索桥设计和分析的重要出发点,但远不止此,因此以上研究还有待进一步深化。而且未来也将有更强大的算法和工具,进一步方便高校师生和从业人员的使用和研究。